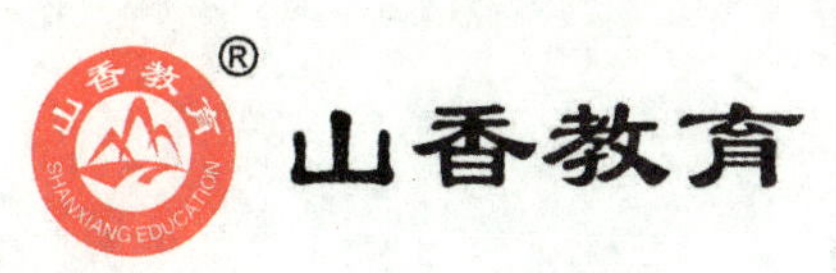

河南省教师招聘考试专用教材

公共基础知识

山香教师招聘考试命题研究中心　主编

图书在版编目(CIP)数据

河南省教师招聘考试专用教材. 公共基础知识 / 山香教师招聘考试命题研究中心主编. -- 北京：首都师范大学出版社, 2022.10

ISBN 978-7-5656-7195-1

Ⅰ. ①河… Ⅱ. ①山… Ⅲ. ①教师—聘用—资格考试—自学参考资料 Ⅳ. ①G451.1

中国版本图书馆CIP数据核字(2022)第185684号

河南省教师招聘考试专用教材
GNOGGONG JICHU ZHISHI
公共基础知识
山香教师招聘考试命题研究中心　主　编

策划编辑　张文强
责任编辑　杨林玉　曹亮亮　　　　封面设计　山香教育
首都师范大学出版社出版发行
地　　址　北京市海淀区西三环北路105号
邮　　编　100048
咨询电话　010-68418523(总编室)　　010-68982468(发行部)
网　　址　http://cnupn.cnu.edu.cn
印　　刷　河南黎阳印务有限公司
经　　销　全国新华书店
版　　次　2022年10月第1版
印　　次　2022年11月第1次印刷
开　　本　889mm×1194mm　1/16
印　　张　27.5
字　　数　678千
定　　价　68.00元

近年来，教师招聘考试越来越“火热”，使得考生在参加教师招聘考试时面临着两大困境：一方面，随着广大考生对教师招聘考试的不断探索，笔试分数的差距在不断缩小；另一方面，教师招聘考试的试题难度和灵活性也在不断提高。因此，获得一套实用性强的教辅对考生来说尤为重要。

公共基础知识作为河南省教师招聘考试的考试内容，具有内容多，复习难，要求高的特点。鉴于此，山香教育结合多年研究成果和教学反馈，深入分析制约考生得高分的因素，对教材进行精心编排，旨在帮助考生通过阅读和学习达到理想的备考效果。

3大特色 破解公共基础知识

特色1 立足真题考情 归纳核心考点

考情最能体现命题人的思想。通过对真题的梳理分析，整理出命题特点和考查方向，并以此作为教材的核心内容，真正做到“考什么，讲什么”“怎么考，怎么讲”。同时，通过“考点再拔高”“边缘考点”等栏目，整个教材知识体系形成一个完美闭环。

特色2 融合教学经验 传授备考心法

教师招聘考试是选拔性考试，考生顺利通过考试的途径只有一个：考高分。每一道题的正误都可能决定是否顺利“吃面”。所以，核心知识和答题技法就显得尤为重要。本书的编写摒弃了以往传统说教式的罗列，倡导互动式学习，并融合山香名师多年授课经验，通过“记忆有妙招”“易错点提示”“易混点辨析”“重难点解读”等模块设计，帮助考生掌握核心解题能力。

特色3 微课视频助学 强化巩固提升

鉴于文字讲解的局限性，本书针对重难点知识配备了微课视频，由山香名师进行视频讲解，实现“读”和“讲”的完美结合。同时，本书设置“达标测评”栏目，甄选典型试题，探索考试真谛，实现图书与考试的零距离。

愿诸君能够善用山香图书这件“利器”，在即将到来的教师招聘考试中打好有准备之战。预祝大家在有限的时间内选择最恰当、最有效的方法备考，早日走上心目中的三尺讲台！

编 者

★：考点的重要程度或者考频，星级越高则该考点的重要程度或者考频越高，最高为三颗星。

黑体字：专有名词或者关键词语。

波浪线：需要重点掌握的句子。

红色字体：考点中最重要的内容，其重要性远高于黑体字和波浪线。

使用图解

思维导图

- 梳理知识脉络
- 勾勒认知地图

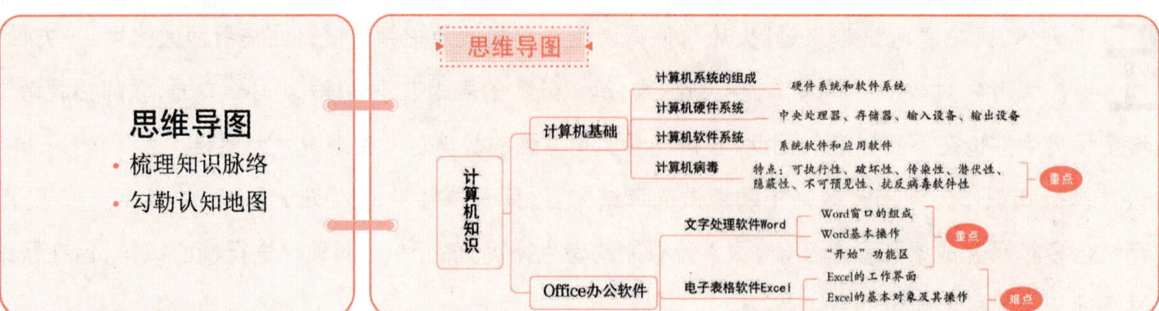

河南考向

本章属于科技常识的基础章节，在河南招教考试中偶有考查，内容较为琐碎。在考试中常以选择题、判断题等客观题的形式考查。现对本章河南考向分析如下：

考点类型	高频考点	常考题型	能力层级	考查热度
常规考点	计算机病毒	判断	理解	★★
	文字处理软件 Word	多选	运用	★★
	电子表格软件 Excel	单选	运用	★★★

河南考向

- 探究命题规律
- 精准预测考向

核心考点

- 立足真题考情
- 归纳核心考点

核心考点

第一节　计算机基础

计算机，俗称电脑，是现代一种用于高速计算的电子计算机器，既可以进行数值计算，又可以进行逻辑计算，还具有存储记忆功能，是能够按照程序运行，自动、高速处理海量数据的现代化智能电子设备。1946年，世界上第一台通用电子数字计算机ENIAC在美国宾夕法尼亚大学研制成功。

一、计算机系统的组成　【单选】★

达标测评

建议用时	实际用时	测评总分	实际得分
6分钟	____分钟	8分	____分

一、单项选择题(每小题1分，共4分)

1. 一个完整的计算机系统包括(　　)

A. 主机、键盘、显示器　　B. 计算机及其外部设备

C. 系统软件与应用软件　　D. 计算机的硬件系统和软件系统

达标测评

- 精准模拟真题
- 详解答题思路
- 测评学习结果

真题面对面

- 再现历年真题
- 还原考场体验

真题面对面

[2022郑州郑东新区,单,0.5分]5月10日,庆祝中国共产主义青年团成立100周年大会在北京人民大会堂隆重举行。中共中央总书记、国家主席、中央军委主席习近平在大会上发表重要讲话。习近平总书记指出,在实现中华民族伟大复兴的征程上,中国共产党是先锋队,共青团是________,少先队是________。入队、入团、入党,是青年追求政治进步的"人生三部曲"。( )

A. 先遣队,接班人　　B. 突击队,接班人

C. 突击队,预备队　　D. 先遣队,预备队

答案:C

小香有话说

- 重难点解读
- 易错点提示
- 易混点辨析

易混点辨析

问:人民是社会存在和发展的基础吗?

答:人民群众创造物质财富的生产活动是社会存在和发展的基础。

问:人民群众是推动社会历史发展的根本动力吗?

答:社会基本矛盾是推动社会历史发展的根本动力。人民群众是推动社会变革的决定性力量,是推动事业发展的力量源泉,是决定党和国家前途命运的根本力量,在创造历史的过程中起决定作用。

记忆有妙招

- 编写速记口诀
- 强化联想记忆

记忆有妙招

为方便考生记忆,编者将教育机构的侵权责任规定总结成口诀,供考生参考记忆。

无人受害,学校推定;限人受害,学校过错;外人致害,学校补充。

(1)无人受害,学校推定:教育机构对无民事行为能力人受到人身损害的过错推定责任。

(2)限人受害,学校过错:教育机构对限制民事行为能力人受到人身损害的过错责任。

(3)外人致害,学校补充:教育机构对第三人造成人身损害的补充责任。

考点再拔高

- 开阔考生视野
- 完善知识体系

考点再拔高

▼ 虚拟经济和泡沫经济

"虚拟经济"是指相对独立于实体经济的虚拟资本的经济活动,是市场经济高度发达的产物,以服务于实体经济为最终目的。与实体经济相比,虚拟经济具有高度流动性、不稳定性、高风险性和高投机性等特征。

"泡沫经济"是指资产价值超越实体经济,极易丧失持续发展能力的宏观经济状态。泡沫经济发展到一定的程度,通常会由于支撑投机活动的市场预期或者神话的破灭,而导致资产价值迅速下跌,这在经济学上被称为泡沫破裂。

视频二维码

- 山香名师录播
- 助力视频学习

考点 1 经济建设

新发展理念

1. 新发展理念

发展是解决我国一切问题的基础和关键。发展必须是科学发展,必须坚定不移贯彻创新、协调、绿色、开放、共享的发展理念。创新是引领发展的第一动力,创新发展注重的是解决发展动力问题。协调是持续健康发展的内在要求,协调发展注重的是解决发展不平衡问题。绿色是永续发展的必要条件和人民对美好生活追求的重要体现,绿色发展注重的是解决人与自然和谐共生问题。开放是国家繁荣发展的必由之路,开放发展注重的是解决发展内外联动问题。共享是中国特色社会主义的本质要求,共享发展注重的是解决社会公平正义问题。

目 录

高效备考从扫码开始……

扫码听讲的4个理由

1 海量真题免费刷！

2 参加模考体验佳！

3 时政打卡天天有！

4 备考咨询专业答！

考情分析与解读

考情分析 ……001

内容解读 ……001

备考策略 ……008

第一部分 政治常识

第一章 马克思主义哲学

本章考题约占试卷总分值的6%~7%，考查题型主要为单项选择题、多项选择题、判断题、简述题等。

思维导图 ……011

河南考向 ……012

核心考点 ……012

第一节 哲 学 ……012

第二节 辩证唯物论 ……015

第三节 唯物辩证法 ……017

第四节 认识论 ……023

第五节 历史唯物主义 ……027

达标测评 ……032

第二章 中共党史大事记

本章考题约占试卷总分值的5%~6%，考查题型主要为单项选择题、多项选择题、判断题等。

思维导图 ……036

河南考向 ……036

核心考点 ……037

第一节 新民主主义革命时期 ……037

第二节 社会主义革命和建设时期 ……040

第三节 改革开放和社会主义现代化建设时期 ……041

第四节 中国特色社会主义新时代 ……042

达标测评 ……045

第三章　毛泽东思想概论

本章考题约占试卷总分值的1%~2%，考查题型主要为单项选择题、多项选择题、判断题等。

思维导图 ……047
河南考向 ……047
核心考点 ……048
　第一节　毛泽东思想概述 ……048
　第二节　毛泽东思想的主要内容 ……050
达标测评 ……054

第四章　中国特色社会主义理论体系

本章考题约占试卷总分值的11%~13%，考查题型主要为单项选择题、多项选择题、判断题、简述题等。

思维导图 ……056
河南考向 ……057
核心考点 ……057
　第一节　中国特色社会主义理论体系概述 ……057
　第二节　邓小平理论 ……057
　第三节　“三个代表”重要思想 ……061
　第四节　科学发展观 ……062
　第五节　习近平新时代中国特色社会主义思想 ……062
达标测评 ……077

第二部分　经济常识

第一章　政治经济学

本章考题约占试卷总分值的3%~5%，考查题型主要为单项选择题、多项选择题、判断题、简述题等。

思维导图 ……081
河南考向 ……081
核心考点 ……082
　第一节　商品、货币理论 ……082
　第二节　剩余价值与资本 ……085
　第三节　社会主义市场经济常识 ……087
达标测评 ……090

第二章　西方经济学

本章考题约占试卷总分值的3%~4%，考查题型主要为单项选择题、多项选择题、判断题等。

思维导图 ……092
河南考向 ……092
核心考点 ……093
　第一节　微观经济学 ……093
　第二节　宏观经济学 ……098
达标测评 ……104

第三章　国际经济学

本章考题约占试卷总分值的1%~2%，考查题型主要为单项选择题、多项选择题等。

思维导图 ……107
河南考向 ……107
核心考点 ……108
　第一节　国际贸易 ……108
　第二节　国际金融 ……110
　第三节　我国对外经济关系 ……112
达标测评 ……113

第三部分　法律常识

第一章　法理学

本章考题约占试卷总分值的1%~2%，考查题型主要为单项选择题、多项选择题、判断题等。

思维导图 ……117

河南考向 ……117
核心考点 ……118
第一节 法的概述 ……118
第二节 法的制定与实施 ……122
第三节 法 治 ……123
第四节 法律与社会 ……124
达标测评 ……126

第二章 宪 法

本章考题约占试卷总分值的3%~5%，考查题型主要为单项选择题、多项选择题、判断题等。

思维导图 ……128
河南考向 ……128
核心考点 ……129
第一节 宪法概述 ……129
第二节 国家的基本制度 ……130
第三节 公民的基本权利和义务 ……134
第四节 我国的国家机构 ……137
达标测评 ……142

第三章 民 法

本章考题约占试卷总分值的3%~5%，考查题型主要为单项选择题、多项选择题、判断题等。

思维导图 ……144
河南考向 ……144
核心考点 ……145
第一节 总 则 ……145
第二节 物权、债权与合同 ……152
第三节 人身权、知识产权与侵权责任 ……156
第四节 婚姻家庭与继承 ……161
达标测评 ……165

第四章 刑 法

本章考题约占试卷总分值的1%~2%，考查题型主要为单项选择题、多项选择题、判断题等。

思维导图 ……168
河南考向 ……168
核心考点 ……169
第一节 刑法概述 ……169
第二节 犯 罪 ……170
第三节 刑 罚 ……176
第四节 刑法分则 ……179
达标测评 ……182

第五章 行政法

本章考题约占试卷总分值的2%~3%，考查题型主要为单项选择题、多项选择题、判断题等。

思维导图 ……185
河南考向 ……185
核心考点 ……186
第一节 行政法概述 ……186
第二节 具体行政行为 ……187
第三节 行政复议 ……190
第四节 道路交通安全法与治安管理处罚法 ……192
达标测评 ……194

第六章 诉讼法

本章考题约占试卷总分值的1%~2%，考查题型主要为单项选择题、多项选择题等。

思维导图 ……197
河南考向 ……197
核心考点 ……198
第一节 民事诉讼法 ……198
第二节 行政诉讼法 ……200
第三节 刑事诉讼法 ……203
达标测评 ……206

第七章 其他法律法规

本章考题约占试卷总分值的1%~2%，考查题型主要为单项选择题、多项选择题等。

思维导图 ……208
河南考向 ……208
核心考点 ……208
第一节 劳动法与劳动合同法 ……208
第二节 消费者权益保护法 ……211
达标测评 ……213

第四部分 人文素养

第一章 历史素养

本章考题约占试卷总分值的2%~3%，考查题型主要为单项选择题、多项选择题、判断题等。

思维导图 ……217
河南考向 ……217
核心考点 ……218
第一节 中国历史 ……218
第二节 世界历史 ……231
达标测评 ……236

第二章 文学素养

本章考题约占试卷总分值的1%~2%，考查题型主要为单项选择题、判断题等。

思维导图 ……239
河南考向 ……239
核心考点 ……240
第一节 中国文学 ……240
第二节 外国文学 ……247
达标测评 ……249

第三章 艺术素养

本章考题约占试卷总分值的1%~2%，考查题型主要为单项选择题、多项选择题、判断题等。

思维导图 ……252
河南考向 ……252
核心考点 ……253
第一节 中国音乐 ……253
第二节 中国美术 ……255
达标测评 ……258

第四章 传统文化素养

本章考题约占试卷总分值的1%~2%，考查题型主要为单项选择题、多项选择题、判断题等。

思维导图 ……260
河南考向 ……260
核心考点 ……261
第一节 天文历法与传统节日 ……261
第二节 教 育 ……263
第三节 其他传统文化 ……264
达标测评 ……267

第五部分 科技常识

第一章 科技成就与高新科技

本章考题约占试卷总分值的3%~5%，考查题型主要为单项选择题、多项选择题、判断题等。

思维导图 ……271
河南考向 ……271
核心考点 ……272
第一节 中国古代科技成就 ……272
第二节 中国现代科技成就 ……274
第三节 外国科技成就 ……277
第四节 高新科技 ……280
达标测评 ……282

第二章 生活常识

本章考题约占试卷总分值的2%~3%，考查题型主要为单项选择题、多项选择题、判断题等。

思维导图 ……285
河南考向 ……285
核心考点 ……286
第一节 生物常识 ……286
第二节 物理常识 ……288
第三节 化学常识 ……292
第四节 安全与急救常识 ……294
达标测评 ……296

第三章　地理常识

本章考题约占试卷总分值的1%~2%，考查题型主要为单项选择题、多项选择题、判断题等。

思维导图 ……298
河南考向 ……299
核心考点 ……299
第一节　自然地理 ……299
第二节　世界地理 ……301
第三节　中国地理 ……303
第四节　河南地理 ……308
达标测评 ……310

第四章　计算机知识

本章考题约占试卷总分值的1%~2%，考查题型主要为单项选择题、多项选择题、判断题等。

思维导图 ……312
河南考向 ……312
核心考点 ……312
第一节　计算机基础 ……312
第二节　Office办公软件 ……315
达标测评 ……321

第六部分　事业单位概况与公文常识

第一章　事业单位概况

本章考题约占试卷总分值的4%~5%，考查题型主要为单项选择题、多项选择题、判断题等。

思维导图 ……325
河南考向 ……325
核心考点 ……325
第一节　事业单位概述 ……325
第二节　事业单位人事管理制度 ……327
达标测评 ……331

第二章　公文基础知识

本章考题约占试卷总分值的2%~4%，考查题型主要为单项选择题、多项选择题、判断题等。

思维导图 ……333
河南考向 ……333
核心考点 ……334
第一节　公文概述 ……334
第二节　公文的行文规则 ……341
达标测评 ……344

第三章　公文处理

本章考题约占试卷总分值的1%~2%，考查题型主要为单项选择题、多项选择题、判断题等。

思维导图 ……346
河南考向 ……346
核心考点 ……346
第一节　公文拟制 ……346
第二节　公文办理 ……347
第三节　公文管理 ……349
达标测评 ……350

第四章　公文写作规范

本章考题约占试卷总分值的3%~5%，考查题型主要为单项选择题、多项选择题、判断题等。

思维导图 ……352
河南考向 ……352
核心考点 ……352
第一节　公文语言与语病类型 ……352
第二节　常用公文的写作格式 ……353
达标测评 ……361

第七部分　管理常识与思想道德建设

第一章　管理与公共管理

本章考题约占试卷总分值的1%~2%，考查题型主要为单项选择题、判断题等。

思维导图 ……365
河南考向 ……365
核心考点 ……366
　第一节　管　理 ……366
　第二节　公共管理 ……371
达标测评 ……374

第二章　政府职能与行政管理

本章考题约占试卷总分值的5%~7%，考查题型主要为单项选择题、多项选择题、判断题、简述题等。

思维导图 ……376
河南考向 ……376
核心考点 ……377
　第一节　政府职能 ……377
　第二节　行政管理 ……379
达标测评 ……387

第三章　思想道德建设

本章考题约占试卷总分值的1%~2%，考查题型主要为单项选择题、多项选择题等。

思维导图 ……389
河南考向 ……389
核心考点 ……390
　第一节　道　德 ……390
　第二节　新时代公民道德建设 ……391
　第三节　中国精神 ……394
达标测评 ……397

第八部分　材料分析与文章写作

第一章　材料分析

本章考题约占试卷总分值的30%~32%。

思维导图 ……401
河南考向 ……401
核心考点 ……401
　第一节　概括型材料分析题 ……401
　第二节　分析型材料分析题 ……405
　第三节　对策型材料分析题 ……409

第二章　文章写作

本章考题约占试卷总分值的25%~27%。

思维导图 ……412
河南考向 ……412
核心考点 ……412
　第一节　题型概览 ……412
　第二节　写作方法 ……414
　第三节　实例典范 ……416
达标测评 ……420

附录 ……424

索 引

核心考点索引

·哲学的基本问题 / 012
·唯物辩证法的基本规律 / 019
·实践和认识的辩证关系 / 025
·社会基本矛盾及其运动规律 / 028
·群众、个人在历史发展中的作用 / 030
·中国共产党的创立和投身大革命的洪流 / 037
·两个100周年大会与第三个历史决议 / 043
·毛泽东思想形成与发展的历史过程 / 048
·新民主主义革命理论 / 051
·党的建设理论 / 052
·“十个明确”丰富内涵 / 063
·“十四个坚持”基本方略 / 064
·新时代中国特色社会主义的重要建设 / 067
·商品和商品经济 / 082
·货币 / 084
·我国社会主义基本经济制度 / 088
·供求理论与弹性理论 / 093
·市场调节的局限性 / 096
·常见的宏观经济指标 / 098
·宏观调控 / 098
·失业 / 102
·经济全球化与区域经济一体化 / 108
·“一带一路”建设 / 112
·当代中国法的渊源与法的分类 / 119
·法的实施 / 122
·社会主义法治的本质属性和实践要求 / 123
·法律与政治 / 124
·宪法的基本内涵 / 129
·国体和政体的含义及关系 / 130
·基本政治制度 / 131
·公民的基本权利 / 134
·自然人的民事行为能力 / 147
·民事法律行为的效力 / 150
·侵权责任的归责原则及一般规定 / 159
·婚姻家庭 / 161
·继承 / 163
·刑法的适用范围 / 169
·犯罪构成要件 / 170
·故意犯罪形态 / 174
·刑罚的种类 / 176
·破坏社会主义市场经济秩序罪 / 179
·行政法的基本原则 / 186
·行政处罚 / 188
·行政诉讼的管辖 / 201
·刑事诉讼证据 / 204
·劳动合同法 / 209
·消费者的权利 / 211
·经营者的义务 / 212
·春秋时期的主要霸主 / 219
·赤壁之战 / 221
·新文化运动 / 226
·遵义会议 / 228
·中国人民解放战争 / 230
·史学著作 / 241
·中国古代著名文学家 / 242
·中国现当代著名文学家 / 246
·中国戏曲 / 253
·中国绘画 / 255

·中国书法 / 256
·二十四节气 / 261
·科举制度 / 263
·植物和人物 / 264
·年龄称谓和次序 / 265
·航天技术 / 274
·航海技术 / 276
·信息与通信技术 / 280
·能源 / 281
·人体的营养物质 / 286
·力学 / 289
·光学 / 290
·无机化学 / 292
·安全常识 / 294
·急救常识 / 295
·我国的主要地形区 / 304
·我国的气候 / 306
·电子表格软件 Excel / 317
·事业单位人事管理制度的内容 / 327
·法定公文的种类与分类 / 334
·公文的格式 / 337
·行文规则 / 342
·法定公文的写作格式 / 353
·管理职能 / 367
·公共政策执行偏差 / 371
·政府职能的内容 / 377
·行政领导方式 / 380
·行政沟通 / 383
·职业道德 / 392
·民族精神 / 394
·分析型材料分析题的解题步骤 / 405
·写作技巧 / 414

专家微课视频索引

（扫描正文中下列知识点处的二维码，即可获取专家微课视频）

·哲学的基本问题 / 012
·哲学的基本历史形态 / 013
·物质与意识的辩证关系 / 015
·新发展理念 / 067
·商品的二因素 / 082
·货币的职能 / 084
·不变资本与可变资本 / 086
·收入分配方式 / 089
·市场调节 / 096
·通货膨胀 / 101
·法的作用 / 118
·宪法的变迁 / 130
·公民政治权利和自由 / 135
·全国人大 / 137
·自然人的民事行为能力 / 147
·无因管理与不当得利 / 154
·结婚 / 161
·法定继承 / 163
·犯罪主体 / 170
·犯罪主观方面 / 172
·刑罚的主刑 / 176

2023河南省教师招聘考试公共基础知识

考情分析与解读

考情分析

河南省教师招聘考试没有统一的考试形式，一般由各地教育部门或者人事部门组织招考，目前来看主要有地市统考、地市或县区单独招考等形式，都包括笔试、面试、考核、录用等环节和程序。

从笔试科目来看，河南省教师招聘考试主要可分为三大类：第一类考查教育理论基础知识，第二类考查教育理论基础知识和公共基础知识，第三类考查教育理论基础知识和学科专业知识。其中，第二类具体有以下两种形式：(1)将公共基础知识与教育理论基础知识分别作为笔试科目，即“两科两卷”；(2)将公共基础知识与教育理论基础知识结合在同一张试卷上进行考查，即“两科一卷”。与往年相比，部分地区的招教考试提高了对公共基础知识的考查比重，比如郑州市。

从笔试内容来看，河南省教师招聘考试的公共基础知识试题一般考查政治常识(含时政)、经济常识、法律常识、人文素养、科技常识、事业单位概况与公文常识、管理常识与思想道德建设等方面。

从笔试题型来看，河南省教师招聘考试的公共基础知识试题大部分是客观题，郑州、安阳等地有主观题，主要包括单项选择题、多项选择题、判断题、简述题、材料分析题、文章写作题等。与往年相比，郑州市招教考试增加了对公共基础知识材料分析题、文章写作题的考查。

从笔试题量和笔试分值来看，河南省各地区教师招聘考试的公共基础知识试题差异很大。

内容解读

一、政治常识

在政治常识的命题中，热点多且新。该部分侧重于对考生政治素养的考查。考生应重点理解马克思主义哲学基本原理和方法论，学会运用理论指导实践；把握毛泽东思想和中国特色社会主义理论体系的发展历程；积极关注国家和社会热点、焦点问题，在识记的基础上深刻理解党的治国方略，清醒认识国家与地方的发展大势。

下图为政治常识部分知识框架图：

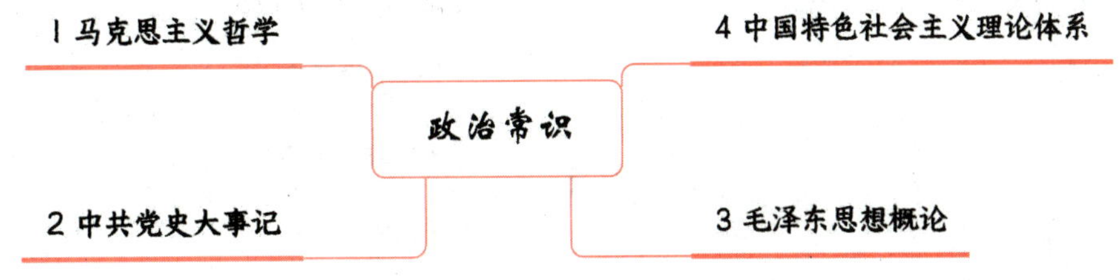

真题示例

1.[2022郑州郑东新区]习近平总书记强调，全面依法治国必须抓住领导干部这个“关键少数”。领导干部要做尊法学法守法用法的模范，带动全党全国一起努力，在建设中国特色社会主义法治体系、建设社会主义法治国家上不断见到新成效。抓“关键少数”体现的哲学原理是(   )

A. 矛盾是普遍的，无处不在，无时不有

B. 矛盾双方的对立统一推动事物的运动变化

C. 事物的性质由主要矛盾的主要方面决定，因此要抓重点

D. 次要矛盾和矛盾的次要方面不决定事物的性质，但对事物的发展产生重要影响

解析：主要矛盾是指在矛盾体系中处于支配地位，对事物发展起决定作用的矛盾。事物的性质由主要矛盾的主要方面决定。全面依法治国必须抓住领导干部这个“关键少数”，就是要在诸多矛盾中抓中心、抓重点、抓关键，体现了“重点论”，C项符合题意。ABD项说法正确，但与题意无关。

答案：C

2.[2022郑州市直]中国共产党自成立以来，制定的三个历史决议都是在重大历史关头作出的，都具有统一全党思想、团结人民奋斗、开创未来的历史意义和时代价值。这三个历史决议是(   )

A.《中国共产党关于党的百年奋斗重大成就和历史经验的决议》

B.《关于建党以来党的若干历史问题的决议》

C.《关于若干历史问题的决议》

D.《中共中央关于党的百年奋斗重大成就和历史经验的决议》

E.《关于建国以来党的若干历史问题的决议》

解析：第一个历史决议是1945年党的六届七中全会通过的《关于若干历史问题的决议》，第二个历史决议是1981年党的十一届六中全会通过的《关于建国以来党的若干历史问题的决议》，第三个历史决议是党在十九届六中全会审议通过的《中共中央关于党的百年奋斗重大成就和历史经验的决议》。这三个历史决议是我们党在重大历史关头作出的重要决议，凝聚了党中央和全党的集体智慧，确保了党和革命事业沿着正确道路前进，具有重大历史意义。

答案：CDE

二、经济常识

经济常识主要介绍了包括政治经济学、西方经济学、国际经济学在内的基本经济理论。

下图为经济常识部分知识框架图：

- 经济常识
  - 1 政治经济学
  - 2 西方经济学
  - 3 国际经济学

真题示例 »

1. [2022郑州市直]提高劳动生产率会使单位时间内生产的商品数量和个别商品的价值量发生变化，其变化是(　　)

A. 商品数量增加，单位时间内生产的商品的总价值量增大

B. 商品数量增加，个别商品的价值量不变

C. 商品数量增加，个别商品的价值量增大

D. 商品数量增加，单位时间内生产的商品的总价值量不变

解析：商品的价值量由生产该商品的社会必要劳动时间决定，与个别劳动生产率无关，因此题干所述的"提高劳动生产率"指的是提高社会劳动生产率。当社会劳动生产率提高时，单位时间内生产的商品数量会随之增加，个别商品的价值量会随之减少，而单位时间内生产的商品的总价值量不变。ABC三项说法错误，本题选D。

答案：D

2. [2021信阳市直]拉动GDP增长的"三驾马车"是指(　　)

A. 投资　　B. 消费　　C. 进口　　D. 出口

解析：经济学上常把消费、投资、出口比喻为拉动GDP增长的"三驾马车"，这是对经济增长原理最生动形象的表述。故本题选ABD。

答案：ABD

三、法律常识

法律常识部分有一定的难度。该部分主要介绍了法理学、宪法、民法、刑法、行政法、诉讼法和其他法律法规，重点是宪法、民法、刑法、行政法，以及最新修订的法律法规，如《民法典》《刑法修正案(十一)》《著作权法》《行政处罚法》等。考生应高度重视此部分。

下图为法律常识部分知识框架图：

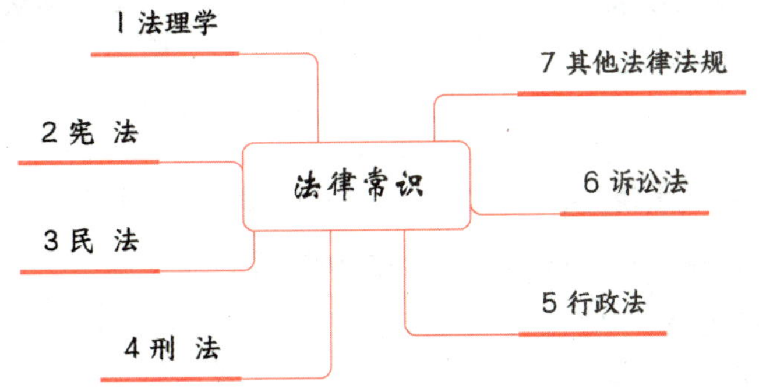

真题示例 »

1. [2022郑州市直]根据自然人宣告死亡制度，下列不符合法律规定的是(　　)

A. 被宣告死亡的人重新出现，经本人或者利害关系人申请，人民法院应当撤销死亡宣告

B. 李某下落不明满4年，可以宣告李某死亡

C. 王某因意外事件下落不明满3年，可以宣告王某死亡

D. 因意外事件下落不明宣告死亡的，人民法院宣告死亡的判决作出之日视为其死亡的日期

解析：我国《民法典》第五十条规定："被宣告死亡的人重新出现，经本人或者利害关系人申请，人民法院应当撤销死亡宣告。"A项说法正确。根据该法第四十六条的规定，自然人有下列情形之一的，利害关系人可以向人民法院申请宣告该自然人死亡：(1)下落不明满四年；(2)因意外事件，下落不明满二年。BC两项说法正确。该法第四十八条规定："被宣告死亡的人，人民法院宣告死亡的判决作出之日视为其死亡的日期；因意外事件下落不明宣告死亡的，意外事件发生之日视为其死亡的日期。"D项说法错误，当选。

答案：D

2. [2021安阳龙安]根据最新的《刑法修正案(十一)》，我国法定最低刑事责任年龄是14周岁。(　　)

解析：根据我国《刑法修正案(十一)》的规定，已满十二周岁不满十四周岁的人，犯故意杀人、故意伤害罪，致人死亡或者以特别残忍手段致人重伤造成严重残疾，情节恶劣，经最高人民检察院核准追诉的，应当负刑事责任。因此，我国法定最低刑事责任年龄是12周岁。

答案：×

四、人文素养

人文素养部分内容比较琐碎。考生在备考时，需要在掌握重大历史事件发生的先后顺序的基础上，关注重要战役、历史人物、历史典故；识记中国文学知识、艺术知识和传统文化常识。

下图为人文素养部分知识框架图：

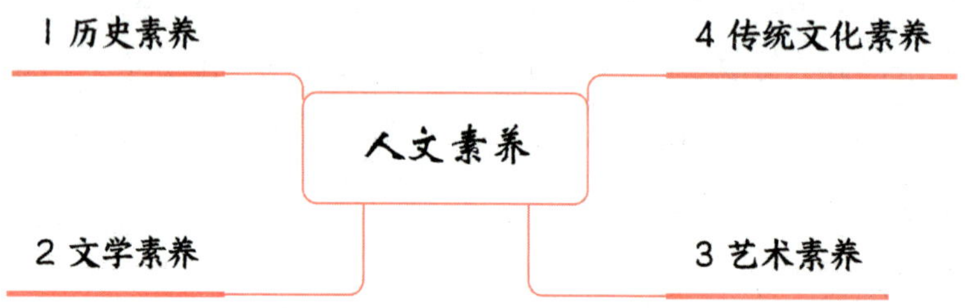

真题示例

1. [2022郑州郑东新区]唐朝是继隋朝之后的大一统中原王朝，共历21帝，享国289年，是当时世界上最强盛的国家之一，声誉远播。下列情形可能发生在唐朝的是(　　)

A. 贵族妇女相聚捣练缝衣

B. 一大批荔枝供品被送往皇宫

C. 私塾教师教学生作八股文

D. 瓷器通过贸易大量输出到国外

解析：唐代张萱的名画《捣练图》是一幅工笔重彩画，是唐代仕女画中取材较为别致的作品。此图描绘

了唐代城市妇女在捣练、络线、熨平、缝制劳动操作时的情景。A项有可能发生在唐朝。唐朝诗人杜牧在《过华清宫绝句三首·其一》中写道:“一骑红尘妃子笑,无人知是荔枝来。”这首诗通过送荔枝这一典型事件,鞭挞了唐玄宗与杨贵妃骄奢淫逸的生活,B项有可能发生在唐朝。八股文是明清科举考试中的一种文体,C项不符合题意。从8世纪末开始,中国陶瓷开始向外输出,经晚唐五代到宋初,达到了一个高潮。D项也有可能发生在唐朝。故选ABD。

答案:ABD

2. [2022信阳淮滨]下列文章不属于鲁迅作品的是(　　)

A.《狂人日记》
B.《骆驼祥子》
C.《孔乙己》
D.《祝福》

解析:鲁迅的作品有《狂人日记》《祝福》《孔乙己》《阿Q正传》等,《骆驼祥子》的作者是老舍。

答案:B

五、科技常识

科技常识部分内容更新较快。考生在备考时,需要关注我国最新科技成果和高新科技;持续积累生活中的科学常识;熟悉地理知识;了解计算机基础知识。

下图为科技常识部分知识框架图:

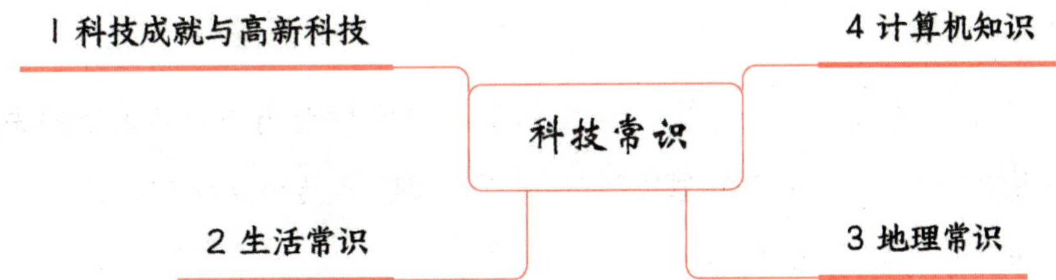

真题示例»

1. [2022郑州市直]2022年4月16日,神舟十三号载人飞船返回舱在东风着陆场成功着陆。从与空间站天和核心舱分离到返回地面,全程仅用9个多小时,中国载人飞船首次采用快速返回模式“回家”。以下属于神舟十三号航天员的是(　　)

A. 翟志刚
B. 叶光富
C. 刘洋
D. 蔡旭哲
E. 陈冬

解析:翟志刚、王亚平、叶光富属于神舟十三号航天员,由翟志刚担任指令长。陈冬、刘洋和蔡旭哲是神舟十四号航天员。

答案:AB

2. [2021信阳市直]放大镜生火是利用(　　)对光的聚焦原理。

A. 凸面镜
B. 平面镜
C. 凹透镜
D. 凸透镜

解析:用抛物面的外侧作反射面的球面镜叫凸面镜,只能反射光,不能透射光。凸面镜具有发散作用,可用作转弯镜等,A项错误。我们把反射面是光滑平面的镜子叫作平面镜,比如,家庭用的穿衣镜就是平面镜。平面镜呈正立等大的虚像,B项错误。凹透镜是中间薄、边缘厚的透镜,对光有发散作用。近视眼镜就是凹透镜。C项错误。凸透镜是中间厚、边缘薄的透镜,可起到放大的作用。放大镜是一种凸透镜,它能把平行的光束会聚到一点,所有热量也会集中到那一点上。因此,用放大镜生火利用了凸透镜对光的聚焦原理。D项正确。

答案:D

六、事业单位概况与公文常识

事业单位概况部分在近年考试中占比较小,命题规律且集中,考生识记核心考点即可。公文常识部分在近年考试中占比中等。考生在备考时,需要掌握公文文种、行文规则等知识,并结合公文模板识记公文格式。

下图为事业单位概况与公文常识部分知识框架图:

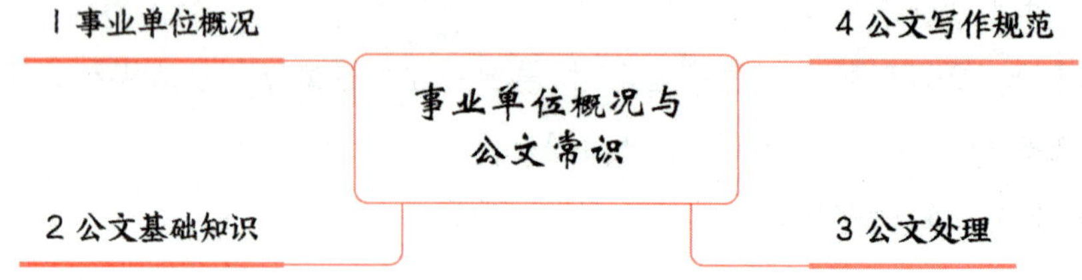

真题示例 »

1.[2022郑州市直]公布行政法规和规章应当使用的文种是(　　)

A. 通知　　B. 通报

C. 公告　　D. 命令

解析:根据《党政机关公文处理工作条例》的规定,通知适用于发布、传达要求下级机关执行和有关单位周知或者执行的事项,批转、转发公文。通报适用于表彰先进、批评错误、传达重要精神和告知重要情况。公告适用于向国内外宣布重要事项或者法定事项。命令(令)适用于公布行政法规和规章、宣布施行重大强制性措施、批准授予和晋升衔级、嘉奖有关单位和人员。故选D。

答案:D

2.[2021信阳市直]小李是一名事业单位工作人员,由于工作原因受到警告处分,则在作出处分决定的当年,他的年度考核不能确定为(　　)

A. 优秀等次　　B. 合格等次

C. 基本合格等次　　D. 不合格等次

解析:根据《事业单位工作人员处分暂行规定》第七条的规定,事业单位工作人员受到警告处分的,在受处分期间,不得聘用到高于现聘岗位等级的岗位;在作出处分决定的当年,年度考核不能确定为优秀等次。故本题选A。

答案:A

七、管理常识与思想道德建设

该部分在近年考试中占比较小，命题规律且集中，考生识记核心考点即可。

下图为管理常识与思想道德建设部分知识框架图：

管理常识与思想道德建设
- 1 管理与公共管理
- 2 政府职能与行政管理
- 3 思想道德建设

真题示例

1. [2022郑州郑东新区]“鞭打快牛”现象在基层工作中屡见不鲜，越是能力强、积极性高的干部越容易被分配到更多任务，而那些干活慢、成绩平平的干部却总以不会干、干不好为由推脱责任，造成基层忙闲不均的工作氛围。产生上述现象的主要原因是部门管理违背了（　　）

A. 有效控权原则　　B. 相互信赖原则

C. 责权利一致原则　　D. 能级有序原则

解析：题干中的“鞭打快牛”现象是指能力更强的成员不仅没有得到更多的利益，反而被分配了更多的任务，而能力较差的成员反而有了更多的空闲。这一现象违背了管理中的奖优罚劣制度，造成了不公平的组织氛围。A项，有效控权原则是指领导者在依据下属的职权范围充分授权的同时，必须对所授之权实施有效的控制和监督。B项，相互信赖原则是指领导者一旦授之以权，就要充分信任，做到用人不疑。C项，责权利一致原则指各责任中心所拥有的权力应与其所承担的责任相对应，并根据责任的完成情况给予一定的经济利益或惩罚。D项，能级有序原则是指我们要承认人具有能力的差别，根据人的能级层次要求建立稳定的组织形态，同时承认能级本身的动态性、可变性与开放性，使人的能级与组织能级动态对应。只有C项的责权利一致原则明确体现出奖优罚劣的态度，有利于实现管理过程中的公平，符合题意。故选C。

答案：C

2. [2022信阳淮滨]在社会主义职业道德规范的主要内容中，可以称之为“做人之本、立事之基、为政之根”的是（　　）

A. 爱岗敬业　　B. 诚实守信　　C. 办事公道　　D. 服务群众

解析：诚实守信是做人之本、立事之基、为政之根。对于个人来说，诚实守信代表一个人的人格；对于企业来说，诚实守信代表一个企业的生命；对于政府来说，诚实守信代表政府的权威。诚实守信可以称之为“做人之本、立事之基、为政之根”。

答案：B

八、材料分析与文章写作

材料分析与文章写作题型需要运用的知识较多，取得高分有一定的难度。考生需要在掌握题型基础知识的基础上，加强积累和练习。

下图为材料分析与文章写作部分知识框架图：

材料分析与文章写作
1 材料分析
2 文章写作

因篇幅所限，真题及答案解析详见本书内文第八部分和《河南省教师招聘考试·历年真题解析及预测试卷．公共基础知识》。

备考策略

1. 提纲挈领，有的放矢

从整体上看，河南省教师招聘考试公共基础知识部分的笔试有一定的难度，且涵盖内容繁多驳杂。但是，考生的备考精力十分宝贵，所以提高考生对公共基础知识的备考效率尤为重要。因此，本书在深入分析历年真题的基础上，研究命题规律，对各部分内容进行了不同深度和广度的解读，帮助考生在有限的备考时间内，对公共基础知识的核心考点有提纲挈领的认知和有的放矢的理解。考生在备考时，要注意从大处着眼，小处着手，做到既全面了解，又重点突破。

2. 学练结合，聚沙成塔

练习始终是公共基础知识备考的不二法门。考生可利用“真题面对面”“小香有话说”“达标测评”等栏目，在学习核心考点和掌握精选真题的基础上，将考题中的每个考点都研究透彻。在学练结合中，不断积累，再结合配套的历年真题和预测试卷，查漏补缺，相信您一定能聚沙成塔，完成蜕变。

3. 关注社会，成功在望

相对于教育理论基础知识，公共基础知识考试与考生的综合素养密切相关。不论是党和国家重大会议和重大方针政策，最新教育政策，还是最前沿的科技成果，都是命题热点，也是国家和社会飞速发展的有力证明。对于考生来说，平日关注这些新闻热点，做一个“风声雨声读书声声声入耳，家事国事天下事事事关心”的人，是顺利成为一名光荣的人民教师的必备素养。

第一部分

政治常识

内容导学

CONTENT GUIDANCE

河南省教师招聘考试政治常识部分共四章。

第一章主要是马克思主义哲学知识。

第二章主要介绍中共党史。

第三章是对毛泽东思想的阐述。

第四章主要介绍中国特色社会主义理论体系。

考生要重点掌握第一章和第四章的内容，并结合最新时事备考。

第一章　马克思主义哲学

第一部分

思维导图

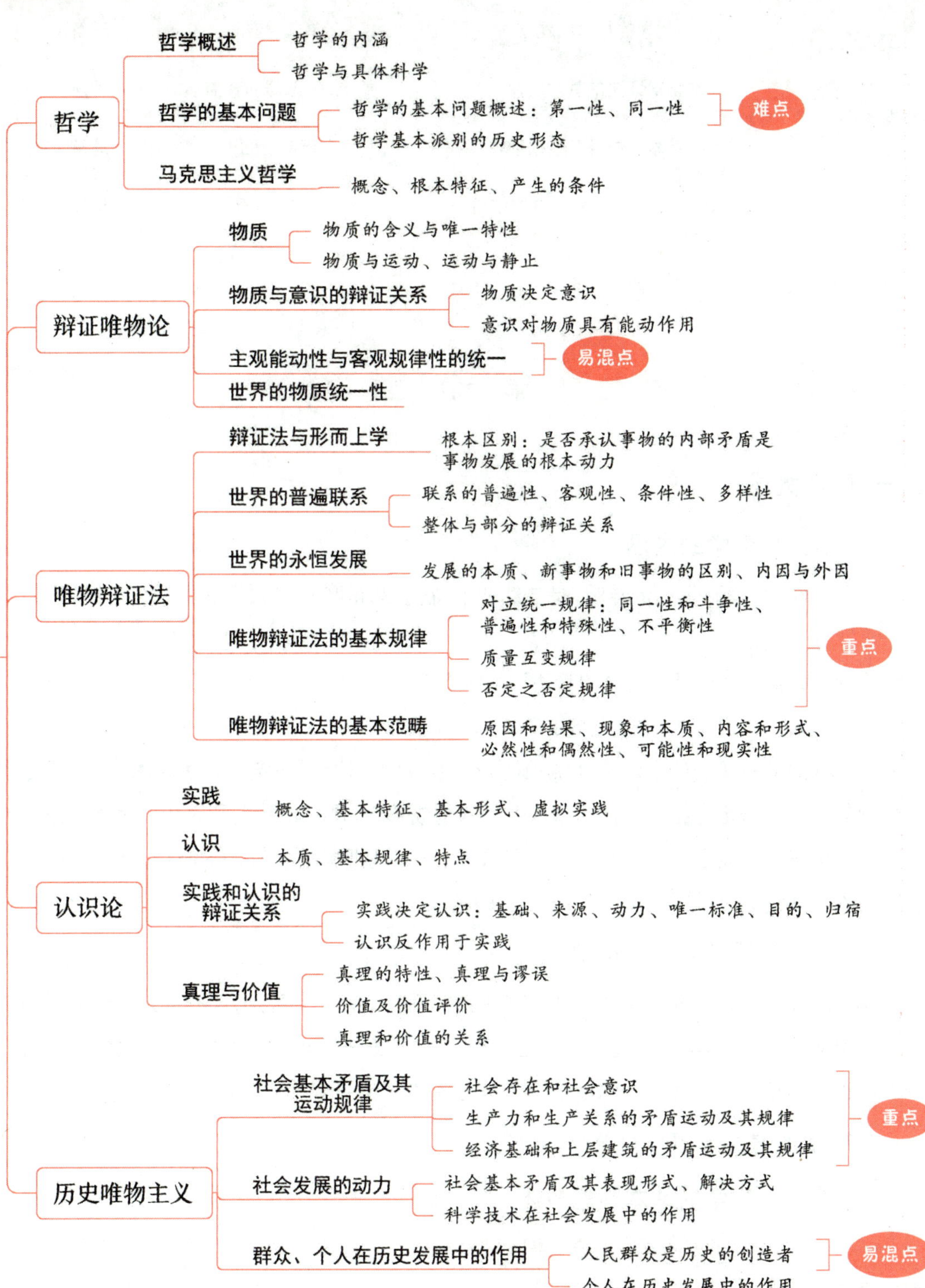

河南考向

本章属于政治常识的基础章节，也是河南招教重点考查的章节，内容较为系统化，需要理解的知识较多。在考试中常以选择题、判断题、简述题的形式考查。现对本章河南考向分析如下：

第一部分

考点类型	高频考点	常考题型	能力层级	考查热度
常规考点	哲学的基本问题	单选、判断	理解	★★
	唯物辩证法的基本规律	单选、多选、判断、简述	理解	★★★
	社会基本矛盾及其运动规律	单选、判断	理解	★★★
	群众、个人在历史发展中的作用	单选、判断	理解	★★★

核心考点

第一节　哲　学

一、哲学概述

考点 1　哲学的内涵

哲学是系统化、理论化的世界观，是自然知识、社会知识和思维知识的概括和总结，是世界观和方法论的统一。

世界观是人们对整个世界的总的看法和根本观点。

方法论是人们认识世界、改造世界的普遍的根本方法。

有什么样的世界观就有什么样的方法论，世界观决定方法论，一定的方法论体现着一定的世界观。

任何哲学都是一定社会和时代的精神生活的构成部分，是一定社会和时代的经济和政治在精神上的反映。真正的哲学正确地反映了时代的任务和要求，牢牢地把握住了时代的脉搏，正确地总结和概括了时代的实践经验和认识成果，是自己时代的精神上的精华。

考点 2　哲学与具体科学

哲学与具体科学是普遍和特殊、一般和个别的关系，二者既有区别，又有联系。哲学以整个世界的普遍本质为研究对象，具体科学研究的是物质世界某一方面、某一领域的特殊规律。具体科学是哲学的基础，具体科学的进步推动哲学的发展；哲学为具体科学研究提供世界观和方法论的指导。

二、哲学的基本问题　【单选、判断】　★★

考点 1　哲学的基本问题概述

哲学的基本问题

哲学的基本问题是思维和存在的关系问题，即意识和物质的关系问题。哲学的基本问题包括两方面的内容。

表 1-1-1　哲学的基本问题

两个方面	不同回答	
第一个方面，思维和存在（意识和物质）何者是本原，即谁是第一性，谁是第二性的问题	可以将哲学分为唯物主义和唯心主义两个对立的基本派别	唯物主义：世界的本原是物质，坚持物质第一性，意识第二性，物质决定意识
		唯心主义：世界的本原是意识，坚持意识第一性，物质第二性，意识决定物质
第二个方面，思维和存在（意识和物质）有无同一性的问题	可以将哲学划分为可知论和不可知论两个派别	可知论：思维和存在具有同一性。认为世界上只有尚未认识之物，没有根本不可认识之物
		不可知论：把思维和存在绝对对立起来。认为人根本不可能认识世界或不能彻底认识世界，断言人的认识能力不能超出感觉经验或现象的范围，不能认识事物的本质及发展规律

重难点解读

物质与意识对立的绝对性只有一点，即思维与存在何者为第一性。超出这个范围，二者之间的对立只有相对而言的意义。思维和存在何者为第一性的问题是划分唯物主义和唯心主义的唯一标准。

考点 2　哲学基本派别的历史形态

哲学的基本历史形态

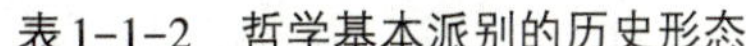
表 1-1-2　哲学基本派别的历史形态

基本派别	历史形态	基本主张	代表观点
唯物主义	古代朴素唯物主义	认为世界由物质构成，本质上是正确的，并且具有朴素的辩证法思想。但有将世界的本原归结为某种或某些**具体的物质形态**的局限性	(1)天地合而万物生，阴阳接而变化起（荀子） (2)天行有常，不为尧存，不为桀亡（荀子） (3)气者，理之依也（王夫之） (4)形存则神存，形谢则神灭（范缜） (5)世界是一团永恒燃烧的活火（赫拉克利特）
唯物主义	近代形而上学唯物主义	发展了唯物主义，但把物质等同于**"原子"**，具有机械性、形而上学性，且在历史观上陷入唯心主义	(1)自然界由数目无穷、性质不同的异质元素构成（狄德罗） (2)万物的基础是原始物质，是基本元素（培根）
	辩证唯物主义和历史唯物主义	结束了那种企图包括一切科学并凌驾于一切科学之上的"科学之科学"的统治，将唯物主义和辩证法高度统一，唯物辩证的自然观和历史观高度统一	马克思主义哲学

续表

基本派别	历史形态	基本主张	代表观点
唯心主义	主观唯心主义	把个人的**主观精神**如感觉、经验、心灵、意识、观念、意志等看作世界上一切事物产生和存在的根源与基础，而世界上的一切事物则是由这些主观精神所派生的，是这些主观精神的显现	(1)万物皆备于我(孟子) (2)心外无物(王阳明) (3)非风动，非幡动，仁者心动(慧能) (4)宇宙便是吾心，吾心即是宇宙(陆九渊) (5)人是万物的尺度(普罗泰戈拉) (6)我思故我在(笛卡尔) (7)存在即被感知。物是观念的集合(贝克莱)
	客观唯心主义	客观唯心主义把**客观精神**(如上帝、鬼神、理念、绝对精神等)看作世界的主宰和本原，认为现实的世界只是这些客观精神的外化和表现	(1)中外“神创论”(盘古开天地、上帝创世纪) (2)道生一，一生二，二生三，三生万物(老子) (3)有理而后有象，有象而后有数(程颐) (4)理念论(柏拉图) (5)绝对观念论(黑格尔)

真题面对面

[2022安阳滑县，判断，0.6分]“有理而后有象，有象而后有数”体现的是主观唯心主义。(　　)

答案：×

三、马克思主义哲学 【单选、多选、判断】★★

考点1 马克思主义哲学的概念和根本特征

马克思主义哲学是关于自然、社会和思维发展一般规律的科学，是唯物主义和辩证法的统一、唯物辩证的自然观和历史观的统一。(1)从研究对象上来说，它是关于自然、社会和思维发展的一般规律的科学；(2)从阶级属性和功能来讲，它是无产阶级的世界观和方法论，是指导无产阶级和人民群众认识世界和改造世界的思想武器；(3)从本质特征上来讲，它是以实践为基础的革命性和科学性相统一的哲学，即马克思主义哲学的根本特征是实践性、革命性和科学性的统一。马克思主义哲学理想的实现需要无产阶级的斗争。

考点2 马克思主义哲学产生的条件

经济、社会历史条件——资本主义经济的发展；

自然科学基础——细胞学说、能量守恒与转化定律、生物进化论(19世纪的三大科学发现)

直接理论来源——德国古典哲学。马克思主义哲学吸收了黑格尔辩证法的“合理内核”和费尔巴哈唯物主义的“基本内核”，创造出了辩证唯物主义和历史唯物主义。辩证唯物主义和历史唯物主义是马克思主义最根本的世界观和方法论。

真题面对面

[2022郑州市直,单,1.2分]19世纪自然科学的三大发现为马克思主义的产生提供了自然科学前提,这三大发现不包括(　　)

A. 细胞学说　　B. 能量守恒与转化定律

C. 地质渐变论　　D. 达尔文的生物进化论

答案:C

第一部分

第二节　辩证唯物论

一、物质　【单选】

考点1　物质的含义与唯一特性

物质是标志着客观实在的哲学范畴,这种客观实在是人通过感觉感知的,它不依赖于人的感觉而存在,为人的感觉所复写、摄影和反映。物质的唯一特性是客观实在性。

考点2　物质与运动

表1-1-3　物质与运动

角度	关系	错误倾向
强调运动	运动是物质的存在方式和根本属性,物质是运动着的物质,离开运动的物质是不存在的	离开运动谈物质会陷入形而上学
强调物质	运动是物质的运动,物质是运动的载体,物质是一切运动变化和发展过程的基础和承担者,任何形式的运动都有它的物质载体	离开物质谈运动会陷入唯心主义

考点3　运动与静止

表1-1-4　运动与静止

概念	含义	性质	错误倾向	联系
运动	标志一切事物和现象变化及其过程的哲学范畴	无条件的、永恒的、绝对的	只承认运动而否认静止,会陷入相对主义	运动和静止相互依赖、相互渗透、相互包含,"动中有静,静中有动"
运动的特殊形式:静止	物质运动在一定条件下的稳定状态,包括空间位置和根本性质暂时未变两种运动的特殊状态	有条件的、暂时的、相对的	只承认静止而否认运动,会陷入形而上学	

二、物质与意识的辩证关系　【单选、多选】★

考点1　物质决定意识

物质对意识的决定作用表现在意识的起源、本质和作用上。

从意识的起源看，意识是物质世界长期发展的产物，即自然界长期发展和社会历史发展的产物。

从意识的本质看，意识是人脑特有的机能和属性，是客观存在的主观映象。因此，意识在内容上是客观的，在形式上是主观的，是客观内容与主观形式的统一。不管是正确的意识还是错误的意识都是对客观存在的反映。宗教是客观世界在人脑中虚幻的、歪曲的反映。

考点 2 意识对物质具有能动作用

意识具有能动性，它是对物质的能动的反映，又对物质具有能动的反作用。正确的意识对事物的发展起积极的促进作用，错误的意识则对事物的发展起阻碍作用。

1. 人能够能动地认识世界

意识活动具有目的性和计划性，同时又具有主动创造性和自觉选择性。意识不仅能够反映事物的外部现象，而且能够把握事物的本质和规律；不仅能够"复制"当前的对象，而且能够追溯过去、推测未来，能够创造一个理想的或幻想的世界。意识的主动创造性是人们能够认识世界的重要条件。世界上只有尚未被认识之物，没有不可认识之物。

易错点提示

意识不具有直接现实性。意识对改造客观世界的指导作用必须通过实践。

2. 人能够能动地改造世界

意识对改造客观世界具有指导作用，人们在意识的指导下能动地改造世界，即通过实践把意识中的东西变成现实的东西，创造出没有人的参与永远也不可能出现的东西。另外，意识对于人体生理活动具有调节和控制作用。

三、主观能动性与客观规律性的统一 【单选】 ★

考点 1 主观能动性

主观能动性即意识的能动作用，是指人类意识所特有的能动地认识世界，并通过指导实践能动地改造世界的能力。

考点 2 客观规律性

规律是事物运动过程中固有的、本质的、必然的、稳定的联系。规律具有客观性，是不以人的意志为转移的，它既不能被创造，也不能被消灭。规律具有普遍性，自然界、人类社会和人的思维，在其运动变化和发展过程中，都遵循其固有的规律。

人类可以认识规律，把握规律，利用规律，改变规律作用的条件和范围为人类造福。

人类不能创造规律，改造规律，改变规律，消灭规律。

考点 3 主观能动性与客观规律性的辩证关系

(1)尊重客观规律是发挥主观能动性的前提和基础。*例如，巧妇难为无米之炊。*

(2)发挥人的主观能动性是认识、掌握和利用客观规律的必要条件。

(3)尊重客观规律和发挥人的主观能动性是相辅相成、辩证统一的。既要尊重客观规律，又要发挥人的主观能动性，要把坚持唯物论和辩证法有机统一起来。

四、世界的物质统一性 【单选】

包括自然界和人类社会在内的整个世界，其真正的统一性在于它的物质性。世界的物质统一性原理的内容包括：世界是统一的，即世界的本原只有一个；世界的统一性在于它的物质性，即世界统一的基础是物质；物质世界的统一是多样性的统一，而不是单一的、无差别的统一。它是马克思主义哲学的基石，也是我们从事一切工作的立足点，是一切从实际出发的思想路线的哲学基础。

第三节 唯物辩证法

一、辩证法与形而上学 【单选、判断】★

辩证法与形而上学是两种根本对立的世界观和方法论。辩证法和形而上学既可以和唯物主义结合，也可以和唯心主义同流。

表1-1-5 唯物辩证法与形而上学

对比内容	显著区别				根本分歧
唯物辩证法	普遍联系	永恒发展	质量互变	全面的观点	是否承认事物的内部矛盾是事物发展的根本动力
形而上学	彼此孤立	静止不动	否认质变	片面的观点	

形而上学的代表观点有：刻舟求剑；盲人摸象；只见树木，不见森林。

唯物辩证法的**两大总特征**——联系的观点和发展的观点；

唯物辩证法的**三大规律**——对立统一规律、质量互变规律和否定之否定规律；

唯物辩证法的**五大范畴**——原因和结果、现象和本质、内容和形式、必然性和偶然性、可能性和现实性。

真题面对面

[2020信阳市直，判断，0.7分]"参天之木，必有其根；怀山之水，必有其源"属于形而上学的观点。(　　)

答案：×。形而上学认为世界上的一切事物和现象都是孤立存在、互无关联的，世界上的一切事物和现象都是静止不动的，否认质变，否认矛盾。题干这句话的意思是：耸入云霄的树木一定有它的根基，环绕山陵的水流一定有它的源头，体现了联系的观点和发展的观点，不属于形而上学的观点。

二、世界的普遍联系 【单选】★

考点1 联系

表1-1-6 联系

内容	具体说明	
含义	联系是指事物之间以及事物内部各要素之间的相互影响、相互制约和相互作用的关系	
特点	普遍性	联系是普遍存在的，世界处于普遍联系之中。联系的普遍性包含两方面的含义：一是世界上任何一个事物内部的诸要素之间是相互联系的，任何事物都具有内在的结构性；二是任何一个事物与其他事物都处于相互联系之中，不存在完全孤立的事物

续表

内容		具体说明
特点	客观性	联系是事物本身所固有的客观现象，不以人的主观意志为转移。人们可以根据固有的联系建立新的具体联系，但不能根据自己的主观愿望创造新的具体联系
	条件性	整个世界是一个相互联系的统一整体，但并不意味着任何两个事物之间都存在联系。任何具体联系都依赖于一定的条件
	多样性	事物的联系是多种多样的，有直接联系和间接联系、内部联系和外部联系、本质联系和非本质联系、必然联系和偶然联系等
方法论		联系的普遍性要求我们用联系的观点看问题；联系的客观性要求我们从事物固有的联系中把握事物，切忌主观随意性，要根据事物的固有联系，改变事物的状态，建立新的具体联系；联系的条件性要求我们具体分析事物之间的联系，既善于充分利用有利条件，又善于化不利条件为有利条件；联系的多样性要求我们善于分析和把握事物存在和发展的各种条件，要一切以时间、地点和条件为转移

考点 2 整体与部分的辩证关系

表1-1-7　整体与部分的辩证关系

内容		整体	部分
相互区别	含义	事物的全局和发展的全过程	事物的局部和发展的各阶段
	地位和功能	整体居于主导地位，整体统率着部分	部分在事物的存在和发展过程中处于被支配的地位，部分服从和服务于整体
相互联系	相互依赖	(1)整体由部分构成，离开部分，整体不复存在； (2)部分是整体中的部分，离开了整体，部分就不成其为部分	
	相互影响	(1)部分的功能及其变化会影响整体的功能，关键部分的功能及其变化甚至对整体的功能起决定作用； (2)整体的功能状态及其变化也会影响到部分	
方法论		树立全局观念，立足整体，统筹全局，选择最佳方案，实现整体的最优目标，从而达到整体功能大于部分功能之和的理想效果；同时必须重视部分的作用，用局部的发展推动整体的发展	

易错点提示

整体功能并非总是大于部分功能之和。当各部分以合理结构形成整体时，整体的功能就会大于各个部分的功能之和。

三、世界的永恒发展 【单选】

表1-1-8　发　展

内容	具体说明
含义	发展是事物运动变化过程中内在具有的、前进的、上升的运动
特点	永恒性、普遍性
本质	新事物的产生和旧事物的灭亡

续表

内容	具体说明
新事物和旧事物的区别	新事物是指符合发展方向的、具有远大前途的事物。旧事物是指丧失了存在的必然性，日趋灭亡的事物。 新事物和旧事物的区别不在于形式，而在于它们的内容。是否符合发展的必然趋势，是区别新旧事物的根本标准。新事物是符合历史条件和广大人民群众的根本利益的，因而它是不可战胜的
原因	事物的发展是内因和外因共同起作用的结果。 内因是指事物的内部矛盾，外因是指事物的外部矛盾。 二者在事物发展中的地位和作用不同。内因是事物变化发展的根据，是事物发展的源泉，决定着事物的性质和发展方向，在事物发展中起根本性作用；外因是事物变化发展的条件，起加速或延缓的作用；外因必须通过内因才能起作用，因此要坚持内因与外因相结合的观点

真题面对面

[2021信阳市直，单，1.1分]习近平指出，当今世界，没有一个国家能实现脱离世界安全的自身安全，也没有建立在其他国家不安全基础上的安全。这句话体现的哲学道理是(　　)

A. 量变和质变

B. 整体由部分组成，整体离不开部分

C. 事物是相互联系的

D. 事物的联系表现为联系性、条件性

答案：C。题干说明国家安全和世界安全之间存在联系，体现了联系是普遍存在的，即事物是相互联系的。C项正确。AB项与题意无关。联系具有普遍性、客观性、多样性、条件性等特征，D项说法错误。故本题选C。

四、唯物辩证法的基本规律 【单选、多选、判断、简述】★★★

考点 1 对立统一规律

对立统一规律即事物的矛盾规律，揭示了事物发展的源泉和动力，是唯物辩证法的实质和核心。是否承认对立统一规律是唯物辩证法和形而上学对立的实质。

1.矛盾及其基本属性

表1-1-9　矛盾及其基本属性

内容		具体说明
矛盾的含义		矛盾是指事物内部或事物之间的对立和统一及其关系
矛盾的基本属性：同一性和斗争性	区别	同一性是指矛盾双方相互依存、相互贯通的性质和趋势。 (1)矛盾双方相互依存，互为存在的前提，并共处于一个统一体中。 例如，“蝉噪林逾静，鸟鸣山更幽”。 (2)矛盾双方相互贯通，在一定条件下相互转化。 例如，“塞翁失马，焉知非福”；“善游者溺，善骑者堕”；否极泰来
		斗争性是指矛盾双方相互排斥、相互分离的性质和趋势。 不同的矛盾具有不同的斗争形式，同一矛盾在不同的发展阶段上的斗争形式也不同
	联系	矛盾的同一性和斗争性是辩证统一的，既有对立又有统一。 对立：同一性是有条件的、相对的；斗争性是无条件的、绝对的。 统一：斗争性是同一性的基础；斗争性寓于同一性之中。 例如，“在纯粹的光明中，就像在纯粹的黑暗中一样”“万物负阴而抱阳”

续表

内容	具体说明
方法论	在对立中把握同一，在同一中把握对立

2. 矛盾的普遍性和特殊性

表 1-1-10　矛盾的普遍性和特殊性

内容		普遍性	特殊性
区别	含义	普遍性是指矛盾存在于一切事物之中，并且贯穿事物发展过程的始终	特殊性是指具体事物在其运动中的矛盾及每一矛盾的各个方面都有其特点
	具体内涵	(1)矛盾无处不在：矛盾存在于一切事物的发展过程中，即处处有矛盾； (2)矛盾无时不有：每一事物的发展过程中存在着自始至终的矛盾运动，即时时有矛盾	(1)不同事物有不同的矛盾； (2)同一事物在发展的不同过程和阶段上有不同的矛盾； (3)同一事物中的不同矛盾、同一矛盾的两个不同方面也各有其特殊性。 例如，“因地制宜”“因材施教”“量体裁衣”等
联系		矛盾的普遍性和特殊性是辩证统一的关系。 例如，“白马非马”之说的错误在于割裂了矛盾的普遍性和特殊性的关系	
		矛盾的普遍性即矛盾的共性，矛盾的特殊性即矛盾的个性。矛盾的共性是无条件的、绝对的，矛盾的个性是有条件的、相对的。 矛盾的普遍性存在于特殊性中，共性寓于个性之中；矛盾的特殊性包含普遍性，个性包含共性。二者的转化必须以时间、地点、条件的变化为依据	
方法论		矛盾的普遍性要求我们用全面的观点看问题；矛盾的特殊性要求我们坚持具体问题具体分析	

3. 矛盾的不平衡性

表 1-1-11　矛盾的不平衡性

内容	内涵	联系	方法论	总方法论
主要矛盾	矛盾体系中处于支配地位，对事物发展起决定作用的矛盾	主要矛盾和次要矛盾是对立统一的，它们相互区别、相互作用并在一定的条件下相互转化	要在诸多矛盾中抓中心、抓重点、抓关键并兼顾其他。 例如，“射人先射马，擒贼先擒王”	坚持“两点论”和“重点论”相统一
次要矛盾	在矛盾体系中处于从属地位，对事物发展不起决定作用的矛盾			
矛盾的主要方面	在一个矛盾中居于支配地位，起决定性作用的一方	事物的性质是由主要矛盾的主要方面决定的。矛盾的主要方面和次要方面是对立统一的关系，两者相互依赖、相互排斥并在一定的条件下相互转化	要坚持分清主次、分清事物的主流和支流。 例如，“金无足赤，人无完人”“失之东隅，收之桑榆”，瑕不掩瑜	
矛盾的次要方面	在一个矛盾中处于从属地位、不起决定作用的一方			

重难点解读

区分主要矛盾和矛盾的主要方面可以灵活运用多种方法。(1)外延法。主要矛盾在复杂事物(众多矛盾)中存在;矛盾的主要方面在每一事物(矛盾双方)中存在。(2)题意法。分析题意的指向,主要矛盾适用于“办事情”;矛盾的主要方面适用于“看问题”。(3)关键词法。主要矛盾的关键词有“重点”“中心”“关键”等;矛盾的主要方面的关键词有“主流”“大局”“实质”等。

真题面对面

[2022郑州郑东新区,单,0.5分]习近平总书记强调,全面依法治国必须抓住领导干部这个“关键少数”。领导干部要做尊法学法守法用法的模范,带动全党全国一起努力,在建设中国特色社会主义法治体系、建设社会主义法治国家上不断见到新成效。抓“关键少数”体现的哲学原理是(　　)

A. 矛盾是普遍的,无处不在,无时不有

B. 矛盾双方的对立统一推动事物的运动变化

C. 事物的性质由主要矛盾的主要方面决定,因此要抓重点

D. 次要矛盾和矛盾的次要方面不决定事物的性质,但对事物的发展产生重要影响

答案:C。主要矛盾是指在矛盾体系中处于支配地位,对事物发展起决定作用的矛盾。事物的性质由主要矛盾的主要方面决定。全面依法治国必须抓住领导干部这个“关键少数”,就是要在诸多矛盾中抓中心、抓重点、抓关键,体现了“重点论”,C项符合题意。ABD项说法正确,但与题意无关。

考点2 质量互变规律

质量互变规律揭示了事物发展的形式和状态,体现了事物发展的渐进性和飞跃性的统一。例如,“防微杜渐”“循序渐进”“绳锯木断,水滴石穿”“堤溃蚁孔,气泄针芒”“九层之台,起于累土”等。

表1-1-12　质量互变规律

内容	具体说明
量与量变	量:事物的规模、程度和速度以及构成要素在空间上的排列组合等可以用数量表示的规定性。 量变:事物在数量上的增减和次序上的变动,是保持事物质的相对稳定的不显著的变化
度——区分事物量变和质变的根本标志	度:事物保持自己的质的数量界限,即事物的范围、幅度和限度。 度的极限叫关节点,超出了关节点,事物就形成了新的质量统一。 在度的范围内的变化是量变,超过度的范围的变化是质变
质与质变	质:一事物成为它自身并区别于其他事物的内在规定性。事物质的规定性由事物内部矛盾的特殊性决定。 质变:事物根本性质的变化,是事物由一种质态向另一种质态的飞跃
量变和质变的关系	质变和量变是辩证统一的。量变是质变的必要准备,质变是量变的必然结果,量变和质变相互渗透
方法论	重视量的积累,坚持适度原则,不失时机地促成质变

易错点提示

“量变必然引起质变”的说法是片面的。量变达到一定程度才能引起质变。

真题面对面

[2021信阳淮滨，判断，0.58分]时代的发展有一个从量变到质变的发展过程，在量变中蕴含着质变，质变是量变的必然结果，同时又开启新的量变。(　　)

答案：√

考点 3 否定之否定规律

否定之否定规律是指事物由肯定到否定，再到否定之否定的辩证发展过程。

否定之否定规律揭示了事物发展的道路和总趋势。

事物的发展都存在着肯定的因素和否定的因素。肯定因素是维持现存事物存在的因素，否定因素是促使现存事物灭亡的因素。辩证否定观的基本内容是：第一，否定是事物的自我否定，是事物内部矛盾运动的结果；第二，否定是事物发展的环节；第三，否定是新旧事物的联系环节。辩证否定的实质是"扬弃"，即新事物对旧事物既批判又继承，既克服其消极因素又保留其积极因素。

事物辩证否定发展要经过**两次否定**，经过三个阶段，即**"肯定—否定—否定之否定"**，形成一个周期。事物的这种否定之否定的过程，从内容上看是自己发展自己、自己完善自己的过程；从形式上看是**螺旋式上升或波浪式前进**，方向是前进上升的，道路是曲折的，是前进性和曲折性的统一。

真题面对面

[2021安阳龙安，单，1.2分]对待中国古代文化遗产和外国文化，要坚持"古为今用""洋为中用"，这种对待中外文化态度的根本哲学依据是(　　)

A. 真理和价值的辩证关系原理　　B. 辩证的否定观原理

C. 实践和认识的辩证关系原理　　D. 量变和质变的辩证关系原理

答案：B。对待中国古代文化遗产和外国文化，坚持"古为今用""洋为中用"，体现了辩证否定的实质是"扬弃"，即新事物对旧事物既批判又继承，既克服其消极因素又保留其积极因素，B项说法正确。ACD三项在题干中均未体现出来，排除。故本题选B。

五、唯物辩证法的基本范畴 【单选】★

世界的普遍联系和永恒发展是通过一系列基本环节实现的，对于这些基本环节的逻辑反映就是辩证法学说的基本范畴。唯物辩证法一共有五对基本范畴。

考点 1 原因和结果

客观世界普遍存在着引起与被引起的联系，辩证法把这种引起与被引起的关系称为因果关系。其中，引起某种现象的现象叫作原因，而被某种现象引起的现象叫作结果。原因和结果揭示了事物前后相继、彼此制约的关系。原因和结果是辩证统一的，在一定条件下可以相互转化。辩证地分析事物的因果联系，可以增强人们活动的自觉性、预测性和调控性。

考点 2 现象和本质

现象是事物的外部联系和表面特征，可以通过感官感知。本质是事物的内在联系和根本性质，只有通

过理性思维才能把握。现象是个别的、具体的，本质是一般的、共性的。任何本质都通过现象表现出来；任何现象都是从一定方面表现着本质，现象是本质的外部表现，假象也是事物本质的表现。现象和本质揭示的是事物的外部表现和内部联系的相互关系。

考点 3 内容和形式

内容是构成事物一切要素的总和，是事物存在的基础。形式是内容诸要素相互结合的结构和表现方式。内容和形式相互依存，不可分割。内容决定形式，形式反作用于内容，当形式适合内容时，对内容的发展起积极的推动作用；当形式不适用于内容时，对内容的发展起消极的阻碍作用。内容和形式揭示的是事物内在要素的结构和表现方式的关系。

考点 4 必然性和偶然性

必然性是指事物联系和发展过程中一定要发生的、确定不移的趋势。偶然性是指事物联系和发展过程中并非确定发生的不确定的趋势。必然性和偶然性是对立统一的关系。两者的对立表现在必然性和偶然性是事物联系和发展中两种不同的趋势。两者的统一表现在相互依存：必然性存在于偶然性之中，通过大量的偶然性表现出来；偶然性背后隐藏着必然性，偶然性是必然性的表现形式和补充。必然性和偶然性揭示的是客观事物产生、发展和灭亡的不同趋势。

考点 5 可能性和现实性

可能性是指事物发展过程中潜在的东西，是包含在事物中并预示事物发展前途的种种趋势。现实性是指已经产生出来的具有内在根据和必然性的东西。现实性和可能性既有区别，又有联系。没有现实就没有可能，没有可能就没有现实，它们在一定条件下相互转化。可能性和现实性揭示的是事物过去、现在和将来的相互关系。

真题面对面

[2020信阳市直，单，0.9分]成功的背后永远是艰辛努力。大事全是由小事积累起来的，要把小事当作大事干，一步一个脚印往前走。滴水可以穿石，只要坚韧不拔、百折不挠，就一定能够成功。其中体现的哲学关系不包括(　　)

A. 原因和结果　　B. 量变和质变　　C. 个性和共性　　D. 物质和意识

答案：C。“成功的背后永远是艰辛努力”体现了物质和意识的辩证关系，说明意识具有能动作用；“大事全是由小事积累起来的”“滴水可以穿石”体现了质量互变规律；“只要坚韧不拔、百折不挠，就一定能够成功”体现了因果联系，即原因和结果这一对唯物辩证法的基本范畴。题干未体现个性和共性，故选C。

第四节　认识论

一、实践 【多选】 ★

考点 1 实践的概念与基本特征

实践是人类能动地改造客观世界的物质性活动。

实践是**直接现实性**活动，其基本特征有三个：(1)实践是物质性的活动，具有**客观物质性**；(2)实践是人类特有的意识活动，具有**自觉能动性**；(3)实践是社会的、历史的活动，具有**社会历史性**。

考点 2 实践的基本形式

实践的基本形式有三种：**生产实践、社会实践和科学实验**。

考点 3 虚拟实践

虚拟实践，是指主体和客体之间通过数字化中介系统在虚拟空间进行的双向对象化的感性活动。在某种意义上，也是指人类实践活动的虚拟化。虚拟实践的主体是人，对象是虚拟客体，活动领域是赛伯空间（思维和信息的虚拟世界）。从功能上看，虚拟实践活动突出地表明了人类实践活动的**创造性**，是在虚拟世界里所形成的一种前所未有的新的人类实践活动形式之一。虚拟实践是社会物质实践的派生形式，具有**相对独立性**，不具有直接现实性。

真题面对面

[2020 信阳市直，多，1.7分]随着现代信息技术的发展，许多以往在现实世界中难以进行的实验都可以在虚拟空间中进行。通过虚拟军事对抗过程，既不会对现实中的军队造成伤害，又可以得到关键的实验数据，大大拓展了实践活动的可能性空间。以下相关说法正确的有（　　）

A. 虚拟实践的主体与现实中实践活动的主体相同

B. 虚拟实践活动突出地表明了人类实践活动的创造性

C. 虚拟实践不具有直接现实性，是一种完全独立于社会物质实践的新的实践形式

D. 虚拟实践的客体与现实中实践活动的客体不同

答案：ABD

二、认识 【多选、判断】 ★

考点 1 认识的本质

认识是在实践基础上主体对客体的能动反映。没有客体对象的存在，就不可能产生相应的认识。肯定认识是主体对客体的反映，就是坚持唯物主义，反对唯心主义和不可知论。

考点 2 认识运动的基本规律

1. 从实践到认识——感性认识到理性认识的飞跃

感性认识是认识的初级阶段，是人们在实践的基础上，客观事物直接作用于人的感官而产生的一种关于事物现象、事物外部联系、事物各个方面的认识。形象性和直接性是感性认识的特点，**感觉、知觉、表象**是感性认识的三种形式。

理性认识是认识的高级阶段，是人们对感性认识的材料进行抽象和概括而产生的一种对事物的本质、全体、内部联系和自身规律性的认识。抽象性、间接性是理性认识的特点，**概念、判断、推理**是理性认识的三种形式。

感性认识和理性认识的关系表现在：理性认识依赖于感性认识，感性认识有待于发展、深化为理性认识，感性认识与理性认识是相互渗透的。

2. 从认识到实践——理性认识到实践的飞跃

从理性认识到实践，是认识过程的第二个阶段，是第二次能动的飞跃，也是认识过程中更为重要的一次飞跃。实现飞跃的条件是必须从实际出发，坚持理论和实际相结合，让理论为群众所掌握，转化为改造社会、改造自然的物质力量。只有这样，理论才能真正发挥指导作用，并随着实践的发展而发展。

第一部分

考点 3 认识的特点

1. 认识具有反复性

从认识的主体来看，人们对客观事物的认识总要受到具体的实践水平的限制，总要受到不同的立场、观点、方法、知识水平、思维能力、生理素质等条件的限制。从认识的客体来看，客观事物是复杂的、变化着的，其本质的暴露和展现有一个过程。这就决定了人们对一个事物的正确认识往往要经过从实践到认识、再从认识到实践的多次反复才能完成。

2. 认识具有无限性

认识的对象是无限的、变化着的物质世界，作为认识主体的人类是世代延续的，作为认识基础的社会实践是不断发展的。因此，人类认识是无限发展的，追求真理是一个永无止境的过程。

3. 认识具有上升性

从实践到认识、从认识到实践的循环是一种波浪式前进或螺旋式上升的过程。真理永远不会停止前进的步伐，它在发展中不断地超越自身。那些经过实践反复检验的、已经确定的真理并没有被推翻，而是不断地向前发展。

真题面对面

[2021信阳市直，判断，0.8分]认识是无止境的，探索和把握规律也没有止境。对于社会发展规律，我们已经认识到的只是其中的一部分，还有很多规律需要我们进一步探索和把握。(　　)

答案：√

三、实践和认识的辩证关系 【单选、多选】 ★★

考点 1 实践决定认识

(1)实践是认识的基础和来源。例如，“不入虎穴，焉得虎子”。

(2)实践是认识发展的动力。例如，熟能生巧。

(3)实践是检验认识真理性的唯一标准。例如，“不登高山，不知天之高也”。

(4)实践是认识的目的和归宿。例如，“精通的目的全在于应用”。

记忆有妙招

为方便考生记忆，编者将实践对认识的决定作用的内容总结成口诀，供考生参考记忆。

出院立目标：实践是认识的基础、来源、动力、目的和检验认识真理性的唯一标准。**出**：基础。**院**：来源。**立**：动力。**目**：目的。**标**：唯一标准。

考点2 认识反作用于实践

正确的认识对人的实践有积极的促进作用,错误的认识对人的实践有消极的阻碍作用。

真题面对面

[2021信阳市直,多,1.3分]1969年,屠呦呦开始以课题组组长的身份研发抗疟新药,然而青蒿素的首次临床观察出师不利。在第一次青蒿素片剂临床观察中,首批实验的5例恶性疟疾只有1例有效。面对失败,屠呦呦坦然接受。这个事例反映的认识论道理有( )

A. 实践是检验认识真理性的唯一标准

B. 正确的认识往往要经过实践对认识的多次反复验证,才能完成

C. 不成功的实践对认识的发展没有价值

D. 人对客观事物的认识不受主观因素的影响

答案:AB。材料体现出屠呦呦反复实践,坦然面对失败的态度,也反映了实践是检验认识真理性的唯一标准,正确的认识往往要经过实践对认识的多次反复验证,才能完成。AB项正确。CD项本身说法错误。故本题选AB。

四、真理与价值

在人们通过实践改造世界的过程中,既存在主观符合客观的真理问题,也存在按照主体需要认识和改造世界的价值问题。

考点1 真理 【单选、多选】★

真理是人们对客观事物及其规律的正确认识,是标志主观与客观相符合的哲学范畴。

1. 真理的特性

(1)客观性

真理最基本的属性是客观性。真理的内容和标准都是客观的。真理的客观性决定了真理的一元性。

承认人的认识具有主体差异性,并不等于否定真理的客观性。

真理的一元性是指在同一条件下对于特定的认识客体的真理性认识只有一个,是针对真理的客观内容而言的。例如,“公说公有理,婆说婆有理”否定了客观真理。但从真理的主观形式上看,真理的表现形式又是多样的,同一真理可以采取不同的语言形式、理论形式来表达。例如,“仁者见仁,智者见智”。因此,真理是内容上的一元性与形式上的多样性的统一。

(2)绝对性和相对性

真理具有绝对性,又称绝对真理。任何真理都是对客观事物及其规律的正确认识,都包含不依赖于人的意识的客观内容,这是绝对的、无条件的。

真理具有相对性,又称相对真理。人们在一定条件下的正确认识是有限度的。

绝对真理和相对真理是同一客观真理的两重属性,二者辩证统一。真理的绝对性寓于真理的相对性之中,真理的相对性包含并表现着真理的绝对性。真理是一个不断发展的过程,任何真理性的认识都是由相

对真理向绝对真理转化过程中的一个环节。

(3)具体性

真理是具体的,而不是抽象的。任何真理都是在一定时间、地点、条件下主观对客观的符合,它要受到条件的制约,并随着条件的变化而变化;离开具体的时间、地点和条件,真理就是抽象的、无意义的。

2. 真理与谬误

谬误是对客观事物及其发展规律的歪曲的反映。

真理和谬误对立统一:第一,真理和谬误相互对立,二者存在着原则界限。第二,真理和谬误的对立是相对的,它们在一定条件下相互转化。二者的对立只是在非常有限的范围内才具有绝对的意义,超出这个范围,二者的对立就是相对的。真理和谬误的对立统一关系表明,真理总是同谬误相比较而存在、相斗争而发展。

考点2 价值及价值评价 【单选、多选】★

1. 价值

价值是主体和客体之间一种特定的关系,即客体以自身属性满足主体需要或主体需要被客体满足的效益关系。价值具有客观性、主体性、多维性和社会历史性。

2. 价值评价

人的价值就是人所具有的能够满足主体需要的功能和属性。社会客观条件是实现人生价值的前提,实现个人价值需要坚持正确价值观。人的价值就在于创造,就在于对社会的责任和贡献,即通过自己的活动满足自己所属的社会、他人以及自己的需要。

社会价值是指人通过自身和自我实践活动满足社会或他人物质的、精神的需要所作出的贡献和承担的责任。对一个人的价值评判主要是看他的**贡献**,即看他通过自己的活动在多大程度上满足了他所属社会及他人的需要。评价一个人价值的大小,就是看他为社会、为人民贡献了什么,贡献了多少。自我价值与社会价值是统一的,人们要在劳动和奉献中创造价值,在个人和社会的统一中实现价值。

考点3 真理和价值的关系 【单选】

真理和价值在实践中辩证统一。一方面,价值尺度必须以真理为前提。另一方面,人类自身需要的内在尺度,推动人们不断发现新的真理。任何成功的实践都是真理尺度和价值尺度的统一,是合规律性和合目的性的统一。真理和价值之间的矛盾是人类活动的内在矛盾,它们之间的统一是人类活动的内在要求,二者矛盾的不断出现与解决促进着实践的发展和人类的进步。

第五节 历史唯物主义

对于社会历史观基本问题的不同回答,形成了两种不同的历史观,即唯物主义历史观和唯心主义历史观。主张社会意识决定社会存在,社会意识是社会历史发展中决定性、第一性的因素的历史观就是历史唯心主义。在马克思主义哲学产生之前,唯心史观一直占据统治地位,人类思维领域没有历史唯物主义和历史唯心主义的对立。唯物史观的创立,实现了唯物辩证法的自然观和历史观的高度统一,使社会主义由空想变成了科学，为具体社会科学的研究和发展提供了科学的世界观和方法论。

一、社会基本矛盾及其运动规律 【单选、判断】★★★

考点1 社会存在和社会意识

表1-1-13 社会存在和社会意识

内容	社会存在	社会意识
含义	社会生活的物质方面	社会生活的精神方面
具体内容	(1)物质资料的生产方式：社会存在和发展的决定力量，是生产力与生产关系的统一。 (2)地理环境和人口因素：二者对社会发展起着加速或延缓的作用，但不能脱离社会生产发生作用，不能决定社会的性质和社会形态的更替	(1)低层次的社会意识——社会心理，包括感知、情绪、情感、心态、习俗等。 (2)高层次的社会意识——社会意识形式，包括政治法律思想、道德、艺术、宗教、哲学等
关系	二者辩证统一。社会存在决定社会意识，社会意识是社会存在的反映，并反作用于社会存在。 (1)社会意识对社会存在的**依赖性**：社会存在决定社会意识，社会意识是社会存在的反映。 (2)社会意识具有**相对独立性**：它在反映社会存在的同时具有自己特有的发展形式和规律。首先，社会意识和社会存在的发展具有不平衡性和不完全同步性。其次，社会意识内部各种形式之间相互作用、相互影响。最后，社会意识对社会存在具有能动的反作用，这是社会意识相对独立性的突出表现。先进的社会意识对社会发展起着积极的促进作用，落后的社会意识对社会发展起着消极的阻碍作用	

真题面对面

[2022郑州市直，单，1.2分]在中国特色社会主义的建设中，有了“邓小平理论、‘三个代表’重要思想、科学发展观、习近平新时代中国特色社会主义思想”这些正确理论的指引，才能带领我们走向富强民主文明和谐美丽的社会主义现代化强国。这一事实说明了(　　)

A. 社会意识的发展同经济发展的水平之间具有不平衡性

B. 社会意识的发展变化与社会存在的发展变化不完全同步

C. 先进的社会意识对社会存在的发展起着巨大的促进作用

D. 社会存在能够决定社会意识的内容和形式

答案：C

考点2 生产力和生产关系的矛盾运动及其规律

表1-1-14 生产力和生产关系的矛盾运动及其规律

内容	生产力	生产关系
含义	标志人类改造自然的实际程度和实际能力的范畴，表示人和自然的关系	人们在物质生产过程中形成的不以人的意志为转移的经济关系。生产关系是社会关系中最基本的关系

续表

内容	生产力	生产关系
基本要素	(1)生产资料 ①劳动资料:即劳动手段,生产工具是最重要的劳动手段,它是生产力发展水平的客观尺度,是区分社会经济时代的物质标志。 ②劳动对象:一方面是进行物质资料生产的前提,另一方面又是人们改造自然的程度和生产力发展状况的一种标志。 (2)劳动者 生产力中最活跃的因素。 注:科学技术是先进生产力的集中体现和主要标志,是第一生产力	(1)生产资料所有制关系 生产资料所有制关系是最基本的、决定性的,它构成全部生产关系的基础,是区分不同生产方式、判断社会经济结构性质的客观依据。 (2)生产中人与人的关系 (3)产品分配关系
关系	(1)生产力决定生产关系。生产力的状况决定生产关系的性质,生产力的发展决定生产关系的变革。 (2)生产关系反作用于生产力。当生产关系适合生产力发展的客观要求,它对生产力的发展起推动作用;当生产关系不适合生产力发展的客观要求时,它就会阻碍生产力的发展。判断一种生产关系是否优越的标准,在于这种生产关系对生产力是适合的还是不适合的,是促进还是阻碍生产力的发展	
规律	生产力和生产关系的相互作用构成了二者的矛盾运动。这种矛盾运动中的内在的、本质的、必然的联系,就是生产关系一定要适合生产力状况的规律	

考点3 经济基础和上层建筑的矛盾运动及其规律

表1-1-15 经济基础和上层建筑的矛盾运动及其规律

内容	经济基础	上层建筑
含义	由社会一定发展阶段的生产力决定的生产关系的总和	建立在一定经济基础之上的意识形态及相应的制度、组织和设施
具体内容	经济基础的实质是社会一定发展阶段上的基本经济制度,是制度化的物质社会关系。 经济基础与经济体制有内在的联系。经济体制是社会基本经济制度所采取的组织形式和管理形式,是生产关系的具体实现形式。经济体制的选择是否恰当,对基本经济制度即生产关系的自我完善和生产力的发展起重大作用	(1)观念上层建筑(意识形态)包括政治法律思想、道德、艺术、宗教、哲学等。 (2)政治上层建筑指政治法律制度及设施和政治组织,包括国家政治制度、立法司法制度和行政制度,以及国家政权机构、政党、军队、警察、法庭、监狱等政治组织形态和设施。 在整个上层建筑中,政治上层建筑居于主导地位,国家政权是核心
关系	经济基础和上层建筑是辩证统一的关系。 (1)经济基础决定上层建筑。 (2)上层建筑对经济基础具有反作用。这种反作用集中表现在为自己的经济基础服务	
规律	经济基础和上层建筑相互作用构成二者的矛盾运动规律。这一规律的主要内容:经济基础决定上层建筑产生、性质和发展变化的方向;上层建筑的反作用取决于和服务于经济基础的性质和要求。上层建筑一定要适应经济基础的规律是人类社会的基本规律之一	

易错点提示

上层建筑反作用的性质,取决于它所服务的经济基础的性质,归根到底取决于它是否有利于生产力的发展。

第一部分

二、社会发展的动力 【单选】

考点1 社会基本矛盾

表1-1-16 社会基本矛盾

内容	具体说明
内涵	生产力和生产关系的矛盾与经济基础和上层建筑的矛盾是社会基本矛盾
地位	社会发展的根本动力
两对矛盾	在这两对矛盾中，生产力和生产关系的矛盾具有更为根本的性质，它是包括经济基础和上层建筑在内的整个社会形态发展和变革的根本原因。一方面，生产力和生产关系的矛盾决定着经济基础和上层建筑的矛盾；另一方面，生产力和生产关系矛盾的解决，又依赖于经济基础和上层建筑矛盾的解决。在社会基本矛盾运动中，生产方式或经济因素起决定作用，但不能忽视上层建筑中政治和意识形态因素的巨大能动作用

考点2 社会基本矛盾的表现形式

在阶级社会中，社会基本矛盾往往会通过一定社会的阶层或阶级的矛盾表现出来，或表现为不同社会集团之间的利益矛盾甚至冲突。社会主义社会的基本矛盾是非对抗性矛盾。

考点3 社会基本矛盾的解决方式

1. 阶级斗争

阶级斗争是阶级社会发展的直接动力，突出地表现在阶级社会形态更替的质变过程中。

2. 社会革命

社会革命是历史的火车头。社会革命的实质是革命阶级推翻反动阶级的统治，用先进的社会制度代替腐朽的社会制度，社会革命对社会历史的发展起着强大的推动作用。

3. 改革

改革是社会主义制度的自我完善和发展，是社会主义社会发展的直接动力。改革的根本目的，就是使生产关系适应生产力的发展，使上层建筑适应经济基础的发展。

考点4 科学技术在社会发展中的作用

一方面，科学技术的发展使生产力的要素发生了深刻的变化，从而提高了社会生产力，推动了生产关系的调整，促进了生产方式的变革。

另一方面，科学技术的发展推动了生活方式的变革、社会文明的提高，也引起和推动了思维方式的变革。

三、群众、个人在历史发展中的作用 【单选、判断】 ★★

唯物史观与唯心史观的对立，在历史创造者问题上表现为群众史观与英雄史观的对立。

考点1 人民群众是历史的创造者

马克思主义哲学从社会存在决定社会意识、生产方式决定社会发展的基本观点出发，认为社会历史从根本上说是生产发展的历史，是人民群众创造的历史。人民群众创造历史的作用表现在以下几个方面：(1)人民群众是社会物质财富的创造者；(2)人民群众是社会精神财富的创造者；(3)人民群众是社会变革的决定力量。

人民群众创造历史的活动受到一定的社会历史条件的制约。

重难点解读

马克思主义强调的人民不是抽象的、超阶级的“人”，而是以工人阶级为主的包括广大人民群众的具体的人。人民性是马克思主义最鲜明的品格。

考点 再拔高

▼ 人民群众

人民群众是一个历史范畴。从质上看，人民群众是指一切对社会历史发展起推动作用的人；从量上看，人民群众是指社会人口中的绝大多数。在不同历史时期，人民群众有不同的内容，但其中最稳定的主体部分始终是从事物质资料生产的劳动群众。在当代中国，凡是拥护、参加和推动中国特色社会主义事业的人都属于人民群众的范畴。

考点 2 个人在历史发展中的作用

历史唯物主义认为，承认人民群众创造历史的决定作用与承认和肯定杰出人物在历史上的重要作用是辩证统一的。任何历史人物的出现都体现了必然性与偶然性的统一。

历史人物的作用取决于他们的行动是否**符合规律性**。相对于历史发展的必然趋势而言，历史人物的作用只能是个别人的作用，只能够**推进或延缓**历史的一定进程，但不能改变历史发展的基本方向。因此，对个人、杰出人物在历史上的重要作用，不能否认或夸大，否则，都是违背历史唯物主义的。

易混点辨析

问：人民是社会存在和发展的基础吗？

答：人民群众创造物质财富的生产活动是社会存在和发展的基础。

问：人民群众是推动社会历史发展的根本动力吗？

答：社会基本矛盾是推动社会历史发展的根本动力。人民群众是推动社会变革的决定性力量，是推动事业发展的力量源泉，是决定党和国家前途命运的根本力量，在创造历史的过程中起决定作用。

真题面对面

[2020信阳市直，单，0.9分]在庆祝中华人民共和国成立70周年招待会上的讲话中，习近平总书记强调，70年来，中国人民发愤图强、艰苦创业，创造了“当惊世界殊”的发展成就，千百年来困扰中华民族的绝对贫困问题即将历史性地划上句号。以下有关说法错误的是(　　)

A. 人民群众是推动事业发展的力量源泉　　B. 人民群众是推动社会变革的基础性力量

C. 人民群众在创造历史过程中起决定作用　　D. 人民是决定党和国家前途命运的根本力量

答案：B

核心考点回顾

1. 不同哲学基本派别的历史形态及其基本主张分别是什么?(参见本书P013)
2. 唯物辩证法的基本规律是什么?(参见本书P019)
3. 社会基本矛盾及其运动规律是什么?(参见本书P028)

达标测评

建议用时	实际用时	测评总分	实际得分
16分钟	____分钟	20分	____分

一、单项选择题(每小题1分,共8分)

1. “凡可状皆有也;凡有皆象也;凡象皆气也”,这是(　　)

A. 客观唯心主义的观点　　B. 主观唯心主义的观点

C. 形而上学的观点　　D. 唯物主义的观点

2. 习近平总书记指出,全党都要加强对马克思主义哲学的学习和运用,提高运用马克思主义立场、观点、方法分析和解决问题的能力。下列说法中,错误的是(　　)

A. 马克思主义哲学是关于自然、社会和思维发展一般规律的科学

B. 马克思主义强调的人民是抽象的、超阶级的“人”

C. 马克思主义哲学产生的经济、社会历史条件是资本主义经济的发展

D. 马克思主义哲学的直接理论来源是德国古典哲学

3. 我国某生物科普试验载荷项目团队通过在地面控制中心发送指令,成功让登陆月球背面的棉花种子发芽。这表明(　　)

A. 客观与主观是具体的历史的统一　　B. 人们可以根据需要创造出新的联系

C. 人们可以认识和利用客观规律　　D. 发挥主观能动性是做事成功的前提

4. 俗话说:“花在树则生,离枝则死;鸟在林则乐,离群则悲。”这句话的哲学寓意是(　　)

A. 整体包含在部分之中　　B. 局部性质和意义的体现离不开整体

C. 既要统观全局,又要照顾局部　　D. 事物的存在和发展不以人的意志为转移

5. “你站在桥上看风景 / 看风景人在楼上看你 / 明月装饰了你的窗子 / 你装饰了别人的梦。”这是现代诗人卞之琳的《断章》中的诗句。诗中的“你”既是看风景的人,又是被看的风景;既被装饰,也装饰别人。这包含的哲理主要是(　　)

A. 矛盾双方在一定条件下可以相互转化　　B. 运动是绝对的,静止是相对的

C. 事物之间没有严格的界限　　D. 事物的联系是客观的、无条件的

6. “涓滴之水终可以磨损大石,不是由于它力量强大,而是由于昼夜不舍地滴坠。”这是音乐大师贝多芬的名言。这句话体现的哲学道理是(　　)

A. 事物的发展最终是通过质变实现的,质变比量变更重要

B. 在量变达到一定程度时，必须要抓住时机才能促成质变

C. 量变是质变的必要前提，质变是量变的必然结果

D. 要保持事物性质的稳定，就必须把量变控制在一定限度内

7. 恩格斯指出："社会一旦有技术上的需要，则这种需要就会比十所大学更能把科学推向前进。"整个流体静力学就是由于16世纪和17世纪意大利治理山区河流的需要而产生的。这说明(　　)

A. 实践是认识的目的和归宿

B. 实践是检验认识的唯一标准

C. 所有科学的成果都直接来源于实践的需要

D. 实践是认识发展的动力

8. 经济专家指出，中国公众在一定经济条件下形成的"量入为出"的消费观念，已经成为当今经济过剩条件下扩大消费的精神桎梏。要扩大内需，必须首先扩展消费者的消费观念。这说明(　　)

A. 社会意识阻碍社会存在的发展

B. 社会存在的性质的不同决定了社会意识的差别

C. 社会存在变化，社会意识不一定变化

D. 社会存在决定社会意识，社会意识对社会存在具有能动的反作用

二、多项选择题(每小题2分，共8分)

1. 下列命题中属于客观唯心主义的是(　　)

A. "宇宙便是吾心，吾心即是宇宙"

B. "理在事先"

C. "物质世界"是永恒的"理念世界"的不完全的复制品

D. "道生一、一生二、二生三、三生万物"

2. 辩证唯物主义同形而上学的分歧在于主张(　　)

A. 世界是物质的，还是精神的

B. 世界是运动发展的，还是静止不动的

C. 事物是普通联系的，还是孤立存在的

D. 事物的发展存在质量互变，还是只存在数量的增减

3. "在全面深化改革中，我们要坚持以经济体制改革为主轴，努力在重要领域和关键环节改革上取得新突破，以此牵引和带动其他领域改革。"此观点体现了(　　)

A. 两点论和重点论相统一

B. 主要矛盾与次要矛盾关系原理

C. 内部矛盾与外部矛盾相互转化原理

D. 矛盾的普遍性与特殊性相统一的原理

4. 为中国人民谋幸福，为中华民族谋复兴，是中国共产党人的初心和使命。中国共产党坚持这样的初心和使命是因为(　　)

A. 人民是社会存在和发展的基础

B. 人民是决定党和国家前途命运的根本力量

C. 人民群众是社会历史的创造者

D. 人民群众是推动社会历史发展的根本动力

三、判断题(每小题1分,共4分)

1. 思维和存在有无同一性的问题是划分唯物主义和唯心主义的唯一标准。 (　　)

2. 发展就是变化,不仅包括新事物的产生和旧事物的灭亡,也包括事物数量的增长和场所的变更。 (　　)

3. "蝴蝶效应"表明任何事物之间都是互相联系的。 (　　)

4. "万物莫不有对,一阴一阳,一善一恶"说明矛盾是普遍存在的。 (　　)

参考答案及解析

一、单项选择题

1. D　[解析]题干句子认为,气是万物的本原,认为世界是由气产生的,此观点属于古代朴素唯物主义的典型观点。这种物质观承认和坚持了物质的客观性,但只是一种猜测,没有科学根据,缺乏科学的抽象。

2. B　[解析]马克思主义强调的人民不是抽象的、超阶级的"人",而是以工人阶级为主的包括广大人民群众的具体的人。人民性是马克思主义最鲜明的品格。本题为选非题,故选B。

3. C　[解析]项目团队根据棉花种子发芽的规律,通过在地面控制中心发送指令,使种子在月球背面发芽,这说明他们认识并利用了规律,C项符合题意。主观与客观是具体的历史的统一,A项错误。人可以根据事物固有的联系建立新的联系,不能根据需要创造出新的联系,B项错误。尊重客观规律是做事成功的前提,D项错误。故选C。

4. B　[解析]这句话说明了花与树、鸟与林的关系,而且侧重于强调树和林对花和鸟的重要意义。由此可以得出,这句话是要说明局部的存在离不开整体,整体对局部的发展具有重要意义。

5. A　[解析]诗中的"你"既是看风景的人,又是被看的风景;既被装饰,也装饰别人。这表明矛盾双方在一定条件下可以相互转化。故本题答案选A。

6. C　[解析]题干中贝多芬的名言说明了"滴水穿石"的道理,体现了量变是质变的必要前提,质变是量变的必然结果,C项符合题意,当选。不能用质变的重要性否认量变的重要性,A项说法错误。B、D两项说法正确,但均与题意无关。故选C。

7. D　[解析]材料体现了实践的发展不断提出认识的新课题,推动着认识向前发展,实践是认识发展的动力。故本题答案选D。

8. D　[解析]题干指出中国公众"量入为出"的消费观念是在一定经济条件下形成的,说明了社会存在决定社会意识;消费者的消费观念对扩大内需有着重要影响,说明了社会意识对社会存在具有能动的反作用。故选D。

二、多项选择题

1. BCD　[解析]客观唯心主义把客观精神(如理念、绝对精神等)看作世界的主宰和本原,认为现实的物质世界只是这些客观精神的外化和表现。BCD项均符合题意。A项把人的主观精神夸大为唯一的实在,当成本原的东西,认为客观事物乃至整个世界都依赖于人的主观精神,属于主观唯心主义,排除。故选BCD。

2. BCD　[解析]"世界是物质的,还是精神的"是唯物主义和唯心主义的分歧。唯物辩证法与形而上学的显著区别在于唯物辩证法的观点是全面的,认为事物是普遍联系、永恒发展的,且承认质量互变;形而上学

的观点是片面的，认为事物是彼此孤立、静止不动的，且否认质变。故选BCD。

3. AB ［解析］题干观点中有主轴、重要领域、关键环节、其他领域等关键词，体现了主要矛盾和次要矛盾对立统一，体现了两点论和重点论相统一，AB两项正确。材料未涉及内部、外部，C项错误。材料中未涉及矛盾的普遍性与特殊性，D项错误。故选AB。

4. BC ［解析］人民群众创造物质财富的生产活动是社会存在和发展的基础，A项说法错误。社会基本矛盾是推动社会历史发展的根本动力，D项说法错误。中国共产党坚持为中国人民谋幸福和为中华民族谋复兴的初心和使命是因为人民群众是社会历史的创造者，是决定党和国家前途命运的根本力量，BC项正确。

三、判断题

1. × ［解析］思维和存在何者为第一性的问题是划分唯物主义和唯心主义的唯一标准。思维和存在有无同一性的问题可以将哲学划分为可知论和不可知论两个派别。

2. × ［解析］发展和变化是有区别的。变化是世界上发生的一切变化和过程，包括事物的性质、数量、结构、位置等方面的活动和改变。世界上所有的变化并非都是发展。发展是新事物代替旧事物，是事物由简单到复杂、由低级到高级的运动变化。

3. × ［解析］联系具有普遍性，并不意味着世界上任何事物之间都存在着某种联系，联系是有条件的。

4. √ ［解析］“万物莫不有对”的意思是说世界万物都有与它相反的一面，体现了矛盾的普遍性，说明矛盾是普遍存在的。

测评结果建议

亲爱的考生：

利用阶段测试，可以巩固复习成果，同时起到查漏补缺的效果，实现高效备考的目标。针对不同的测评成绩及时调整备考策略，是我们探索出的一套行之有效的备考方法。

以下应对方案适用于各章末尾的“达标测评”，期望您“对号入座”，科学备考。假如您的正确率在70%以下，说明目前您的基础知识还不达标，掌握得不太全面，建议您静下心来，保持空杯心态，若能结合山香教育“基础精讲班”系列网课协同复习，会为您的考编打下更加坚实的基础；假如您的正确率在70%到90%之间，建议您再抓一下关键考点，若能结合山香教育全能备考“提升篇”系列图书协同复习，会使您的学习事半功倍；假如您的正确率在90%以上，那么恭喜您测评基本达标，建议您保持学霸的学习模式，开启下一章的学习。小香祝您早日圆梦！

——山香教育

第二章　中共党史大事记

思维导图

中共党史大事记
- 新民主主义革命时期
  - 中国共产党的创立和投身大革命的洪流
    - 马克思主义的传播
    - 中国共产党第一次全国代表大会：立党（易混点）
    - 中国共产党第二次全国代表大会：立纲（易混点）
    - 中国共产党第三次全国代表大会
    - 国民党第一次全国代表大会
    - 中国共产党第四次全国代表大会
    - 中国共产党第五次全国代表大会
  - 在土地革命战争中开辟农村包围城市的道路
    - 中国共产党第六次全国代表大会
    - 第一次全国苏维埃代表大会
  - 在抗日战争烽火中发展壮大
    - 抗日民族统一战线形成
    - 中共六届六中全会
    - 中共六届七中全会
    - 中国共产党第七次全国代表大会
  - 夺取民主革命的全国胜利
    - 中共七届二中全会
- 社会主义革命和建设时期
  - 中华人民共和国的成立和从新民主主义到社会主义的过渡
    - 中华人民共和国的成立
    - 第一届全国人民代表大会
  - 探索中国自己的建设社会主义的道路
    - 中国共产党第八次全国代表大会
- 改革开放和社会主义现代化建设时期
  - 改革开放和建设有中国特色的社会主义
    - 中共十一届三中全会
    - 中共十一届六中全会
    - 中国共产党第十二次全国代表大会
    - 中国共产党第十三次全国代表大会
  - 社会主义现代化建设新阶段
    - 中国共产党第十四次全国代表大会
    - 中国共产党第十五次全国代表大会
    - 中国共产党第十六次全国代表大会
    - 中国共产党第十七次全国代表大会
- 中国特色社会主义新时代
  - 新时代的开启和宏伟蓝图的描绘
    - 中国共产党第十八次全国代表大会
    - 中国共产党第十九次全国代表大会
  - 两个100周年大会与第三个历史决议（重点）
    - 庆祝中国共产党成立100周年大会
    - 中共十九届六中全会
    - 庆祝中国共产主义青年团成立100周年大会

河南考向

本章属于政治常识的基础章节，在河南招教考试中偶有考查，内容较为系统化，需要识记的知识较多。在考试中常以选择题、判断题等客观题形式考查。现对本章河南考向分析如下：

考点类型	高频考点	常考题型	能力层级	考查热度
常规考点	中国共产党的创立和投身大革命的洪流	单选、多选	识记	★★
	新时代的开启和宏伟蓝图的描绘	单选、判断	识记	★★
新增考点	两个100周年大会与第三个历史决议	单选、多选、判断	识记	★★★

核心考点

第一节 新民主主义革命时期

党面临的主要任务：反对帝国主义、封建主义、官僚资本主义，争取民族独立、人民解放，为实现中华民族伟大复兴创造根本社会条件。

取得的重大成就：成立中华人民共和国，实现民族独立、人民解放，实现了中国从几千年封建专制政治向人民民主的伟大飞跃。

一、中国共产党的创立和投身大革命的洪流 【单选、多选】 ★★

考点1 马克思主义的传播

1917年，列宁领导的俄国十月革命使社会主义革命首先在一个国家取得胜利成为现实，对中国革命产生了划时代的影响。在这种情况下，中国出现了一批赞成俄国十月革命、具有初步共产主义思想的知识分子。

习近平总书记在纪念五四运动100周年大会上的重要讲话中指出，五四运动，爆发于民族危难之际，是一场以先进青年知识分子为先锋、广大人民群众参加的彻底反帝反封建的伟大爱国革命运动，是一场中国人民为拯救民族危亡、捍卫民族尊严、凝聚民族力量而掀起的伟大社会革命运动。

真题面对面

[2021信阳市直，多，1.3分]习近平总书记在纪念五四运动100周年大会上的重要讲话中指出，五四运动，爆发于民族危难之际，是一场中国人民为（　　）而掀起的伟大社会革命运动。

A. 拯救民族危亡　　B. 捍卫民族尊严

C. 凝聚民族力量　　D. 争夺世界霸权

答案：ABC

考点2 中国共产党第一次全国代表大会

1921年7月23日，中国共产党第一次全国代表大会在上海召开。最后一天的会议转移到浙江嘉兴南湖的游船上举行。

党的一大通过了第一个党纲，确定党的奋斗目标是实现共产主义；中心任务是领导工人运动；选举陈独秀为中央局书记。

考点3 中国共产党第二次全国代表大会

1922年7月16日至23日，中国共产党第二次全国代表大会在上海举行。

易混点辨析

党的一大和二大的历史意义可以记忆为“一大立党，二大立纲”。

大会指出党的**最高纲领**是实现社会主义、共产主义，但在现阶段的纲领即**最低纲领**是：打倒军阀；推翻国际帝国主义的压迫；统一中国为真正的民主共和国。党的二大第一次提出明确的反帝反封建的民主革命纲领。

第一部分

考点 4 中国共产党第三次全国代表大会

中国共产党于1923年6月12日至20日在广州召开第三次全国代表大会。

大会的主要议程是讨论全体共产党员加入国民党的问题，决定共产党员以个人身份加入国民党，实现国共合作。三大还明确规定，在共产党员加入国民党时，党必须在政治上、思想上、组织上保持自己的独立性。三大以后，国共合作的步伐大大加快。

考点 5 国民党第一次全国代表大会

1924年1月20日至30日，国民党第一次全国代表大会由孙中山主持在广州举行。

大会通过的宣言，对孙中山的三民主义作出了新的解释。这个新三民主义的政纲同中国共产党在民主革命阶段的纲领是基本一致的，因而成为第一次国共合作的政治基础。国民党一大在事实上确立了联俄、联共、扶助农工的三大革命政策。国民党一大的成功，标志着第一次国共合作正式形成。

考点 6 中国共产党第四次全国代表大会

1925年1月11日至22日，中国共产党第四次全国代表大会在上海举行。

这次大会总结国共合作一年来的经验教训，提出了无产阶级在民主革命中的领导权问题和工农联盟问题，并对民主革命的内容作了比较完整的规定，指出在反对帝国主义的同时，还要反对封建的军阀政治和经济关系。但对如何正确处理同资产阶级争夺领导权过程中的种种复杂问题，大会没有作出具体回答，对建立政权和武装的极端重要性仍缺乏认识。

考点 7 中国共产党第五次全国代表大会

1927年4月27日至5月9日，中国共产党第五次全国代表大会在武汉举行。

党的五大对陈独秀的右倾投降主义作了一定的批判，但对无产阶级如何争取领导权，如何领导农民进行土地革命，如何对待武汉国民政府和国民党，特别是如何建立党的革命武装等迫在眉睫的重大问题，都未能作出切实可行的回答，故难以承担在生死存亡的危急关头挽救大革命的重任。

二、在土地革命战争中开辟农村包围城市的道路

考点 1 中国共产党第六次全国代表大会

1928年6月18日至7月11日，中国共产党在莫斯科召开第六次全国代表大会。这是党的历史上唯一一次在国外召开的全国代表大会。

大会在一系列有关中国革命的根本问题上作出了基本正确的回答。大会指出：中国仍然是一个半殖民地半封建的国家，现阶段的中国革命是资产阶级性质的民主主义革命。党的总路线是争取群众。目前最主要的危险倾向，是盲动主义和命令主义。尽管六大存在着许多缺点，但大体上统一了全党的思想，对革命运动的发展产生了积极的作用。

考点 2 第一次全国苏维埃代表大会

1931年11月7日至20日，在江西瑞金举行了第一次全国苏维埃代表大会。

第一次全国苏维埃代表大会宣布成立临时中央工农民主政府（即中华苏维埃共和国临时中央政府）。毛泽东被选为临时中央政府主席。这个政权的性质是无产阶级领导的反帝反封建的新民主主义革命的人民民主专政。大会通过宪法大纲、土地法、劳动法、妇女法等，规定没收地主阶级土地，分配给贫农中农。

三、在抗日战争烽火中发展壮大 【单选】★

考点 1 抗日民族统一战线形成

1937年开始的全国抗日战争，既是关系中华民族生死存亡的关键阶段，也是中国共产党发展壮大的重要时期。1937年9月22日，国民党中央通讯社发表《中共中央为公布国共合作宣言》；23日，蒋介石发表实际上承认中国共产党合法地位的谈话，标志着以国共两党合作为基础的抗日民族统一战线正式形成。

考点 2 中共六届六中全会

1938年9月29日至11月6日，中国共产党在延安举行扩大的六届六中全会。

这次全会基本上纠正了王明的右倾错误，进一步巩固了毛泽东在全党的领导地位，统一了全党的思想和步调，增强了党的团结统一，因而在党的历史上具有重要地位。1939年1月，根据中共六届六中全会的决定，中共中央南方局在重庆正式成立。

真题面对面

[2022郑州市直，单，1.2分]1939年1月16日，根据中共中央六届六中全会的决定，中共中央南方局在(　　)正式成立，周恩来为书记，博古、凯丰、吴克坚、叶剑英、董必武等为常委。

A. 成都　　B. 广州　　C. 杭州　　D. 重庆

答案：D

考点 3 中共六届七中全会

1944年5月至1945年4月，中共中央在延安召开了党的六届七中全会。

全会于1945年4月20日通过的《关于若干历史问题的决议》是共产党的第一个历史决议。《决议》总结了建党以来的历史经验，对党内若干重大历史问题作出了正确的结论，使全党对中国民主革命基本问题的认识达到了马克思主义基础上的一致。

考点 4 中国共产党第七次全国代表大会

1945年4月23日至6月11日，中国共产党第七次全国代表大会在延安召开。

党的七大确立了毛泽东思想在全党的指导地位。

四、夺取民主革命的全国胜利

1949年3月，中共中央在河北省平山县西柏坡召开七届二中全会，又称西柏坡会议。

全会根据毛泽东的报告，制定了促进革命取得全国胜利和组织这个胜利的方针，规定了全国胜利后，党在政治、经济、外交方面应当采取的基本政策，以及使中国由农业国转变为工业国、由新民主主义社会转变到社会主义社会的总的任务和主要途径；着重讨论了党的工作重心由乡村向城市实行战略转移的问题。

第一部分

第二节　社会主义革命和建设时期

党面临的主要任务：实现从新民主主义到社会主义的转变，进行社会主义革命，推进社会主义建设，为实现中华民族伟大复兴奠定根本政治前提和制度基础。

取得的重大成就：实现了中华民族有史以来最为广泛而深刻的社会变革，实现了一穷二白、人口众多的东方大国大步迈进社会主义社会的伟大飞跃。

一、中华人民共和国的成立和从新民主主义到社会主义的过渡　【单选】★

考点 1　中华人民共和国的成立

1949年10月1日，庆祝中华人民共和国中央人民政府成立典礼在北京天安门广场举行，被称为开国大典，是中华人民共和国成立的标志。

中华人民共和国的成立，开辟了中国历史新纪元，标志着我国新民主主义革命的基本结束和社会主义革命的开始。从此，中国结束了一百多年来被侵略、被奴役的屈辱历史，真正成为独立自主的国家。

考点 2　第一届全国人民代表大会

1954年9月，第一届全国人民代表大会第一次会议在北京隆重召开，标志着人民代表大会制度在我国正式确立。

大会通过了《中华人民共和国宪法》，以根本大法的形式，把中国共产党在过渡时期的总路线作为国家在过渡时期的总任务确定下来。

二、探索中国自己的建设社会主义的道路

1956年9月，中国共产党第八次全国代表大会在北京举行。

大会正确分析了社会主义初级阶段国内外形势和国内主要矛盾的变化，明确指出：国内的主要矛盾，已经是人民对于建立先进的工业国的要求同落后的农业国的现实之间的矛盾，已经是人民对于经济文化迅速发展的需要同当前经济文化不能满足人民需要的状况之间的矛盾。党和全国人民当前的主要任务，就是要集中力量解决这个矛盾，把我国尽快地从落后的农业国变为先进的工业国。这些论述，是社会主义制度在我国建立起来以后党确定正确路线的基本依据，为社会主义事业的发展和党的建设指明了方向。

1969年召开的九大在思想上、政治上和组织上的指导方针都是错误的。

1973年召开的十大继续了九大的"左"倾错误。

1977年召开的十一大总结同江青反革命集团的斗争，宣告历时十年的"文化大革命"已经结束，重申在

二十世纪内把我国建设成为社会主义现代化强国的根本任务。但这次大会仍然肯定“文化大革命”的错误理论和实践，因而没有从根本上着手纠正“文化大革命”的错误。

第三节　改革开放和社会主义现代化建设时期

党面临的主要任务：继续探索中国建设社会主义的正确道路，解放和发展社会生产力，使人民摆脱贫困、尽快富裕起来，为实现中华民族伟大复兴提供充满新的活力的体制保证和快速发展的物质条件。

取得的重大成就：实现了人民生活从温饱不足到总体小康、奔向全面小康的历史性跨越，推进了中华民族从站起来到富起来的伟大飞跃。

一、改革开放和建设有中国特色的社会主义　【多选】★

考点1　中共十一届三中全会

1978年12月18日至22日，党的十一届三中全会在北京召开。

十一届三中全会是建国以来党的历史上具有深远意义的伟大转折。这次全会彻底否定“两个凡是”的方针，重新确立解放思想、实事求是的指导思想，实现了思想路线的拨乱反正；停止使用“以阶级斗争为纲”的口号，作出工作重点转移的决策，实现了政治路线的拨乱反正；形成以邓小平为核心的党中央领导集体，实现了组织路线的拨乱反正；恢复党的民主集中制的优良传统，提出使民主制度化、法律化的重要任务；审查和解决历史上遗留的一批重大问题和一些重要领导人的功过是非问题。这次全会作出实行改革开放的伟大决策，开始了中国从“以阶级斗争为纲”到以经济建设为中心、从僵化半僵化到全面改革、从封闭半封闭到对外开放的历史性转变。

考点2　中共十一届六中全会

1981年6月27日至29日，中共十一届六中全会在北京举行。

全会审议和通过了《关于建国以来党的若干历史问题的决议》，对新中国成立以来党的重大历史事件特别是“文化大革命”，对毛泽东的功过是非和毛泽东思想的基本内容与指导意义作出了总结和评价。这次决议是党在重要历史关头，通过召开具有重大意义的中央全会制定的第二个历史决议，顺利完成了指导思想上的拨乱反正，促成了马克思主义中国化新的飞跃。

考点3　中国共产党第十二次全国代表大会

1982年9月1日至11日，中国共产党召开第十二次全国代表大会。

邓小平在大会开幕词中明确提出：“把马克思主义的普遍真理同我国的具体实际结合起来，走自己的道路，建设有中国特色的社会主义”。这次大会在提出经济建设目标的同时，明确指出：社会主义精神文明是社会主义的重要特征，是社会主义制度优越性的重要表现。

考点4　中国共产党第十三次全国代表大会

1987年10月25日至11月1日，中国共产党召开第十三次全国代表大会。十三大的突出贡献，是比较系统地阐述了关于社会主义初级阶段的理论，完整地概括了党在社会主义初级阶段的基本路线，明确了我国处在社会主义初级阶段包括的两层含义。社会主义初级阶段理论的提出，为建设有中国特色的社会主义事业提供了有力的思想武器，是中国共产党人对科学社会主义理论的又一重大贡献。

第一部分

二、社会主义现代化建设新阶段 【多选】 ★

考点 1 中国共产党第十四次全国代表大会

1992年10月，中国共产党召开第十四次全国代表大会。这次大会确立了邓小平建设有中国特色社会主义理论在全党的指导地位。这是十四大最突出的特点和最重要的贡献。十四大明确指出，邓小平同志是我国社会主义改革开放和现代化建设的总设计师，对建设有中国特色社会主义理论的创立，做出了历史性的重大贡献。

考点 2 中国共产党第十五次全国代表大会

1997年9月12日至18日，中国共产党召开第十五次全国代表大会。大会通过了江泽民作的《高举邓小平理论伟大旗帜，把建设有中国特色社会主义事业全面推向二十一世纪》的报告，首次使用"邓小平理论"这个科学称谓，把这一理论作为指引党继续前进的旗帜。大会通过的《中国共产党章程修正案》把邓小平理论确立为党的指导思想，明确规定中国共产党以马克思列宁主义、毛泽东思想、邓小平理论作为自己的行动指南。

考点 3 中国共产党第十六次全国代表大会

2002年11月，中国共产党第十六次全国代表大会在北京举行。江泽民作《全面建设小康社会，开创中国特色社会主义事业新局面》的报告。大会提出全面建设小康社会的战略目标，把"三个代表"重要思想写入党章，与马克思列宁主义、毛泽东思想、邓小平理论一起作为党必须长期坚持的指导思想。

考点 4 中国共产党第十七次全国代表大会

2007年10月，中国共产党第十七次全国代表大会在北京人民大会堂隆重开幕。胡锦涛在会上指出，中国特色社会主义伟大旗帜，是当代中国发展进步的旗帜，是全党全国各族人民团结奋斗的旗帜。解放思想是发展中国特色社会主义的一大法宝，改革开放是发展中国特色社会主义的强大动力，科学发展、社会和谐是发展中国特色社会主义的基本要求，全面建设小康社会是党和国家到2020年的奋斗目标，是全国各族人民的根本利益所在。

第四节 中国特色社会主义新时代

党面临的主要任务：实现第一个百年奋斗目标，开启实现第二个百年奋斗目标新征程，朝着实现中华民族伟大复兴的宏伟目标继续前进。

取得的重大成就：为实现中华民族伟大复兴提供了更为完善的制度保证、更为坚实的物质基础、更为主动的精神力量。

一、新时代的开启和宏伟蓝图的描绘 【单选、判断】★★

考点1 中国共产党第十八次全国代表大会

2012年11月，中国共产党第十八次全国代表大会在北京开幕。大会的主题是：高举中国特色社会主义伟大旗帜，以邓小平理论、"三个代表"重要思想、科学发展观为指导，解放思想，改革开放，凝聚力量，攻坚克难，坚定不移沿着中国特色社会主义道路前进，为全面建成小康社会而奋斗。胡锦涛代表第十七届中央委员会向大会作了题为《坚定不移沿着中国特色社会主义道路前进，为全面建成小康社会而奋斗》的报告，在报告中正式提出了"倡导人类命运共同体意识"。

考点2 中国共产党第十九次全国代表大会

2017年10月，中国共产党第十九次全国代表大会在北京人民大会堂开幕。大会的主题是：不忘初心，牢记使命，高举中国特色社会主义伟大旗帜，决胜全面建成小康社会，夺取新时代中国特色社会主义伟大胜利，为实现中华民族伟大复兴的中国梦不懈奋斗。习近平指出，经过长期努力，中国特色社会主义进入了新时代，这是我国发展新的历史方位。

这次大会最重大的意义就在于正式把习近平新时代中国特色社会主义思想确立为党必须长期坚持的指导思想，并写入党章，深刻回答了新时代坚持和发展中国特色社会主义的一系列重大理论和实践问题。

二、两个100周年大会与第三个历史决议 【单选、多选、判断】★★★

考点1 庆祝中国共产党成立100周年大会

2021年6月29日上午，庆祝中国共产党成立100周年"七一勋章"颁授仪式在北京人民大会堂金色大厅隆重举行。国家主席主席习近平向"七一勋章"获得者颁授勋章，并发表重要讲话指出，"七一勋章"获得者都来自人民、植根人民，是立足本职、默默奉献的平凡英雄。他们的事迹可学可做，他们的精神可追可及。首次颁授的"七一勋章"，授予了29位共产党员。他们是：马毛姐、王书茂、王占山、王兰花、艾爱国、石光银、吕其明、廷·巴特尔、刘贵今、孙景坤、买买提江·吾买尔、李宏塔、吴天一、辛育龄、张桂梅、陆元九、陈红军、林丹、卓嘎、周永开、柴云振、郭瑞祥、黄大发、黄文秀、黄宝妹、崔道植、蓝天野、魏德友、瞿独伊。

2021年7月1日上午8时，庆祝中国共产党成立100周年大会在北京天安门广场隆重举行。习近平总书记在会上发表重要讲话强调，中国共产党为什么能，中国特色社会主义为什么好，归根到底是因为马克思主义行！

考点2 中共十九届六中全会

2021年11月，中国共产党第十九届中央委员会第六次全体会议在北京举行。十九届六中全会是重要历史时间节点召开的一场具有全局性、历史性的重要会议。会议公报指出，全党要坚持唯物史观和正确党史观，从党的百年奋斗中看清楚过去我们为什么能够成功、弄明白未来我们怎样才能继续成功，从而更加坚定、更加自觉地践行初心使命，在新时代更好坚持和发展中国特色社会主义。

全会审议通过了党的第三个历史决议——《中共中央关于党的百

重难点解读

党的三个历史决议的名称、相关会议、提出时间、主要内容是考查重点，考生应结合党史知识进行识记。

年奋斗重大成就和历史经验的决议》，总结了中国共产党百年奋斗的五大历史意义和十大历史经验。

中国共产党百年奋斗的五大历史意义：(1)从根本上改变了中国人民的前途命运。(2)开辟了实现中华民族伟大复兴的正确道路。(3)展示了马克思主义的强大生命力。(4)深刻影响了世界历史进程。(5)锻造了走在时代前列的中国共产党。

中国共产党百年奋斗的十大历史经验：(1)坚持党的领导。(2)坚持人民至上。(3)坚持理论创新。(4)坚持独立自主。(5)坚持中国道路。(6)坚持胸怀天下。(7)坚持开拓创新。(8)坚持敢于斗争。(9)坚持统一战线。(10)坚持自我革命。

注：党的二十大相关考点会持续更新，考生可扫描二维码获取最新资料。

聚焦党的二十大

真题面对面

[2022郑州市直，多，2分]中国共产党自成立以来，制定的三个历史决议都是在重大历史关头作出的，都具有统一全党思想、团结人民奋斗、开创未来的历史意义和时代价值。这三个历史决议是(　　)

A.《中国共产党关于党的百年奋斗重大成就和历史经验的决议》

B.《关于建党以来党的若干历史问题的决议》

C.《关于若干历史问题的决议》

D.《中共中央关于党的百年奋斗重大成就和历史经验的决议》

E.《关于建国以来党的若干历史问题的决议》

答案：CDE

考点3 庆祝中国共产主义青年团成立100周年大会

2022年5月10日，庆祝中国共产主义青年团成立100周年大会在北京人民大会堂隆重举行。中共中央总书记、国家主席、中央军委主席习近平在会上发表重要讲话强调，在实现中华民族伟大复兴的征程上，中国共产党是**先锋队**，共青团是**突击队**，少先队是**预备队**。入队、入团、入党，是青年追求政治进步的“人生三部曲”。

真题面对面

[2022郑州郑东新区，单，0.5分]5月10日，庆祝中国共产主义青年团成立100周年大会在北京人民大会堂隆重举行。中共中央总书记、国家主席、中央军委主席习近平在大会上发表重要讲话。习近平总书记指出，在实现中华民族伟大复兴的征程上，中国共产党是先锋队，共青团是________，少先队是________。入队、入团、入党，是青年追求政治进步的“人生三部曲”。(　　)

A. 先遣队，接班人　　B. 突击队，接班人

C. 突击队，预备队　　D. 先遣队，预备队

答案：C

核心考点回顾

1. 新民主主义革命时期党面临的主要任务分别是什么?(参见本书P037)

2. 第一次提出明确的反帝反封建的民主革命纲领的是党的哪次大会?(参见本书P038)

3. 党的第三个历史决议是在哪个会议中通过的?(参见本书P043)

达标测评

建议用时	实际用时	测评总分	实际得分
7分钟	____分钟	9分	____分

一、单项选择题(每小题1分,共5分)

1. 我国在社会主义初级阶段国内主要矛盾的论断是在党的(　　)上提出的。

A. 七大　　B. 八大

C. 十一届三中全会　　D. 十一届六中全会

2. 中共十二大中,邓小平提出了(　　)新思想。

A. 建设有中国特色的社会主义　　B. 四个全面

C. 丝绸之路经济带　　D. 人类命运共同体

3. 作为一名中共党员,能最早拥有一部印有"中国共产党以马克思列宁主义、毛泽东思想、邓小平理论作为自己的行动指南"内容的中国共产党党章应该是在(　　)

A. 中共十二大后　　B. 中共十三大后

C. 中共十四大后　　D. 中共十五大后

4. "人类命运共同体"是指在追求本国利益时兼顾他国合理关切,在谋求本国发展中促进各国共同发展。首次明确提出要"倡导人类命运共同体意识"的是党的(　　)

A. 十六大　　B. 十七大

C. 十八大　　D. 十九大

5. 2021年11月11日,中国共产党第十九届中央委员会第六次全体会议通过的历史决议是(　　)

A.《关于建国以来党的若干历史问题的决议》

B.《关于建党以来党的若干历史问题的决议》

C.《中共中央关于党的百年奋斗重大成就和历史经验的决议》

D.《中国共产党关于党的百年奋斗重大成就和历史经验的决议》

二、多项选择题(每小题2分,共4分)

1. 中国共产党领导的革命,包括(　　)两个阶段。

A. 新民主主义革命　　B. 旧民主主义革命

C. 社会主义革命　　D. 农民革命

2. 1922年7月，党的二大在上海召开，第一次提出明确的反帝反封建的民主革命纲领。其内容是(　　)

A. 打倒军阀　　　　　　　　　　　　B. 推翻国际帝国主义的压迫

C. 统一中国为真正的民主共和国　　　D. 建设社会主义国家

参考答案及解析

一、单项选择题

1. B　[解析]1956年9月召开的党的八大指出，我们国内的主要矛盾，已经是人民对于建立先进的工业国的要求同落后的农业国的现实之间的矛盾，已经是人民对于经济文化迅速发展的需要同当前经济文化不能满足人民需要的状况之间的矛盾。

2. A　[解析]1982年，邓小平在党的十二大上提出了“建设有中国特色的社会主义”的命题。

3. D　[解析]中共十五大把邓小平理论确立为中国共产党的指导思想并载入党章，明确规定中国共产党以马克思列宁主义、毛泽东思想、邓小平理论作为自己的行动指南。

4. C　[解析]中国是人类命运共同体理念的倡导者。党的十八大报告正式提出“倡导人类命运共同体意识”。

5. C　[解析]2021年11月11日，中国共产党第十九届中央委员会第六次全体会议审议通过了党的第三个历史决议——《中共中央关于党的百年奋斗重大成就和历史经验的决议》。

二、多项选择题

1. AC　[解析]中国共产党领导的革命，包括新民主主义革命和社会主义革命两个阶段。其中，新民主主义革命是指在帝国主义和无产阶级革命时代，殖民地半殖民地国家中的无产阶级领导的资产阶级民主革命，是人民大众的、反对帝国主义、封建主义、官僚资本主义的革命。社会主义革命是指由无产阶级及其先锋队共产党领导的，以推翻资本主义制度，建立社会主义制度和实现共产主义为目的的革命。1949年中华人民共和国的成立标志着我国新民主主义革命的基本结束和社会主义革命的开始。

2. ABC　[解析]中国共产党第二次全国代表大会通过对中国经济政治状况的分析，揭示出中国社会的半殖民地半封建性质，指出党的最高纲领是实现社会主义、共产主义。最低纲领是打倒军阀；推翻国际帝国主义的压迫；统一中国为真正的民主共和国。这样，二大就在全国人民面前第一次提出明确的反帝反封建的民主革命纲领。

第三章　毛泽东思想概论

思维导图

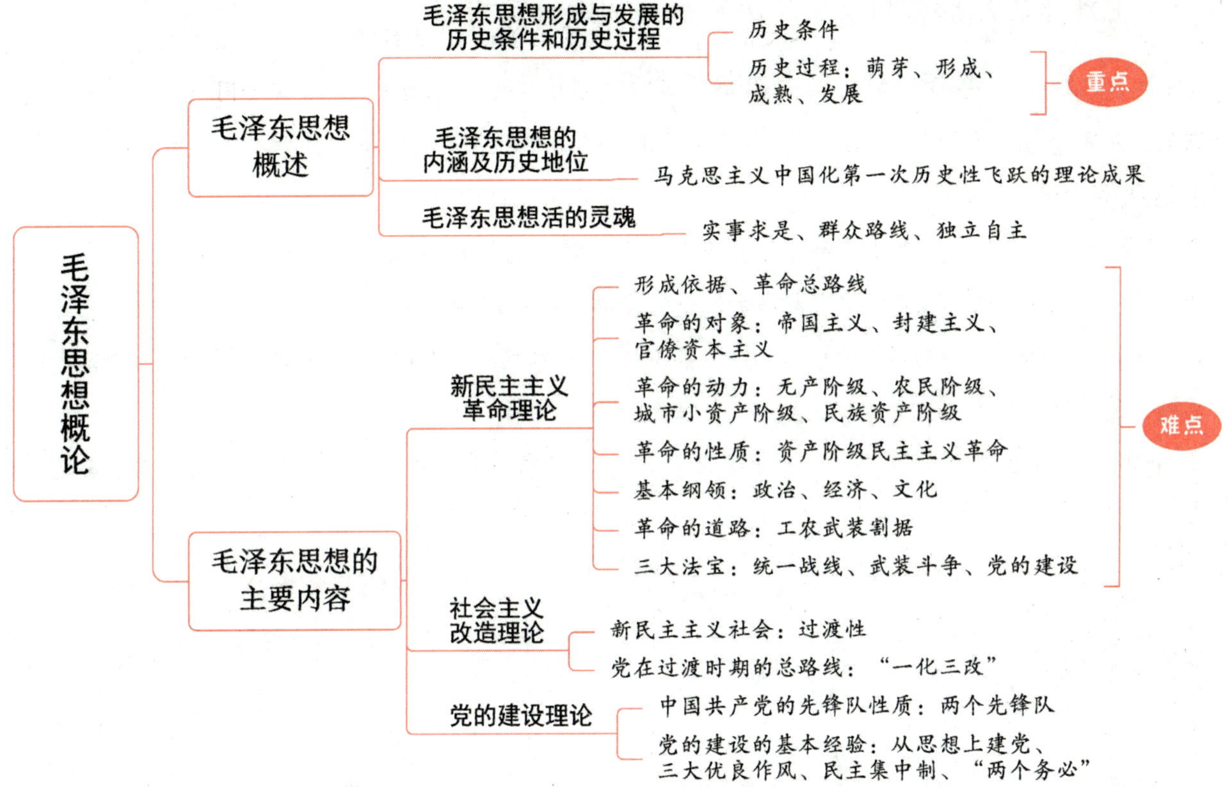

河南考向

本章属于政治常识的基础章节，也是河南招教经常考查的章节，内容较为系统化，需要识记的知识较多。在考试中常以选择题等客观题的形式考查。现对本章河南考向分析如下：

考点类型	高频考点	常考题型	能力层级	考查热度
常规考点	毛泽东思想形成与发展的历史过程	单选、多选	识记	★★★
	新民主主义革命理论	单选、判断	识记	★★
	党的建设理论	多选	识记	★★

核心考点

第一节　毛泽东思想概述

一、毛泽东思想形成与发展的历史条件和历史过程

考点 1　毛泽东思想形成与发展的历史条件

毛泽东思想是近现代中国社会发展的客观需要和必然产物。毛泽东思想产生于二十世纪二三十年代的中国，具有深刻的社会历史条件。

(1)**时代条件**：俄国十月革命开辟了世界无产阶级社会主义革命的新时代。

(2)**现实需要**：近代中国社会矛盾和革命运动的发展，呼唤着新的理论。

(3)**物质条件和阶级基础**：新的社会生产力的增长和工人阶级的成长壮大以及工人运动的发展。

(4)**实践基础**：中国共产党领导新民主主义革命的伟大实践。

(5)**理论来源**：马克思列宁主义是毛泽东思想的理论基础，中华优秀传统文化是毛泽东思想的重要文化来源。

考点 2　毛泽东思想形成与发展的历史过程　【单选、多选】★★★

毛泽东思想是在同各种错误思潮，特别是同教条主义错误倾向作斗争过程中逐渐形成与发展起来的。它的形成和发展有一个历史过程，大致经历了以下几个阶段。

表 1-3-1　毛泽东思想形成与发展的历史过程

阶段	时间	代表作	重要观点和影响
萌芽	中国共产党的创建和国民革命时期	①《中国社会各阶级的分析》(1925年) ②《国民革命与农民运动》(1926年) ③《湖南农民运动考察报告》(1927年)	①分析了中国社会各阶级在革命中的地位和作用，提出了新民主主义革命的基本思想； ②提出国民革命的中心问题是农民问题
形成	土地革命战争前中期	①《中国的红色政权为什么能够存在?》(1928年) ②《井冈山的斗争》(1928年) ③《关于纠正党内的错误思想》(1929年) ④《星星之火，可以燎原》(1930年)	农村包围城市、武装夺取政权的思想的提出标志着毛泽东思想的初步形成 注：1927年8月7日，毛泽东在中共中央召开的八七会议上强调："须知政权是由枪杆子中取得的"
		⑤《反对本本主义》(1930年)	提出"没有调查，没有发言权"，首次提出了党的思想路线问题，首次提出"从斗争中创造新局面"的思想路线

续表

阶段	时间	代表作	重要观点和影响
成熟	土地革命战争后期和抗日战争时期	①《实践论》《矛盾论》(1937年)	①标志着作为毛泽东思想核心和灵魂的哲学思想的系统化和理论化
		②《〈共产党人〉发刊词》(1939年) ③《中国革命和中国共产党》(1939年) ④《新民主主义论》(1940年)	②提出新民主主义革命"三大法宝"; ④阐明了新民主主义革命的路线和纲领,提出了新民主主义革命的任务; ②③④是新民主主义理论的代表作
		⑤《改造我们的学习》(1941年) ⑥《整顿党的作风》(1942年) ⑦《为人民服务》(1944年)	⑤明确界定了"实事求是"的科学含义; ⑥提出"反对主观主义以整顿学风,反对宗派主义以整顿党风,反对党八股以整顿文风" ⑦是毛泽东参加战士张思德的追悼会时即兴发表的著名演讲 注:1943年7月,王稼祥在《中国共产党与中国民族解放的道路》一文中,第一次明确使用了"毛泽东思想"这个概念
		⑧《论联合政府》(1945年)	毛泽东在党的七大上所作的政治报告,第一次概括了我党的三大优良作风。党的七大将毛泽东思想写入党章
发展	解放战争时期和中华人民共和国成立以后	①《目前形势和我们的任务》(1947年) ②《在晋绥干部会议上的讲话》(1948年) ③《在中国共产党第七届中央委员会第二次全体会议上的报告》(1949年) ④《论人民民主专政》(1949年) ⑤《论十大关系》(1956年) ⑥《关于正确处理人民内部矛盾的问题》(1957年)	②完整地概括了中国共产党的新民主主义革命总路线; ⑤第一次就民主党派问题提出"长期共存,互相监督"的方针,其发表标志着中国共产党比较系统地探索中国自己建设社会主义道路的开始 ⑥指出"在我们国家里,工人阶级同民族资产阶级的矛盾属于人民内部的矛盾"

真题面对面

[2022郑州市直,单,1.2分]1957年2月,毛泽东在最高国务会议上发表讲话,系统论述了社会主义社会矛盾的理论。毛泽东指出,在我国,由于民族资产阶级有两面性,工人阶级同民族资产阶级的矛盾属于(　　)

A. 敌我矛盾　　B. 人民内部的矛盾

C. 主要矛盾　　D. 对抗性的矛盾

答案:B

二、毛泽东思想的内涵及历史地位 【多选】★

考点1 毛泽东思想的内涵

毛泽东思想科学含义的核心是把马克思列宁主义普遍真理同中国革命和建设具体实践相结合，其具体内涵主要包括：毛泽东思想是马克思主义在中国的运用和发展；毛泽东思想是被实践证明了的关于中国革命和建设的正确理论和经验总结；毛泽东思想是党的集体智慧的结晶。

考生在把握毛泽东思想的内涵时要注意：

(1)毛泽东思想不是毛泽东同志一个人的思想，它是中国共产党人集体智慧的结晶。

(2)凡是被实践证明是错误的思想、观点，即使是毛泽东同志提出的，也不属于毛泽东思想的科学体系。

考点2 毛泽东思想的历史地位

(1)毛泽东思想是马克思主义中国化第一次历史性飞跃的理论成果。

(2)毛泽东思想是中国革命和建设的科学指南。

(3)毛泽东思想是中国共产党和中国人民宝贵的精神财富。

三、毛泽东思想活的灵魂

实事求是、群众路线、独立自主是贯穿于毛泽东思想各个组成部分的最基本立场、观点和方法，是辩证唯物主义和历史唯物主义的世界观和方法论在中国革命和建设中的具体运用和发展，是毛泽东思想活的灵魂。

表1-3-2 毛泽东思想活的灵魂

内涵	基本内容	地位
实事求是	一切从实际出发，理论联系实际，坚持在实践中检验真理和发展真理	马克思主义的根本观点； 毛泽东思想的**精髓**，是这三方面的核心； 毛泽东思想的出发点、根本点； 是中国共产党人始终坚持的马克思主义思想路线
群众路线	一切为了群众，一切依靠群众；从群众中来，到群众中去	根本政治路线和组织路线
独立自主	从中国实际出发，把马克思主义的普遍真理与本国革命和建设的具体实践结合起来，独立思考，依靠群众进行革命和建设	独立自主、自力更生是中国革命和建设的基本立足点

第二节 毛泽东思想的主要内容

毛泽东思想科学体系围绕中国革命和建设的主题，丰富和发展了马克思主义，形成了新民主主义革命理论，社会主义革命和建设理论，革命军队建设和军事战略的理论，政策和策略的理论，思想政治工作和文化工作的理论，党的建设理论，国际战略和外交工作理论等。

一、新民主主义革命理论 【单选、判断】★★

表 1-3-3 新民主主义革命理论

内容	具体说明
形成依据	近代中国社会性质和最基本的国情:半殖民地半封建社会。"认清中国的国情,乃是认清一切革命问题的基本依据。" 近代中国社会的主要矛盾:帝国主义与中华民族的矛盾、封建主义和人民大众的矛盾。最主要的矛盾是帝国主义和中华民族的矛盾
革命总路线	无产阶级领导的,人民大众的,反对帝国主义、封建主义和官僚资本主义的革命
革命的对象	帝国主义、封建主义和官僚资本主义,首要对象是帝国主义。分清敌友——革命的首要问题
革命的动力	无产阶级——革命的领导者、最基本的动力,是新的社会生产力的代表,是近代中国最进步的阶级; 农民阶级——中国革命的主力军,农民问题是中国革命的基本问题; 城市小资产阶级——无产阶级的可靠同盟者,包括广大的知识分子、小商人、手工业者和自由职业者; 民族资产阶级——具有两面性
性质和前途	属于资产阶级民主主义革命范畴,是世界无产阶级社会主义革命的一部分。民主主义革命是社会主义革命的必要准备,社会主义革命是民主主义革命的必然趋势
基本纲领	政治纲领:推翻帝国主义和封建主义的统治,建立一个无产阶级领导的、以工农联盟为基础的、各革命阶级联合专政的新民主主义共和国。 经济纲领:没收封建地主阶级的土地归农民所有,没收官僚资产阶级的垄断资本归新民主主义的国家所有,保护民族工商业。 文化纲领:无产阶级领导的人民大众的反帝反封建的文化,即民族的、科学的、大众的文化
革命的道路	工农武装割据:在中国共产党的领导下,以武装斗争为主要形式,以土地革命为中心内容,以农村革命根据地为战略阵地的三者密切结合
三大法宝	统一战线、武装斗争、党的建设

重难点解读

革命领导权是革命的中心问题,是区别新旧民主主义革命的主要标志,也是新民主主义革命理论的核心问题。

记忆有妙招

为方便考生记忆,编者将毛泽东思想活的灵魂与新民主主义革命的三大法宝这两个易混点总结成口诀,供考生参考记忆。

(1)**是群主:**实事求是、群众路线、独立自主是毛泽东思想活的灵魂。**是:**实事求是。**群:**群众路线。**主:**独立自主。

(2)**五一见:**武装斗争、统一战线、党的建设是新民主主义革命的三大法宝。**五:**武装斗争。**一:**统一战线。**见:**党的建设。

二、社会主义改造理论 【单选】

考点 1 新民主主义社会

表 1-3-4 新民主主义社会

内容	具体说明
时间	从新中国成立到社会主义改造的基本完成。 (1)中华人民共和国的建立,标志着中国新民主主义革命已经取得基本胜利; (2)三大改造的基本完成,标志着中国历史上长达数千年的阶级剥削制度的结束和社会主义基本制度的确立
社会性质	过渡性,即从新民主主义向社会主义过渡的时期,它不是一个独立的社会形态,它属于社会主义体系
基本特征	(1)经济上实行以国营经济为主导的包括合作社经济、个体经济、国家资本主义经济和私人资本主义经济在内的五种经济成分并存的新民主主义经济制度; (2)政治上实行以工人阶级为领导,以工农联盟为基础,包括小资产阶级和民族资产阶级联合专政的人民民主专政的国家制度; (3)文化上实行发展以马克思主义为指导的民族的、科学的、大众的文化,即新民主主义文化的方针
社会主要矛盾	中国革命胜利及土地问题解决后,资产阶级同工人阶级的矛盾逐渐成为新民主主义社会的主要矛盾

考点 2 党在过渡时期的总路线

1. 过渡时期总路线的基本内容

党在过渡时期的总路线和总任务,是要在一个相当长的时期内,逐步实现国家的社会主义工业化,并逐步实现国家对农业、手工业和资本主义工商业的社会主义改造,基本内容可以概括为**“一化三改”**或**“一体两翼”**。“一化”,即逐步实现国家的社会主义工业化,这是主体;“三改”,即逐步实现对农业、手工业、资本主义工商业的社会主义改造,这是“两翼”。

2. 社会主义改造同社会主义建设的关系

进行社会主义改造,是为了确立社会主义生产关系,健全社会主义上层建筑,以继续解放和发展生产力,为大规模的社会主义建设开辟道路。

三、党的建设理论 【多选】★★

考点 1 中国共产党的先锋队性质

中国共产党是中国工人阶级的先锋队,同时也是中国人民和中华民族的先锋队。

中国共产党代表了中国人民和中华民族的整体利益和根本利益。1939年10月,毛泽东在《〈共产党人〉发刊词》中把建设一个全国范围的、广大群众性的,思想上、政治上、组织上完全巩固的马克思主义政党称为“伟大的工程”。

考点 2 党的建设的基本经验

1. 着重从思想上建党,是党的建设的突出特点

党的建设有思想建设、政治建设、组织建设、理论建设、作风建设,执政党还有廉政建设等方面,但首先要着重从思想上建党。党的思想建设的根本任务就是要用无产阶级思想去克服各种非无产阶级思想，从思想上保证共产党组织的纯洁性。

2. 发扬党的优良作风，加强党的作风建设

1945年4月24日，毛泽东在党的七大上作了《论联合政府》的报告。他在报告中明确指出："以马克思列宁主义的理论思想武装起来的中国共产党，在中国人民中产生了新的工作作风，这主要的就是理论和实践相结合的作风，和人民群众紧密地联系在一起的作风以及自我批评的作风。"这是我们党第一次明确把理论联系实际、密切联系群众和批评与自我批评确立为党的三大优良作风。这标志着我们党三大优良作风的正式形成。这三大优良作风，是中国共产党人区别于其他任何政党的显著标志。

第一部分

记忆有妙招

为方便考生记忆，编者将党的三大优良作风总结成口诀，供考生参考记忆。

双联双批：理论联系实际、密切联系群众、批评与自我批评。

3. 注意党的组织建设，坚持民主集中制原则

民主集中制是无产阶级政党的根本组织原则。党组织的集中与民主的高度统一，是党的力量之所在。民主集中制的基本要求是在民主基础上的集中和在集中指导下的民主结合。在民主和集中的关系上，毛泽东总是把民主放在前头。坚持民主集中制必须实行个人服从组织、少数服从多数、下级服从上级、全党服从中央的原则。全党服从中央是这一原则的核心。

考点再拔高

▼"两个务必"

1949年3月，毛泽东在中国共产党于西柏坡召开的七届二中全会上提出"两个务必"，即务必使同志们继续地保持谦虚、谨慎、不骄、不躁的作风，务必使同志们继续地保持艰苦奋斗的作风。

真题面对面

[2022信阳淮滨，多，1分]"两个务必"是毛泽东同志在党的七届二中全会上提出的，要求全党在胜利面前保持清醒头脑，在夺取全国政权后要经受住执政的考验。"两个务必"是指(　　)

A. 务必使同志们继续地保持谦虚、谨慎、不骄、不躁的作风

B. 务必使同志们继续地保持艰苦奋斗的作风

C. 务必使同志们继续地保持谦虚、谨慎、戒骄、戒躁的作风

D. 务必使同志们继续地保持艰苦朴素的作风

答案：AB

核心考点回顾

1. 毛泽东思想形成和发展的各历史阶段的代表作和重要观点有哪些?(参见本书P048)
2. 新民主主义革命理论的内容有哪些?(参见本书P051)
3. 党的建设的基本经验主要有哪些?(参见本书P052)

达标测评

建议用时	实际用时	测评总分	实际得分
7分钟	____分钟	9分	____分

一、单项选择题(每小题1分,共5分)

1. 毛泽东思想成熟是在(　　)

A. 党成立初期和国民革命时期　　B. 土地革命战争前中期

C. 土地革命战争后期和抗战时期　　D. 新中国成立以后

2. 完整概括新民主主义革命的总路线的著作是(　　)

A.《星星之火,可以燎原》　　B.《论人民民主专政》

C.《在晋绥干部会议上的讲话》　　D.《中国革命和中国共产党》

3. 毛泽东思想的精髓是(　　)

A. 群众路线　　B. 实事求是　　C. 解放思想　　D. 求真务实

4. 中国共产党在过渡时期的总路线被形象描述为:"好比一只鸟,它要有一个主体,又要有一双翅膀。"其中的"主体"是指(　　)

A. 发展社会主义工业　　B. 发展社会主义农业

C. 发展社会主义手工业　　D. 发展社会主义工商业

5. 毛泽东同志曾指出,理论和实践相结合的作风,和人民群众紧密地联系在一起的作风以及(　　)的作风,是中国共产党人区别于其他任何政党的显著标志。

A. 自我批评　　B. 克己奉公　　C. 务实清廉　　D. 艰苦奋斗

二、多项选择题(每小题2分,共4分)

1. 毛泽东思想萌芽的代表作是(　　)

A.《中国社会各阶级的分析》　　B.《湖南农民运动考察报告》

C.《井冈山的斗争》　　D.《星星之火,可以燎原》

2. 新民主主义革命的动力主要包括(　　)

A. 无产阶级　　B. 农民阶级

C. 城市小资产阶级　　D. 民族资产阶级

参考答案及解析

一、单项选择题

1. C [解析]土地革命战争后期和抗日战争时期，毛泽东思想得到系统总结和多方面展开而达到成熟。

2. C [解析]1948年4月，毛泽东发表的《在晋绥干部会议上的讲话》完整地概括了中国共产党新民主主义革命的总路线：无产阶级领导的，人民大众的，反对帝国主义、封建主义和官僚资本主义的革命。

3. B [解析]毛泽东思想的精髓是实事求是。

4. A [解析]党在过渡时期的总路线是要在一个相当长的时期内，逐步实现国家的社会主义工业化，并逐步实现国家对农业、手工业和资本主义工商业的社会主义改造，基本内容可以概括为“一化三改”或“一体两翼”。“一化”即逐步实现国家的社会主义工业化，这是主体。

5. A [解析]在中共七大上，毛泽东在《论联合政府》的政治报告中指出：“以马克思列宁主义的理论思想武装起来的中国共产党，在中国人民中产生了新的工作作风，这主要的就是理论和实践相结合的作风，和人民群众紧密地联系在一起的作风以及自我批评的作风。”这三大优良作风，是中国共产党人区别于其他任何政党的显著标志。

二、多项选择题

1. AB [解析]标志着毛泽东思想萌芽的代表作是《中国社会各阶级的分析》《湖南农民运动考察报告》等。

2. ABCD [解析]新民主主义革命的动力是无产阶级、农民阶级、城市小资产阶级和民族资产阶级。

第四章　中国特色社会主义理论体系

思维导图

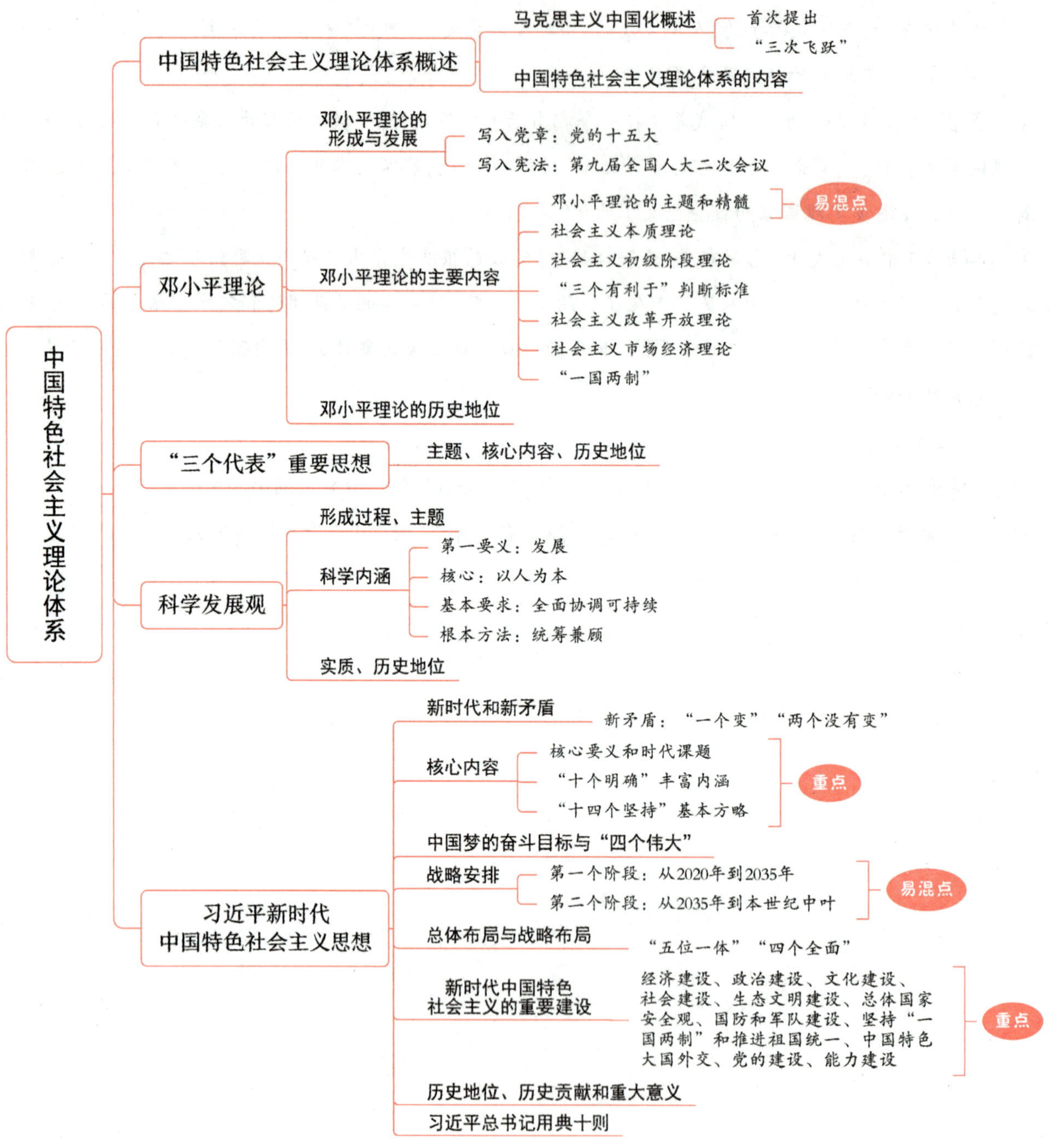

河南考向

本章属于政治常识的重点章节，也是河南招教重点考查的章节，与时政联系紧密，需要识记的知识较多。在考试中常以选择题、判断题等客观题形式和简述题、材料分析题等主观题形式考查。现对本章河南考向分析如下：

考点类型	高频考点	常考题型	能力层级	考查热度
常规考点	习近平新时代中国特色社会主义思想的核心内容	单选、多选、判断	识记	★★★
	习近平新时代中国特色社会主义思想的战略安排	单选	理解	★★★
	新时代中国特色社会主义的重要建设	单选、多选、判断	识记	★★★
新增考点	习近平新时代中国特色社会主义思想的历史地位、历史贡献和重大意义	多选、判断、简述	识记	★★
	习近平总书记用典十则	单选	识记	★★

第一部分

核心考点

第一节　中国特色社会主义理论体系概述

一、马克思主义中国化概述 【单选】★

1938年，毛泽东在党的六届六中全会上所作的《论新阶段》的政治报告中，首次提出了“马克思主义中国化”这一命题。马克思主义中国化就是把马克思主义基本原理同中国具体实际相结合，中国共产党在推进马克思主义中国化的历史进程中实现了“三次飞跃”。

毛泽东思想是马克思主义中国化的第一次历史性飞跃；中国特色社会主义理论体系实现了马克思主义中国化新的飞跃；习近平新时代中国特色社会主义思想实现了马克思主义中国化新的飞跃。

二、中国特色社会主义理论体系的内容

中国特色社会主义理论体系是包括邓小平理论、“三个代表”重要思想、科学发展观、习近平新时代中国特色社会主义思想在内的科学理论体系，是对马克思列宁主义、毛泽东思想的坚持和发展。

第二节　邓小平理论

一、邓小平理论的形成与发展 【多选】★

20世纪70年代以来，国际形势和世界政治格局发生了重大变化，和平与发展逐步成为时代的主题，这是邓小平理论形成的时代背景。

表1-4-1　邓小平理论的形成与发展

重要事件	具体内容
党的十一届三中全会	重新确立了**实事求是的思想路线**，作出了把党和国家的工作重心转移到社会主义现代化建设上来和实行改革开放的战略决策，开创了我国历史发展的新时期
党的十二大	邓小平提出了“建设有中国特色的社会主义”的命题
党的十三大	第一次比较系统地论述了**社会主义初级阶段理论**，制定了党在社会主义初级阶段的“一个中心，两个基本点”的**基本路线**。十二大到十三大，是邓小平理论初步形成的阶段
南方谈话	指出了社会主义的本质和“三个有利于”判断标准
党的十四大	正式称邓小平同志为“我国社会主义改革开放和现代化建设的总设计师”，对建设有中国特色社会主义理论的主要内容作了系统概括。十三大到十四大，是邓小平理论进一步发展和丰富的阶段
党的十五大	正式提出邓小平理论这一科学概念，把它确定为党的指导思想并写入党章，深刻阐述了邓小平理论的历史地位和指导意义，是邓小平理论正式确立和命名的阶段
第九届全国人大二次会议	通过1999年宪法修正案，将邓小平理论写入宪法，确立为国家的指导思想

真题面对面

[2022郑州市直，多，2分]以下关于邓小平理论形成过程的表述，正确的是(　　)

A. 党的十五大正式提出“邓小平理论”这一概念，深刻阐述了邓小平理论的历史地位和指导意义

B. 党的十六大正式将邓小平理论载入宪法

C. 党的十三大第一次比较系统地论述了我国社会主义初级阶段理论，标志着邓小平理论轮廓的形成

D. 十四大报告明确指出，邓小平同志是我国社会主义改革开放和现代化建设的总设计师

E. 和平与发展成为时代主题是邓小平理论形成的时代背景

答案：ACDE

二、邓小平理论的主要内容　【单选、多选】 ★★

考点1　邓小平理论的主题和精髓

邓小平理论围绕“什么是社会主义，怎样建设社会主义”的基本问题，第一次比较系统地初步回答了建设中国特色社会主义的一系列问题。

邓小平理论的精髓是解放思想、实事求是。

易混点辨析

毛泽东思想的活的灵魂：实事求是，群众路线，独立自主。

毛泽东思想的精髓：实事求是。

邓小平理论的精髓和活的灵魂：解放思想、实事求是。

考点2　社会主义本质理论

搞清楚什么是社会主义、怎样建设社会主义，关键是要在坚持社会主义基本制度的基础上，进一步认清

社会主义的本质。邓小平根据马克思主义的基本理论和社会主义的实践经验，对这个问题作出了科学的回答。

1. 社会主义本质理论的科学内涵

(1)解放生产力、发展生产力——社会主义的根本任务。

(2)消灭剥削、消除两极分化——实现社会主义的条件和途径。

(3)最终达到共同富裕——社会主义的根本目标。

2. 社会主义本质理论的意义

社会主义本质理论既包括了社会主义社会的生产力问题，又包括了以社会主义生产关系为基础的社会关系问题，是一个有机的整体。

考点3 社会主义初级阶段理论

社会主义初级阶段，就是指我国在生产力落后、商品经济不发达条件下建设社会主义必然要经历的特定阶段，即从我国进入社会主义到基本实现社会主义现代化的整个历史阶段。

1. 社会主义初级阶段的含义

(1)在社会性质层面，我国已经进入社会主义社会，我们必须坚持而不能离开社会主义。

(2)在发展程度层面，我国社会主义社会还处在初级阶段，我们必须从这个实际出发，而不能超越这个阶段。

中国最大的实际就是目前正处于并将长期处于社会主义初级阶段。认清中国的实际，最重要的是认清我国社会现在所处的历史发展阶段。

2. 党的基本路线

党在社会主义初级阶段的基本路线是党和国家的生命线。

党的十三大提出**"一个中心，两个基本点"**的基本路线：领导和团结全国各族人民，以经济建设为中心，坚持四项基本原则，坚持改革开放，自力更生，艰苦创业，为把我国建设成为富强民主文明的社会主义现代化国家而奋斗。

其中，四项基本原则指坚持社会主义道路，坚持人民民主专政，坚持中国共产党的领导，坚持马克思列宁主义、毛泽东思想。坚持中国共产党的领导是坚持四项基本原则的核心。四项基本原则是立国之本，是党和国家生存发展的政治基石。

党的十七大把"和谐"纳入了基本路线。党的十九大在此基础上，不仅将"美丽"纳入了基本路线，而且将"现代化国家"提升为"现代化强国"，扩展了党的基本路线的内涵，提升了社会主义初级阶段的奋斗目标，即领导和团结全国各族人民，以经济建设为中心，坚持四项基本原则，坚持改革开放，自力更生，艰苦创业，为把我国建设成为富强民主文明和谐美丽的社会主义现代化强国而奋斗。

3. 党的基本纲领

党的十五大提出社会主义初级阶段的基本纲领是建设有中国特色社会主义的经济、政治、文化。这标志着党对社会主义初级阶段基本国情和建设社会主义规律的认识达到了新的高度。

4. “三步走”战略

党的十三大把邓小平的“三步走”战略构想确定下来，明确提出：

第一步，从1981年到1990年，国民生产总值翻一番，解决人民温饱问题；

第二步，从1991年到20世纪末，国民生产总值再翻一番，人民生活水平达到小康水平；

第三步，到21世纪中叶，人均国民生产总值达到中等发达国家水平，人民生活比较富裕，基本实现现代化。然后，在这个基础上继续前进。

考点4 “三个有利于”判断标准

“三个有利于”的内涵：是否有利于发展社会主义社会的生产力、是否有利于增强社会主义国家的综合国力、是否有利于提高人民的生活水平。“三个有利于”判断标准是衡量改革开放中一切工作是非得失的根本标准。它的确立，是由社会主义本质及根本任务决定的。

考点5 社会主义改革开放理论

1. 改革

邓小平明确指出：“改革是中国的第二次革命。”判断改革和各方面工作的是非得失，归根到底要看“三个有利于”判断标准。党的十八届三中全会首次提出，全面深化改革的总目标是完善和发展中国特色社会主义制度，推进国家治理体系和治理能力现代化。

2. 开放

开放也是改革，对外开放是建设中国特色社会主义的一项基本国策。

开放的立足点是独立自主、自力更生。

3. 改革开放的意义

(1)建立中国共产党、成立中华人民共和国、推进改革开放和中国特色社会主义事业，是五四运动以来我国发生的三大历史性事件，是近代以来实现中华民族伟大复兴的三大里程碑。

(2)改革开放是我们党的一次伟大觉醒，正是这个伟大觉醒孕育了我们党从理论到实践的伟大创造。改革开放是中国人民和中华民族发展史上一次伟大革命，正是这个伟大革命推动了中国特色社会主义事业的伟大飞跃。

(3)改革开放是党和人民大踏步赶上时代的重要法宝，是坚持和发展中国特色社会主义的必由之路，是决定当代中国命运的关键一招，也是决定实现“两个一百年”奋斗目标、实现中华民族伟大复兴的关键一招。

(4)改革开放是我国的强国之路，是社会主义事业发展的强大动力。改革开放以来，中华民族迎来了从站起来、富起来到强起来的伟大飞跃；中国特色社会主义迎来了从创立、发展到完善的伟大飞跃；中国人民迎来了从温饱不足到小康富裕的伟大飞跃；中华民族正以崭新姿态屹立于世界的东方。

真题面对面

[2022信阳淮滨,多,1分]习近平指出,(　　)是五四运动以来我国发生的三大历史性事件,是近代以来实现中华民族伟大复兴的三大里程碑。

A. 建立中国共产党　　B. 成立中华人民共和国

C. 进行土地革命　　D. 推进改革开放和中国特色社会主义事业

答案:ABD

考点6　社会主义市场经济理论

在南方谈话中,邓小平明确提出:“计划不等于社会主义,资本主义也有计划;市场经济不等于资本主义,社会主义也有市场。”党的十四大确定了建立社会主义市场经济体制的改革目标。

考点7　“一国两制”

党的十一届三中全会以后,随着国际形势出现的新变化和解放思想、实事求是思想路线的确立,邓小平集中了全党的智慧,逐步形成了“一国两制”的战略构想。“一国两制”构想有一个形成和发展的过程,它的提出是从解决台湾问题开始的,在实践中首先运用于解决香港问题和澳门问题。

“和平统一、一国两制”是一个完整的体系,其基本内容就是在祖国统一的前提下,国家的主体坚持社会主义制度,同时在香港、澳门、台湾保持原有的资本主义制度长期不变。

三、邓小平理论的历史地位

(1)邓小平理论是马克思列宁主义、毛泽东思想的继承和发展。

(2)邓小平理论是中国特色社会主义理论体系的开篇之作。

(3)邓小平理论是改革开放和社会主义现代化建设的科学指南。

第三节　“三个代表”重要思想

党的十六大将“三个代表”重要思想写入党章,并将其确立为中国共产党的指导思想。

表1-4-2　“三个代表”重要思想

内容	具体说明
主题	进一步回答了什么是社会主义、怎样建设社会主义的问题,创造性地回答了在长期执政的历史条件下,建设什么样的党、怎样建设党的问题
核心内容	科学内涵: (1)中国共产党始终代表中国先进生产力的发展要求; (2)中国共产党始终代表中国先进文化的前进方向; (3)中国共产党始终代表中国最广大人民的根本利益
	贯彻“三个代表”重要思想,关键在坚持与时俱进,核心在坚持党的先进性,本质在坚持执政为民

续表

内容	具体说明
历史地位	(1)新世纪新阶段全党继往开来、与时俱进,实现全面建设小康社会宏伟目标的根本指针。 (2)中国共产党在新的历史条件下加强和改进党的建设,推进我国社会主义自我完善和发展的强大的理论武器,是党必须长期坚持的指导思想。始终做到"三个代表"是我们党的立党之本、执政之基、力量之源

第四节　科学发展观

党的十六届三中全会第一次在党的正式文件中完整地提出了科学发展观。党的十七大把科学发展观写入党章。党的十八大将科学发展观列入党的指导思想。

表1-4-3　科学发展观

内容	具体说明
主题	创造性地回答了新形势下"实现什么样的发展、怎样发展"等重大问题
科学内涵	(1)第一要义是发展;(2)核心是以人为本; (3)基本要求是全面协调可持续;(4)根本方法是统筹兼顾
实质	实现经济社会又好又快发展
历史地位	(1)中国特色社会主义理论体系的接续发展; (2)发展中国特色社会主义必须长期坚持的指导思想

第五节　习近平新时代中国特色社会主义思想

中国共产党第十九次全国代表大会将习近平新时代中国特色社会主义思想写入党章。第十三届全国人民代表大会第一次会议通过《中华人民共和国宪法修正案》,将习近平新时代中国特色社会主义思想写入《中华人民共和国宪法》。

一、新时代和新矛盾　【单选、判断】★

中国特色社会主义进入了新时代,这是我国发展新的历史方位。这一重大政治判断,主要是从党和国家事业发展的角度来判断的,不是历史学上时代划分的概念。新的历史方位、新的使命担当、新的时代要求,必然地要求新理论、新思想的产生。

表1-4-4　新矛盾

内容	具体说明		
"一个变"	我国社会主要矛盾已经转化为人民日益增长的美好生活需要和不平衡不充分的发展之间的矛盾	发展不平衡 发展不充分	我国发展最大的不平衡是城乡发展不平衡,最大的不充分是农村发展不充分。我国发展不平衡不充分问题在**乡村**最为突出

续表

内容	具体说明
“两个没有变”	我国仍处于并将长期处于社会主义初级阶段的基本国情没有变
	我国是世界最大发展中国家的国际地位没有变

第一部分

二、核心内容 【单选、多选、判断】 ★★★

考点 1 核心要义和时代课题

(1)核心要义:坚持和发展中国特色社会主义。

(2)回答的时代课题:新时代坚持和发展什么样的中国特色社会主义,怎样坚持和发展中国特色社会主义,建设什么样的社会主义现代化强国、怎样建设社会主义现代化强国,建设什么样的长期执政的马克思主义政党、怎样建设长期执政的马克思主义政党等。

考点 2 “十个明确”丰富内涵

表1-4-5 “十个明确”丰富内涵

内容	具体说明
十个明确	明确中国特色社会主义最本质的特征是中国共产党领导,中国特色社会主义制度的最大优势是中国共产党领导,中国共产党是最高政治领导力量,全党必须增强“四个意识”、坚定“四个自信”、做到“两个维护”
	明确坚持和发展中国特色社会主义,**总任务**是实现社会主义现代化和中华民族伟大复兴,在全面建成小康社会的基础上,分两步走在本世纪中叶建成富强民主文明和谐美丽的社会主义现代化强国,以中国式现代化推进中华民族伟大复兴
	明确新时代**我国社会主要矛盾**是人民日益增长的美好生活需要和不平衡不充分的发展之间的矛盾,必须坚持以人民为中心的发展思想,发展全过程人民民主,推动人的全面发展、全体人民共同富裕取得更为明显的实质性进展
	明确中国特色社会主义事业**总体布局**是经济建设、政治建设、文化建设、社会建设、生态文明建设五位一体,**战略布局**是全面建设社会主义现代化国家、全面深化改革、全面依法治国、全面从严治党四个全面
	明确**全面深化改革总目标**是完善和发展中国特色社会主义制度、推进国家治理体系和治理能力现代化
	明确**全面推进依法治国总目标**是建设中国特色社会主义法治体系、建设社会主义法治国家
	明确必须坚持和完善**社会主义基本经济制度**,使市场在资源配置中起决定性作用,更好发挥政府作用,把握新发展阶段,贯彻创新、协调、绿色、开放、共享的新发展理念,加快构建以国内大循环为主体、国内国际双循环相互促进的**新发展格局**,推动高质量发展,统筹发展和安全
	明确党在新时代的**强军目标**是建设一支听党指挥、能打胜仗、作风优良的人民军队,把人民军队建设成为世界一流军队
	明确**中国特色大国外交**要服务民族复兴、促进人类进步,推动建设新型国际关系,推动构建人类命运共同体
	明确**全面从严治党**的战略方针,提出新时代党的建设总要求,全面推进党的政治建设、思想建设、组织建设、作风建设、纪律建设,把制度建设贯穿其中,深入推进反腐败斗争,落实管党治党政治责任,以伟大自我革命引领伟大社会革命

真题面对面

[2020信阳市直,多,1.7分]中国共产党紧密结合新的时代条件和实践要求,进行理论探索,取得重大理论创新成果,形成了习近平新时代中国特色社会主义思想。习近平新时代中国特色社会主义思想,明确坚持和发展中国特色社会主义,总任务是实现(　　)

A. 全国人民同步富裕　　B. 社会主义现代化

C. 生产力的解放　　D. 中华民族伟大复兴

答案:BD

考点3 "十四个坚持"基本方略

表1-4-6　"十四个坚持"基本方略

内容	具体说明
十四个坚持	领导力量:坚持党对一切工作的领导。党政军民学,东西南北中,党是领导一切的
	政治立场:坚持以人民为中心。人民是历史的创造者,是决定党和国家前途命运的根本力量
	发展动力:坚持全面深化改革。必须坚持和完善中国特色社会主义制度,不断推进国家治理体系和治理能力现代化
	发展导向:坚持新发展理念。发展是解决我国一切问题的基础和关键,发展必须是科学发展,必须坚定不移贯彻创新、协调、绿色、开放、共享的发展理念
	依靠力量:坚持人民当家作主。坚持党的领导、人民当家作主、依法治国有机统一是社会主义政治发展的必然要求
	法治保障:坚持全面依法治国。全面依法治国是中国特色社会主义的本质要求和重要保障
	精神力量:坚持社会主义核心价值体系。文化自信是一个国家、一个民族发展中更基本、更深沉、更持久的力量
	发展目的:坚持在发展中保障和改善民生。增进民生福祉是发展的根本目的
	人与自然的关系:坚持人与自然和谐共生
	国家安全:坚持总体国家安全观
	国防和军队建设:坚持党对人民军队的绝对领导
	国家统一:坚持"一国两制"和推进祖国统一
	中国和世界的关系:坚持推动构建人类命运共同体
	党的自身建设:坚持全面从严治党。勇于自我革命,从严管党治党,是我们党最鲜明的品格。必须以党章为根本遵循,把党的政治建设摆在首位

三、中国梦的奋斗目标与"四个伟大" 【单选、多选、判断、简述】★★

实现中华民族伟大复兴是近代以来中华民族最伟大的梦想。

实现伟大梦想必须进行伟大斗争、建设伟大工程、推进伟大事业。

表 1-4-7 “四个伟大”

四个伟大	维度	具体内容	
伟大梦想——中国梦	“朝着什么样的目标”治国理政	本质内涵	国家富强、民族振兴、人民幸福
		主体	人民
		核心目标	“两个一百年”奋斗目标
		实现路径	实现中国梦必须走中国道路——中国特色社会主义道路 实现中国梦必须弘扬中国精神——以爱国主义为核心的民族精神，以改革创新为核心的时代精神，这种精神是凝心聚力的兴国之魂、强国之魂 实现中国梦必须凝聚中国力量——中国各族人民大团结的力量
伟大斗争	“以什么样的精神状态”治国理政	要有效应对重大挑战、抵御重大风险、克服重大阻力、解决重大矛盾，就必须进行具有新的历史特点的伟大斗争	
伟大工程	“以什么样的主体力量”治国理政	党的建设，在“四个伟大”中起决定性作用	
伟大事业	治国理政要“举什么旗，走什么路”	中国特色社会主义是改革开放以来党的全部理论和实践的主题，牢固树立中国特色社会主义**道路自信、理论自信、制度自信、文化自信。** 中国特色社会主义道路——实现途径、必由之路； 中国特色社会主义理论体系——行动指南、正确理论； 中国特色社会主义制度——根本保障； 中国特色社会主义文化——精神力量	

四、战略安排 【单选】 ★★★

表 1-4-8 新时代中国特色社会主义发展的战略安排

阶段	第一个阶段	第二个阶段
时间	从二〇二〇年到二〇三五年	从二〇三五年到本世纪中叶
整体目标	在全面建成小康社会的基础上，再奋斗十五年，**基本实现社会主义现代化**	在基本实现现代化的基础上，再奋斗十五年，把我国建成富强民主文明和谐美丽的**社会主义现代化强国**
具体目标	我国经济实力、科技实力将大幅跃升，**跻身创新型国家前列**	我国物质文明、政治文明、精神文明、社会文明、生态文明将全面提升； 实现国家治理体系和治理能力现代化； 成为综合国力和国际影响力领先的国家； 全体人民共同富裕基本实现
	人民平等参与、平等发展权利得到充分保障，法治国家、法治政府、法治社会基本建成，各方面制度更加完善，国家治理体系和治理能力现代化基本实现	
	社会文明程度达到新的高度，国家文化软实力显著增强，中华文化影响更加广泛深入	
	人民生活更为宽裕，中等收入群体比例明显提高，城乡区域发展差距和居民生活水平差距显著缩小，基本公共服务均等化基本实现，全体人民共同富裕迈出坚实步伐	
	现代社会治理格局基本形成，社会充满活力又和谐有序	
	生态环境根本好转，美丽中国目标基本实现	

易混点辨析

“两个一百年”奋斗目标：第一个一百年，是到中国共产党成立100年时全面建成小康社会；第二个一百年，是到新中国成立100年时建成富强民主文明和谐美丽的社会主义现代化强国。

考点 再拔高

▼ 2035年远景目标

相比于十九大报告中对第一个阶段(2020年至2035年)具体目标的表述，《中华人民共和国国民经济和社会发展第十四个五年规划和2035年远景目标纲要》将其丰富为9个方面。考生备考时应注意与第二个阶段的目标相区别。

(1)经济实力、科技实力、综合国力将大幅跃升，经济总量和城乡居民人均收入将再迈上新的大台阶，关键核心技术实现重大突破，进入创新型国家前列。

(2)基本实现新型工业化、信息化、城镇化、农业现代化，建成现代化经济体系。

(3)基本实现国家治理体系和治理能力现代化，人民平等参与、平等发展权利得到充分保障，基本建成法治国家、法治政府、法治社会。

(4)建成文化强国、教育强国、人才强国、体育强国、健康中国，国民素质和社会文明程度达到新高度，国家文化软实力显著增强。

(5)广泛形成绿色生产生活方式，碳排放达峰后稳中有降，生态环境根本好转，美丽中国建设目标基本实现。

(6)形成对外开放新格局，参与国际经济合作和竞争新优势明显增强。

(7)人均国内生产总值达到中等发达国家水平，中等收入群体显著扩大，基本公共服务实现均等化，城乡区域发展差距和居民生活水平差距显著缩小。

(8)平安中国建设达到更高水平，基本实现国防和军队现代化。

(9)人民生活更加美好，人的全面发展、全体人民共同富裕取得更为明显的实质性进展。

真题面对面

[2022郑州市直，单，1.2分]党的十九大报告进一步提出了加快建设创新型国家，到(　　)年跻身创新型国家前列的目标。

A. 2030年　　B. 2020年

C. 2050年　　D. 2035年

答案：D

五、总体布局与战略布局 【单选、判断】★

表1-4-9 总体布局和战略布局

内容	“五位一体”总体布局	“四个全面”战略布局
维度	建设中国特色社会主义的总体布局，是中国现代化建设重点着力的方面	基于当前国际国内政治生态、发展状态，着眼执政党肩负的历史使命，结合面临的主要矛盾和问题，从战略高度作出总体判断和筹划
内涵	经济建设、政治建设、文化建设、社会建设和生态文明建设	**全面建设社会主义现代化国家**，全面深化改革，全面推进依法治国，全面推进从严治党
逻辑关系	经济建设——根本 政治建设——保障 文化建设——灵魂 社会建设——条件 生态文明建设——基础	一个战略总目标——全面建设社会主义现代化国家 三大战略举措——全面深化改革，全面推进依法治国，全面推进从严治党 这个过程中，全面建设社会主义现代化国家居于引领地位，全面从严治党是各项工作顺利推进、各项目标顺利实现的根本保证

真题面对面

[2022郑州郑东新区，单，0.5分]“十四五”期间的“四个全面”分别是全面建设社会主义现代化国家、全面深化改革、全面依法治国、全面从严治党，其中居于引领地位的是(　　)

A. 全面建设社会主义现代化国家　　B. 全面深化改革

C. 全面依法治国　　D. 全面从严治党

答案：A

六、新时代中国特色社会主义的重要建设 【单选、多选、判断】★★★

考点1 经济建设

1. 新发展理念

发展是解决我国一切问题的基础和关键。发展必须是科学发展，必须坚定不移贯彻创新、协调、绿色、开放、共享的发展理念。创新是引领发展的第一动力，创新发展注重的是解决**发展动力**问题。协调是持续健康发展的内在要求，协调发展注重的是解决**发展不平衡**问题。绿色是永续发展的必要条件和人民对美好生活追求的重要体现，绿色发展注重的是解决**人与自然**和谐共生问题。开放是国家繁荣发展的必由之路，开放发展注重的是解决**发展内外联动**问题。共享是中国特色社会主义的本质要求，共享发展注重的是解决社会公平正义问题。

2. 我国经济发展的基本特征

现阶段，我国经济发展的基本特征就是由高速增长阶段转向高质量发展阶段。高质量发展是“十四五”乃至更长时期我国经济社会发展的主题，关系我国社会主义现代化建设全局。

3. 使市场在资源配置中起决定性作用、更好发挥政府作用

坚持社会主义市场经济改革方向，核心问题是处理好政府和市场的关系。党的十八届三中全会把市场在资源配置中的"基础性作用"修改为"决定性作用"。党的十九大再次强调"使市场在资源配置中起决定性作用"。使市场在资源配置中起决定性作用、更好发挥政府作用,二者是有机统一的。

4. 把推进供给侧结构性改革作为主线

供给侧包括劳动力、土地、资本、制度创造、创新等要素。需求侧改革主要有投资、消费、出口三驾马车。供给侧结构性改革的根本,是使我国供给能力更好满足广大人民日益增长、不断升级和个性化的物质文化和生态环境需要,从而实现社会主义生产的目的。深化供给侧结构性改革、推动经济高质量发展,总的要求是"巩固、增强、提升、畅通"八字方针。

5. 建设现代化经济体系的战略目标

我国发展的战略目标是建设现代化经济体系。建设现代化经济体系,必须把发展经济的着力点放在**实体经济**上,把提高供给体系质量作为主攻方向,显著增强我国经济质量优势。

(1)实体经济是建设现代化经济体系的坚实基础。实体经济是一国经济的立身之本,是财富创造的根本源泉。我国全面提升实体经济的重点是**加快发展先进制造业**。

(2)创新是引领发展的第一动力,是建设现代化经济体系的战略支撑。实现创新型国家目标的根本途径是增强自主创新能力。理论创新是社会发展和变革的先导。

(3)积极推进城乡区域协调发展,优化现代化经济体系的空间布局。以城市群为主体构建大中小城市和小城镇协调发展的城镇格局,加快农业转移人口市民化。大力实施乡村振兴战略,把确保重要农产品特别是粮食供给作为其首要任务。农业农村农民问题是关系国计民生的根本性问题,必须始终把解决好"三农"问题作为全党工作重中之重。坚持把实施乡村振兴战略作为新时代"三农"工作总抓手。保持土地承包关系稳定并长久不变,第二轮土地承包到期后再延长三十年。

表1-4-10 乡村振兴战略

内容	具体说明
总目标	农业农村现代化。这既包括"物"的现代化,也包括"人"的现代化,还包括乡村治理体系和治理能力的现代化
总方针	坚持农业农村优先发展
总体要求	产业兴旺(前提)、生态宜居(内在要求)、乡风文明(紧迫任务)、治理有效(重要保障)、生活富裕(主要目的)
制度保障	建立健全城乡融合发展体制机制和政策体系

(4)着力发展开放型经济,提高现代化经济体系的国际竞争力。要以"一带一路"建设为重点,坚持引进来和走出去并重,遵循共商共建共享原则,加强创新能力开放合作,形成陆海内外联动、东西双向互济的开放格局。

(5)深化经济体制改革,完善现代化经济体系的制度保障。经济体制改革必须以完善产权制度和要素市场化配置为重点,实现产权有效激励、要素自由流动、价格反应灵活、竞争公平有序、企业优胜劣汰。

考点2 政治建设

1. 坚持党的领导、人民当家作主、依法治国有机统一

党的领导是人民当家作主和依法治国的根本保证,人民当家作主是社会主义民主政治的本质特征,依

法治国是党领导人民治理国家的基本方式，三者统一于我国社会主义民主政治伟大实践。

2. 用制度体系保障人民当家作主

我国实行工人阶级领导的、以工农联盟为基础的人民民主专政的国体，实行人民代表大会制度的政体，实行中国共产党领导的多党合作和政治协商制度，实行民族区域自治制度，实行基层群众自治制度。

人民代表大会制度是坚持党的领导、人民当家作主、依法治国有机统一的根本政治制度安排，必须长期坚持、不断完善。

3. 推动协商民主广泛、多层、制度化发展

有事好商量，众人的事情由众人商量，是人民民主的真谛。协商民主是实现党的领导的重要方式，是我国社会主义民主政治的特有形式和独特优势。人民政协是具有中国特色的制度安排，是社会主义协商民主的重要渠道和专门协商机构。

4. 全面贯彻党的民族政策、宗教政策

中国特色解决民族问题的正确道路，就是坚持在中国共产党领导下，坚持中国特色社会主义道路，坚持维护祖国统一，坚持各民族一律平等，坚持和完善民族区域自治制度，坚持各民族共同团结奋斗、共同繁荣发展，坚持打牢中华民族共同体的思想基础，坚持依法治国，加强各民族交往交流交融，促进各民族和睦相处、和衷共济、和谐发展，巩固和发展平等团结互助和谐的社会主义民族关系，共同实现中华民族伟大复兴。民族团结是我国各族人民的生命线。发展是解决民族地区各种问题的总钥匙。

宗教工作是一项关系党的执政前途和命运的全局性和战略性工作。党的宗教工作基本方针是：全面贯彻党的宗教信仰自由政策，依法管理宗教事务，坚持独立自主自办原则，积极引导宗教与社会主义社会相适应。

5. 巩固和发展最广泛的爱国统一战线

统一战线是党的事业取得胜利的重要法宝。在长期的革命、建设、改革过程中，已经结成由中国共产党领导的，有各民主党派和各人民团体参加的，包括全体社会主义劳动者、社会主义事业的建设者、拥护社会主义的爱国者、拥护祖国统一和致力于中华民族伟大复兴的爱国者的广泛的爱国统一战线。这个统一战线将继续巩固和发展。统战工作的本质要求是大团结大联合。

考点 3 文化建设

1. 坚持中国特色社会主义文化发展道路

文化是一个国家、一个民族的灵魂。文化自信是更基础、更广泛、更深厚的自信。坚定中国特色社会主义道路自信、理论自信、制度自信，说到底是要坚定文化自信。

中国特色社会主义文化，源自于中华民族五千多年文明历史所孕育的中华优秀传统文化，熔铸于党领导人民在革命、建设、改革中创造的革命文化和社会主义先进文化，植根于中国特色社会主义伟大实践。

2. 培育和践行社会主义核心价值观

倡导富强、民主、文明、和谐，倡导自由、平等、公正、法治，倡导爱国、敬业、诚信、友善，积极培育和践行社会主义核心价值观。富强、民主、文明、和谐是国家层面的价值目标，自由、平等、公正、法治是社会层面的价值取向，爱国、敬业、诚信、友善是公民个人层面的价值准则，这24个字是社会主义核心价值观的基本内容。

考点4 社会建设

1. 增进民生福祉是发展的根本目的

民生是人民幸福之基、社会和谐之本。让老百姓过上好日子是我们一切工作的出发点和落脚点。党的十八大报告中指出，加强社会建设，必须以保障和改善民生为重点。

2. 优先发展教育事业

建设教育强国是中华民族伟大复兴的基础工程，必须把教育事业放在优先位置，深化教育改革，加快教育现代化，建设教育强国，办好人民满意的教育。要全面贯彻新时代党的教育方针，坚持社会主义办学方向，落实立德树人根本任务，发展素质教育，推进教育公平，培养德智体美劳全面发展的社会主义建设者和接班人。推动城乡义务教育一体化发展，努力让每个孩子都能享有公平而有质量的教育。完善职业教育和培训体系，加快一流大学和一流学科建设。办好思想政治理论课，加强师德师风建设，培养高素质教师队伍，倡导全社会尊师重教。加快建设学习型社会，大力提高国民素质。

3. 提高就业质量和人民收入水平

就业是最大的民生工程、民心工程、根基工程。要把稳就业摆在突出位置，实施就业优先政策，实现更高质量和更充分就业。

收入分配是民生之源，是改善民生、实现发展成果由人民共享最重要最直接的方式。要坚持按劳分配原则，完善按要素分配的体制机制，促进收入分配更合理、更有序。鼓励勤劳守法致富，扩大中等收入群体，增加低收入者收入，调节过高收入，取缔非法收入。坚持在经济增长的同时实现居民收入同步增长、在劳动生产率提高的同时实现劳动报酬同步提高。拓宽居民劳动收入和财产性收入渠道。履行好政府再分配调节职能，缩小收入分配差距。

4. 加强社会保障体系建设

健全社会保障体系，健全覆盖全民、统筹城乡、公平统一、安全规范、可持续的多层次社会保障体系，扩大社会保险覆盖面。完善城镇职工基本养老保险和城乡居民基本养老保险制度，尽快实现养老保险全国统筹。完善统一的城乡居民基本医疗保险制度和大病保险制度。完善失业、工伤保险制度。建立全国统一的社会保险公共服务平台。统筹城乡社会救助体系，完善最低生活保障制度。坚持男女平等基本国策，保障妇女儿童合法权益。完善社会救助、社会福利、慈善事业、优抚安置等制度，健全农村留守儿童和妇女、老年人关爱服务体系。发展残疾人事业，加强残疾康复服务。坚持房子是用来住的、不是用来炒的定位，加快建立多主体供给、多渠道保障、租购并举的住房制度，让全体人民住有所居。

5. 打造共建共治共享的社会治理格局

社会治理是国家治理的重要方面。必须加强和创新社会治理，完善党委领导、政府负责、民主协商、社会协同、公众参与、法治保障、科技支撑的社会治理体系，建设人人有责、人人尽责、人人享有的社会治理共同体，确保人民安居乐业、社会安定有序，建设更高水平的平安中国。

考点 5 生态文明建设

1. 坚持人与自然和谐共生

生态文明的核心是坚持人与自然和谐共生。人与自然是生命共同体,人类必须尊重自然、顺应自然、保护自然。必须坚持节约优先、保护优先、自然恢复为主的方针,形成节约资源和保护环境的空间格局、产业结构、生产方式、生活方式,还自然以宁静、和谐、美丽。

2. 绿水青山就是金山银山

习近平总书记指出:"我们既要绿水青山,也要金山银山。宁要绿水青山,不要金山银山,而且绿水青山就是金山银山。"这是重要的发展理念,也是推进现代化建设的重大原则。

绿水青山就是金山银山,阐述了经济发展和生态环境保护的关系,揭示了保护生态环境就是保护生产力、改善生态环境就是发展生产力的道理,指明了实现发展和保护协同共生的新路径。生态环境保护和经济发展不是矛盾对立的关系,而是辩证统一的关系。

考点 6 总体国家安全观

坚持总体国家安全观,必须坚持国家利益至上,以人民安全为宗旨,以政治安全为根本,以经济安全为基础,以军事、文化、社会安全为保障,以促进国际安全为依托,维护各领域国家安全,构建国家安全体系,走中国特色国家安全道路。

坚持人民安全、政治安全、国家利益至上的有机统一。人民安全是国家安全的宗旨,政治安全是国家安全的根本,国家利益至上是国家安全的准则。要坚持国家安全一切为了人民、一切依靠人民,为人民创造良好生存发展条件和安定生产生活环境;把政权安全、制度安全放在首要位置,为国家安全提供根本政治保证;把国家利益作为制定国家安全战略的出发点,更坚决更有效地维护好捍卫好国家利益尤其是核心利益,实现人民安居乐业、党的长期执政、国家长治久安。

《总体国家安全观学习纲要》指出,新时代国家安全的中心任务是坚持把**防范化解国家安全风险**摆在突出位置。

考点 7 国防和军队建设

表 1-4-11 中国特色强军之路

内容	具体说明
五大军种	陆军、海军、空军、火箭军和战略支援部队
强军目标	建设一支听党指挥、能打胜仗、作风优良的人民军队。听党指挥是灵魂,决定军队建设的政治方向;能打胜仗是核心,反映军队的根本职能和军队建设的根本指向;作风优良是保证,关系军队的性质、宗旨、本色
战略安排	"三步走":(1)确保到二〇二〇年基本实现机械化,信息化建设取得重大进展,战略能力有大的提升。(2)同国家现代化进程相一致,全面推进军事理论现代化、军队组织形态现代化、军事人员现代化、武器装备现代化,力争到二〇三五年基本实现国防和军队现代化。(3)到本世纪中叶把人民军队全面建成世界一流军队
标准	军队是要准备打仗的,一切工作都必须坚持战斗力标准,向能打仗、打胜仗聚焦
具体建设	"传承红色基因、担当强军重任"主题教育,军人荣誉体系建设;坚持富国和强军相统一,形成军民融合深度发展格局,构建一体化的国家战略体系和能力等

第一部分

考点 8 坚持“一国两制”和推进祖国统一

“和平统一、一国两制”是解决台湾问题的基本方针，也是实现国家统一的最佳方式。

全面准确贯彻“一国两制”“港人治港”“澳人治澳”、高度自治的方针。一个中国原则是两岸关系的政治基础。推动两岸关系和平发展，最根本的是坚持一个中国原则。体现一个中国原则的“九二共识”明确界定了两岸关系的根本性质，是确保两岸关系和平发展的关键。

考点 9 中国特色大国外交

1. 新中国的外交

新中国成立初期，毛泽东提出了“另起炉灶”“打扫干净屋子再请客”和“一边倒”的外交方针。

1953年12月，周恩来在会见印度代表团时第一次提出和平共处五项原则。和平共处五项原则的提出，是中国独立自主外交政策的完整体现，标志着中国外交政策的成熟。

20世纪80年代至今，我国坚持奉行独立自主的和平外交政策。

表1-4-12　中国特色大国外交

内容	具体说明
外交政策	独立自主的和平外交政策
宗旨	维护世界和平、促进共同发展
基本目标	维护我国的主权、安全和发展利益，促进世界的和平与发展
基本准则	和平共处五项原则（互相尊重主权和领土完整、互不侵犯、互不干涉内政、平等互利、和平共处）
基本立场	独立自主
基本立足点	加强同广大发展中国家的团结与合作
旗帜	和平、发展、合作、共赢
新型国际关系	推动建设相互尊重、公平正义、合作共赢的新型国际关系
全球伙伴关系	平等、开放、合作的全球伙伴关系 深化同周边国家关系：亲诚惠容理念和与邻为善、以邻为伴周边外交方针 加强同发展中国家团结合作：秉持正确义利观和真实亲诚理念
全球治理观	共商共建共享

2. 构建人类命运共同体

构建人类命运共同体，建设持久和平、普遍安全、共同繁荣、开放包容、清洁美丽的世界。

考点 10 党的建设

全面从严治党永远在路上。党面临的**“四大考验”**——长期执政考验、改革开放考验、市场经济考验、外部环境考验是长期的、复杂的，党面临的**“四大危险”**——精神懈怠危险、能力不足危险、脱离群众危险、消极腐败危险是尖锐的、严峻的，党内存在的思想不纯、政治不纯、组织不纯、作风不纯等突出问题尚未得到根本解决。

1. 政治建设

政治路线是党制定各项具体方针政策的根本指南。

政治建设是党的根本性建设，要以党的政治建设为统领。中央和国家机关首先是政治机关，必须旗帜鲜明讲政治，坚定不移加强党的全面领导，坚持不懈推进党的政治建设。旗帜鲜明讲政治是我们党作为马克思主义政党的根本要求，是共产党人最鲜明的本质特征。

"两个维护"是指：坚决维护习近平总书记党中央的核心、全党的核心地位，坚决维护党中央权威和集中统一领导。"两个维护"是党的政治建设的首要任务。能不能做到"两个维护"，根本的要求和前提是对党忠诚。坚决做到"两个维护"，既是根本政治任务，也是根本政治纪律和政治规矩，是牢固树立"四个意识"的集中体现。

"四个意识"是指：政治意识、大局意识、核心意识、看齐意识。

第一部分

2. 思想建设

思想路线是党所遵循的最根本的指导原则和思想基础。

思想建设是党的基础性建设，坚定理想信念是思想建设的首要任务。理想信念是共产党人精神上的"钙"。中国共产党的理想信念，就是马克思主义真理信仰、共产主义远大理想和中国特色社会主义共同理想。这是中国共产党人的精神支柱和政治灵魂，也是保持党的团结统一的思想基础。

中国共产党一经成立，就把实现共产主义作为党的最高理想和最终目标。中国共产党人的初心和使命，就是为中国人民谋幸福，为中华民族谋复兴。

3. 组织建设

组织路线是党制定的关于组织工作总的原则和方针。

新时代党的组织路线是：全面贯彻习近平新时代中国特色社会主义思想，以组织体系建设为重点，着力培养忠诚干净担当的高素质干部，着力集聚爱国奉献的各方面优秀人才，坚持德才兼备、以德为先、任人唯贤，为坚持和加强党的全面领导、坚持和发展中国特色社会主义提供坚强组织保证。

"三会一课"制度："三会"是定期召开支部党员大会、支委会、党小组会；"一课"是按时上好党课。这是党的组织生活的基本制度。

4. 作风建设

作风问题核心是党同人民群众的关系问题。群众路线是党的一切工作的根本出发点和归宿。我们党的最大政治优势是密切联系群众，党执政后的最大危险是脱离群众。

反对"四风"："四风"是指：形式主义、官僚主义、享乐主义和奢靡之风。特别要看到，形式主义、官僚主义是目前党内存在的突出矛盾和问题，是阻碍党的路线方针政策和党中央重大决策部署贯彻落实的大敌。形式主义背后是功利主义、实用主义作祟，政绩观错位、责任心缺失。官僚主义背后是官本位思想，严重脱离实际、脱离群众。

真题面对面

[2022郑州郑东新区，单，0.5分]能不能做到"两个维护"，根本的要求和前提是(　　)

A. 为党尽责　　B. 为党分忧　　C. 听党指挥　　D. 对党忠诚

答案：D

第一部分

考点 11 能力建设

马克思主义是科学的世界观和方法论，是认识世界、把握规律、追求真理、改造世界的强大思想武器。习近平新时代中国特色社会主义思想是坚持和运用辩证唯物主义和历史唯物主义的光辉典范，蕴含着丰富的马克思主义思想方法和工作方法。

1. 把马克思主义哲学作为看家本领

习近平总书记强调“学哲学、用哲学，是我们党的一个好传统”“要原原本本学习和研读经典著作，努力把马克思主义哲学作为自己的看家本领”。

2. 坚持实事求是

实事求是，是马克思主义的根本观点，是中国共产党人认识世界、改造世界的根本要求，是党的基本思想方法、工作方法、领导方法。

3. 提高科学思维能力

面对十分复杂的国内外环境，我们强调要提高战略思维、历史思维、辩证思维、创新思维、法治思维、底线思维等思维能力，不断战胜前进中的风险和困难。

4. 保持战略定力

战略问题是一个政党、一个国家的根本问题。保持战略定力，要毫不动摇坚持和发展中国特色社会主义。保持战略定力，要坚持稳中求进工作总基调。保持战略定力，要集中精力做好自己的事，坚定不移走和平发展道路。

七、历史地位、历史贡献和重大意义 【多选、判断、简述】★★

考点 1 历史地位

习近平新时代中国特色社会主义思想是对马克思列宁主义、毛泽东思想、邓小平理论、“三个代表”重要思想、科学发展观的继承和发展，是马克思主义中国化最新成果，是党和人民实践经验和集体智慧的结晶，是中国特色社会主义理论体系的重要组成部分，是全党全国人民为实现中华民族伟大复兴而奋斗的行动指南，必须长期坚持并不断发展。党的十九届六中全会明确指出：“习近平新时代中国特色社会主义思想是当代中国马克思主义、二十一世纪马克思主义，是中华文化和中国精神的时代精华，实现了马克思主义中国化新的飞跃。”

易错点提示

习近平同志是习近平新时代中国特色社会主义思想的主要创立者，而非唯一创立者。

考点 2 历史贡献

(1)开辟了马克思主义新境界，实现了马克思主义基本原理与中国具体实际相结合的又一次飞跃；

(2)开辟了中国特色社会主义新境界，深刻揭示了新时代中国特色社会主义的**本质特征、发展规律和建设路径**；

(3)开辟了治国理政新境界，正是在这一思想指引下，我们党团结带领人民推动党和国家事业取得了历

史性成就，发生了历史性变革；

(4)开辟了管党治党新境界，正是遵循这一思想，我们党以坚强的决心、空前的力度，推进全面从严治党，管党治党实现从"宽松软"到"严紧硬"的深刻变化。

考点3 重大意义

我们可以从时代意义、理论意义、实践意义、世界意义四个维度来把握习近平新时代中国特色社会主义思想的重大意义。

(1)习近平新时代中国特色社会主义思想深入回答时代之问，不断引领时代前进，是新时代精神的精华。这一思想，把马克思主义基本原理同新时代中国具体实际结合起来，是当代中国马克思主义、21世纪马克思主义。

(2)习近平新时代中国特色社会主义思想深化了对共产党执政规律、社会主义建设规律、人类社会发展规律的认识，开辟了马克思主义中国化新境界。"十个明确"和"十四个坚持"，是习近平新时代中国特色社会主义思想的核心内容，体现了以习近平同志为核心的党中央对"三大规律"认识的深化、拓展、升华。

(3)习近平新时代中国特色社会主义思想植根于坚持和发展中国特色社会主义新的伟大实践，在指导实践、推动实践发展中展现出强大真理力量和独特思想魅力。这一思想推动了党和国家事业取得历史性成就、发生历史性变革，巩固了全党全国各族人民为实现中国梦而奋斗的共同思想基础。

(4)习近平新时代中国特色社会主义思想推动构建相互尊重、公平正义、合作共赢的新型国际关系和人类命运共同体，为世界和平与发展作出重大贡献。

真题面对面

[2022郑州郑东新区，简述，4分]简述习近平新时代中国特色社会主义思想的重大意义。

答案：详见内文。

八、习近平总书记用典十则 【单选】★★

表1-4-13 习近平总书记用典十则

经典名句	原出处	解读
衙斋卧听萧萧竹，疑是民间疾苦声。些小吾曹州县吏，一枝一叶总关情	(清)郑板桥《潍县署中画竹呈年伯包大中丞括》	群众利益无小事、民生问题大于天，充分体现了为民情怀和人民立场
治大国若烹小鲜	(春秋)老子《道德经》	体现道家"无为而治"的哲学思想，道出大国治理应举重若轻，对国家制度建设和国家治理能力现代化进行全面部署
天下难事，必作于易；天下大事，必作于细	(春秋)老子《道德经》	实干兴邦思想
大鹏之动，非一羽之轻也；骐骥之速，非一足之力也	(汉)王符《潜夫论》	整体与部分辩证统一

续表

经典名句	原出处	解读
物之不齐,物之情也	(战国)孟子《孟子》	和而不同是一切事物发生发展的规律
大道之行也,天下为公	《礼记》	多用于中国外交政策的阐述,体现人类命运共同体的思想,展现了广阔的世界眼光和人类胸怀
行之力则知愈进,知之深则行愈达	(南宋)张栻《论语解·序》	我们要知行合一,不断地把前一步的认知和实践形成的经验作为下一步行动的基础
不困在于早虑,不穷在于早豫	(西汉)刘向《说苑·谈丛》	树立忧患意识,坚持底线思维
人不率则不从,身不先则不信	《宋史·宋祁传》	树立良好作风和威信的关键在于从自身做起
前事不忘,后事之师	《战国策·赵策一》	人们应牢记过去的经验教训,并将其作为今后行事的借鉴

真题面对面

[2022郑州郑东新区,单,0.5分]习近平同志指出,中国和日本是近邻。保持中日长期和平友好关系,符合两国人民根本利益,符合维护亚洲和世界和平稳定的需要。正确对待和深刻反省日本军国主义的侵略历史,是建立和发展中日关系的重要政治基础。前事不忘,后事之师。我们纪念中国人民抗日战争和世界反法西斯战争的胜利,是要以史为鉴、面向未来,共同珍爱和平、维护和平。其所讲内容中的“前事不忘,后事之师”出自(　　)

A.《史记》　　B.《战国策》

C.《后汉书》　　D.《三国志》

答案:B

核心考点回顾

1. 邓小平理论形成和发展过程中的重要事件有哪些?(参见本书P058)
2. 习近平新时代中国特色社会主义思想的核心内容有哪些?(参见本书P063)
3. 习近平新时代中国特色社会主义思想的历史地位、历史贡献和重大意义分别是什么?(参见本书P074)

达标测评

建议用时	实际用时	测评总分	实际得分
12分钟	____分钟	15分	____分

一、单项选择题(每小题1分,共6分)

1. (　　)实现了马克思主义中国化的第一次历史性飞跃。

A. 毛泽东思想　　B. 邓小平理论

C. 中国特色社会主义理论体系　　D. 习近平新时代中国特色社会主义思想

2. 邓小平理论的精髓是(　　)

A. 解放思想、实事求是　　B. 解放生产力、发展生产力

C. 实事求是　　D. 改革开放

3. 科学发展观的基本要求是(　　)

A. 发展　　B. 以人为本　　C. 全面协调可持续　　D. 统筹兼顾

4. 中国特色社会主义制度的最大优势是(　　)

A. 依法治国　　B. 以德治国　　C. 人民当家作主　　D. 中国共产党的领导

5. 党的十九届五中全会通过的《中共中央关于制定国民经济和社会发展第十四个五年规划和二〇三五年远景目标的建议》对"四个全面"战略布局作出了新表述,新表述不包括以下哪一项(　　)

A. 全面建设社会主义现代化国家　　B. 全面建成小康社会

C. 全面深化改革　　D. 全面推进依法治国

6. 政治建设是政党建设的内在要求。只有加强党的政治建设,才能保证党的政治方向对头、政治原则坚定、政治路线正确,才能统一全党意志、凝聚全党力量。党的政治建设的首要任务是(　　)

A. 坚持马克思列宁主义　　B. 全面增强党的执政本领

C. 坚决做到"两个维护"　　D. 统揽"四个伟大"

二、多项选择题(每小题2分,共6分)

1. 习近平总书记指出,文化自信是中华民族独特的精神标识,主要包括(　　)

A. 中华优秀传统文化　　B. 在党和人民伟大斗争中孕育的革命文化

C. 社会主义先进文化　　D. 民族精神和时代精神

2. 中国特色社会主义进入新时代,社会主要矛盾已经转化,这是关系全局的历史性变化,对党和国家工作提出了许多新要求。但我们也必须认识到,没有改变的是(　　)

A. 我们对我国社会主义所处历史阶段的判断

B. 中华民族的面貌

C. 我国仍处于并将长期处于社会主义初级阶段的基本国情

D. 我国是世界最大发展中国家的国际地位

3. 1921年,在嘉兴南湖的红船上,中国共产党应运而生。中国共产党人的初心和使命是(　　)。这个初心

和使命是激励中国共产党人不断前进的根本动力。

A. 全心全意为人民服务　　B. 为中国人民谋幸福

C. 建设社会主义国家　　D. 为中华民族谋复兴

三、判断题(每小题1分,共3分)

1. 党的十九大明确提出了2035年实现社会主义现代化强国的奋斗目标。 (　　)

2. 在新发展理念中,共享是中国特色社会主义的本质要求。 (　　)

3. 新时代"三农"工作的总抓手是统筹城乡战略。 (　　)

参考答案及解析

一、单项选择题

1. A　[解析]毛泽东思想是马克思主义中国化的第一次历史性飞跃;中国特色社会主义理论体系,实现了马克思主义中国化新的飞跃;习近平新时代中国特色社会主义思想实现了马克思主义中国化新的飞跃。

2. A　[解析]解放思想、实事求是是邓小平理论的精髓。

3. C　[解析]科学发展观的基本要求是全面协调可持续。科学发展观所倡导的发展是科学的,是全面协调可持续的发展,即又好又快的发展,而不是片面的发展、不计代价的发展、竭泽而渔式的发展。

4. D　[解析]中国共产党的领导是中国特色社会主义制度的最大优势。

5. B　[解析]党的十九届五中全会后,"四个全面"战略布局的新表述包括:全面建设社会主义现代化国家,全面深化改革,全面推进依法治国,全面推进从严治党。

6. C　[解析]政治建设是党的根本性建设,"两个维护"是党的政治建设的首要任务。

二、多项选择题

1. ABC　[解析]中华民族有着独特的精神标识,那就是在5000多年文明发展中孕育的中华优秀传统文化,在党和人民伟大斗争中孕育的革命文化和社会主义先进文化。

2. ACD　[解析]党的十九大报告指出,我国社会主要矛盾的变化,没有改变我们对我国社会主义所处历史阶段的判断,我国仍处于并将长期处于社会主义初级阶段的基本国情没有变,我国是世界最大发展中国家的国际地位没有变。

3. BD　[解析]中国共产党人的初心和使命,就是为中国人民谋幸福,为中华民族谋复兴。

三、判断题

1. ×　[解析]党的十九大指出,从二〇二〇年到二〇三五年,在全面建成小康社会的基础上,再奋斗十五年,基本实现社会主义现代化。从二〇三五年到本世纪中叶,在基本实现现代化的基础上,再奋斗十五年,把我国建成富强民主文明和谐美丽的社会主义现代化强国。

2. √　[解析]共享是中国特色社会主义的本质要求,共享发展注重的是解决社会公平正义问题。

3. ×　[解析]新时代"三农"工作的总抓手是乡村振兴战略。

第二部分

经济常识

内容导学

河南省教师招聘考试经济常识部分共三章。

第一章主要介绍商品、货币理论，剩余价值与资本，社会主义市场经济常识。

第二章主要是微观经济学和宏观经济学。

第三章是对国际贸易、国际金融、我国对外经济关系的阐述。

考生要重点掌握第一章和第二章的内容。在备考时，应结合历年真题与自身实际，有针对性地复习。

第一章　政治经济学

第二部分

思维导图

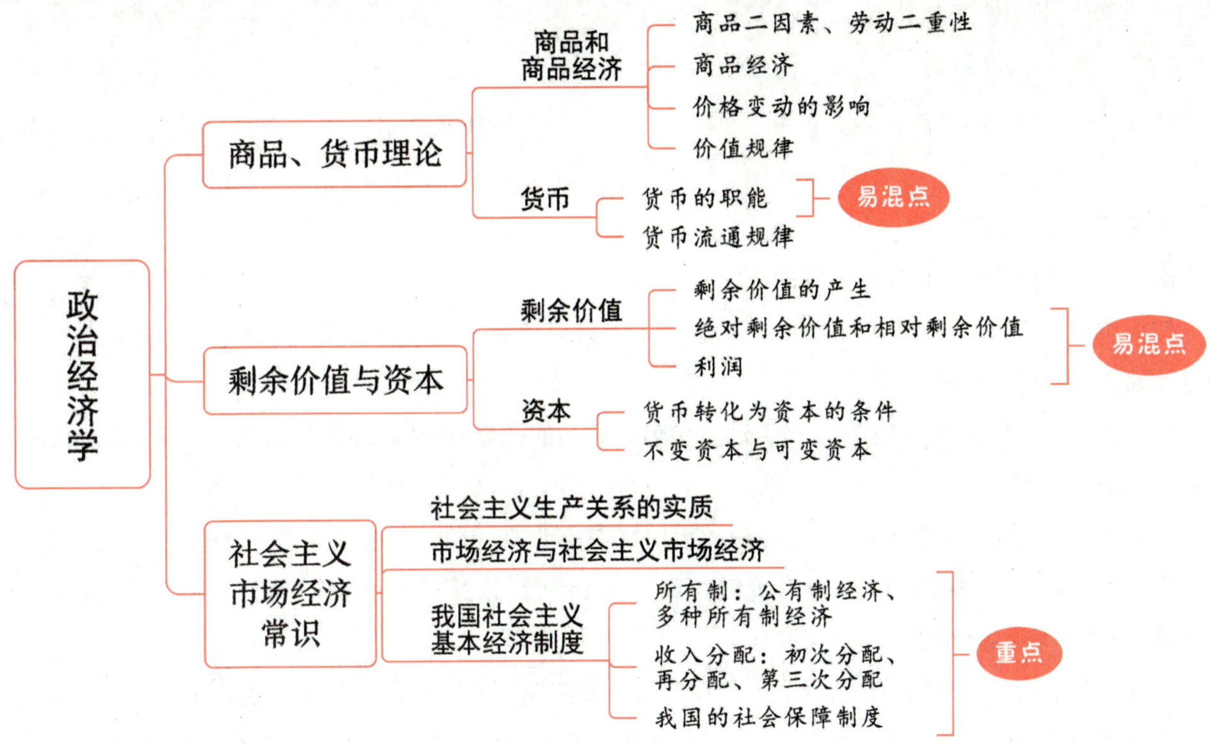

河南考向

本章属于经济常识的重点章节，在河南招教考试中考查较多，内容较为琐碎，需要理解的知识较多。在考试中常以选择题、判断题、简述题的形式考查。现对本章河南考向分析如下：

考点类型	高频考点	常考题型	能力层级	考查热度
常规考点	商品和商品经济	单选、判断	理解	★★★
	货币	单选、多选	理解	★★
	我国的基本经济制度	单选、判断、简述	识记	★★★

核心考点

第一节 商品、货币理论

一、商品和商品经济 【单选、判断】★★★

考点1 商品

商品是用来交换的、能满足人的某种需要的劳动产品，劳动产品不一定是商品，但商品一定是劳动产品。

1. 商品的二因素

商品具有使用价值和价值两种属性。

使用价值：物品对人的有用性或效用，也就是物品能够满足人们某种需要的属性，它是商品的**自然属性**，不反映社会生产关系。

价值：凝结在商品中无差别的人类劳动。价值是商品的**社会属性**，体现商品生产者之间相互比较和交换劳动的经济关系。

商品是使用价值与价值的统一体。商品价值的存在要以使用价值的存在为前提，使用价值是价值的物质承担者，没有使用价值的物品就没有价值。商品的生产者和购买者不能同时拥有商品的使用价值和价值，这种矛盾只有通过商品交换才能解决。

交换价值表现为一种使用价值同另一种使用价值相交换的量的关系和比例。交换的数量比例，由凝结在不同商品中的一般人类劳动的量决定，这个劳动量决定于社会必要劳动时间。交换价值是价值的表现形式，价值是交换价值的基础。

2. 商品中的劳动二重性

商品具有二因素是因为生产商品的劳动具有二重性，既是具体劳动又是抽象劳动。

具体劳动：是在一定具体形式下进行的劳动，千差万别的具体劳动创造出千差万别的使用价值。

抽象劳动：是指撇开劳动具体形式的无差别的人类劳动，即人的体力和脑力的生产性支出。抽象劳动是商品价值的唯一源泉。

具体劳动与抽象劳动之间是对立统一关系，它们是同一劳动的两个方面。具体劳动反映的是人与自然的关系，抽象劳动反映的是与社会经济发展的一定历史阶段相联系的社会生产关系。

考点2 商品经济

商品经济是“自然经济”的对称，是指直接**以交换为目的**的经济形式，包括商品生产和商品交换。

1. 商品经济存在的条件

商品经济存在的条件：一是社会分工；二是生产资料和产品属于不同的所有者。

2. 商品经济的类型

商品经济分为小商品经济、资本主义商品经济和社会主义商品经济三种类型。

3. 商品经济与市场经济

商品经济在其自身发展过程中要经历简单商品经济和发达商品经济两个阶段，市场经济就是商品经济的发达阶段。

考点3 价值与价格

1. 商品价值量的决定

商品价值量由生产该商品的社会必要劳动时间决定。社会必要劳动时间是在现有的社会正常的生产条件下，在社会平均的劳动熟练程度和劳动强度下制造某种使用价值所需要的劳动时间。劳动生产率是指劳动者在一定时间内生产某种使用价值的效率。也就是说，劳动生产率与单位时间内生产的商品数量成正比。

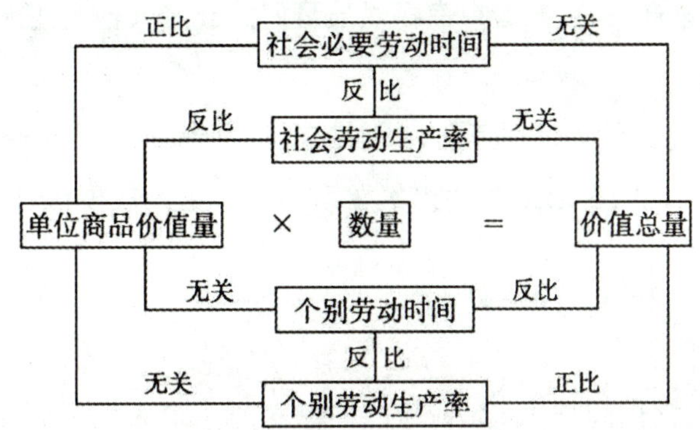

图2-1-1　商品价值量、价值总量与劳动时间、劳动生产率的关系

真题面对面

[2022郑州市直，单，1.2分]提高劳动生产率会使单位时间内生产的商品数量和个别商品的价值量发生变化，其变化是(　　)

A. 商品数量增加，单位时间内生产的商品的总价值量增大

B. 商品数量增加，个别商品的价值量不变

C. 商品数量增加，个别商品的价值量增大

D. 商品数量增加，单位时间内生产的商品的总价值量不变

答案：D。商品的价值量由生产该商品的社会必要劳动时间决定，与个别劳动生产率无关，因此题干所述的“提高劳动生产率”指的是提高社会劳动生产率。当社会劳动生产率提高时，单位时间内生产的商品数量会随之增加，个别商品的价值量会随之减少，而单位时间内生产的商品的总价值量不变。ABC三项说法错误，本题选D。

2. 商品价格的决定性因素

价值是价格的基础，价格是价值的货币表现。商品的价格由价值决定，价格与价值成正比。在其他条件不变的情况下，商品的价值量越大，价格越高；商品的价值量越小，价格越低。

3. 影响价格变动的其他因素

表2-1-1　影响价格变动的其他因素

影响因素	具体说明
供求关系	同种商品，供不应求时，买方竞争，推动价格上涨；供过于求时，卖方竞争，促使价格下降

影响因素	具体说明
纸币发行量	当纸币发行量大大超过商品流通中实际需要的货币量时，就会引起纸币贬值，物价上涨
货币自身的价值	当商品价值不变，货币价值上升，则商品价格下降；货币价值下降，则商品价格上升

4. 价格变动的影响

(1)对人们生活的影响

一般来说，商品的需求量与价格成反比。价格上升，需求量减少；价格下降，需求量增加。

(2)对人们生产经营的影响

①生产适销对路的高质量产品：生产者只有提供质量好的或者其他企业无法生产的产品，才能获得较大的市场份额。

②提高个别劳动生产率：企业缩短个别劳动时间，给自己的产品提供降价空间。

③调节生产规模：某种商品价格上涨时，生产经营者会扩大生产规模；某种商品价格下跌时，生产经营者会压缩生产规模。

真题面对面

[2021信阳市直，单，1.1分]同样的土地既可以种粮食，也可以种棉花，但如果棉花的价格上涨而粮食的价格等因素没有发生变化，正常情况下会导致(　　)

A. 粮食的供给增加　　B. 粮食的供给减少

C. 粮食的需求增加　　D. 粮食的需求减少

答案：B。商品价格的变动能够调节产量。某种商品的价格下降，生产者获利减少，这时生产者会压缩生产规模，减少产量；某种商品的价格上涨，生产者获利增加，这时生产者会扩大生产规模，增加产量。本题中，将粮食和棉花看作简单的种植替代品。当棉花的价格上涨，而粮食的价格等因素不变时，生产者会扩大棉花的生产规模。而粮食的生产规模则会相对缩减，导致粮食的供给减少。故本题选B。

5. 价值规律

价值规律是商品生产和商品交换的基本经济规律，也是市场经济最主要的经济规律。

价值规律的基本内容：商品的价值量由生产该商品的社会必要劳动时间决定，商品交换以价值量为基础实行等价交换。

价值规律的表现形式：商品价格受供求关系的影响，围绕价值上下波动。

二、货币　【单选、多选】★★

货币是从商品中分离出来，固定地充当一般等价物的商品。货币的本质是一般等价物。

货币的职能

考点1 货币的职能

表2-1-2　货币的职能

职能	具体说明
价值尺度	指货币充当衡量商品价值量大小尺度的职能。价值尺度是货币的基本职能

续表

职能	具体说明
流通手段	指货币在商品交换中充当媒介作用的职能。流通手段是货币的基本职能
贮藏手段	指货币作为社会财富的代表，可以退出流通，并贮藏起来的职能
支付手段	指货币用来清偿债务或支付赋税、租金、工资等的职能。支付手段是随着商品经济的发展，出现**赊购买卖**时产生的
世界货币	指货币在国际市场上作为一般等价物的职能

易混点辨析

流通手段表示一手交钱，一手交货，商品的让渡和货币的让渡在同一时间内完成；支付手段则表示商品的让渡和货币的让渡不在同一时间内完成。

真题面对面

[2021 信阳市直，单，1.1 分]小亮以货到付款的方式在某平台买了一台国产电脑，原价为 4999 元，通过使用满减优惠券最终支付了 4399 元。货币在这里所履行的职能分别是(　　)

A. 贮藏手段和支付手段　　B. 贮藏手段和流通手段

C. 价值尺度和支付手段　　D. 价值尺度和流通手段

答案：D

考点 2　货币流通规律

货币流通规律指一定时间内商品流通过程中所需货币量的规律。流通中所需要的货币量主要取决于三个因素：一是流通中的商品总量；二是商品的价格水平；三是同一货币的流通速度。用公式表示就是：

流通中所需的货币量=商品的价格总额/货币流通速度

第二节　剩余价值与资本

一、剩余价值　【单选、多选】

剩余价值是指在剥削制度下，被统治阶级剥削的，劳动者所生产的新价值中，劳动创造的价值和劳动报酬之间的差额，即"由劳动者创造的被资产阶级无偿占有的劳动"。

考点 1　剩余价值的产生

剩余价值不是从流通过程中产生的，而是在劳动力的消费过程即资本主义生产过程中形成的。

1. 资本主义生产过程及实质

人类社会要进行生产，必须具备三个简单要素：人的劳动、劳动对象和劳动资料。这三个要素结合在一起发生作用的过程，就是生产过程。生产过程与资本主义制度的结合就是资本主义生产过程。资本主义生产过程的实质是为了攫取剩余价值。

2. 资本主义生产时间

资本主义生产的时间实际上分为两部分：一部分是用于再生产劳动力价值所必要的劳动时间；另一部分是超过必要劳动时间以外的延长了的那部分劳动时间，这部分时间叫剩余劳动时间。剩余价值正是产生于剩余劳动时间，因此剩余价值是剩余劳动时间的凝结，是物化的剩余劳动。

3. 剩余价值率

剩余价值率反映资本家的剥削程度。剩余价值率可以用下列三个公式表现：

剩余价值率=剩余劳动时间/必要劳动时间=剩余劳动/必要劳动=剩余价值/可变资本

考点 2 绝对剩余价值和相对剩余价值

资本家要取得更多的剩余价值，提高剩余价值率，就必须尽量增加剩余劳动时间，减少必要劳动时间。要实现这一目的，资本家主要采取了以下两种方法：绝对剩余价值生产和相对剩余价值生产。

绝对剩余价值是指在必要劳动时间不变的条件下，由于延长工作日的长度所产生的剩余价值。

相对剩余价值是指在工作日不变的条件下，由于必要劳动时间缩短所产生的剩余价值。它是通过各个部门中的资本家追逐超额剩余价值来实现的。

考点 3 利润

1. 利润与剩余价值

剩余价值是由可变资本带来的，当剩余价值被当作全部预付资本的产物时，剩余价值就转化为利润。利润一般指经济利润，也称超额利润，是指厂商总收益和总成本的差额，是剩余价值的转化形式，它在本质上是剩余价值。

2. 利润率

利润率是剩余价值与预付总资本之比，剩余价值率是剩余价值与可变资本之比，它们是同一个剩余价值量用不同的计算方法得出的不同比率。

易混点辨析

剩余价值率和利润率表示的关系不同。前者表示资本家对工人的剥削程度，后者表示预付总资本的增殖程度。利润率总是小于剩余价值率，它歪曲了资本家对工人的剥削关系。

二、资本 【单选】

资本是能够带来剩余价值的价值，它体现着资本家剥削工人的关系。因此，不是一切货币都是资本，只有那些能够自行增殖、能够带来剩余价值的货币才是资本。

考点 1 货币转化为资本的条件

只有劳动力作为特殊的商品，才能创造出比自身价值更大的价值。因此，货币转化为资本的条件是劳动力成为商品。

考点 2 不变资本与可变资本

不变资本与可变资本

表 2-1-3 不变资本与可变资本

资本	在剩余价值生产中的作用	存在形式
不变资本	只转移价值，其价值量不变	生产资料（厂房、机器、设备、原料、燃料、辅助材料等）
可变资本	不仅再生产出劳动力的价值，而且生产出剩余价值	工资（劳动力）

第三节　社会主义市场经济常识

一、社会主义生产关系的实质

社会主义生产关系的实质是以生产资料公有制和按劳分配为基础，消灭剥削，消除两极分化，最终实现共同富裕。生产资料的社会主义公有制是社会主义生产关系的基础和本质体现，按劳分配是社会主义公有制在分配领域的体现和要求，共同富裕是社会主义经济制度所要实现的**最终目标**。

二、市场经济与社会主义市场经济 【单选、判断】★

考点 1 资源配置

在现代化大生产中，资源配置一般存在两种基本方式：计划配置方式和市场配置方式。计划配置是指由政府按照预定的计划，通过行政手段将社会资源分配到各个部门。市场配置是指通过市场机制发挥作用来实现资源配置。

真题面对面

[2020信阳市直，单，0.9分]据报道，马克龙总统于2020年3月3日宣布法国国家当局征用“法国所有库存的防护口罩和口罩生产单位”，以便把口罩分配给医疗人员和确诊感染新型冠状病毒的人。疫情期间，国家征用口罩体现了资源配置方式中的(　　)

A. 市场配置方式　　B. 计划配置方式

C. 间接配置方式　　D. 直接配置方式

答案：B

考点 2 市场经济

市场经济是市场对资源配置起基础性作用的商品经济，是商品经济发展到一定高度的必然产物。

市场经济具有平等性、竞争性、法制性、开放性等一般特征。

考点再拔高

▼ 虚拟经济和泡沫经济

“虚拟经济”是指相对独立于实体经济的虚拟资本的经济活动，是市场经济高度发达的产物，以服务于实体经济为最终目的。与实体经济相比，虚拟经济具有高度流动性、不稳定性、高风险性和高投机性等特征。

“泡沫经济”是指资产价值超越实体经济，极易丧失持续发展能力的宏观经济状态。泡沫经济发展到一定的程度，通常会由于支撑投机活动的市场预期或者神话的破灭，而导致资产价值迅速下跌，这在经济学上被称为泡沫破裂。

考点3 市场体系

市场体系是在社会化大生产充分发展的基础上，由各类市场组成的有机联系的整体。商品市场、资本市场、劳动力市场是市场体系的最基本内容，是市场体系的三大支柱。

考点4 社会主义市场经济

社会主义市场经济是市场经济同社会主义基本制度相结合的一种新型的市场经济，市场在宏观调控下对资源配置起**决定性**作用。坚持社会主义市场经济改革方向，核心问题是处理好政府和市场的关系，使市场在资源配置中起决定性作用和更好发挥政府作用。

第二部分

三、我国社会主义基本经济制度 【单选、判断、简述】★★★

考点1 我国社会主义基本经济制度的内涵

十九届四中全会提出："公有制为主体、多种所有制经济共同发展，按劳分配为主体、多种分配方式并存，社会主义市场经济体制等社会主义基本经济制度，既体现了社会主义制度优越性，又同我国社会主义初级阶段社会生产力发展水平相适应，是党和人民的伟大创造。"

公有制为主体、多种所有制经济共同发展的所有制，按劳分配为主体、多种分配方式并存的分配制度，社会主义市场经济体制这三项制度相互联系、相互支持、相互促进。

考点2 所有制

我国在社会主义初级阶段的生产资料所有制结构是公有制为主体、多种所有制经济共同发展。

表2-1-4 我国所有制类型

我国所有制类型	地位	构成
公有制经济	(1)**生产资料公有制**是社会主义的根本经济特征，是社会主义经济制度的基础。 (2)公有制经济**主体地位**体现在：就全国而言，公有资产在社会总资产中占优势；国有经济控制国民经济命脉，对经济发展起主导作用。 (3)毫不动摇**巩固和发展**公有制经济	(1)国有经济 (2)集体经济 (3)混合所有制经济中的国有成分和集体成分
多种所有制经济	(1)非公有制经济是社会主义市场经济的**重要组成部分**。 (2)毫不动摇**鼓励**、**支持**和**引导**非公有制经济的发展，并对非公有制经济依法实行监督和管理	(1)个体经济 (2)私营经济 (3)外资经济等

真题面对面

[2021安阳龙安，判断，0.6分]公有制经济包括国有经济，集体经济和混合所有制经济。(　　)

答案：×

考点3 收入分配

我国实行以按劳分配为主体、多种分配方式并存的分配制度。

1. 个人收入分配形式

表2-1-5 个人收入分配形式

分配阶段	分配主体	分配形式	收入形式举例
初次分配	社会主义公有制企业等	按劳分配	国有企业、集体企业职工的工资、奖金和津贴; 农民承包经营集体土地的收入
	个体劳动者	按个体劳动者的劳动成果分配	个体劳动者的收入
	要素所有者	按生产要素分配	(1)按资本要素分配:私营企业主生产经营取得的税后利润和投资者获得的债权利息、股息收入等 (2)按技术、信息要素分配:科技工作者、信息工作者提供新技术和信息资料取得的收入; (3)按土地要素分配:土地、房屋的租金等; (4)按劳动力要素(劳动力价值)分配:在私营企业和外资企业中,劳动者所获得的工资收入等; (5)按管理要素分配:企业的管理人才凭借其管理才能在生产经营中的贡献而参与分配; (6)按数据要素分配
再分配(二次分配)	政府等	—	个人所得税、退休人员养老金、银行信贷和其他转移收支
第三次分配	社会力量	—	社会救助、民间捐赠、慈善事业、志愿者行动

重难点解读

(1)区分初次分配、再分配与第三次分配:一般从分配主体和分配原则的角度进行判断。

(2)区分劳动收入与非劳动收入:劳动收入是指各类劳动者通过劳动获得的各种报酬。按劳分配所获得的收入,按个体劳动者劳动成果分配的收入,按劳动力要素所获得的收入都属于劳动收入。

(3)区分按劳分配与按劳动力要素分配:二者所获得的收入体现的生产关系和分配关系不同,区分二者首先要看是哪一类经济形式再判断。

真题面对面

[2022郑州郑东新区,单,0.5分]中国科学院院士,国际著名核能科学家、教育家,清华大学原校长王大中获国家最高科学技术奖,并将获得的800万元奖金全部捐出。800万元奖金对于王大中院士来说属于(   )

A. 按生产要素分配　　　　B. 按劳动力价值分配

C. 按劳分配　　　　D. 政府补贴

答案:A。题干中的800万元奖金属于按生产要素分配中的按技术要素分配,A项符合题意。

2. 我国的社会保障制度

我国的社会保障制度包括社会保险、社会福利、社会救助、社会优抚。其中，社会保险是社会保障制度中最基本最核心的内容；社会救助属于低层次的保障；社会福利是最高层次的保障。

我国实施社会保障的基本目标是满足人们的最基本生活需要。

最低工资保障制度是我国一项劳动和社会保障制度，最低工资保障属于初次分配的内容。

第二部分

核心考点回顾

1. 商品的价值量、价值总量与劳动时间、劳动生产率的关系是什么？(参见本书P083)

2. 货币的职能有哪些？(参见本书P084)

3. 我国社会主义基本经济制度包括哪些内容？(参见本书P088)

达标测评

建议用时	实际用时	测评总分	实际得分
10分钟	____分钟	12分	____分

一、单项选择题(每小题1分，共5分)

1. 商店里的货品有标价，如一支钢笔标价为6元。在这里，货币执行的是(　　)的职能。

A. 价值尺度　　B. 流通手段　　C. 贮藏手段　　D. 支付手段

2. 商品的价值量与生产该商品所耗费的社会必要劳动时间和社会劳动生产率各成的比例是(　　)

A. 正比、正比　　B. 反比、正比　　C. 反比、反比　　D. 正比、反比

3. 剩余价值产生的唯一源泉是(　　)

A. 必要劳动　　B. 社会劳动　　C. 剩余劳动　　D. 复杂劳动

4. 在社会主义国民经济中起主导作用的经济是(　　)

A. 公有制经济　　B. 工业经济　　C. 国有经济　　D. 集体经济

5. 国民收入分配包括初次分配、再分配和第三次分配，下列选项中属于再分配的是(　　)

A. 个人所得税　　B. 民间捐赠　　C. 慈善捐助　　D. 社会救助

二、多项选择题(每小题2分，共4分)

1. 关于商品的价值和使用价值二者之间的关系，下列表述正确的有(　　)

A. 作为商品，必须同时具备使用价值和价值两个因素

B. 商品的使用价值和价值二者不可同时兼得

C. 具有使用价值的东西，一定有价值

D. 没有使用价值的东西，一定没有价值

2. 按劳分配是社会主义的分配原则，体现了劳动者共同劳动、平等分配的社会地位。下列收入中属于按劳

分配的有(　　)

A. 个体工商户的经营所得　　　　B. 私营企业技术工人的工资收入

C. 国有企业职工的奖金　　　　D. 农民承包土地的生产经营收入

三、判断题(每小题1分,共3分)

1. 货币在执行流通手段职能时,商品的让渡和货币的让渡不在同一时间内完成。　(　　)

2. 剩余价值率表示资本家对工人的剥削程度。　(　　)

3. 建立社会主义市场经济体制,就是要使市场在国家宏观调控下对资源配置起基础性作用。　(　　)

参考答案及解析

一、单项选择题

1. A　[解析]价值尺度是货币的基本职能之一,指货币衡量和表现一切商品价值大小的作用。它是货币本质的体现,表现形式为价格标签。

2. D　[解析]商品的价值量与生产该商品所耗费的社会必要劳动时间成正比,与社会劳动生产率成反比。

3. C　[解析]雇佣劳动者的剩余劳动是剩余价值产生的唯一源泉,剩余价值既不是由全部资本创造的,也不是由不变资本创造的,而是由可变资本创造的。

4. C　[解析]国有经济由全民所有制经济、集体所有制经济等形式组成,是国民经济的主导力量。

5. A　[解析]再分配是在初次分配的基础上,对部分国民收入进行的重新分配,主要由政府调节机制起作用,是按照兼顾公平和效率的原则、并侧重公平原则进行的第二次分配,主要包括个人所得税、退休金和其他转移收支。故选A。

二、多项选择题

1. ABD　[解析]商品的价值和使用价值之间的关系是对立统一的关系。其对立性表现在商品的使用价值和价值是相互排斥的,二者不可兼得。其统一性表现在,作为商品,必须同时具有使用价值和价值两个因素。一种物品如果没有使用价值,即使人们为它付出了劳动,也没有价值;一种物品尽管具有使用价值,但如果不是劳动产品,也没有价值。C表述错误,具有使用价值的东西,如果该产品不用来交换,不能在交换中获得产品的价值,那么它也没有价值,故正确答案为ABD。

2. CD　[解析]按劳分配的主要形式包括:国有企业、集体企业职工的工资、奖金和津贴;农民承包经营集体土地的收入。CD项正确。个体工商户的经营所得属于按个体劳动者的劳动成果分配,A项错误。私营企业技术工人的工资收入属于按生产要素分配,B项错误。故本题选CD。

三、判断题

1. ×　[解析]流通手段表示一手交钱,一手交货,商品的让渡和货币的让渡在同一时间内完成。

2. √　[解析]剩余价值是剩余劳动时间的凝结,是物化的剩余劳动。剩余价值率反映资本家的剥削程度。

3. ×　[解析]社会主义市场经济是市场经济同社会主义基本制度相结合的一种新型的市场经济,市场在国家宏观调控下对资源配置起决定性作用。

第二章　西方经济学

思维导图

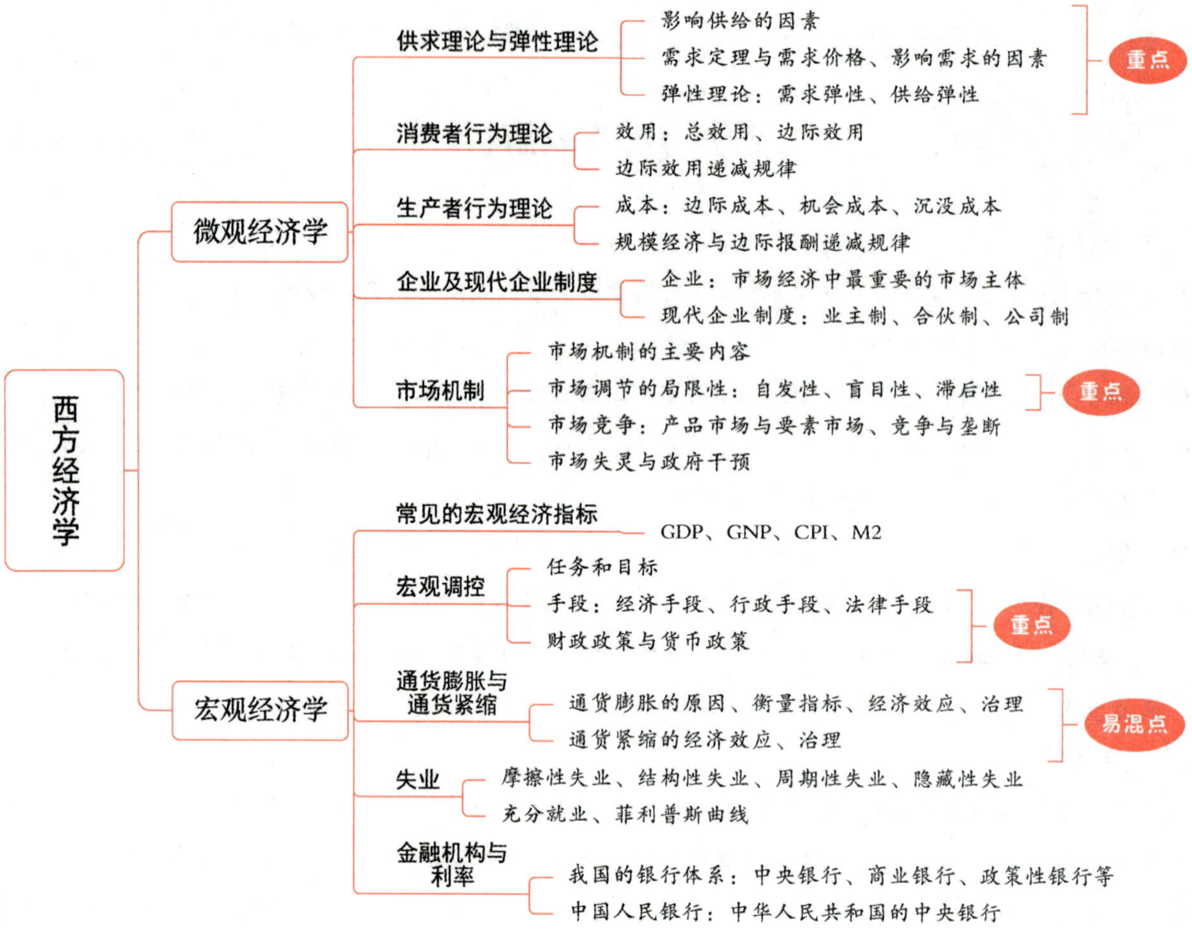

- 西方经济学
  - 微观经济学
    - 供求理论与弹性理论（重点）
      - 影响供给的因素
      - 需求定理与需求价格、影响需求的因素
      - 弹性理论：需求弹性、供给弹性
    - 消费者行为理论
      - 效用：总效用、边际效用
      - 边际效用递减规律
    - 生产者行为理论
      - 成本：边际成本、机会成本、沉没成本
      - 规模经济与边际报酬递减规律
    - 企业及现代企业制度
      - 企业：市场经济中最重要的市场主体
      - 现代企业制度：业主制、合伙制、公司制
    - 市场机制
      - 市场机制的主要内容
      - 市场调节的局限性：自发性、盲目性、滞后性（重点）
      - 市场竞争：产品市场与要素市场、竞争与垄断
      - 市场失灵与政府干预
  - 宏观经济学
    - 常见的宏观经济指标
      - GDP、GNP、CPI、M2
    - 宏观调控
      - 任务和目标
      - 手段：经济手段、行政手段、法律手段（重点）
      - 财政政策与货币政策（重点）
    - 通货膨胀与通货紧缩（易混点）
      - 通货膨胀的原因、衡量指标、经济效应、治理
      - 通货紧缩的经济效应、治理
    - 失业
      - 摩擦性失业、结构性失业、周期性失业、隐藏性失业
      - 充分就业、菲利普斯曲线
    - 金融机构与利率
      - 我国的银行体系：中央银行、商业银行、政策性银行等
      - 中国人民银行：中华人民共和国的中央银行

河南考向

本章属于经济常识的难点章节，在河南招教考试中考查较多，内容较为琐碎，需要理解的知识较多。在考试中常以选择题、判断题等客观题的形式考查。现对本章河南考向分析如下：

考点类型	高频考点	常考题型	能力层级	考查热度
常规考点	供求理论与弹性理论	单选、判断	理解	★★★
	常见的宏观经济指标	多选、判断	识记	★★
	宏观调控	单选	识记	★★
新增考点	失业	单选	理解	★★

核心考点

第一节 微观经济学

微观经济学以单个经济单位的经济行为为研究对象，主要研究个体消费者、企业或者产业的经济行为及其生产和收入分配。

一、供求理论与弹性理论 【单选、判断】 ★★★

考点1 供给

供给是指厂商在某一特定时期内，在每一价格水平时愿意而且能够提供出售的商品和劳务的数量。

表2-2-1 影响供给的因素

影响因素	具体说明
产品的成本	产品成本低，一般情况下利润就高，生产处于有利形势，供给自然增加
商品的价格	一般条件下，商品售价越高，生产者供给的产品就越多
生产技术水平	技术进步可以提高劳动生产率，降低单位产品成本，从而使产品供应量增加
相关产品价格变动	互补品价格升高，需求减少，供给自然减少；替代品价格升高，需求增加，供给自然增加
政府的政策	政府通过税收减免或给予补贴等政策，使生产处于有利形势，从而引起供给增加
生产者的预期	生产者预期某产品未来价格要下降，则该产品当前的生产会减少

考点2 需求

需求是指消费者在某一特定时期内，在一既定的价格水平下愿意而且能够购买的商品和劳务量。作为需求，必须符合两个条件：其一，消费者愿意购买；其二，消费者有购买的支付能力。

1. 需求定理与需求价格

需求定理是指在其他条件不变的情况下，某商品的需求量与价格之间呈反方向变动。需求量随着商品价格的上升而减少，随着商品价格的下降而增加。

需求价格是指消费者购买一定数量的某种产品所愿支付的最高价格。

2. 影响需求的因素

表2-2-2 影响需求的因素

影响因素		具体说明
消费者实际需要		消费者对商品的实际需要影响需求的变化
消费者的收入		正常情况下，人们的收入越高，对商品的需求必然越多。 收入包括现期收入、相对收入、持久收入与终身收入
消费者偏好		包括个人爱好、外部影响、家庭结构与民族文化等
商品自身价格		对消费者需求量影响最大的是价格因素(商品价格)。一般情况下，商品自身的价格越高，市场需求量越少；反之则相反
相关商品价格	互补品	一般情况下，当某种商品的互补品价格上涨时，对这种商品的需求会随之减少；反之则相反
	替代品	一般情况下，某种商品的替代品价格越高，对这种商品的需求会越多；反之则相反

替代品是指可以代替某一种产品满足消费者同一种需要的产品，如花生油和玉米油、地铁和公交。

互补品是指必须和另一种产品搭配使用才能满足消费者需要的产品，如网球和网球拍、汽车和汽油。

考点3 弹性理论

1. 需求弹性

需求弹性是指在一定时期内，一种商品的需求量变动对其价格变动的反应程度，可以用：需求量变动的百分比/价格变动的百分比来表示。一般来说，生活必需品的需求弹性小，即价格变动对其需求量的影响较小。高档耐用品的需求弹性大，即价格变动对其需求量的影响较大。

2. 供给弹性

供给弹性是指在一定时期内，一种商品的供给量变动对其价格变动的反应程度，可以用：供给量变动的百分比/价格变动的百分比来表示。

考点再拔高

▼ 市场均衡价格与市场调节价格

在经济学中，一种商品的市场均衡价格是指该种商品的市场需求量和市场供给量相等时所决定的商品价格。均衡价格是在市场上供求双方的竞争过程中自发地形成的。均衡价格的形成也就是价格决定的过程。市场调节价格属非计划价格或自由价格，是由商品买卖双方完全自主地根据商品市场供求关系自发形成的价格。

真题面对面

[2022安阳滑县，判断，0.6分]市场均衡价格是由商品买卖双方完全自主地根据商品市场供求关系自发形成的价格。(   )

答案：×

二、消费者行为理论 【单选、判断】 ★

考点1 效用

消费者行为理论研究的是如何把有限的收入分配于各种物品的消费，以实现效用最大化。

总效用是指消费者在消费若干单位商品时所感受到的满足程度的总和。在一般情况下，总效用取决于消费水平的大小，消费上升总效用会增加。例如，从经济学的角度看，人们常说的“多多益善”就是指这种现象。

边际效用是指消费者每增加一单位商品的消费时总效用的增量。

考点2 边际效用递减规律

边际效用递减规律是指在一定时期内，在其他商品的消费数量保持不变的条件下，随着消费者对某种商品消费量的增加，消费者从该商品连续增加的每一消费单位中所得到的效用增量即边际效用是递减的。

边际效用的大小，同消费者消费数量的多少呈负相关，同个人消费欲望的强弱呈正相关。

考点 再拔高

▼ 基尼系数与恩格尔系数

基尼系数:由20世纪初意大利经济学家基尼提出,是用以综合考察居民内部收入分配差异状况的一个分析指标。基尼系数的数值越靠近1,收入分配越不平等,越靠近0越平等。

恩格尔系数:指居民家庭中食物支出占消费总支出的比重,国际上常用来衡量一个国家或地区人民生活水平的状况。一个国家或家庭的生活越贫困,恩格尔系数就越大;生活越富裕,恩格尔系数就越小。一般来说,一个国家或家庭的恩格尔系数达到59%以上时为贫困。

真题面对面

[2022安阳滑县,判断,0.6分]恩格尔系数是用以衡量一个国家或地区居民收入分配差距状况的常用指标,数值越趋近于零,意味着居民收入分配越趋向于平等。(　　)

答案:×

第二部分

三、生产者行为理论 【单选、多选】 ★★

生产者行为理论研究的是如何把有限的资源用于各种物品的生产上而实现利润最大化。

考点1 成本

成本是指生产活动中所使用的生产要素的价格。以最小成本生产出既定产量时,企业的要素投入组合最优。

边际成本是指每增加一单位产量所增加的成本。

机会成本是指企业为从事某项经营活动而放弃从事另一项经营活动的机会,或利用一定资源获得某种收入时所放弃的另一种收入。例如,“棋错一着,满盘皆输”“鱼与熊掌不可兼得”。

沉没成本是指由于过去的决策已经发生了的,而不能通过其他方式弥补收回的成本。例如,“覆水难收”“不要为打翻的牛奶哭泣”。

考点2 规模经济与边际报酬递减规律

1. 规模经济

规模经济是指通过扩大生产规模而引起经济效益增加的现象,反映的是生产要素的集中程度和经济效益之间的关系。

2. 边际报酬递减规律

边际报酬递减规律,又称边际产量递减规律或边际收益递减规律,是指在技术水平不变的条件下,把一种可变的生产要素连同其他一种或几种不变的生产要素一起投入到生产过程之中,当这种可变要素的投入量增加到一定程度后,每增加一单位该要素的投入数量所带来的产量增加量是递减的。

四、企业及现代企业制度

考点1 企业

企业是市场经济中最重要的市场主体。作为生产者的企业,在市场活动中的表现是:(1)形成市场供给,其产品直接构成投资品市场和消费品市场的供给。(2)形成市场需求,企业投资行为直接构成生产资料市场的购买需求。企业集团购买力是消费品市场的重要购买力之一。(3)既接受市场引导，又影响市场运行。

考点 2 现代企业制度

现代企业是拥有产权，能够自主经营、自负盈亏的市场主体和法人实体。任何企业都建立在一定的财产基础之上，具有不同的法定产权形式，其中，具有代表性的企业制度有业主制、合伙制和公司制。现代企业的基本特征有：(1)产权清晰；(2)权责明确；(3)政企分开；(4)管理科学。

五、市场机制 【单选】 ★★

市场机制是市场主体在市场上从事广泛的经济活动所形成的价格、利率、税率、竞争、供求等方面的联系和制约机制。

考点 1 市场机制的主要内容

市场机制从其构成要素看，包括价格机制、供求机制、竞争机制、风险机制等。

表 2-2-3 市场机制的主要内容

市场机制	具体说明
价格机制	指在市场竞争过程中，与供求相互联系、相互制约的市场价格的形成和运行机制。它是市场机制中的基本机制
供求机制	指通过商品、劳务和各种社会资源的供给和需求的矛盾运动来影响各种生产要素组合的一种机制
竞争机制	指在市场经济中，各个经济行为主体之间为争夺自身的利益而相互展开竞争，由此形成的经济内部的必然的联系和影响
风险机制	指市场活动同企业盈利、亏损和破产之间相互联系和作用的机制

考点 2 市场调节

市场调节

市场调节是指通过市场机制的综合作用来实现对社会经济生活的调节。

1. 市场调节的作用

市场调节的作用包括：调节商品供求；调节经济资源在社会各方面之间的分配；调节物质利益在不同利益集团之间的分配。

2. 市场调节的局限性

市场的调节作用不是万能的，存在自发性、盲目性、滞后性等固有的弊端。

表 2-2-4 市场调节的局限性

局限性	具体说明
自发性	在市场经济中，商品的生产者和经营者在价值规律的调节下自发地进行经济活动，表现为"**以经济利益为最高追求**"。*例如，生产假冒伪劣产品行为，经营者的坑蒙拐骗行为等*
盲目性	由于人们不可能完全掌握市场各方面的信息，也无法控制经济变化的趋势，因此他们的决策会带有一定的盲目性，表现为"**跟风**"
滞后性	市场虽有及时、灵敏的特点，但它不能反映出供需的长期趋势，有一定的时间差，是一种事后调节，表现为"**事后诸葛亮**"

市场经济的健康运行除了要靠"看不见的手"，还要靠"看得见的手"。其中，"看不见的手"出自**亚当·斯密的《国富论》**，指的是市场机制对经济发展的作用；"看得见的手"出自**凯恩斯的《就业、利息和货币通论》**，指的是政府对经济生活的干预。

真题面对面

[2021信阳市直，单，1.1分]市场调节以价格为基本信号，但价格的变动只有在供求出现矛盾时才会发生，因此没有预先调节的功能，这表明市场调节具有(　　)

A. 微观性　　B. 滞后性　　C. 自发性　　D. 预见性

答案：B

考点3　市场竞争

1. 产品市场与要素市场

产品市场又称为商品市场，指有形物质产品或劳务交换的场所，企业在这里出售其产品或劳务。产品市场在市场体系中处于基础地位。

要素市场指生产要素进行交换的场所，企业为生产而在该市场购买各种生产要素。要素市场主要有：劳动力市场、金融市场、技术市场、信息市场和土地市场等类型。其中，金融市场最主要、最基本的功能是资金融通功能。

2. 竞争与垄断

市场竞争结构可以根据买者卖者数目、产品质量差异、要素流动程度、信息完全程度具体划分为完全竞争市场、垄断竞争市场、寡头垄断市场和完全垄断市场。

表2-2-5　市场类型及其特征

市场类型		完全竞争市场	垄断竞争市场	寡头垄断市场	完全垄断市场
市场特征	生产者和消费者	大量的生产者和消费者	众多的生产者和消费者，消费者具有明显的偏好	相对少的生产者垄断了某一行业的市场，且互相依存	市场上只有唯一的一个厂商
	商品同质化程度	同质	有差别，但并没有本质区别	同质或非同质	没有任何相近的替代品
	流动程度	自由	比较容易	进出不易	其他任何厂商进入该行业都极为困难或不可能

考点4　市场失灵与政府干预

市场失灵是指市场无法有效率地分配商品和劳务的情况。造成市场失灵的原因除了垄断还有外部影响、公共物品、信息不完全等。解决市场失灵的对策是政府干预。政府干预并不是代替市场机制的作用，而是弥补市场调节的不足，解决市场机制解决不了的问题。

表2-2-6　市场失灵与政府干预

市场失灵情形	具体说明	政府干预手段
垄断	指对市场某种程度的(如寡头)或完全的垄断可能使得资源的配置缺乏效率	价格管制，实施反垄断法，国有化
外部影响	指某一经济单位的经济活动对其他经济单位施加的"非市场性的"影响，包括正向外部影响(无偿为他人带来利益)和负向外部影响(对他人施加了成本)	采取立法或行政手段，矫正外部效应

续表

市场失灵情形	具体说明	政府干预手段
公共物品	指供集体共同消费的物品	公共物品由政府提供
信息不完全	指市场参与者不拥有某种经济环境状态的全部知识，即买主或卖主占有对方无法证实或对方不掌握的信息	制定相应的制度规范，改变信息的非对称性。当改变信息的不对称需要巨大的成本时，政府行为将代替市场活动

第二节　宏观经济学

宏观经济学以国民经济整体的运行为研究对象，主要考察就业总水平、国民总收入等经济总量。

一、常见的宏观经济指标　【多选、判断】★★

表2-2-7　常见的宏观经济指标

常见的宏观经济指标	具体说明
国内生产总值(GDP)	(1)指按市场价格计算的一个国家(或地区)所有常住单位在一定时期内生产活动的最终成果； (2)计算采用"国土原则"，是国民经济核算的**核心指标**； (3)经济学上常把**消费**、**投资**、出口比喻为拉动GDP增长的"三驾马车"
国民生产总值(GNP)	(1)指一个国家(或地区)所有常住单位在一定时期内收入初次分配的最终结果； (2)计算采用"国民原则"
消费者物价指数(CPI)	指反映居民家庭一般所购买的消费品和服务项目价格水平变动情况的宏观经济指标，通常作为观察通货膨胀水平的重要经济指标。一般来说，当CPI涨幅大于3%时，意味着出现通货膨胀；大于5%时，意味着出现严重通货膨胀
广义货币(M2)	指通常所说的货币供应量，用来反映社会总需求的变化和未来通货膨胀的压力状况

考点再拔高

▼ GDP与GNP的关系

国民生产总值与国内生产总值之间的关系为：国民生产总值=国内生产总值+本国公民在国外生产的最终产品的价值总和-外国公民在本国生产的最终产品的价值总和。

真题面对面

[2021信阳市直，多，1.3分]拉动GDP增长的"三驾马车"是指(　　)

A. 投资　　B. 消费　　C. 进口　　D. 出口

答案：ABD

二、宏观调控　【单选】★★

宏观调控是指国家运用各种手段对国民经济进行的控制和调节。市场经济在宏观上的失灵表现为失业、通货膨胀、经济增长缓慢、国际收支失衡等。当市场出现宏观失灵时，政府应采取财政政策、货币政策、

产业政策、收入政策、外贸政策等宏观调控政策来弥补市场失灵。在社会主义市场经济体制下，国家的宏观调控主要采取以**间接调控**为主的方式。

考点1 调控的任务和目标

宏观调控的任务：保持经济总量平衡和促进经济结构优化。

宏观调控的目标：充分就业；物价稳定；经济增长；保持国际收支平衡。

考点2 调控手段

宏观调控手段主要有**经济手段、行政手段和法律手段**等。

表2-2-8 宏观调控手段

调控手段	具体说明
经济手段	指按照客观经济规律的要求，依靠各种经济组织，实施各种经济政策和运用各种经济杠杆，来调控经济的手段。它是一种**间接**调控手段，而且是**主要的**调控手段。例如，财政政策、货币政策、收入分配政策等
行政手段	指国家行政机关按照行政区划、行政系统、行政层次来对国民经济进行管理的手段，它具有**直接性、权威性、强制性、无偿性和速效性**等特点，其优点是统一集中、迅速有效。但它易产生与“人治”相联系的一些弊病，影响横向联系及下级的积极性、创造性。例如，行政命令、规定、禁止等
法律手段	指依靠经济立法和经济司法来监督管理经济的手段，具有**权威性和强制性**

考点3 财政政策

1. 财政收入与财政支出

财政收入是指政府为履行其职能、实施公共政策和提供公共物品和服务，自家庭、企业所取得的一切货币收入。政府财政收入的来源主要有：税收收入、国有资产收入、债务收入和其他收入。

财政支出是指政府把筹集到的财政收入有计划地进行分配和使用，转化为政府实现其职能所需要的商品、劳务或其他支出的过程。财政支出政策主要包括购买性支出政策和转移性支出政策。

2. 财政政策的概念和分类

财政政策是指国家通过财政收入和财政支出调节社会总需求和总供给，以实现社会经济目标的具体措施。按财政政策调节国民经济总量的不同，可分为扩张性、紧缩性和中性财政政策。

扩张性财政政策是指政府财政支出大于财政收入的一种财政政策，其目的在于刺激需求的增加，具有反经济衰退的功能。

紧缩性财政政策是指政府财政支出小于财政收入的一种财政政策，其目的在于抑制需求的增加，具有反通货膨胀的功能。

中性财政政策是指财政收支活动对社会总需求的影响保持中性，既不产生扩张效应，也不产生紧缩效应。

3. 财政政策工具

表2-2-9 财政政策工具

财政政策工具	具体说明
税收调节	以税收作为政策工具，可以通过改变税率、税收总量和调整税收结构来实现政策目标
国债调节	一种较为灵活、较为便捷的财政政策工具。发行国债可以快速聚集民间的资金，用于国家的各种建设

续表

财政政策工具	具体说明
财政投资	财政预算内投资，是国家集中财力对国民经济和社会发展进行的直接的资金投入。它既可以调节积累与消费的比例，也可以调节国民经济的结构。它的特点是：规模大、方向明确和社会效益处于首位
财政补贴	指国家为了某种特定需要，用财政资金直接资助企业或居民的一种国民收入再分配方式，属于国家财政的转移支付。财政补贴分为三大类：企业补贴、价格补贴和社会救济

4. 税收

税收具有强制性、无偿性、固定性三个基本特征。三者缺一不可，统一于税法。

社会主义国家的税收是"取之于民，用之于民"的新型税收，其作用主要表现在三个方面：(1)税收是组织财政收入的基本形式；(2)税收是调节经济的重要杠杆；(3)税收是国家实现经济监督的重要手段。

个人所得税是税收的种类之一，体现了国家与个人之间的分配关系。个人所得税起征点的调高会使纳税人的范围缩小，在一定程度上会使国家财政收入有所减少，减轻低收入人群的纳税负担，促进社会公平，调节贫富差距，刺激消费。

考点4 货币政策

1. 货币政策的概念和分类

货币政策是指国家通过金融系统调节货币的供应量，以实现宏观经济目标的一种经济政策。货币政策的目标是保持货币币值的稳定，并以此促进经济增长。

根据对总产出的影响，货币政策分为扩张性和紧缩性两种。

扩张性货币政策是指央行通过增加货币供给来带动总需求的增长。货币供给增加时，利率会降低，取得信贷会更为容易，因此经济萧条时多采用扩张性货币政策。

紧缩性货币政策是指央行通过削减货币供给的增长来降低社会总需求水平。例如，提高法定准备金率，提高再贴现率等。

2. 货币政策工具

表2-2-10 货币政策工具

货币政策工具	具体说明
一般性政策工具	指通过调节货币供给量和信贷规模，对整个经济运行施加普遍影响的工具。 (1)**法定存款准备金率**：以法定的方式规定商业银行和其他金融机构对所拥有的各类存款必须保持的准备金的比率。当法定存款准备金率降低时，金融机构可用于贷款的资金增加，社会的贷款总量和货币供应量也相应增加。 (2)**再贴现率**：中央银行向商业银行发放的贷款的利率。 (3)**公开市场业务**：中央银行在金融市场上公开买卖政府证券，以调节货币供给的政策行为
选择性政策工具	指中央银行为了调整经济结构，从调整信贷入手，对某些特定的部门或领域实行控制的工具。 主要有：消费者信用控制、证券市场信用控制、不动产信用控制、优惠利率等
补偿性政策工具	指在利用一般性政策工具和选择性政策工具时，所采取的一些辅助性措施，主要有道义劝告、窗口指导等

考点 5 财政政策和货币政策的分类与具体运用

表 2-2-11 财政政策与货币政策的分类与具体应用

类型	财政政策(政府主导)		货币政策(中央银行主导)		
	财政收入	财政支出	法定存款准备金率	再贴现率	公开市场业务
紧缩性(用于经济过热、通货膨胀时)	增加税收 减发国债	减少	提高	提高	卖出有价证券
扩张性(用于经济萧条、通货紧缩时)	减少税收 增发国债	增加	降低	降低	买入有价证券

重难点解读

区分财政政策与货币政策可以从以下两个方面着手:(1)从内容上看,财政政策是有关财政收入和财政支出的政策;货币政策则是与银行有关的一系列政策。(2)从政策的制定者上看,财政政策由国务院制定,经全国人大或全国人大常委会审批通过;货币政策则由中央银行直接制定。

真题面对面

[2021信阳市直,单,1.1分]当中央银行降低存款准备金率时,金融机构可用于贷款的资金________,社会的贷款总量和货币供应量________。( )

A. 增加;增加　　B. 减少;增加　　C. 增加;减少　　D. 减少;减少

答案:A

三、通货膨胀与通货紧缩 【多选】 ★

考点 1 通货膨胀

通货膨胀是指整个社会物价水平的持续和普遍的上涨的现象。通货膨胀不是个别商品价格的上涨,不是商品价格一时的上涨,而是一般物价水平(价格总体水平)在某一时期内持续上涨的现象,它通常会导致货币贬值。

1. 通货膨胀的原因

表 2-2-12 通货膨胀的原因

原因		具体说明
直接原因	货币供应过多	货币的发行量超过流通中需要的货币量,货币贬值,物价上涨,引发通货膨胀
深层原因	需求拉动	指一般物价水平的上升是由于商品市场上的过度需求拉升的
	成本推动	指物价水平的上升是由于生产成本的提高而推动的。 它又可以细分为:工资推进的通货膨胀和利润推进的通货膨胀
	结构失调	指在没有需求拉动和成本推动的情况下,只是由于经济结构的变动,出现价格水平的持续上涨

2. 通货膨胀的衡量指标

衡量通货膨胀率的价格指数一般有:消费者物价指数(CPI)、生产者价格指数(PPI)和国民生产总值价格折算指数。

3. 通货膨胀的经济效应

通货膨胀的经济效应是指通货膨胀对经济增长的影响,主要表现在以下三个方面:

(1)在债务人与债权人之间,通货膨胀将有利于债务人而不利于债权人。在通常情况下,借贷的债务契约都是根据签约时的通货膨胀率来确定名义利息率,所以当发生了未预期的通货膨胀之后,债务契约无法更改,从而使实际利息率下降,债务人受益,而债权人受损,对储蓄者不利。

(2)在雇主与工人之间,通货膨胀将有利于雇主而不利于工人。这是因为,在不可预期的通货膨胀之下,工资增长率不能迅速地根据通货膨胀率来调整,即使是在名义工资不变或略有增长的情况下,实际工资水平也是下降的。

(3)在政府与公众之间,通货膨胀将有利于政府而不利于公众。在不可预期的通货膨胀之下,名义工资总会有所增加(尽管并不一定能保持原有的实际工资水平)。随着名义工资的提高,达到纳税起征点的人数增加,有更多人进入了更高的纳税等级,这样就使得政府的税收增加。

4. 通货膨胀的治理

(1)实行紧缩的财政政策和紧缩的货币政策。

(2)实行紧缩性收入政策,采取强制性或非强制性的手段,限制提高工资和获取利润,以抑制成本推进的通货膨胀。

(3)增加商品的有效供给,加快技术革新,减少政府对企业的限制,改善劳动力市场结构的人力资本政策等。

(4)调整经济结构,使各生产部门之间保持一定比例,降低公众的通货膨胀预期。

真题面对面

[2021信阳市直,多,1.3分]造成通货膨胀的原因有( )

A. 成本推动　　B. 结构性因素

C. 需求推动　　D. 作为货币现象

答案:ABCD

考点2 通货紧缩

通货紧缩是指市场上流通的货币量少于商品流通中所需要的货币量而引起的货币升值、物价普遍持续下跌的状况。

1. 通货紧缩的经济效应

通货紧缩的经济效应主要包括财富收缩效应和经济衰退效应。

2. 通货紧缩的治理

(1)实行扩张性的财政政策和货币政策。

(2)加大改革,充分发挥市场机制的作用。

易混点辨析

通货膨胀的实质是社会总需求大于社会总供给,通货紧缩的实质是社会总需求小于社会总供给。

四、失业 【单选】★★

考点1 失业与充分就业

1. 失业的概念及其常见类型

失业是指有劳动能力的人想工作而找不到工作的社会现象。

摩擦性失业指人们由于转换工作岗位、工作地点或初次寻找工作而放弃当前的就业机会所引起的失业。例如，学生从学校毕业时需要寻找工作，可由于经验等方面的不足，不能及时补充退休人员的空缺，所以一部分人便滞留在失业的队伍里。

结构性失业指由经济变化导致的，如社会需求变化、产业结构变化而引起的一些行业就业人员需求相应下降，并促使劳动力在行业、地区之间重新配置而造成的失业。常见的是部门的兴起或衰落所引起的职业间或地区间的结构失衡。

周期性失业指由于总需求不足而引起的短期失业。它一般出现在经济周期的萧条阶段。当总需求价格小于总供给价格时，厂商不仅不能按照预期的最低利润出售商品，而且还会有大量商品积压，在这种情况下，厂商就会减少雇佣工人，缩减产量，从而出现周期性失业。

隐藏性失业是指表面上有工作，但实际上对产出并没有作出贡献的人，即这些工作人员的边际生产力为零。当经济中减少就业人员而产出水平没有下降时，即存在着隐藏性失业。

2. 充分就业

充分就业是指凡是有能力并自愿参加工作者，都能在较合理的条件下随时找到合适的工作。但充分就业不意味着失业率等于零。

第二部分

真题面对面

[2022郑州郑东新区，单，0.5分]在“双减”政策出台之后，各地开展的校外培训专项治理工作初见成效，但一些违法违规的校外教育培训机构由“地上”转向“地下”、由“台前”走向“幕后”，出现以“高端家政”“众筹私教”“游学研学”等为名的隐形变异校外培训，给教育部门的执法治理带来挑战。“双减”政策导致的失业属于(　　)

A. 摩擦性失业　　B. 周期性失业　　C. 结构性失业　　D. 隐藏性失业

答案：C。“双减”政策出台后，教培行业岗位需求大幅缩减，大量从业人员需要从现有岗位上进行转岗或改行，这属于结构性失业。

考点2　失业与通货膨胀

菲利普斯曲线是用来表示失业与通货膨胀之间的反向关系的曲线。它意味着可以用较高的通货膨胀率为代价，来降低失业率或实现充分就业；而要降低通货膨胀率和稳定物价要以较高的失业率为代价。

五、金融机构与利率　【单选】★

考点1　金融机构

1. 我国金融机构的构成

金融机构是指专门从事货币信用活动的中介组织。我国的金融机构，按地位和功能可分为中央银行(即中国人民银行)、银行(即政策性银行、商业银行)、非银行金融机构和外资、侨资、中外合资金融机构四大类。

2. 我国的银行体系

银行是依法成立的经营货币信贷业务的金融机构，它是商品货币经济发展到一定阶段的产物。

我国现阶段的银行体系包括中央银行、商业银行、政策性银行等。中国人民银行是中华人民共和国的中央银行。中国人民银行是一个特殊的金融机构，它在国务院领导下制定和执行货币政策，防范和化解金融风险，维护金融稳定。

真题面对面

[2022郑州郑东新区,单,0.5分]在国务院领导下,制定和执行货币政策,对国民经济进行宏观调控,维护金融稳定的特殊金融银行是(　　)

A. 中国建设银行　　B. 中国人民银行

C. 中国工商银行　　D. 中国银行

答案:B

考点2 利率

利率指一定时期内利息与本金的比率,是决定利息多少的因素与衡量标准。利息是货币持有者因为贷出货币资金而从借款者手中获得的报酬。

1. 影响利率水平的因素

影响利率水平的因素主要有货币供求、通货膨胀、中央银行再贴现率、国家经济政策和国际因素等。

2. 利率变动对经济的影响

表2-2-13　利率变动对经济的影响

影响对象	影响过程	影响结果
储蓄	利率是储蓄者提供生息资产的收益,利率高,收益就高,收入用于即期消费的机会成本就高	提高利率有限制消费、鼓励储蓄的作用;降低利率则会限制储蓄、鼓励消费
投资	利率对投资者来说代表着资金的成本。利率愈高,资金的成本愈高,投资的收益就愈少	提高利率,就会抑制投资;降低利率,则会刺激投资
通货膨胀	当利率过低时,投资需求将超过储蓄供给,引起投资品价格上涨,导致通货膨胀	在通货膨胀时期,提高利率可以控制总需求;在经济萧条时期,则降低利率刺激总需求,以促进经济复苏

核心考点回顾

1. 生活必需品的需求弹性和高档耐用品的需求弹性分别是什么样的?(参见本书P094)

2. 财政政策工具和货币政策工具分别有哪些?(参见本书P099)

3. 常见的失业类型有哪些?(参见本书P103)

达标测评

建议用时	实际用时	测评总分	实际得分
10分钟	____分钟	13分	____分

一、单项选择题(每小题1分,共5分)

1. 以下对消费者需求量影响最大的是(　　)

A. 商品价格　　B. 消费者的偏好

C. 消费者的收入　　D. 替代商品的价格和数量

2. 甲、乙两地居民的恩格尔系数分别是28%和30%，这可能表明（　　）

A. 从生活水平看，甲地居民略高于乙地居民　　B. 从生活水平看，乙地居民略高于甲地居民

C. 从收入水平看，甲地居民略高于乙地居民　　D. 从收入水平看，乙地居民略高于甲地居民

3. 下列各项政策措施中，不属于财政政策手段的是（　　）

A. 发行国债　　B. 调控利率　　C. 财政补贴　　D. 转移支付

4. 经济萧条时期，为了改善有效需求不足、失业率上升等情况，国家会对经济采取宏观调控政策，下列措施符合这一政策的是（　　）

A. 政府卖出公债　　B. 央行提高法定准备金率和再贴现率

C. 政府增加开支，扩大预算支出的规模　　D. 央行减少流通中的货币量，提高货币的购买力

5. 通货膨胀是指在货币流通条件下，因货币发行量超过了流通中实际需要的货币量，现实购买力大于产出供给，导致货币贬值，而引起的一段时间内物价持续而普遍上涨的现象。通货膨胀的衡量指标不包括（　　）

A. 消费者物价指数　　B. 生产者价格指数

C. 商品价格指数　　D. 国民生产总值价格折算指数

二、多项选择题（每小题2分，共6分）

1. 下列有关需求的表述中，正确的有（　　）

A. 需求价格是指消费者购买一定数量的某种产品所愿支付的最高价格

B. 奢侈品的需求比较缺乏弹性，而低档商品的需求则比较富有弹性

C. 替代商品的价格越高，数量越少，消费者对于本商品的需求量就越大

D. 互补商品的价格越低，数量越多，消费者购买本商品的数量就越少

2. 下列对国家宏观调控的认识错误的是（　　）

A. 市场调节必然排斥国家宏观调控

B. 国家宏观调控是市场经济发挥作用的基础

C. 资本主义国家也有宏观调控

D. 完善的宏观调控体系有利于发挥市场经济的作用

3. 下列属于宏观调控措施的有（　　）

A. 国家发改委发布产业政策指导计划　　B. 商业银行在基准利率上实施利率浮动

C. 中央银行实行有选择的信贷管制　　D. 企业要求海关加快出口退税

三、判断题（每小题1分，共2分）

1. 拉动GDP增长的“三驾马车”是投资、消费、进口。（　　）

2. 只有不存在任何失业时，经济才实现了充分的就业。（　　）

参考答案及解析

一、单项选择题

1. A　[解析]影响需求的因素有消费者实际需要、消费者的收入、消费者偏好、商品自身价格以及相关商品的价格等。其中，对消费者需求量影响最大的是商品价格。

2. A [解析]恩格尔系数是居民家庭中食品支出总额占消费支出总额的比重。它是国际上通用的衡量居民生活水平高低的一项重要指标，一般随居民家庭收入和生活水平的提高而下降。一个国家的生活越贫困，恩格尔系数就越大；生活越富裕，恩格尔系数就越小。甲地居民的恩格尔系数略小于乙地，说明甲地居民的总体生活水平略高于乙地，故选A。

3. B [解析]财政政策的手段主要包括税收、预算、国债、购买性支出和财政转移支付等手段。故本题选B。

4. C [解析]在经济萧条(通货紧缩)时，政府应采用扩张性的财政政策和货币政策，要增发国债以吸纳资金进行投资，减少税收，增加政府购买和转移支付；应降低法定存款准备金率，降低再贴现率，买入债券，降低利率。只有C符合经济萧条时期的宏观调控政策。故本题选C。

5. C [解析]通货膨胀的衡量主要通过物价指数来进行，物价指数是表明某些商品的价格从一个时期到下一个时期变动程度的指数。衡量通货膨胀率的价格指数一般有三种：消费者物价指数、生产者价格指数和国民生产总值价格折算指数。本题为选非题，故选C。

二、多项选择题

1. AC [解析]需求价格是指消费者购买一定数量的某种产品所愿支付的最高价格，A项说法正确。奢侈品的需求比较富有弹性，而低档商品的需求则比较缺乏弹性，B项说法错误。替代商品的数量少，价格高，会促使消费者对本商品的需求量变大，C项说法正确。互补商品的价格越低，数量越多，消费者购买本商品的数量就越多，D项说法错误。故本题选AC。

2. AB [解析]在市场经济条件下，仅靠市场调节是不行的，还需要国家的宏观调控，必须把市场调节(无形手)和国家的宏观调控(有形手)结合起来。加强宏观调控，不只是为了弥补市场调节的不足，更是由我国的社会主义性质决定的，社会主义公有制及共同富裕要求国家必须发挥宏观调控职能。AB两项错误，当选。

3. AC [解析]宏观调控是指国家利用经济政策、经济法规、计划指导和必要的行政管理，对市场经济的有效运作发挥调控作用，其调控的主体为国家，故排除B、D项。国家宏观调控的手段分为经济手段、行政手段和法律手段，经济手段包括财政政策和计划。经济手段中的政策包括：税收政策、信贷政策、利率政策、汇率政策、产品购销政策、价格政策、扶贫政策、产业政策等。选项A、C都属于宏观调控的经济手段。故本题选AC。

三、判断题

1. × [解析]拉动GDP增长的“三驾马车”是投资、消费、出口。

2. × [解析]充分就业是指凡是有能力并自愿参加工作者，都能在较合理的条件下随时找到合适的工作。但充分就业不意味着不存在任何失业。

第三章 国际经济学

思维导图

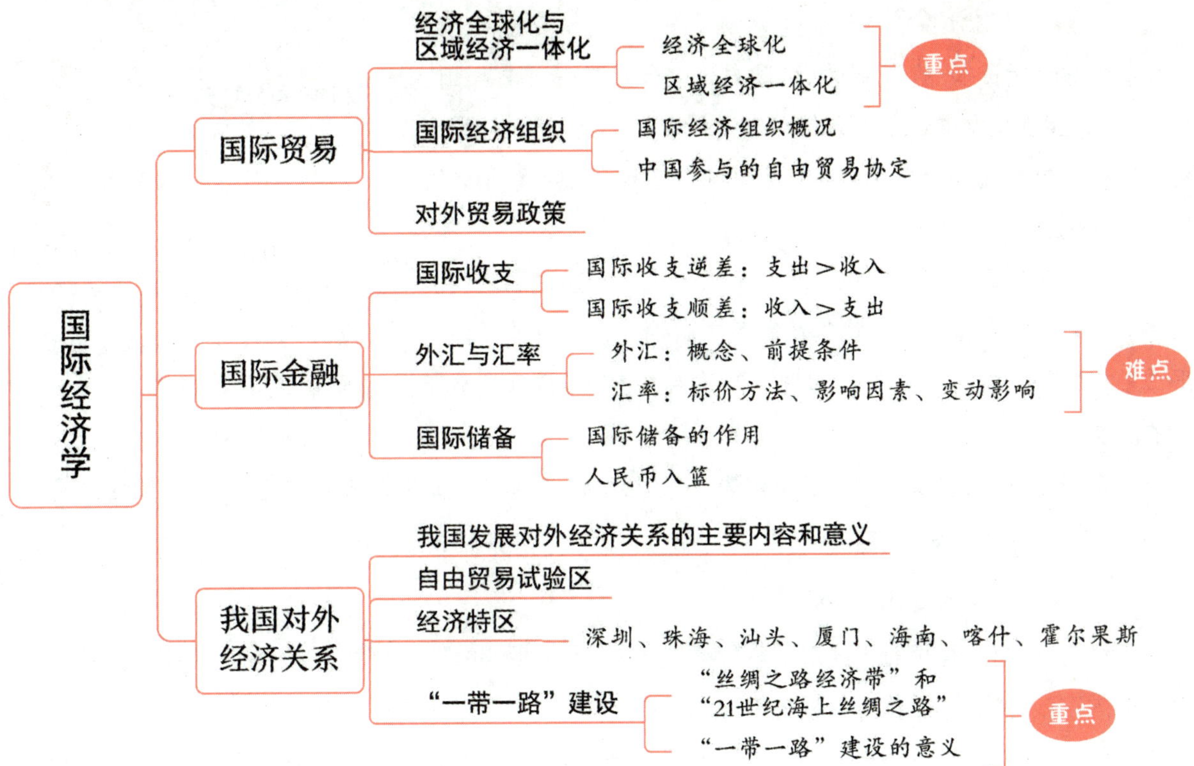

河南考向

本章属于经济常识的基础章节，在河南招教考试中偶有考查，内容较为琐碎，需要识记的知识不多。在考试中常以选择题等客观题的形式考查。现对本章河南考向分析如下：

考点类型	高频考点	常考题型	能力层级	考查热度
常规考点	经济全球化与区域经济一体化	多选	识记	★★
	"一带一路"建设	多选	识记	★★

核心考点

第一节　国际贸易

一、经济全球化与区域经济一体化 【多选】 ★★

考点1 经济全球化

经济全球化指**资本、信息、技术、劳动力等生产要素**在全球范围内的广泛流动，实现资源的优化配置的动态过程。生产全球化、贸易全球化、资本全球化、金融全球化是经济全球化的主要表现。跨国公司是经济全球化的强有力载体。

经济全球化推动政治多极化。政治多极化是指一定时期内对国际关系有重要影响的国家和国家集团等基本政治力量相互作用而朝着形成多极格局发展的一种趋势，是对主要政治力量在全球实力分布状态的反映。

易错点提示

"中国是改变世界政治格局的主导力量"的说法是错误的。当今世界上，没有哪一种政治力量能主导世界格局。

经济全球化是一把"双刃剑"，既是机遇，又是挑战。在经济全球化趋势面前，我们应当抓住机遇，积极参与，趋利避害，勇敢迎接挑战。

考点2 区域经济一体化

区域经济一体化，是相对于经济全球化而提出的，是指相邻相近的或者特定的地理范围内的两个或两个以上的国家或地区，通过签订某种经济条约或协定，制定和规范共同的行为准则，协调一致的政策，乃至建立共同的机构，进行长期和稳定的超国家的经济调节，把各国或各地区的经济融合起来形成一个区域性经济联合体的过程。

区域经济一体化的形式根据不同标准可分为不同类别，主要有：优惠贸易安排，自由贸易区，关税同盟，共同市场，经济同盟以及完全经济一体化。

二、国际经济组织 【单选、多选】 ★

考点1 国际经济组织概况

表2-3-1　国际经济组织

国际经济组织	具体说明
世界贸易组织(WTO)	国际性、政府间的世界经济组织，最终目标是实现世界贸易自由化。前身是关税与贸易总协定，WTO于1995年1月1日成立。总部设在**瑞士日内瓦**。中国于2001年12月11日正式加入世界贸易组织
国际货币基金组织(IMF)	联合国专营国际金融业务的专门机构，其职责是监察货币汇率和各国贸易情况，提供技术和资金协助，确保全球金融制度运作正常。它于1969年创设"特别提款权"，处于战后国际货币体系的中心地位

续表

国际经济组织	具体说明
世界银行(The World Bank)	联合国的一个专门机构,其宗旨是向成员国提供贷款和投资,推进国际贸易均衡发展。世界银行依靠高收入国家提供资金支持,向发展中国家提供低息贷款、无息信贷和赠款
欧盟(EU)	是一个区域性的政治和经济共同体,于1993年11月1日正式诞生。2020年1月31日,英国正式"脱欧"
北美自由贸易区(NAFTA)	由美国、加拿大和墨西哥3国组成,是以美国为主导的自由贸易区
亚洲太平洋经济合作组织(APEC)	简称亚太经合组织,是亚太地区重要的经济合作论坛,也是亚太地区最高级别的**政府间**经济合作机制
亚洲基础设施投资银行(AIIB)	简称亚投行,是一个**政府间**性质的亚洲区域多边开发机构,重点支持基础设施建设;是首个**由中国倡议设立**的多边金融机构,总部设在北京;旨在为"一带一路"有关沿线国家的基础设施建设提供资金支持,促进经济合作
世界经济论坛(WEF)	因在瑞士达沃斯首次举办,又被称为"达沃斯论坛"。是以研究和探讨世界经济领域存在的问题、促进国际经济合作与交流为宗旨的**非官方**国际性机构,总部设在瑞士日内瓦,经济支持来自其基金会会员
博鳌亚洲论坛(BFA)	是一个**总部设在中国的非官方**、非营利性、定期、定址的国际组织,于2001年2月在海南省琼海市博鳌镇正式宣布成立。博鳌镇为论坛总部的永久所在地

世界贸易组织、世界银行和国际货币基金组织是世界经济三大支柱。

考点 2 中国参与的自由贸易协定

截至2022年3月,我国已经和26个国家和地区签署了19个自由贸易协定,包括《亚太贸易协定》《区域全面经济伙伴关系协定》和大湄公河次区域经济合作,等等。

其中,《区域全面经济伙伴关系协定》(RCEP)是2012年由东盟发起,由包括中国、日本、韩国、澳大利亚、新西兰和东盟十国共15方成员制定的协定。2022年1月1日,该协定正式生效,这意味着全球人口最多、经贸规模最大的自贸区正式落地。

三、对外贸易政策 【单选】

对外贸易政策是指一国政府根据本国的政治经济利益和发展目标而制定的在一定时期内的进出口贸易活动的准则。以国家对外贸的干预与否为标准,可以把对外贸易政策归纳为三种基本类型:自由贸易政策、保护贸易政策和管理贸易政策。

自由贸易政策是指国家对商品进出口不加干预,对进口商品不加限制,不设障碍;对出口商品也不给以特权和优惠,放任自由,使商品在国内外市场上自由竞争。主要代表人物是亚当·斯密和大卫·李嘉图。

保护贸易政策是指国家对商品进出口积极加以干预,利用各种措施限制商品进口,保护国内市场和国内生产,使之免受国外商品竞争;对本国出口商品给予优待和补贴,鼓励扩大出口。

管理贸易政策,又称协调贸易政策,是指国家对内制定一系列的贸易政策、法规,加强对外贸易的管理,

第二部分

实现一国对外贸易的有秩序、健康的发展;对外通过谈判签订双边、区域及多边贸易条约或协定,协调与其他贸易伙伴在经济贸易方面的权利与义务。管理贸易是介于自由贸易和保护贸易之间的一种对外贸易政策,是一种协调和管理兼顾的国际贸易体制,是各国对外贸易政策发展的方向。

第二节 国际金融

一、国际收支

国际收支指一国居民与外国居民在一定时期内各项经济交易的货币价值总和。

国际收支失衡主要有国际收支逆差和国际收支顺差。一国在一定时期内支出大于收入,叫作国际收支逆差;收入大于支出,叫作国际收支顺差。国际收支逆差会使本国经济受阻,不利于对外经济交往,损害国际信誉。国际收支顺差会使本币持续坚挺,易导致通货膨胀,不利于对外经济关系的发展。

当一国的国际收支发生长期的巨额逆差,而又无力进行偿还时,便会发生国际收支危机。

二、外汇与汇率 【单选】

考点 1 外汇

外汇指以外币表示的可以用作国际清偿的支付手段和资产,但并非所有的外国货币都能成为外汇。一种外币成为外汇的前提条件有三个:自由兑换性、普遍接受性和可偿性。

考点 2 汇率

汇率是两种不同货币之间的折算比价,或者说是用一国货币表示的另一国货币的价格。

1. 汇率制度

汇率制度被分为两大类型:固定汇率制和浮动汇率制。固定汇率制是指一国货币同他国货币的汇率基本固定,其波动仅限于一定的幅度之内。浮动汇率制是指一国中央银行不规定本国货币与他国货币的官方汇率,听任汇率由外汇市场自发地决定。

2. 汇率的标价方法

确定两种不同货币之间的比价,需要先确定用哪个国家的货币作为标准。由于确定的标准不同,外汇汇率的标价方法一般分为直接标价法和间接标价法。

表 2-3-2 汇率的标价方法

标价方法	内涵	影响
直接标价法	又称应付标价法,是以一定单位(1、100、1000、10000)的外国货币为标准来计算应付出多少单位的本国货币。包括中国在内的世界上绝大多数国家目前都采用直接标价法	在直接标价法下,若一定单位的外币折合的本币数额多于前期,则说明外币币值上升、本币币值下跌,即外汇汇率上升;反之,如果用比原来少的本币即能兑换到同一数额的外币,则说明外币币值下跌、本币币值上升,即外汇汇率下跌。 在直接标价法下,外币的价值与汇率的涨跌成正比

续表

标价方法	内涵	影响
间接标价法	又称应收标价法。它是以一定单位(如1个单位)的本国货币为标准,来计算应收若干单位的外国货币	在间接标价法下,如果一定数额的本币能兑换的外币数额比前期少,这表明外币币值上升、本币币值下降,即外汇汇率下降;反之,如果一定数额的本币能兑换的外币数额比前期多,则说明外币币值下降、本币币值上升,即外汇汇率上升。 在间接标价法下,外币的价值与汇率的涨跌成反比

3. 影响汇率变动的因素

表2-3-3　影响汇率变动的因素

影响因素	具体说明
国际收支状况	一个国家汇率变动,表现为本国货币对外国货币的升值或贬值。当一国的国际收支存在较大顺差时,该国国际储备随之增长,外国对本国货币的需求增加,本国的外国货币供给增加,外汇供大于求,致使本国货币对外币的汇率上升而外汇汇率下降。反之,一国的国际收支存在逆差时,对外币的需求便会增加,引起本币贬值而外币升值
通货膨胀	因为汇率涉及两种货币的价值比较,所以必须考察两国的通货膨胀相对比率。一般来说,相对通货膨胀率高的国家货币汇率会下跌,相对通货膨胀率低的国家货币汇率会上升
利率水平	根据资本流动的规律,资本总是从利息率低的国家涌向利息率高的国家。当利息率提高时,外汇流入,外汇供给增加,必然引起本币对外币汇率的上升和外汇汇率的下降。反之,当利息率下降时,外汇大量抽逃,外汇市场供给减少,致使外汇汇率上升

4. 汇率变动的影响

汇率变动对一国进出口贸易有着直接的调节作用。本国货币对外贬值,汇率下降,会起到促进出口、限制进口的作用;反之,本国货币对外升值,汇率上升,则会起到限制出口、增加进口的作用。保持人民币币值基本稳定,即对内保持物价总水平稳定,对外保持人民币汇率稳定,有利于人民生活安定,有利于国民经济又快又好发展,有利于世界金融稳定,有利于世界经济的发展。

三、国际储备

国际储备是指一国货币当局能随时用来干预外汇市场、支付国际收支差额的资产。

考点 1　国际储备的作用

国际储备是一个国家经济地位的象征,同时也反映出该国参与国际经济活动的能力。国际储备的作用有:调节国际收支,保证对外支付;干预外汇市场,稳定本币汇率;维护国际信誉,提高对外融资能力;增强综合国力和抵抗风险的能力。

考点 2　人民币入篮

特别提款权(SDR),是国际货币基金组织根据会员国认缴的份额分配的,可用于偿还国际货币基金组织债务、弥补会员国政府之间国际收支逆差的一种账面资产。会员国在发生国际收支逆差时,可用它向基金组织指定的其他会员国换取外汇,以偿付国际收支逆差或偿还基金组织的贷款,还可与黄金、自由兑换货币一样充当国际储备。2015年11月30日，国际货币基金组织宣布将人民币纳入SDR货币篮子，新货币篮子从2016年10月1日开始生效。

第三节　我国对外经济关系

一、我国发展对外经济关系的主要内容和意义

我国发展对外经济关系的主要内容是：发展对外贸易、积极合理有效地利用外资、开展对外技术交流。

大力发展对外经济关系，能使我们在现代化建设过程中充分利用国内国外两个市场、两种资源，更大限度地实现资源的优化配置，促进经济结构和产业结构的调整，促进技术进步和产业升级，提高劳动生产率，提高集约化生产与经营管理水平。

二、自由贸易试验区　【单选】

自由贸易试验区是我国对标国际高水平贸易投资规则，探索制度型开放的重要载体。高标准高质量建设自贸区是新时代推进改革开放的重大举措。

从2013年9月中国（上海）自由贸易试验区正式挂牌成立到2022年8月，我国已设立21个自贸试验区及海南自由贸易港，形成了覆盖东西南北中的试点格局。开放新高地"多点开花"，为中国经济高质量发展及世界经济复苏注入正能量。

三、经济特区　【单选】　★

"经济特区"一词，1979年由中国首先提出。

经济特区的目的和作用可以概括为：(1)扩大本国的对外贸易；(2)引进更多的国外资金、技术和管理经验；(3)增加就业机会，扩大社会就业；(4)加快特定地区经济发展与经济开发的速度，形成新的产业结构和社会经济结构，对全国（地区）经济发展形成吸纳和辐射作用(5)获得更多的土地出售、出让和出租收益。

截至2022年8月，我国共有七个经济特区，分别是深圳经济特区、珠海经济特区、汕头经济特区，厦门经济特区、海南经济特区、喀什经济特区、霍尔果斯经济特区。其中，海南是中国最大的经济特区，并且是唯一的省级经济特区。

四、"一带一路"建设　【多选】　★★

"一带一路"是"丝绸之路经济带"和"21世纪海上丝绸之路"的简称。2013年，习近平主席先后提出共建丝绸之路经济带和共建21世纪海上丝绸之路的重大倡议。

"一带一路"建设旨在借用古代丝绸之路的历史符号，高举和平发展的旗帜，积极发展与沿线国家的经济合作伙伴关系，共同打造政治互信、经济融合、文化包容的利益共同体、命运共同体和责任共同体。"一带一路"建设的实践证明，"五通"（政策沟通、设施联通、贸易畅通、资金融通、民心相通）既能带动中国经济内循环，也能带动世界经济的大循环。实践充分证明，"一带一路"已经形成一整套与人类命运共同体理念高度契合的价值理念，符合中华民族怀柔远人、和谐万邦的天下观，是推动构建人类命运共同体的重要实践平台。

真题面对面

[2022信阳淮滨,多,1分]我国将继续积极推进"一带一路"建设,加强同世界各国的交流合作,让中国改革发展造福人类。"一带一路"是指(　　)

A. 丝绸之路经济带　　B. 环太平洋经济带

C. 古代丝绸之路　　D. 21世纪海上丝绸之路

答案:AD

核心考点回顾

1. 如何理解经济全球化?(参见本书P108)

2. 我国有哪些经济特区? 其中哪个是最大的?(参见本书P112)

3. "一带一路"是什么?(参见本书P112)

达标测评

建议用时	实际用时	测评总分	实际得分
6分钟	____分钟	8分	____分

一、单项选择题(每小题1分,共4分)

1. 习近平总书记指出:"有一种观点把世界乱象归咎于经济全球化。经济全球化曾经被人们视为阿里巴巴的山洞,现在又被不少人看作潘多拉的盒子。"下列对中国在经济全球化问题上的态度理解错误的是(　　)

A. 经济全球化是一把双刃剑

B. 经济全球化是生产力发展和科技进步的必然结果

C. 经济全球化必然导致贸易保护主义

D. 我国应坚定不移引领经济全球化进程

2. 世界贸易组织的最终目标是实现(　　)

A. 世界贸易标准化　　B. 各国利益均等化

C. 世界贸易自由化　　D. 世界贸易稳定化

3. 为了实施共建"一带一路"倡议,我国发起创办了(　　)

A. 亚洲投资银行　　B. 亚洲基础设施投资银行

C. 亚洲进出口贸易银行　　D. 亚洲合作银行

4. 汇率变动会对经济主体产生重要影响,下列经济主体从本国货币升值中获益的是(　　)

A. 出国留学的本国学生　　B. 从事出口业务的国内企业

C. 购买了大量外汇的国内商业银行　　D. 不用进口仪器的科研机构

二、多项选择题(每小题2分,共4分)

1. 国际储备是实现经济均衡稳定的一个必不可少的手段,其功能主要包括(　　)

A. 调节国际收支,保证对外支付　　B. 干预外汇市场,稳定本币汇率

C. 维护国际信誉,提高对外融资能力　　D. 增强综合国力和抵抗风险的能力

2. 世界经济的三大支柱性组织是(　　)

A. 世界银行　　B. 国际货币基金组织

C. 世界贸易组织　　D. 粮农组织

第二部分

参考答案及解析

一、单项选择题

1. C　[解析]经济全球化必然导致贸易保护主义的表述过于绝对。本题为选非题,故选C。

2. C　[解析]世界贸易组织(WTO)成立于1995年1月1日,是独立于联合国的永久性国际组织。该组织的最终目标是实现世界贸易自由化。

3. B　[解析]亚洲基础设施投资银行是一个政府间性质的亚洲区域多边开发机构,是首个由中国倡议设立的多边金融机构,旨在为"一带一路"有关沿线国家的基础设施建设提供资金支持,促进经济合作。

4. A　[解析]本国货币升值,每单位本国货币可兑换更多的外汇,对于出国留学的本国学生来说,同样数量的本国货币能换取更多的外汇,属于获益方。对于从事出口业务的国内企业来说,出口产品价格上升,丧失竞争优势;对于购买了大量外汇的国内商业银行来说,其持有的外汇贬值;对于不用进口仪器的科研机构没有影响。故本题选A。

二、多项选择题

1. ABCD　[解析]国际储备是一个国家经济地位的象征,同时也反映出该国参与国际经济活动的能力。国际储备的作用有:调节国际收支,保证对外支付;干预外汇市场,稳定本币汇率;维护国际信誉,提高对外融资能力;增强综合国力和抵抗风险的能力。故本题选ABCD。

2. ABC　[解析]世贸组织与世界银行、国际货币基金组织一起,并称为当今世界经济的"三大支柱"。故本题选ABC。

第三部分

法律常识

内容导学

河南省教师招聘考试法律常识部分共七章。

第一章主要介绍法理学知识。

第二章主要介绍宪法知识。

第三章是对民法典、著作权法、专利法和商标法的阐述。

第四章主要介绍刑法知识。

第五章主要是行政法知识。

第六章是对民事诉讼法、行政诉讼法和刑事诉讼法的阐述。

第七章主要介绍劳动法，劳动合同法，消费者权益保护法。

考生要重点掌握第二章至第五章的内容，并关注最新修订的法律法规。在备考时，应结合历年真题与自身实际，有针对性地复习。

第一章　法理学

思维导图

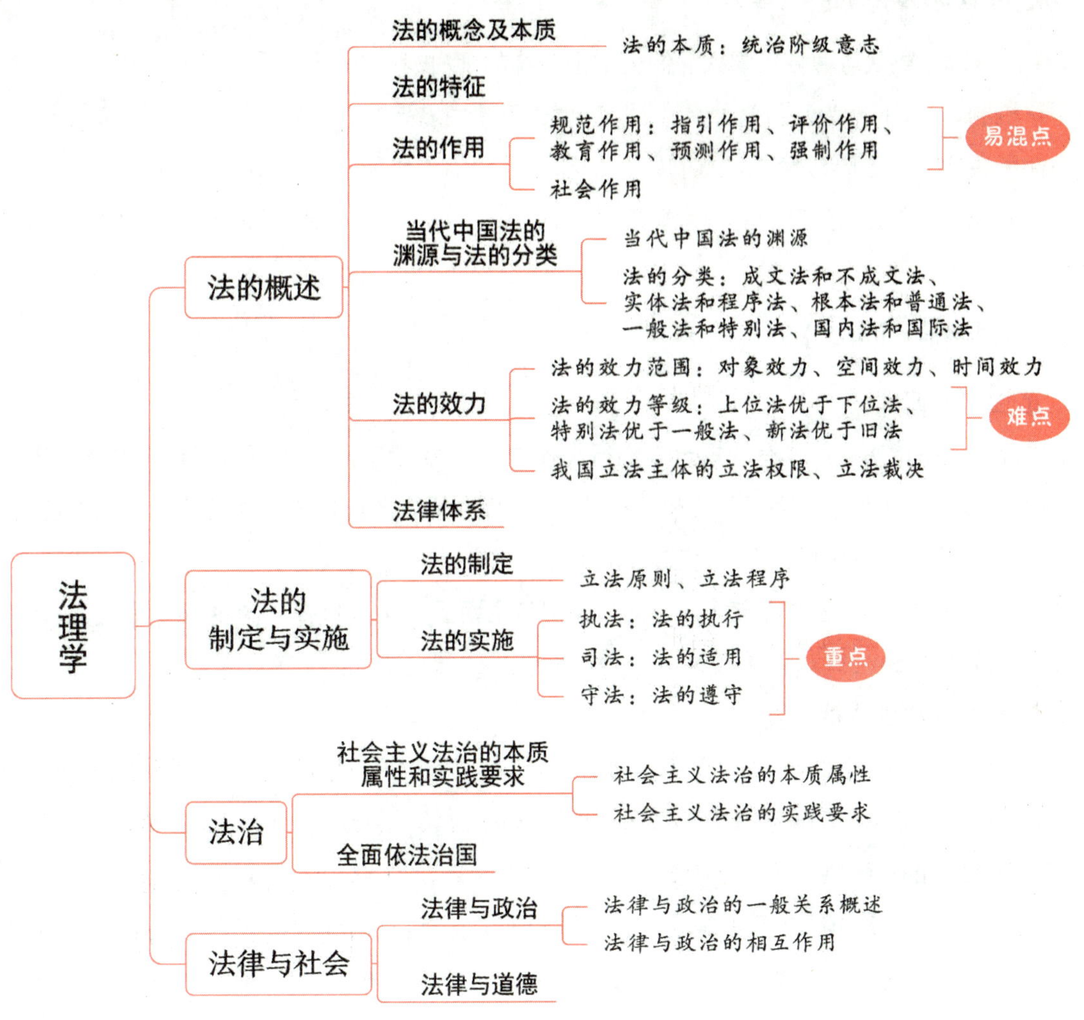

河南考向

本章属于法律常识的基础章节，在河南招教考试中偶有考查，内容较为琐碎，考点以理解为主。在考试中常以选择题等客观题的形式考查。现对本章河南考向分析如下：

考点类型	高频考点	常考题型	能力层级	考查热度
常规考点	当代中国法的渊源与法的分类	单选、多选	理解	★★
	社会主义法治的本质属性和实践要求、法律与政治	单选	理解	★★
新增考点	法的实施	单选、多选	理解	★★

第三部分

核心考点

第一节　法的概述

一、法的概念及本质　【单选】★

法是由国家制定或认可并依靠国家强制力保证实施的,以权利和义务为调整机制,以人的行为及行为关系为调整对象,反映由特定物质生活条件所决定的统治阶级意志,以确认、保护和发展统治阶级所期望的社会关系和价值目标为目的的行为规范体系。

法的本质是统治阶级意志。

易错点提示

统治阶级的意志可以通过法表现出来,但不是只能通过法表现出来。

二、法的特征　【单选】

1. 规范性和普遍性

法律的规范性是指法律所具有的规定人们行为模式和指导人们行为的性质,表现在法律规定了人们的一般行为模式,从而为人们的交互行为提供了一个模型、标准或方向。法律所规定的行为模式包括三种:人们可以怎样行为、人们不得怎样行为、人们应当或必须怎样行为。

法的普遍性是指法所具有的普遍约束力,它通常包括两重含义:(1)在一国主权范围内,法具有普遍效力,所有人都要遵守;(2)法律对同样的事和人同样适用,即法律面前人人平等。

2. 国家意志性和权威性

法律是一种特殊的社会规范,这种特殊性就在于它是由国家制定或认可的。法律由国家制定或认可这一特征意味着体现国家意志的法律具有国家意志性和权威性。

3. 权利和义务的一致性

法律上的权利和义务的规定具有确定性和可预测性的特点,它明确告诉人们该怎样行为、不该怎样行为以及必须怎样行为。法律只要规定了权利就必须规定或意味着相应的义务,法律具有权利和义务的一致性。

4. 国家强制性和程序性

法律不同于其他社会规范,它具有特殊的强制性,即国家强制性。法律以国家强制力为后盾,由国家强制力保证实施。国家的强制力是法律实施的最后的保障手段。无论立法、执法还是司法,都有相应的法律程序。法律程序是保证法律公正的重要手段。

三、法的作用　【单选】★

法的作用是指法对人与人之间所形成的社会关系所发生的一种影响,它表明了国家权力的运行和国家意志的实现。从法作用于人们的行为和社会关系的形式与内容之间的区别,可将法

法的作用

的作用分为法的规范作用与社会作用。

考点 1 法的规范作用

根据法的规范作用的主体范围及方式的不同，法的规范作用可分为指引作用、评价作用、教育作用、预测作用和强制作用五种。

(1)**法的指引作用**是指法律规范为法律主体提供行为模式，指引其可以、必须或不得这样行为，从而对法律主体的行为产生影响。

(2)**法的评价作用**是指法作为人们对他人行为的评价标准所起的作用，评价的核心与标准是合法与否。

(3)**法的教育作用**是指通过灌输法律规范或实施法律规范对法律主体行为发生直接或间接的影响。

(4)**法的预测作用**是指法律主体可以根据法律规范预先估计有关的法律主体是否作出行为、如何作出行为及行为的法律后果，从而对自己的行为作出相应的安排。

(5)**法的强制作用**是指法通过运用国家强制力制裁违法行为、强制履行义务来保障法律规范被遵守和实施。

法的指引作用和教育作用的区别在于：所针对的主体对象不同。法的指引作用针对的主体对象是人们自己；法的教育作用针对的主体对象是社会大众。

考点 2 法的社会作用

法的社会作用是指法律规范对社会关系、社会结构以及社会秩序产生的影响以及效果。法的社会作用具体表现在维护社会秩序、推进社会变迁、促进社会融合、处置社会纷争、实现社会目标五个方面。其中，处置社会纷争是法律所具有的最为直接与基本的社会作用。

四、当代中国法的渊源与法的分类 【单选、多选】★★

法律渊源分为法律的实质渊源和形式渊源，前者指法的真正来源和发展，后者指法律的表现形式。以下所称法的渊源均指形式渊源。法律的形式渊源是指法的创制方式和表现形式，即法的效力渊源。

考点 1 当代中国法的渊源

我国现行法的渊源主要是以**成文法**为主。我国现行正式的成文法渊源包括：宪法、法律、行政法规、地方性法规、自治条例和单行条例、行政规章、特别行政区法律、国际条约。其中，宪法在中国法的渊源体系中居于核心地位。不成文法往往是我国法的渊源的补充。

考点 2 法的分类

从不同的标准、角度出发，可对法作不同的分类。以下列举常见的五种分类。

(1)成文法和不成文法。这是按照法的**创制方式和表达形式**的不同对法所作的分类。

(2)实体法和程序法。这是按照法律规定**内容**的不同对法所作的分类。

(3)根本法和普通法。这是根据法的**地位、效力和制定主体、程序**的不同对法所作的分类。

(4)一般法和特别法。这是按法的**适用范围**的不同对法所作的分类。

(5)国内法和国际法。这是根据法的**创制主体和适用主体**的不同对法所作的分类。

真题面对面

[2019信阳平桥,多,1.01分]关于法的分类,下列说法正确的有(　　)

A.根据法的创制方式和表达形式的不同,可以把法分为成文法和不成文法

B.根据法的内容的不同,可以把法分为实体法和程序法

C.根据法的地位、效力和制定主体、程序不同,可以把法分为根本法和普通法

D.根据法的适用范围的不同,可以把法分为一般法和特别法

答案:ABCD

五、法的效力 【单选】★

考点1 法的效力范围

法的效力范围是指规范性文件所具有的普遍约束力和适用范围,是指法律在什么地方、什么时间、对什么人有效。法的效力范围一般包括:对象效力(对人)、空间效力和时间效力。

表3-1-1　法的效力范围

效力范围		具体说明
对象效力	属人主义	凡是本国公民,不论是在国内还是在国外,均受本国法的约束,而对外国人一律不适用
	属地主义	凡在本国管辖区域内的任何人,不论是本国人还是外国人,均受本国法约束。在本国辖区以外的任何人,均不适用
	保护主义	任何侵害了本国利益的人,不论其国籍和所在地域,均受本国法的追究
	综合主义	综合主义以属地主义为主,与属人主义、保护主义相结合。这样既维护本国利益与主权,又尊重他国主权,更有实施的可能性。我国采用这种原则
空间效力		一般指在一国主权所及全部领域有效,包括属于主权范围的领陆、领空、领水,也包括该国驻外使馆和在境外航行的飞机或停泊在境外的船舶
时间效力		(1)生效时间:自颁布之日起生效;法律本身规定具体生效时间;由另外的专门决定规定生效时间;规定法颁布后在符合一定条件时生效。如无明文规定,法律公布之日即为法律生效之时。 (2)终止时间:我国法的效力终止的形式有明示废止和默示废止。明示废止是指在新法或其他法律文件中明文规定废止旧法。默示废止是指在适用上出现新法和旧法冲突时,适用新法而使旧法在事实上废止。 (3)溯及力:一般情况下,我国法律坚持"法律不溯及既往"的原则,但刑法采用"从旧兼从轻"的原则

考点2 法的效力等级

法的效力等级也称为法的位阶,它是指一国之法律体系中不同形式的法律规范在效力方面的等级差别。法的效力等级一般遵循以下原则:(1)上位法优于下位法;(2)特别法优于一般法;(3)新法优于旧法。具体适用规则如下:

(1)宪法具有最高的法律效力，一切法律、行政法规、地方性法规、自治条例和单行条例、规章都不得同宪法相抵触。

(2)法律的效力高于行政法规、地方性法规、规章。行政法规的效力高于地方性法规、规章。

(3)地方性法规的效力高于本级和下级地方政府规章。省、自治区的人民政府制定的规章的效力高于本行政区域内的设区的市、自治州的人民政府制定的规章。

比较立法的效力高低时容易出错，考生可提取立法主体，用以下2条原则帮助判断：(1)上级>下级；(2)同级之间，人大>政府。

(4)自治条例和单行条例依法对法律、行政法规、地方性法规作变通规定的，在本自治地方适用自治条例和单行条例的规定。经济特区法规根据授权对法律、行政法规、地方性法规作变通规定的，在本经济特区适用经济特区法规的规定。

(5)部门规章之间、部门规章与地方政府规章之间具有同等效力，在各自的权限范围内施行。

考点3 我国立法主体的立法权限

表3-1-2 我国立法主体的立法权限

规范性法律文件	立法主体
法律	全国人大及其常委会
行政法规	国务院
地方性法规	省级的、设区的市的、自治州的人大及其常委会
部门规章	国务院组成部门及具有行政管理职能的直属机构
地方政府规章	省级的、设区的市的、自治州的人民政府
自治条例和单行条例	自治区、自治州及自治县的人大

考点4 立法裁决

我国《立法法》针对各种规范性法律文件之间出现不一致，不能确定如何适用的情况，规定了效力的裁决程序。

表3-1-3 立法裁决

规范性法律文件		裁决程序
法律之间		全国人民代表大会常务委员会裁决
行政法规之间		国务院裁决
地方性法规、规章之间	地方性法规与部门规章之间	由国务院提出意见，国务院认为应当适用地方性法规的，应当决定在该地方适用地方性法规的规定；认为应当适用部门规章的，应当提请全国人民代表大会常务委员会裁决
	部门规章之间、部门规章与地方政府规章之间	国务院裁决
根据授权制定的法规与法律之间		全国人民代表大会常务委员会裁决

六、法律体系 【单选】

法律体系是指一国的部门法体系。它是将一国现行的全部法律根据一定的标准和原则划分成不同的法律部门，并由这些法律部门所构成的具有内在联系的统一整体。法律部门也叫作部门法，是指同类法律规范的总称，也是法律体系的基本组成要素。划分部门法的主要依据是法律调整的对象和方法。我国社会主义法律体系包含以下七个法律部门：宪法及宪法相关法、刑法、行政法、民商法、经济法、社会法、诉讼与非诉讼程序法。

第二节 法的制定与实施

一、法的制定 【单选】

立法，又称法的创制、法的创立，是指有立法权的国家机关或经授权的国家机关，依照法定的职权和程序，创制、认可、修改或废止法律和其他规范性法律文件的专门性活动。

第三部分

考点1 立法原则

我国立法的基本原则主要有：法治原则、民主原则和科学原则。

考点2 立法程序

立法程序通常是指有立法权的国家机关创制、认可、修改或废除法律和其他规范性法律文件的法定的步骤和方式。我国的立法程序基本分以下四个步骤：法律议案的提出、法律草案的审议、法律草案的表决与通过和法律的公布。

二、法的实施 【单选、多选】 ★★

法的实施是指法律在社会实际生活中的具体运用和实现，包括执法、司法和守法。

表3-1-4 法的实施

法的实施	含义	具体说明
执法 (法的执行)	指国家行政机关及其公职人员依法行使管理职权、履行职责、实施法律的活动	(1)执法是以国家的名义对社会进行全面管理，具有国家权威性； (2)狭义的执法的主体是国家行政机关及其公职人员； (3)执法具有国家强制性，行政机关执行法律的过程同时是行使执法权的过程； (4)执法具有主动性和单方面性
司法 (法的适用)	指国家司法机关根据法定职权和法定程序，具体应用法律处理案件的专门活动	(1)司法是由特定的国家机关及其公职人员，按照法定职权实施法律的专门活动，具有国家权威性； (2)司法是司法机关以国家强制力为后盾实施法律的活动，具有国家强制性； (3)司法是司法机关依照法定程序运用法律处理案件的活动，具有严格的程序性及合法性； (4)司法必须有表明法的适用结果的法律文书，如判决书、裁定书和决定书等

续表

法的实施	含义	具体说明
守法 （法的遵守）	指公民、社会组织和国家机关以法律为自己的行为准则，依照法律行使权利、权力，履行义务的活动	我国法律守法主体包括：一切国家机关、武装力量、政党、社会团体、企业事业组织；中华人民共和国公民；在我国领域内的外国组织、外国人和无国籍人

在法律运行过程中，立法是法律运行的起始性和关键性环节，守法是法律实施和实现的基本途径，行政执法是法律实施和实现的重要环节。

重难点解读

考生在做"法的实施"相关试题时，应注意区分不同的实施主体。比如，法的适用的主体是法院和检察院，即司法机关。

第三节　法　治

一、社会主义法治的本质属性和实践要求　【单选】★★

考点1　社会主义法治的本质属性

我国社会主义法治的本质属性是坚持党的领导、人民当家作主和依法治国三者的有机统一。

考点2　社会主义法治的实践要求

坚持党的事业至上、人民利益至上、宪法法律至上，是坚持党的领导、人民当家作主、依法治国三者有机统一的内在需要，是社会主义法治的实践要求。

坚持党的事业至上，就是要在法治的具体实践中，坚持党的基本理论、基本路线、基本纲领、基本经验，自觉贯彻党的路线方针政策，加强和维护党的领导，巩固党的执政地位。

坚持人民利益至上，就是要在法治的具体实践中，坚持以人为本、执法为民，全面维护、实现和发展广大人民群众的根本利益。

坚持宪法法律至上，就是要把严格遵守宪法法律作为法治实践的基本要求，执法和司法必须严格以宪法和法律为依据，维护社会主义法制的统一和尊严。

真题面对面

[2021信阳市直，单，1.1分]（　　）就是要在法治的具体实践中，坚持党的基本理论、基本路线、基本纲领、基本经验。

A. 坚持责任至上　　B. 坚持党的事业至上

C. 坚持集体利益至上　　D. 坚持宪法法律至上

答案：B

二、全面依法治国 【单选、多选】

考点 1 全面依法治国的指导思想

习近平法治思想是全面依法治国的指导思想。习近平法治思想内涵丰富、论述深刻、逻辑严密、系统完备，从历史和现实相贯通、国际和国内相关联、理论和实际相结合上深刻回答了新时代为什么实行全面依法治国、怎样实行全面依法治国等一系列重大问题。

考点 2 全面依法治国的根本立场

全面依法治国要坚持以人民为中心的根本立场。公平正义是人民的期盼，也是法治的生命线。推进全面依法治国，根本目的是依法保障人民权益。"坚持法治为了人民，在全面依法治国中更好满足人民对美好生活的向往，一个重要着力点就是把人民对公平正义的期盼落实到依法保障人民权益上。

考点 3 全面依法治国的总目标和基本原则

全面依法治国的总目标是：建设中国特色社会主义法治体系，建设社会主义法治国家。

全面依法治国的基本原则包括：(1)坚持中国共产党的领导；(2)坚持人民主体地位；(3)坚持法律面前人人平等；(4)坚持依法治国和以德治国相结合；(5)坚持从中国实际出发。

考点 4 全面依法治国的基本框架和总体布局

坚持依法治国、依法执政、依法行政共同推进，坚持法治国家、法治政府、法治社会一体建设，实现科学立法、严格执法、公正司法、全民守法。

考点 5 推进全面依法治国的总抓手

中国特色社会主义法治体系是推进全面依法治国的总抓手。中国特色社会主义法治体系包括：完备的法律规范体系、高效的法治实施体系、严密的法治监督体系、有力的法治保障体系、完善的党内法规体系。

第四节 法律与社会

法律与社会主要包括法律与经济、法律与政治、法律与道德、法律与宗教等，本节主要介绍法律与政治、法律与道德。

一、法律与政治 【单选】 ★★

考点 1 法律与政治的一般关系概述

法律与政治都属于上层建筑，都受制约和反作用于一定的经济关系。

二者的不同表现在：(1)政治通过把利益关系集中、上升为政治关系来反映经济关系，法律以规则、程序和技术等形式对经济关系作制度化表现；(2)政治突出体现社会生活的组织性，法律突出体现社会生活的规则性和秩序性；(3)政治的控制和调整功能通过政治行为和过程实现，法律通过对主体权利义务的确认和保障实现对社会的控制和调整。

考点 2 法律与政治的相互作用

(1)政治对法律的作用。由于政治在上层建筑中居于主导地位,因而总体上法的产生和实现往往与一定的政治活动相关,反映和服务于一定的政治。政治关系的发展变化,也在一定程度和意义上影响法的发展变化。

(2)法律对政治的作用。法律作为上层建筑相对独立的部分,对政治并非无所作为。特别是在近现代,可以说,法律在多大程度上离不开政治,政治也便在多大程度上离不开法律。法律对政治具有确认、调整和影响作用。

真题面对面

[2019信阳平桥,单,0.64分]关于法律与政治的一般关系,下列说法错误的是( )

A. 法律与政治都受制约和反作用于一定的经济关系

B. 政治对法律具有影响和制约作用

C. 法律对政治具有确认、调整和影响作用

D. 在政治和法律的关系中,法律处于主导地位

答案:D

二、法律与道德 【单选】

考点 1 法律与道德的区别

(1)法律与道德在**起源时间**上不同。道德是人们在交往中自然演进形成的,是自发形成的;而法律的产生必须以阶级的分化和国家的建立为前提。因此,从起源上看,法律的出现晚于道德。

(2)法律与道德的**调整范围**不同。法是调整人们某些行为的规范,以规定权利和义务为主要内容;道德对人们的思想意识和行为都调整,所调整的范围也广泛得多,其内容主要是个人对社会、对他人应履行的义务。

(3)法律与道德的**表现形式**不同。法以国家政权意志的形式表现出来,是明确的、肯定的、普遍的行为规范。一般有宪法、法律、法规等具体表现形式。道德则大多存在于社会舆论和人们的信念之中。

(4)法律与道德的**实现方式**不同。法主要以国家政权的强制力保证实施。道德则依靠人们内心信念的驱使,社会舆论的褒贬作用,教育的力量以及传统、习惯风俗的影响,以精神的强制来保证实施。

(5)法律与道德的**历史使命**不同。从历史发展的角度看,随着阶级和国家的消亡,法最终也会消亡;而道德则不仅不会消亡,而且会随着历史的发展而发展。

考点 2 法律与道德的联系

(1)道德是法律的评价标准和推动力量。

(2)法律是传播道德、保障道德实施的有效手段。

第三部分

核心考点回顾

1. 法的本质是什么?(参见本书P118)

2. 法的分类有哪些?(参见本书P119)

3. 法的实施包括什么?(参见本书P122)

达标测评

建议用时	实际用时	测评总分	实际得分
7分钟	____分钟	10分	____分

一、单项选择题(每小题1分,共4分)

1. 根据国家有关法律规定,本科学历才有资格参加国家司法考试。小王想参加国家司法考试,法学专业专科毕业后又继续读本科。这体现了法的(　　)

A. 指引作用　　B. 教育作用　　C. 评价作用　　D. 强制作用

2. 在我国,法律的实施可以分为执法、司法、守法环节。其中,狭义的执法的主体是(　　)

A. 国家权力机关　　B. 国家检察机关

C. 国家审判机关　　D. 国家行政机关

3. 根据我国的法律效力层次,下列法律中效力最高的是(　　)

A. 行政法规　　B. 地方性法规　　C. 政府规章　　D. 自治条例

4. 在法律运行过程中,法律实施和实现的基本途径是(　　)

A. 立法　　B. 守法　　C. 执法　　D. 司法

二、多项选择题(每小题2分,共6分)

1. 以下属于我国法律部门的是(　　)

A. 宪法　　B. 行政法

C. 刑法　　D. 中华人民共和国会计法

2. 我国社会主义法的渊源是指具有不同法律效力的规范性文件。根据制定的机关和效力层级及范围的不同,我国法的渊源主要有(　　)

A. 宪法和法律　　B. 行政法规和地方性法规

C. 自治条例和国际条约　　D. 判例和乡规民约

3. 下列选项中,关于法律与道德的关系的表述,正确的有(　　)

A. 两者产生于人类社会史中大致相同的时间

B. 两者都是维护社会秩序的行为规范

C. 与道德相比,法律具有强制性

D. 法律是有意识的产物,道德是自发形成的

参考答案及解析

一、单项选择题

1. A　[解析]指引作用,是指法通过规定人们在法律上的权利、义务以及违反法的规定应承担的责任,而对于人们的行为产生的一种调整、指导和引领的作用。题干中小王根据法律的规定调整了自己的行为,故本题选择A项。

2. D　[解析]在我国,狭义的执法的主体是国家行政机关。行政机关是按照国家宪法和有关组织法的规定而设立的,代表国家依法行使行政权,组织和管理国家行政事务的国家机关,是国家权力机关的执行机关,也是国家机构的重要组成部分。

3. A　[解析]行政法规的效力高于地方性法规、政府规章和自治条例。故本题选A。

4. B　[解析]在法律运行过程中,守法是法律实施和实现的基本途径。

二、多项选择题

1. ABC　[解析]每个部门法包含很多种具体的法律,《中华人民共和国会计法》只是一部具体的法律,而不是一个法律部门。D错误,故本题选ABC。

2. ABC　[解析]我国法的渊源包括:宪法、法律、行政法规、地方性法规、行政规章、自治条例和单行条例、特别行政区法律等、国际条约等。

3. BCD　[解析]道德的产生与人类社会的形成是同步的,法律是国家产生之后才出现的。因此,从起源上看,法律的出现晚于道德,A项错误。故选BCD。

第二章 宪 法

思维导图

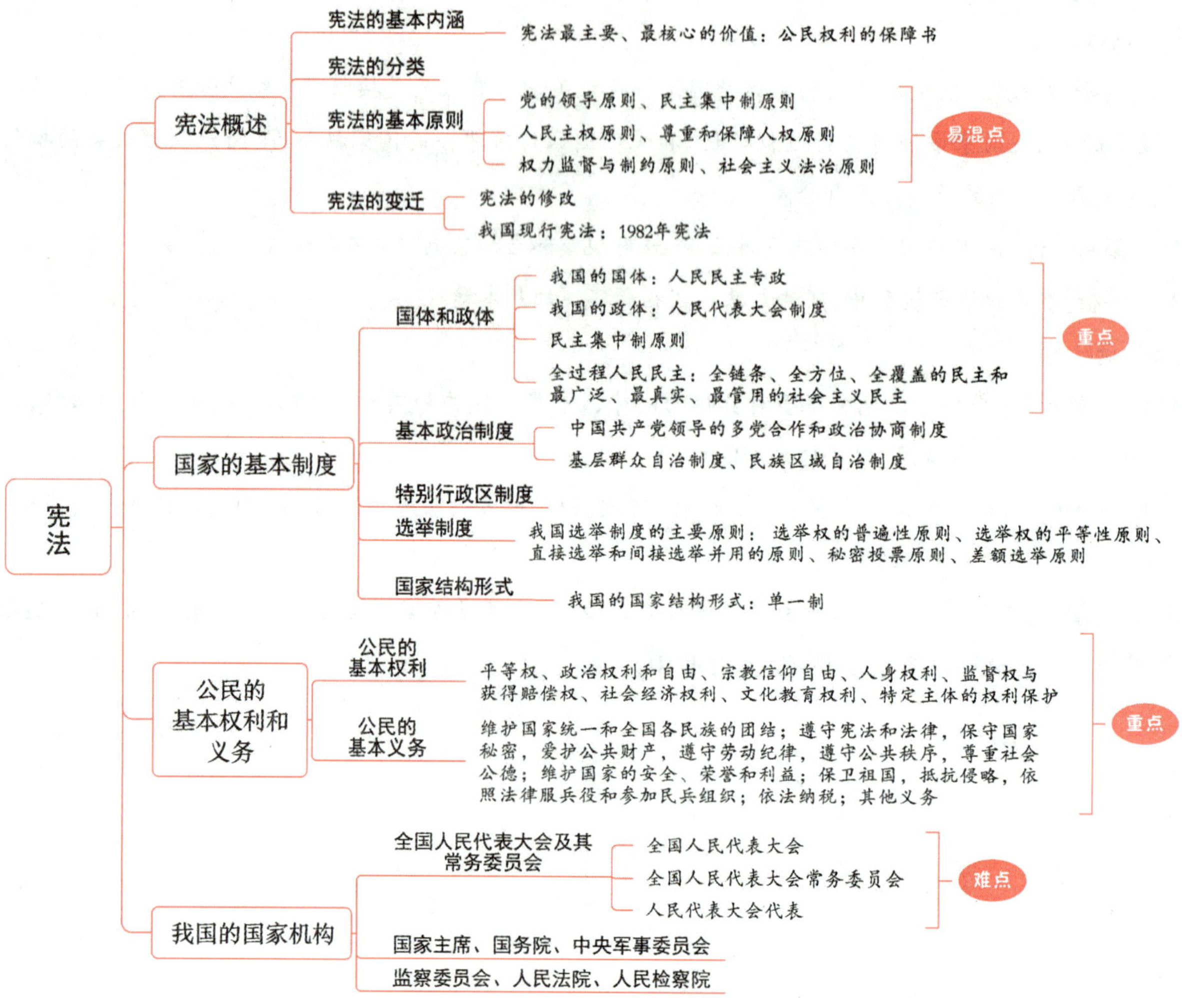

宪法
- 宪法概述
  - 宪法的基本内涵
    - 宪法最主要、最核心的价值：公民权利的保障书
  - 宪法的分类
  - 宪法的基本原则（易混点）
    - 党的领导原则、民主集中制原则
    - 人民主权原则、尊重和保障人权原则
    - 权力监督与制约原则、社会主义法治原则
  - 宪法的变迁
    - 宪法的修改
    - 我国现行宪法：1982年宪法
- 国家的基本制度
  - 国体和政体（重点）
    - 我国的国体：人民民主专政
    - 我国的政体：人民代表大会制度
    - 民主集中制原则
    - 全过程人民民主：全链条、全方位、全覆盖的民主和最广泛、最真实、最管用的社会主义民主
  - 基本政治制度
    - 中国共产党领导的多党合作和政治协商制度
    - 基层群众自治制度、民族区域自治制度
  - 特别行政区制度
  - 选举制度
    - 我国选举制度的主要原则：选举权的普遍性原则、选举权的平等性原则、直接选举和间接选举并用的原则、秘密投票原则、差额选举原则
  - 国家结构形式
    - 我国的国家结构形式：单一制
- 公民的基本权利和义务（重点）
  - 公民的基本权利
    - 平等权、政治权利和自由、宗教信仰自由、人身权利、监督权与获得赔偿权、社会经济权利、文化教育权利、特定主体的权利保护
  - 公民的基本义务
    - 维护国家统一和全国各民族的团结；遵守宪法和法律，保守国家秘密，爱护公共财产，遵守劳动纪律，遵守公共秩序，尊重社会公德；维护国家的安全、荣誉和利益；保卫祖国，抵抗侵略，依照法律服兵役和参加民兵组织；依法纳税；其他义务
- 我国的国家机构
  - 全国人民代表大会及其常务委员会（难点）
    - 全国人民代表大会
    - 全国人民代表大会常务委员会
    - 人民代表大会代表
  - 国家主席、国务院、中央军事委员会
  - 监察委员会、人民法院、人民检察院

河南考向

本章属于法律常识的重点章节，也是河南招教重点考查的章节，内容较为系统化，需要识记的知识较多。在考试中常以选择题、判断题等客观题的形式考查。现对本章河南考向分析如下：

考点类型	高频考点	常考题型	能力层级	考查热度
常规考点	国体和政体的含义及关系	单选、判断	识记	★★★
	公民的基本权利	单选、多选	识记	★★★
	全国人民代表大会及其常务委员会	单选、多选	理解	★★★
新增考点	全过程人民民主	多选	理解	★★

核心考点

第一节 宪法概述

一、宪法的基本内涵 【单选】★★

宪法是一个国家的根本大法，它规定了国家的根本制度和根本任务，具有最高的法律效力。全国各族人民、一切国家机关和武装力量、各政党和各社会团体、各企业事业组织，都必须以宪法为根本活动准则，并且负有维护宪法尊严、保证宪法实施的职责。宪法是一切组织和个人的根本活动准则，但不能为司法活动提供明确而直接的依据。宪法最主要、最核心的价值在于它是公民权利的保障书。

真题面对面

[2022信阳淮滨，单，0.7分]宪法最主要、最核心的价值在于(　　)

A. 组织国家机构　　B. 控制国家权力

C. 维护社会秩序　　D. 保障公民基本权利

答案：D

二、宪法的分类 【单选】

宪法分类是指根据不同的标准对宪法类型所做的划分。具体有如下划分：

表3-2-1　宪法的分类

分类标准	分类	要点
以是否具有宪法典为标准	成文宪法	世界上最早的成文宪法是1787年通过的美国宪法
	不成文宪法	
以宪法有无严格的制定、修改机关和程序为标准	刚性宪法	刚性宪法往往具有最高效力，柔性宪法效力与普通法相同
	柔性宪法	
以制定宪法的机关为标准	钦定宪法	钦定宪法是由君主或以君主的名义制定的宪法； 协定宪法是由君主与国民或国民的代表机关协商制定的宪法，往往是各阶级妥协的产物； 民定宪法是由民意机关或公民公决制定的宪法
	民定宪法	
	协定宪法	

三、宪法的基本原则 【单选】★

我国宪法的基本原则主要包括：党的领导原则、民主集中制原则、人民主权原则、尊重和保障人权原则（基本人权原则）、权力监督与制约原则（权力制约原则或权力监督原则）、社会主义法治原则（法治原则）。

易混点辨析

分权制衡、三权分立均不是我国宪法的基本原则。

第三部分

四、宪法的变迁 【单选、判断】★★

考点1 宪法的修改

表3-2-2 宪法的修改

内容	具体说明
修改主体	**全国人民代表大会**
通过条件	宪法的修改，由全国人民代表大会常务委员会或者**五分之一**以上的全国人民代表大会代表提议，并由全国人民代表大会以**全体代表的三分之二**以上的多数通过
解释机关	全国人民代表大会常务委员会

考点2 我国宪法发展过程

《中国人民政治协商会议共同纲领》是在1949年9月召开的中国人民政治协商会议上通过的。它是《中华人民共和国宪法》制定以前的建国纲领，起到了临时宪法的作用。

1954年9月，第一届全国人民代表大会第一次会议召开。会议制定和颁布了我国第一部社会主义类型的宪法，标志着人民代表大会制度的确立。我国的现行宪法是1982年宪法，该宪法于1988年、1993年、1999年、2004年、2018年进行了5次修正。该宪法是在1982年12月4日正式施行的，因此我国的**国家宪法日**定为每年的12月4日。

第二节 国家的基本制度

一、国体和政体

考点1 国体和政体的含义及关系 【单选、判断】★★★

表3-2-3 国体和政体的含义及关系

内容	含义	具体说明	关系
国体	国体即国家性质，是指在一个国家里各个阶级在国家政治生活中的地位，哪个阶级是统治阶级，哪个阶级是被统治阶级	(1)中华人民共和国是工人阶级领导的、以工农联盟为基础的人民民主专政的社会主义国家。社会主义制度是中华人民共和国的根本制度。 (2)人民民主专政的本质是**人民当家作主**	国体决定政体，政体反映国体。国体与政体之间是内容与形式的关系
政体	政体即政权组织形式，是指特定社会的统治阶级采用一定的原则和方式组织实现国家权力的机关体系，确定各机关之间的相互关系	(1)我国的政体是人民代表大会制度。中华人民共和国的一切权力属于人民。 (2)人民代表大会制度是我国的**根本政治制度**。人民行使国家权力的机关是全国人民代表大会和地方各级人民代表大会。人民依照法律规定，通过各种途径和形式，管理国家事务，管理经济和文化事业，管理社会事务	

易混点辨析

考生应注意我国的根本制度与根本政治制度是不同的。

考点2 民主集中制原则 【单选、多选】★★

中华人民共和国的国家机构实行民主集中制的原则。民主集中制是指在民主基础上的集中和在法治规范下的民主的有机结合。民主集中制在人民代表大会制度中主要表现为:(1)各级国家权力机关由民主选举产生,对人民负责,受人民监督;(2)其他国家机关由人民代表大会产生,对人民代表大会负责,受人民代表大会监督;(3)在中央与地方的关系上,遵循在中央的统一领导下,充分发挥地方的主动性和积极性的原则。

考点3 全过程人民民主 【多选】★★

"全过程人民民主"是对中国特色社会主义民主的特色和优势的新概括。我国全过程人民民主实现了过程民主和成果民主、程序民主和实质民主、直接民主和间接民主、人民民主和国家意志相统一,是全链条、全方位、全覆盖的民主,是最广泛、最真实、最管用的社会主义民主。

1. 全链条、全方位、全覆盖的民主

(1)全链条人民民主意味着民主选举、民主协商、民主决策、民主管理、民主监督等各个环节紧密结合、相互关联。全过程人民民主不仅有完整的制度程序,而且有完整的参与实践,贯穿了从选举、审议、决策、管理到监督的全过程。人民不仅参与投票选举,还参与公共事务商议、国计民生重大决策、经济社会事务管理、公共权力运行监督等各个环节。人民代表大会制度是全链条人民民主的根本制度保障。

(2)全方位发展全过程人民民主是实现国家治理体系和治理能力现代化的题中应有之义。全过程人民民主的"全方位"体现于中国共产党治国理政全部活动之中,覆盖国家治理的各环节,贯通全面深化改革各方面,旨在保障和实现人民在经济、政治、文化、社会、生态文明等各领域的广泛权利,让中国人民真正成为国家、社会和自己命运的主人,彰显了中国特色社会主义民主的系统性、集成性和完整性。

(3)全覆盖人民民主表达了中国特色社会主义民主政治的深层结构,即坚持党的领导、人民当家作主、依法治国有机统一,这是坚持走中国特色社会主义政治发展道路的关键之所在。

坚持党的领导、人民当家作主、依法治国有机统一的逻辑,体现了我国全过程人民民主的独特优势。人民代表大会制度是坚持党的领导、人民当家作主和依法治国有机统一的根本政治制度安排。

2. 最广泛、最真实、最管用的社会主义民主

社会主义民主是最广泛、最真实、最管用的民主。(1)人民民主的广泛性,不仅表现在人民享有广泛的民主权利,而且表现在民主主体的广泛性。(2)人民民主的真实性表现在人民当家作主的权利有制度、法律和物质的保障,也表现在随着社会经济的发展进步,人民的各种权益日益得到充分的实现。(3)社会主义民主的管用性体现在中国特色社会主义政治制度上。中国特色社会主义政治制度使社会主义民主具有更旺盛的生命力。

二、基本政治制度 【单选】★★★

中国的基本政治制度包括中国共产党领导的多党合作和政治协商制度、民族区域自治制度以及基层群众自治制度。

考点 1 中国共产党领导的多党合作和政治协商制度

表3-2-4 中国共产党领导的多党合作和政治协商制度

内容	具体说明
概念	中国共产党领导的多党合作和政治协商制度是在中国长期的革命、建设、改革实践中形成和发展起来，是适合中国国情的一项基本政治制度，是具有中国特色的社会主义政党制度，是中国特色社会主义民主政治的重要组成部分
建立	1949年9月，第一届中国人民政治协商会议在北平举行
内涵	(1)中国共产党是**执政党**，各民主党派是**参政党**，中国共产党和各民主党派是亲密战友；二者在政治上是领导与被领导的关系，在组织上是相互独立的关系，在法律上是平等的关系。 (2)中国共产党和各民主党派合作的首要前提和根本保证是坚持中国共产党的领导和坚持四项基本原则。 (3)中国共产党与各民主党派合作的基本方针是：**长期共存，互相监督，肝胆相照，荣辱与共**。 (4)中国共产党和各民主党派以宪法和法律为根本活动准则
重要组织形式	中国人民政治协商会议，简称人民政协，是中国人民爱国统一战线的组织，是中国共产党领导的多党合作和政治协商的重要机构，是中国政治生活中发扬社会主义民主的一种重要形式
人民政协的主要职能	**政治协商、民主监督、参政议政**是其主要职能。(1)政治协商是对国家和地方的大政方针以及政治、经济、文化和社会生活中的重要问题，在决策之前进行协商和就决策执行过程中的重要问题进行协商。(2)民主监督是对国家宪法、法律和法规的实施，重大方针政策的贯彻执行、国家机关及其工作人员的工作，通过建议和批评进行监督。(3)参政议政是对政治、经济、文化和社会生活中的重要问题以及人民群众普遍关心的问题，开展调查研究，反映社情民意，进行协商讨论。通过调研报告、提案、建议案或其他形式，向中国共产党和国家机关提出意见和建议

易错点提示

考生要注意人民政协的性质，凡是"国家机关""政治联盟"等表述均是错误的。

考点 2 基层群众自治制度

基层群众自治制度是依照宪法和法律，由居民(村民)选举的成员组成居民(村民)委员会，实行**自我管理、自我教育、自我服务、自我监督**的制度。

发展基层民主，实行基层群众自治是人民当家作主的有效途径。我国基层群众自治的基本管理形式是民主选举、民主决策、民主管理和民主监督。

其中，公民参与**民主决策**的方式包括：(1)**社情民意反映制度**，即公民向决策机关反映意见、提出建议。(2)**专家咨询制度**，即专家学者利用自己掌握的专业知识、相关信息等，对专业性、技术性较强的重大事项进行分析论证。(3)**重大事项社会公示制度**，即决策机关将涉及公众利益的各项决策进行公示，公民在真正了解决策的有关内容后，发表意见，提出建议。(4)**社会听证制度**，即对同公众利益密切相关的重大事项进行听证。

考点 3 民族区域自治制度

民族区域自治制度是指在国家的统一领导下，依照宪法、民族区域自治法和其他法律的有关规定，以少

数民族聚居区为基础，建立相应的自治地方，设立自治机关，行使自治权，使实行区域自治的民族的人民自主地管理本民族地方性事务的制度。

民族自治地区是指自治区、自治州和自治县。民族自治地方的自治机关是自治区、自治州、自治县的人民代表大会和人民政府。

三、特别行政区制度 【单选、判断】

特别行政区是指在我国版图内，根据我国宪法和法律而设立的，具有特殊的法律地位，实行特别的政治、经济制度的行政区域。

特别行政区的特点包括：(1)享有高度的自治权，包括行政管理权、立法权、独立的司法权和终审权；(2)保持原有资本主义制度和生活方式50年不变；(3)行政机关和立法机关由该地区永久性居民依照基本法的有关规定组成；(4)原有的法律基本不变。

表3-2-5 民族自治地方与特别行政区

对比指标		民族自治地方	特别行政区
相同之处		都是我国的地方行政区域，享有自治权	
不同之处	自治程度	一定的自治权	高度的自治权
	所设地区	各少数民族聚居的地方	香港、澳门
	设立目的	解决民族问题，实现少数民族人民当家作主	解决历史遗留问题，实现祖国和平统一
	社会制度	社会主义制度	保持资本主义制度50年不变

四、选举制度 【单选、判断】 ★

选举制度是国家通过法律规定的关于选举国家代议机关代表和国家公职人员的原则、程序与方法等各项制度的总称。我国选举制度的主要原则有：

(1)选举权的普遍性原则。中华人民共和国年满十八周岁的公民，不分民族、种族、性别、职业、家庭出身、宗教信仰、教育程度、财产状况、居住期限，都有选举权和被选举权；但是依照法律被剥夺政治权利的人除外。

(2)选举权的平等性原则。每个选民在每次选举中只能在一个地方享有一个投票权，不承认也不允许任何选民因民族、种族、职业、财产状况、家庭出身、居住期限的不同而在选举中享有特权。

(3)直接选举和间接选举并用的原则。不设区的市、市辖区、县、自治县、乡、民族乡、镇的人民代表大会代表，由选民直接选出；全国人民代表大会代表，省、自治区、直辖市、设区的市、自治州的人民代表大会代表，由下一级人民代表大会选出。

"投票选举的权利优于广泛参与的权利"的说法是片面的。只有投票的权利而没有广泛参与的权利的民主是形式主义的。

(4)秘密投票原则。秘密投票即无记名投票，包括三方面内容：①秘密填写选票；②在选票上不标识选民身份；③投票时不显露选举意向等内容。

(5)差额选举原则。民意机关代表或公职人员选举中，候选人数应多于应选代表名额。

真题面对面

[2022郑州郑东新区，多，1分]中国实行的全过程人民民主，是过程民主和成果民主、程序民主和实质民主、直接民主和间接民主、人民民主和国家意志相统一，是全链条、全方位、全覆盖的民主，是最广泛、最真实、最管用的社会主义民主。下列关于我国全过程人民民主的理解，其中正确的是(　　)

A. 我国的人大代表由人民直接选举产生，政协委员由各方协商推荐产生，实现了直接民主与间接民主相统一

B. 全国人大常委会法工委在某地设立基层立法联系点，征集了对法律草案、立法计划的多条建议，经研究，许多意见被吸收采纳，这是全过程人民民主的生动诠释

C. 人民不仅参与投票选举，还参与公共事务商议、国计民生重大决策、经济社会事务管理、公共权力运行监督等各个环节，其中投票选择的权利优于广泛参与的权利

D. 人民群众的意见建议通过人大得到充分反映，又通过人大的立法、决策、监督等行为将人民群众意志转化为国家意志，体现了人民民主和国家意志相统一

答案：BD

五、国家结构形式　【单选】

我国的国家结构形式是单一制。根据宪法规定，我国的行政区域一般分为以下三个层级：省(省、自治区和直辖市)；县(县、自治县、不设区的市、市辖区)；乡(乡、民族乡、镇)。在设立自治州和设区的市的地方，行政区划一般分为四级：省、自治区；自治州、设区的市；县、自治县、市辖区；乡、民族乡、镇。

中国有34个省级行政区，包括23个省、5个自治区、4个直辖市和2个特别行政区。首都是北京。

表3-2-6　我国行政区域的建置和划分权限

行政区域建置和划分	决定单位
省、自治区和直辖市的建置	全国人民代表大会
特别行政区的设立和制度	
省、自治区和直辖市的区域划分	国务院
自治州、县、自治县、市的建置和区域划分	
乡、民族乡、镇的建置和区域划分	省、直辖市的人民政府
县、市、市辖区的部分行政区域界线变更	国务院授权省、自治区、直辖市的人民政府审批；批准变更时，同时报送国务院备案

第三节　公民的基本权利和义务

一、公民的基本权利　【单选、多选】★★★

考点 1　平等权

平等权是我国宪法规定的一项基本权利，是权利主体参与社会生活的前提和基本条件。任何公民享有

宪法和法律规定的权利,同时必须履行宪法和法律规定的义务。任何组织或者个人都不得有超越宪法和法律的特权。

易错点提示

小香有话说

我国法律保护公民的合法权利,而非一切权利。

考点2 政治权利和自由

政治权利和自由是公民依法参与国家政治生活、管理国家事务和社会事务、表达意愿的权利和自由。

公民政治权利和自由

(1)选举权与被选举权。选举权与被选举权是公民基本的民主权利,行使这个权利是公民参与管理国家和管理社会的基础和标志。享有此权利需同时具备3个条件:(1)**国籍条件**:具有中华人民共和国国籍;(2)**年龄条件**:年满18周岁;(3)**政治权利条件**:依法享有政治权利,即没有被剥夺政治权利。

(2)政治自由。中华人民共和国公民有言论、出版、集会、结社、游行、示威的自由。

真题面对面

[2021信阳市直,单,1.1分]某区将进行人大代表换届选举工作,该区某高校在党委统一领导下,成立换届选举工作组,全面负责并具体组织学校师生参加人大选举工作。郑某是该校的一名学生,下列关于郑某行使选举权的说法正确的是(　　)

A. 需年满18周岁

B. 郑某需无犯罪记录

C. 郑某不享有被选举为该区人大代表的权利

D. 参加投票选举是履行公民政治义务的表现

答案:A。"无犯罪记录"不是享有选举权的必备条件,B项错误。题干未说明郑某的年龄、国籍等信息,因此不能判断他是否享有被选举为该区人大代表的权利,C项错误。参加投票选举是行使政治权利的表现,而非履行政治义务,D项错误。故本题选A。

考点3 宗教信仰自由

我国《宪法》规定,中华人民共和国公民有宗教信仰自由。任何国家机关、社会团体和个人不得强制公民信仰宗教或者不信仰宗教,不得歧视信仰宗教的公民和不信仰宗教的公民。国家保护正常的宗教活动。任何人不得利用宗教进行破坏社会秩序、损害公民身体健康、妨碍国家教育制度的活动。宗教团体和宗教事务不受外国势力的支配。

我国实行宗教信仰自由的政策,依法管理宗教事务,坚持独立自主自办原则,积极引导宗教与社会主义社会相适应。

考点4 人身权利

(1)人身自由不受侵犯:指公民享有人身不受任何非法搜查、拘禁、逮捕、剥夺、限制的权利。

(2)人格尊严不受侵犯:禁止用任何方法对公民进行**侮辱、诽谤和诬告陷害**,具体体现为对人格权(如姓名权、肖像权、名誉权、荣誉权、隐私权等)的保护。

（3）公民的住宅不受侵犯：禁止非法搜查或者非法侵入公民的住宅。

（4）通信自由和通信秘密受法律的保护：除因国家安全或者追查刑事犯罪的需要，由公安机关或者检察机关依照法律规定的程序对通信进行检查外，任何组织或者个人不得以任何理由侵犯公民的通信自由和通信秘密。

真题面对面

[2022信阳淮滨，多，1分]我国《宪法》规定，中华人民共和国公民的人格尊严不受侵犯。禁止用任何方法对公民进行(　　)

A. 侮辱　　B. 控告

C. 批评　　D. 诽谤和诬告陷害

答案：AD

考点5 监督权与获得赔偿权

我国《宪法》规定，中华人民共和国公民对于**任何国家机关和国家工作人员**，有提出**批评和建议的权利**；对于任何国家机关和国家工作人员的违法失职行为，有向有关国家机关提出**申诉、控告或者检举的权利**，但是不得捏造或者歪曲事实进行诬告陷害。对于公民的申诉、控告或者检举，有关国家机关必须查清事实，负责处理。任何人不得压制和打击报复。

由于国家机关和国家工作人员侵犯公民权利而受到损失的人，有依照法律规定取得赔偿的权利。

考点6 社会经济权利

社会经济权利是指公民依照宪法规定享有物质利益的权利，是公民实现其他权利的物质上的保障。

（1）财产权：公民的**合法的**私有财产不受侵犯。国家依照法律规定保护公民的私有财产权和继承权。国家为了**公共利益**的需要，可以依照法律规定对公民的私有财产实行征收或者征用并给予补偿。

（2）劳动权：指有劳动能力的公民有从事劳动并取得劳动报酬的权利。劳动权是公民实现自身价值的最重要的途径。

（3）休息权：指劳动者所享有的休息和休养的权利。

（4）获得物质帮助权：指年老、疾病或者丧失劳动能力的公民，有从国家和社会获得物质帮助的权利。

（1）尚未就业的人，不属于劳动者，不享有休息权。

（2）有关“获得物质帮助权”的试题中常出现“遭受自然灾害”等错误选项，考生要注意辨别。

考点7 文化教育权利

文化教育权是公民根据宪法的规定，在教育和文化领域享有的权利和自由。

文化教育权包含：受教育权和科学文化活动自由权（科学研究自由、文艺创作自由、其他文化活动自由）。

考点8 特定主体的权利保护

我国宪法通过对妇女、残疾人、儿童等特定主体的特殊保护，来实现对公民平等权的保护。

特定主体的权利保护主要包含：保障妇女的权利，保障退休人员的权利，保护婚姻、家庭、母亲、儿童和老人，关怀青少年和儿童的成长，保护华侨、归侨和侨眷的正当权利。

二、公民的基本义务 【单选】★

(1)维护国家的统一和全国各民族的团结；

(2)遵守宪法和法律，保守国家秘密，爱护公共财产，遵守劳动纪律，遵守公共秩序，尊重社会公德；

(3)维护国家的安全、荣誉和利益；

(4)保卫祖国，抵抗侵略，依照法律服兵役和参加民兵组织；

(5)依法纳税；

(6)其他义务。我国公民有劳动的义务，受教育的义务，夫妻双方有实行计划生育的义务。父母有抚养教育未成年子女的义务，成年子女有赡养扶助父母的义务，等等。

重难点解读

小香有话说

受教育和劳动既是公民的基本权利又是公民的基本义务。

第四节 我国的国家机构

一、全国人民代表大会及其常务委员会 【单选、多选】★★★

全国人民代表大会和全国人民代表大会常务委员会行使国家立法权。

 全国人民代表大会

全国人大

1. 性质、地位

全国人民代表大会是我国最高国家权力机关。

2. 组成、任期

全国人民代表大会由省、自治区、直辖市、特别行政区和军队选出的代表组成。各少数民族都应当有适当名额的代表。全国人民代表大会代表的选举由全国人民代表大会常务委员会主持。全国人民代表大会代表名额和代表产生办法由法律规定。全国人大每届任期为五年。

3. 职权

(1)最高立法权和最高监督权

修改宪法，监督宪法实施，制定和修改国家基本法律。

(2)最高决定权和最高任免权

①决定权：根据中华人民共和国主席的提名，决定国务院总理的人选；根据国务院总理的提名，决定国务院副总理、国务委员、各部部长、各委员会主任、审计长、秘书长的人选；根据中央军事委员会主席的提名，决定中央军事委员会其他组成人员的人选。审查和批准国民经济和社会发展计划和计划执行情况的报告；审查和批准国家的预算和预算执行情况的报告；改变或者撤销全国人民代表大会常务委员会不适当的决定；批准省、自治区和直辖市的建置；决定特别行政区的设立及其制度；决定战争和和平的问题。

决定战争和和平问题（是战是和）的是全国人大；全国人大及其常委会均有宣布战争状态的决定权；国家主席仅有宣布权。

②选举权：选举中华人民共和国主席、副主席，中央军事委员会主席，国家监察委员会主任，最高人民法

第三部分

院院长，最高人民检察院检察长的权力。

③罢免权：有权罢免中华人民共和国主席、副主席、国务院总理、副总理、国务委员、各部部长、各委员会主任、审计长、秘书长，中央军事委员会主席和中央军事委员会其他组成人员，国家监察委员会主任，最高人民法院院长，最高人民检察院检察长。

(3)其他权力

4. 会议制度

(1)例行会议：由全国人民代表大会常务委员会召集，每年举行一次。

(2)临时会议：全国人民代表大会常务委员会认为必要，或者有五分之一以上的全国人民代表大会代表提议，可以临时召开。

(3)全国人民代表大会举行会议的时候，选举主席团主持会议。

考点2 全国人民代表大会常务委员会

1. 性质、地位

全国人民代表大会的常设机关。在全国人民代表大会闭会期间，全国人大的部分职权由全国人大常委会行使，以便更好地发挥最高国家权力机关的作用。

2. 组成、任期

全国人民代表大会常委会组成人员：委员长，副委员长若干人，秘书长，委员若干人。组成人员不得担任国家行政机关、监察机关、审判机关和检察机关的职务。全国人民代表大会常务委员会每届任期为五年，委员长、副委员长连续任职不得超过两届。

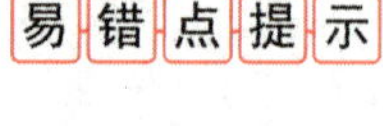

我国《宪法》规定的“连续任职不得超过两届”的职位有且只有8个。(1)全国人大常委会的委员长、副委员长；(2)国务院总理、副总理、国务委员；(3)国家监察委员会主任，最高人民法院院长，最高人民检察院检察长。

3. 职权

(1)法律方面的权力

①解释宪法，监督宪法的实施；

②制定和修改除应当由全国人民代表大会制定的法律以外的其他法律；

③在全国人民代表大会闭会期间，对全国人民代表大会制定的法律进行部分补充和修改，但是不得同该法律的基本原则相抵触；

④解释法律。

(2)监督权

①监督国务院、中央军事委员会、国家监察委员会、最高人民法院和最高人民检察院的工作；

②撤销国务院制定的同宪法、法律相抵触的行政法规、决定和命令；

③撤销省、自治区、直辖市国家权力机关制定的同宪法、法律和行政法规相抵触的地方性法规和决议。

(3)决定权

①在全国人民代表大会闭会期间，审查和批准国民经济和社会发展计划、国家预算在执行过程中所必须作的部分调整方案；

②决定同外国缔结的条约和重要协定的批准和废除；

③规定军人和外交人员的衔级制度和其他专门衔级制度；

④规定和决定授予国家的勋章和荣誉称号；

⑤决定特赦；

⑥在全国人民代表大会闭会期间，如果遇到国家遭受武装侵犯或者必须履行国际间共同防止侵略的条约的情况，决定战争状态的宣布；

⑦决定全国总动员或者局部动员；

⑧决定全国或者个别省、自治区、直辖市进入紧急状态。

(4)任免权

(5)全国人大授予的其他职权

4. 会议制度

全国人民代表大会常务委员会委员长主持全国人民代表大会常务委员会的工作，召集全国人民代表大会常务委员会会议。全国人民代表大会常务委员会对全国人民代表大会负责并报告工作。

第三部分

考点 3 人民代表大会代表

人民代表大会代表是中华人民共和国全国和地方各级人民代表大会的组成人员。

人大代表的职权包括：审议权、表决权、质询权、罢免权、提案权、发言表决免究权和人身特别保护权。

二、国家主席 【判断】★★

表3-2-7 国家主席

内容	具体说明
性质、地位	国家元首
组成、任期	中华人民共和国主席、副主席由全国人民代表大会选举。有选举权和被选举权的年满四十五周岁的中华人民共和国公民可以被选为中华人民共和国主席、副主席。中华人民共和国主席、副主席的任期不受两届的限制，每届任期同全国人民代表大会每届任期相同，都是5年
职权	根据全国人大或者全国人大常委会的决定，公布法律，发布特赦令、紧急状态令、动员令、宣布战争状态；行使任免权；行使外交权，代表国家进行国事活动；行使荣典权，根据全国人大常委会的决定，授予荣誉奖章和光荣称号等
缺位规定	在任期届满前，国家主席缺位时，由副主席继任主席职位；副主席缺位时，由全国人大补选；国家主席、副主席同时缺位时，由全国人大补选，在补选以前，由全国人大常委会委员长暂时代理主席职位

真题面对面

[2022郑州郑东新区，判断，0.5分]国家主席、副主席是中华人民共和国国家机构的重要组成部分，连续任职不得超过两届。（　　）

答案：×

三、国务院 【单选】★

表3-2-8 国务院

内容	具体说明
性质、地位	即中央人民政府，是最高国家行政机关，也是最高国家权力机关的执行机关
组成、任期	国务院由下列人员组成：总理，副总理若干人，国务委员若干人，各部部长，各委员会主任，审计长，秘书长。国务院每届任期同全国人民代表大会每届任期相同。总理、副总理、国务委员连续任职不得超过两届
职权	(1)根据宪法和法律，规定行政措施，制定行政法规，发布决定和命令；(2)向全国人民代表大会或者全国人民代表大会常务委员会提出议案；(3)负责全国性的行政工作；(4)编制和执行国民经济和社会发展计划和国家预算；(5)改变或者撤销各部、各委员会发布的不适当的命令、指示和规章；(6)改变或者撤销地方各级国家行政机关的不适当的决定和命令；(7)批准省、自治区、直辖市的区域划分，批准自治州、县、自治县、市的建置和区域划分；(8)其他职权等
领导体制	国务院实行总理负责制。各部、各委员会实行部长、主任负责制

第三部分

四、中央军事委员会 【单选】

表3-2-9 中央军事委员会

内容	具体说明
性质、地位	最高军事领导机关
组成、任期	中央军事委员会由下列人员组成：主席，副主席若干人，委员若干人。 中央军事委员会每届任期同全国人民代表大会每届任期相同，即5年，但没有届数限制
领导体制	中央军事委员会实行主席负责制。 中央军事委员会主席对全国人民代表大会和全国人民代表大会常务委员会负责

五、监察委员会

表3-2-10 监察委员会

内容	具体说明
性质、地位	监察机关
组成、任期	监察委员会由下列人员组成：主任，副主任若干人，委员若干人。监察委员会主任每届任期同本级人民代表大会每届任期相同。国家监察委员会主任连续任职不得超过两届
组织关系	(1)与人大关系：国家监察委员会对全国人民代表大会和全国人民代表大会常务委员会负责。地方各级监察委员会对产生它的国家权力机关和上一级监察委员会负责。 (2)上下级监察委员会关系：领导与被领导。国家监察委员会是最高监察机关。国家监察委员会领导地方各级监察委员会的工作，上级监察委员会领导下级监察委员会的工作
与其他部门关系	监察委员会依照法律规定独立行使监察权，不受行政机关、社会团体和个人的干涉。监察机关办理职务违法和职务犯罪案件，应当与审判机关、检察机关、执法部门互相配合，互相制约

六、人民法院 【单选】 ★

表3-2-11 人民法院

内容	具体说明
性质、地位	审判机关
组成、任期	中华人民共和国设立最高人民法院、地方各级人民法院和军事法院等专门人民法院。最高人民法院院长每届任期同全国人民代表大会每届任期相同,连续任职不得超过两届
组织关系	(1)与人大关系:最高人民法院对全国人民代表大会和全国人民代表大会常务委员会负责,地方各级人民法院对产生它的国家权力机关负责。 (2)上下级审判机关关系:监督与被监督。最高人民法院是最高审判机关。最高人民法院监督地方各级人民法院和专门人民法院的审判工作,上级人民法院监督下级人民法院的审判工作
工作原则	人民法院坚持审判公开原则,审理案件除法律规定的特别情况外,一律公开进行;坚持被告人有权获得辩护原则;坚持依法独立审判原则,不受行政机关、社会团体和个人的干涉

七、人民检察院 【单选】 ★★

表3-2-12 人民检察院

内容	具体说明
性质、地位	法律监督机关
组成、任期	中华人民共和国设立最高人民检察院、地方各级人民检察院和军事检察院等专门人民检察院。最高人民检察院检察长每届任期同全国人民代表大会每届任期相同,连续任职不得超过两届
组织关系	(1)与人大关系:最高人民检察院对全国人民代表大会和全国人民代表大会常务委员会负责。地方各级人民检察院对产生它的国家权力机关和上级人民检察院负责。 (2)上下级检察机关关系:领导与被领导。最高人民检察院是最高检察机关。最高人民检察院领导地方各级人民检察院和专门人民检察院的检察工作,上级人民检察院领导下级人民检察院的工作
工作原则	人民检察院依照法律规定独立行使检察权,不受行政机关、社会团体和个人的干涉

真题面对面

[2022信阳淮滨,单,0.7分]我国现行宪法规定,国家的法律监督机关是( )

A. 全国人大 B. 人民检察院 C. 监察机关 D. 纪律检查机关

答案:B

核心考点回顾

1. 我国的根本制度和根本政治制度分别是什么?(参见本书P130)

2. 公民享有选举权和被选举权的条件是什么?(参见本书P135)

3. 全国人民代表大会的职权有哪些?(参见本书P137)

达标测评

建议用时	实际用时	测评总分	实际得分
10分钟	____分钟	12分	____分

一、单项选择题(每小题1分,共5分)

1. 我国宪法的修改由全国人大(　　)

A. 代表的三分之二的多数通过　　B. 代表的三分之二以上的多数通过

C. 全体代表的三分之二的多数通过　　D. 全体代表的三分之二以上的多数通过

2. 中国共产党同各民主党派合作的十六字方针是“长期共存、互相监督、肝胆相照、(　　)”。

A. 共同发展　　B. 互相扶持　　C. 荣辱与共　　D. 共同繁荣

3. 市民周某给有关部门写信,反映自己关于推进建设卫生社区的意见,这是公民依法行使(　　)

A. 质询权　　B. 批评权　　C. 建议权　　D. 检举权

4. 全国人大常委会是全国人大的常设机关,根据《宪法》规定,全国人大常委会行使多项职权,但下列哪一职权不由全国人大常委会行使(　　)

A. 解释宪法,监督宪法的实施

B. 批准省、自治区、直辖市的建置

C. 废除同外国缔结的条约和重要协定

D. 审批国民经济和社会发展计划以及国家预算部分调整方案

5. 在我国有权根据宪法和法律,规定行政措施,制定行政法规,发布决定和命令的是(　　)

A. 国务院　　B. 地方各级人民代表大会

C. 地方各级人民政府　　D. 全国人民代表大会

二、多项选择题(每小题2分,共4分)

1. 下列选项中,符合我国宪法规定的公民基本权利的有(　　)

A. 公民张某享有合法出版其绘画的自由

B. 街道干部和城市居民在法律面前一律平等

C. 干部王某的孩子和农民工李某的孩子都有受教育的权利

D. 厂长和工人都有在国家法定节假日休息的权利

2. 根据我国《宪法》的规定,下列连任不得超过两届的是(　　)

A. 全国人大常委会委员长　　B. 国务院副总理

C. 国家主席　　D. 国家监察委员会主任

三、判断题(每小题1分,共3分)

1. 国务院实行总理负责制,其任期每届与全国人大的任期相同。(　　)

2. 民族自治地方的自治机关是指自治区、自治州、自治县的人民代表大会。(　　)

3. 我国特别行政区享有高度的自治权,包括任命特首权、行政管理权、立法权、独立的司法权和终审权。(　　)

参考答案及解析

一、单项选择题

1. D [解析]宪法的修改,由全国人民代表大会常务委员会或者五分之一以上的全国人民代表大会代表提议,并由全国人民代表大会以全体代表的三分之二以上的多数通过。法律和其他议案由全国人民代表大会以全体代表的过半数通过。故本题选D。

2. C [解析]“长期共存、互相监督、肝胆相照、荣辱与共”是中国共产党同各民主党派合作的基本方针。

3. C [解析]中华人民共和国公民对于任何国家机关和国家工作人员,有提出批评和建议的权利;对于任何国家机关和国家工作人员的违法失职行为,有向有关国家机关提出申诉、控告或者检举的权利,但是不得捏造或者歪曲事实进行诬告陷害。题中,市民周某向有关部门提出自己的意见,属于行使建议权。故本题选C。

4. B [解析]B项是全国人民代表大会的职权,而不是全国人大常委会行使职权的范围。故本题选B。

5. A [解析]根据宪法和法律,规定行政措施、制定行政法规、发布决定和命令是国务院的职权之一。故本题选A。

二、多项选择题

1. ABCD [解析]中华人民共和国公民有言论、出版、集会、结社、游行、示威的自由。A正确。中华人民共和国公民在法律面前一律平等。B正确。中华人民共和国劳动者有休息的权利。国家发展劳动者休息和休养的设施,规定职工的工作时间和休假制度。D正确。中华人民共和国公民有受教育的权利和义务。C正确。故本题选ABCD。

2. ABD [解析]根据我国《宪法》的规定,全国人大常委会的委员长、副委员长,国务院总理、副总理、国务委员,国家监察委员会主任,最高人民法院院长,最高人民检察院检察长均连续任职不得超过两届。国家主席的任期没有届数限制。故选ABD。

三、判断题

1. √ [解析]国务院的任期与每届全国人大相同,均为五年。

2. × [解析]民族自治地方的自治机关除了自治区、自治州、自治县的人大之外,还包括自治区、自治州、自治县的人民政府。

3. × [解析]我国特别行政区享有高度的自治权,包括行政管理权、立法权、独立的司法权和终审权。任命特首是中央政府的权力。

第三章　民　法

思维导图

- 民法
  - 总则
    - 民法与《民法典》
      - 《民法典》自2021年1月1日起施行
    - 民法的基本原则
      - 平等原则、自愿原则、公平原则、诚信原则、合法与公序良俗原则、绿色原则
    - 民事法律关系
      - 民事法律关系的主体、内容、客体
    - 自然人（重点）
      - 自然人的民事权利能力
      - 自然人的民事行为能力：完全、限制、无
      - 监护、宣告失踪与宣告死亡
    - 法人
    - 民事法律行为
      - 有效要件：行为人具有相应的民事行为能力；意思表示真实；不违反法律、行政法规的强制性规定，不违背公序良俗
      - 民事法律行为的效力：无效、可撤销、效力待定
    - 代理
    - 民事责任
      - 承担民事责任的方式
      - 正当防卫和紧急避险的民事责任
      - 民事责任优先
    - 诉讼时效
      - 普通诉讼时效期间：三年
  - 物权、债权与合同
    - 物权（易混点）
      - 所有权：国家所有权、集体所有权、私人所有权
      - 他物权：用益物权、担保物权
    - 债权
      - 债发生的原因：合同关系、侵权行为、无因管理、不当得利等
      - 债的担保方式：保证、抵押、质押、留置、定金
    - 合同
      - 要约：希望与他人订立合同的意思表示，具有法律约束力
      - 要约邀请：希望他人向自己发出要约的表示，不具有法律约束力
  - 人身权、知识产权与侵权责任
    - 人身权
      - 人格权：一般人格权、具体人格权
      - 身份权：亲权、亲属权、配偶权等
    - 知识产权
      - 著作权、专利权、商标权
    - 侵权责任（难点）
      - 归责原则：过错责任原则、过错推定责任原则、无过错责任原则
      - 教育机构的侵权责任：无人受害，学校推定；限人受害，学校过错；外人致害，学校补充
  - 婚姻家庭与继承
    - 婚姻家庭（重点）
      - 结婚：小近多无效，胁瞒可撤销
      - 家庭关系：共同财产、一方财产、债务关系
      - 离婚：协议离婚、诉讼离婚、特殊情形
    - 继承
      - 继承顺序：遗赠扶养协议>遗嘱继承、遗赠>法定继承
      - 法定继承的第一顺序：配偶、子女、父母；第二顺序：兄弟姐妹、祖父母、外祖父母
      - 遗嘱继承

河南考向

本章属于法律常识的重点章节，也是河南招教重点考查的章节，内容较为系统化，需要理解的知识较多。在考试中常以选择题、判断题等客观题的形式考查。现对本章河南考向分析如下：

考点类型	高频考点	常考题型	能力层级	考查热度
常规考点	自然人	单选	识记	★★★
	民事法律行为	单选、多选	理解	★★★
	侵权责任	单选、多选、判断	理解	★★
新增考点	民法与《民法典》	单选、多选	识记	★★

核心考点

第一节　总　则

一、民法与《民法典》【单选、多选】★★

考点1　民法的概念

民法是调整**平等主体**之间发生的**人身关系和财产关系**的法律规范的总和。这些人身关系和财产关系表现为物权、合同、人身、婚姻家庭、收养、继承、侵权责任等。

考点2　我国《民法典》概述

《中华人民共和国民法典》被称为“社会生活的百科全书”，是新中国第一部以法典命名的法律。

《中华人民共和国民法典》共7编、1260条，其中最后两条为附则。7编分别为总则编、物权编、合同编、人格权编、婚姻家庭编、继承编和侵权责任编。

《中华人民共和国民法典》于2020年5月28日经十三届全国人大三次会议表决通过，自2021年1月1日起施行。《中华人民共和国婚姻法》《中华人民共和国继承法》《中华人民共和国民法通则》《中华人民共和国收养法》《中华人民共和国担保法》《中华人民共和国合同法》《中华人民共和国物权法》《中华人民共和国侵权责任法》《中华人民共和国民法总则》同时废止。

考点3　我国《民法典》重要变化中的常考点

1. 总则编

完善了民法的基本原则，将绿色原则确立为民法的基本原则。

限制民事行为能力人的起始时间由10周岁调整为8周岁。

紧急情况下被监护人无人照料的，村、居委会或民政部门应安排照料。

2. 物权编

增加规定居住权。

遗失物自发布招领公告之日起一年内无人认领，归国家所有。

3. 合同编

增加规定房屋承租人具有优先承租权。

完善了格式条款等合同订立制度。

4. 人格权编

规定人格权不得放弃、转让或者继承。

规定了对死者人格利益的保护。

确立器官捐献的基本规则。

明确隐私权、个人信息保护的规则。

规定受害人的停止侵害、排除妨碍、消除危险、消除影响、恢复名誉、赔礼道歉请求权不适用诉讼时效的规定。

5. 婚姻家庭编

不再将"患有医学上认为不应当结婚的疾病"作为禁止结婚的情形。

因胁迫结婚的,受胁迫的一方可以向人民法院请求撤销婚姻,胁迫婚姻请求撤销起算时间点为"自胁迫行为终止之日起"。

增加登记离婚冷静期(30日)规定。

6. 继承编

新增对继承人的宽恕制度。

增加打印、录像等新的遗嘱形式。修改遗嘱效力规则,公证遗嘱效力不再具有优先性。

7. 侵权责任编

确立"自甘风险"规则。

完善生态环境损害责任;增加规定生态环境损害的惩罚性赔偿制度,明确生态环境损害的修复和赔偿制度。

完善高空抛物坠物治理规则,明确提出"禁止从建筑物中抛掷物品"。

二、民法的基本原则 【单选】★

我国民法的基本原则包括:平等原则、自愿原则、公平原则、诚信原则、合法与公序良俗原则、绿色原则。

三、民事法律关系 【单选】★

民事法律关系是指由民法调整的具有民事权利义务内容的社会关系。民事法律关系的要素是指构成民事法律关系的主体、内容和客体,三者缺一不可。

考点 1 民事法律关系的主体

民事法律关系的主体是指参加民事法律关系,依法享有民事权利和承担民事义务的当事人。民事法律关系主体一般包括自然人、法人和非法人组织。在特定的情况下,国家也以特殊的民事主体资格出现于民事法律关系中。

考点 2 民事法律关系的内容

民事法律关系的内容是指民事法律关系主体间的**权利和义务**。例如,甲与乙订立一房屋买卖合同,甲向乙交付房屋价款,取得房屋所有权,乙取得房屋价款,同时交付房屋,甲、乙相互之间的权利、义务便成为这一买卖法律关系的内容。

考点3 民事法律关系的客体

民事法律关系的客体是指民事权利与义务**共同指向的对象**，主要包括物、行为、智力成果、人身利益等。物权关系的客体是物——各种动产与不动产；债权关系的客体是给付行为；人身权关系的客体是人身利益；知识产权关系的客体是智力成果。例如，甲乙双方订立房屋买卖合同，在这一买卖法律关系中，交付房屋和支付房款的行为便是双方权利、义务所指向的对象，即构成民事法律关系的客体。

真题面对面

[2022郑州市直，单，1.2分]下列不属于民事法律关系的要素的有（　　）

A. 民事法律事实　　B. 民事权利和义务

C. 民事主体　　D. 民事权利和义务指向的对象

答案：A

四、自然人 【单选】★★★

考点1 自然人的民事权利能力

自然人从出生时起到死亡时止，具有民事权利能力，依法享有民事权利，承担民事义务。涉及遗产继承、接受赠与等胎儿利益保护的，胎儿视为具有民事权利能力。但是胎儿娩出时为死体的，其民事权利能力自始不存在。

考点2 自然人的民事行为能力

自然人的民事行为能力

自然人的民事行为能力是指自然人以自己的行为取得民事权利、承担民事义务的资格。我国《民法典》将自然人的民事行为能力分为以下三类：

表3-3-1　自然人的民事行为能力

分类	分类标准
完全民事行为能力	(1)十八周岁以上的自然人为成年人，是完全民事行为能力人； (2)十六周岁以上的未成年人，以自己的劳动收入为主要生活来源的，视为完全民事行为能力人
限制民事行为能力	(1)八周岁以上的未成年人为限制民事行为能力人，实施民事法律行为由其法定代理人代理或者经其法定代理人同意、追认，但是可以独立实施纯获利益的民事法律行为或者与其年龄、智力相适应的民事法律行为； (2)不能完全辨认自己行为的成年人为限制民事行为能力人，实施民事法律行为由其法定代理人代理或者经其法定代理人同意、追认，但是可以独立实施纯获利益的民事法律行为或者与其智力、精神健康状况相适应的民事法律行为
无民事行为能力	不满八周岁的未成年人、不能辨认自己行为的成年人、八周岁以上不能辨认自己行为的未成年人为无民事行为能力人，由其法定代理人代理实施民事法律行为

易错点提示

我国《民法典》规定，民法所称的“以上”“以下”“以内”“届满”，包括本数；所称的“不满”“超过”“以外”，不包括本数。

考点3 监护

监护是指监护人对被监护人(未成年人和需要保护的成年人)的人身、财产和其他合法权益依法实行监督和保护的制度。我国《民法典》根据监护对象的不同,对有监护能力的人按顺序担任监护人作了如下规定。

1. 未成年人的监护人

(1)父母是未成年子女的监护人。

(2)未成年人的父母已经死亡或者没有监护能力的,由下列有监护能力的人按顺序担任监护人:①祖父母、外祖父母;②兄、姐;③其他愿意担任监护人的个人或者组织,但是须经未成年人住所地的居民委员会、村民委员会或者民政部门同意。

2. 非完全民事行为能力成年人的监护人

无民事行为能力或者限制民事行为能力的成年人,由下列有监护能力的人按顺序担任监护人:①配偶;②父母、子女;③其他近亲属;④其他愿意担任监护人的个人或者组织,但是须经被监护人住所地的居民委员会、村民委员会或者民政部门同意。

3. 监护职责

监护人的职责是代理被监护人实施民事法律行为,保护被监护人的人身权利、财产权利以及其他合法权益等。

监护人不履行监护职责或者侵害被监护人合法权益的,应当承担法律责任。

因发生突发事件等紧急情况,监护人暂时无法履行监护职责,被监护人的生活处于无人照料状态的,被监护人住所地的居民委员会、村民委员会或者民政部门应当为被监护人安排必要的临时生活照料措施。

考点4 宣告失踪与宣告死亡

1. 宣告失踪

自然人下落不明满二年的,利害关系人可以向人民法院申请宣告该自然人为失踪人。

自然人下落不明的时间从其失去音讯之日起计算。战争期间下落不明的,下落不明的时间自战争结束之日或者有关机关确定的下落不明之日起计算。

2. 宣告死亡

自然人有下列情形之一的,利害关系人可以向人民法院申请宣告该自然人死亡:下落不明满**四年**;因意外事件,下落不明满二年。因意外事件下落不明,经有关机关证明该自然人不可能生存的,申请宣告死亡不受二年时间的限制。

(1)死亡日期的确定

被宣告死亡的人,人民法院宣告死亡的判决作出之日视为其死亡的日期;因意外事件下落不明宣告死亡的,意外事件发生之日视为其死亡的日期。

(2)被宣告死亡的人实际生存时的行为效力

自然人被宣告死亡但是并未死亡的,不影响该自然人在被宣告死亡期间实施的民事法律行为的效力。

(3)死亡宣告的撤销

被宣告死亡的人重新出现,经本人或者利害关系人申请,人民法院应当撤销死亡宣告。

(4)死亡宣告撤销后的权利主张

①婚姻关系:被宣告死亡的人的婚姻关系,自死亡宣告之日起消除。死亡宣告被撤销的,婚姻关系自撤销死亡宣告之日起自行恢复,但是其配偶再婚或者向婚姻登记机关书面声明不愿意恢复的除外。

②收养关系:被宣告死亡的人在被宣告死亡期间,其子女被他人依法收养的,在死亡宣告被撤销后,不得以未经本人同意为由主张收养行为无效。

③财产关系:被撤销死亡宣告的人有权请求依照《民法典》继承编取得其财产的民事主体返还财产。无法返还的,应当给予适当补偿。利害关系人隐瞒真实情况,致使他人被宣告死亡而取得其财产的,除应当返还财产外,还应当对由此造成的损失承担赔偿责任。

重难点解读

被宣告死亡的自然人的配偶已经再婚的,即使再婚后又离婚或再婚后新配偶已经死亡,也不得因为撤销死亡宣告而自动恢复原来的婚姻关系。

真题面对面

[2022郑州市直,单,1.2分]根据自然人宣告死亡制度,下列不符合法律规定的是(　　)

A. 被宣告死亡的人重新出现,经本人或者利害关系人申请,人民法院应当撤销死亡宣告

B. 李某下落不明满4年,可以宣告李某死亡

C. 王某因意外事件下落不明满3年,可以宣告王某死亡

D. 因意外事件下落不明宣告死亡的,人民法院宣告死亡的判决作出之日视为其死亡的日期

答案:D

五、法人

法人是具有民事权利能力和民事行为能力,依法独立享有民事权利和承担民事义务的组织。法人的民事权利能力和民事行为能力,从法人成立时产生,到法人终止时消灭。

我国《民法典》将法人分为三类:营利法人、非营利法人和特别法人。

(1)营利法人:有限责任公司、股份有限公司和其他企业法人等。

(2)非营利法人:事业单位、社会团体、基金会、社会服务机构等。

(3)特别法人:机关法人、农村集体经济组织法人、城镇农村的合作经济组织法人、基层群众性自治组织法人。

六、民事法律行为 【单选、多选】 ★★★

民事法律行为是民事主体通过意思表示设立、变更、终止民事法律关系的行为。

考点 1 民事法律行为有效要件

(1)行为人具有相应的民事行为能力;

(2)意思表示真实;

(3)不违反法律、行政法规的强制性规定,不违背公序良俗。

考点 2 民事法律行为的效力

表3-3-2 民事法律行为的效力

民事法律行为的效力	具体说明
无效的民事法律行为	(1)无民事行为能力人实施的民事法律行为无效； (2)行为人与相对人以虚假的意思表示实施的民事法律行为无效； (3)行为人与相对人恶意串通，损害他人合法权益的民事法律行为无效； (4)违背公序良俗的民事法律行为无效； (5)违反法律、行政法规的强制性规定的民事法律行为无效
可撤销的民事法律行为	(1)**重大误解**。基于重大误解实施的民事法律行为，行为人有权请求人民法院或者仲裁机构予以撤销。 (2)**乘人之危导致的显失公平**。一方利用对方处于危困状态、缺乏判断能力等情形，致使民事法律行为成立时显失公平的，受损害方有权请求人民法院或者仲裁机构予以撤销。 (3)**胁迫**。一方或者第三人以胁迫手段，使对方在违背真实意思的情况下实施的民事法律行为，受胁迫方有权请求人民法院或者仲裁机构予以撤销。 (4)**欺诈**。①一方以欺诈手段，使对方在违背真实意思的情况下实施的民事法律行为，受欺诈方有权请求人民法院或者仲裁机构予以撤销。②第三人实施欺诈行为，使一方在违背真实意思的情况下实施的民事法律行为，对方知道或者应当知道该欺诈行为的，受欺诈方有权请求人民法院或者仲裁机构予以撤销
效力待定的民事法律行为	(1)限制民事行为能力人实施的民事法律行为。①直接有效。限制民事行为能力人实施的纯获利益的民事法律行为或者与其年龄、智力、精神健康状况相适应的民事法律行为有效。②效力待定。限制民事行为能力人实施的其他民事法律行为经法定代理人同意或者追认后有效。 (2)代理行为。①表见代理，直接有效。行为人没有代理权、超越代理权或者代理权终止后，仍然实施代理行为，相对人有理由相信行为人有代理权的，代理行为有效。②无权代理，效力待定。行为人没有代理权、超越代理权或者代理权终止后，仍然实施代理行为，未经被代理人追认的，对被代理人不发生效力

真题面对面

[2022郑州市直，多，2分]下列属于无效法律行为的有（　　）

A. 甲与乙订立买卖10公斤海洛因的合同

B. 甲以乙母亲的人身安全为要挟，迫使乙将自己的房屋赠与甲

C. 甲将朋友委托自己保管的小狗以市价卖给乙

D. 恶意串通损害国家、集体或第三人利益的法律行为

E. 年满12周岁、精神正常的小学生甲到商场购买了一台价值1万元的笔记本电脑

答案：AD。A项合同中的内容违法，属于无效的民事法律行为，当选。B项属于采用胁迫手段，使对方在违背真实意思的情况下实施民事法律行为，属于可撤销的民事法律行为，排除。C项中甲超越代理权将保管的小狗卖出，是效力待定的民事法律行为，排除。D项是恶意串通行为，属于无效的民事法律行为，当选。E项，甲实施的纯获利益之外的民事法律行为效力待定。故选AD。

七、代理 【单选】

代理是指代理人在代理权限内，以被代理人的名义与第三人实施民事法律行为，由此产生的法律后果直接由被代理人承担的一种法律制度。

考点 1 委托代理和法定代理

代理包括委托代理和法定代理。委托代理人按照被代理人的委托行使代理权。法定代理人依照法律的规定行使代理权。

代理人不履行或者不完全履行职责，造成被代理人损害的，应当承担民事责任。代理人知道或者应当知道代理事项违法仍然实施代理行为，或者被代理人知道或者应当知道代理人的代理行为违法未作反对表示的，被代理人和代理人应当承担连带责任。

考点 2 代理权的滥用

代理人不得滥用代理权。滥用代理权主要有三种情形：(1)自己代理。代理人不得以被代理人的名义与自己实施民事法律行为，但是被代理人同意或者追认的除外。(2)代理人不得以被代理人的名义与自己同时代理的其他人实施民事法律行为，但是被代理的双方同意或者追认的除外。(3)代理人与相对人恶意串通。恶意串通给被代理人造成损害的，由代理人和相对人负连带责任。前两种情形效力待定，第三种属于无效的民事行为。

第三部分

八、民事责任 【单选】 ★

民事责任是指民事主体在民事活动中因违反民事义务，根据民法所承担的对其不利的民事法律后果或者基于法律特别规定而应承担的民事法律责任。

考点 1 承担民事责任的方式

我国《民法典》规定，承担民事责任的方式主要有：停止侵害，排除妨碍，消除危险，返还财产，恢复原状，修理、重作、更换，继续履行，赔偿损失，支付违约金，消除影响、恢复名誉，赔礼道歉。

考点 2 正当防卫和紧急避险的民事责任

表 3-3-3 正当防卫和紧急避险的民事责任

事由	概念	必要的限度以内的民事责任	造成不应有的损害的民事责任
正当防卫	指为了使公共利益、本人或者他人的人身、财产或者其他合法权益免受正在进行的不法侵害，而对不法侵害人所采取的合理的防卫行为	因正当防卫造成损害的，不承担民事责任	正当防卫人应当承担适当的民事责任
紧急避险	指为了使公共利益、本人或者他人的人身、财产或者其他合法权益免受正在发生的危险，而不得已采取的损害另一较小合法利益从而保全更大利益的行为	(1)因紧急避险造成损害的，由引起险情发生的人承担民事责任。 (2)危险由自然原因引起的，紧急避险人不承担民事责任，可以给予适当补偿	紧急避险人应当承担适当的民事责任

考点 3 承担民事责任的特殊规定

民事主体因同一行为应当承担民事责任、行政责任和刑事责任的，承担行政责任或者刑事责任不影响承担民事责任；民事主体的财产不足以支付的，优先用于承担民事责任。

九、诉讼时效 【单选】 ★

我国《民法典》规定，向人民法院请求保护民事权利的诉讼时效期间为三年。法律另有规定的，依照其规定。

考点 1 诉讼时效的中止

在诉讼时效期间的最后六个月内，因下列障碍，不能行使请求权的，诉讼时效中止：

(1)不可抗力；

(2)无民事行为能力人或者限制民事行为能力人没有法定代理人，或者法定代理人死亡、丧失民事行为能力、丧失代理权；

(3)继承开始后未确定继承人或者遗产管理人；

(4)权利人被义务人或者其他人控制；

(5)其他导致权利人不能行使请求权的障碍。

自中止时效的原因消除之日起满六个月，诉讼时效期间届满。

考点 2 诉讼时效的中断

有下列情形之一的，诉讼时效中断，从中断、有关程序终结时起，诉讼时效期间重新计算：

(1)权利人向义务人提出履行请求；

(2)义务人同意履行义务；

(3)权利人提起诉讼或者申请仲裁；

(4)与提起诉讼或者申请仲裁具有同等效力的其他情形。

考点 3 诉讼时效的适用

下列请求权不适用诉讼时效的规定：

(1)请求停止侵害、排除妨碍、消除危险；

(2)不动产物权和登记的动产物权的权利人请求返还财产；

(3)请求支付抚养费、赡养费或者扶养费；

(4)依法不适用诉讼时效的其他请求权。

第二节　物权、债权与合同

一、物权 【多选】 ★

物权是权利主体依法直接支配特定的物并享受其利益的排他性权利，包括所有权、用益物权和担保物权。其中所有权是自物权，用益物权和担保物权是他物权。

考点 1 所有权

所有权是指所有人对自己的财产依法享有的占有、使用、收益和处分的权利。

1. 国家所有权和集体所有权、私人所有权

表3-3-4　国家所有权和集体所有权、私人所有权

所有权	具体说明
国家所有权	(1)矿藏、水流、海域;(2)无居民海岛;(3)城市的土地,法律规定属于国家所有的农村和城市郊区的土地;(4)法律规定为国家所有的森林、山岭、草原、荒地、滩涂等自然资源;(5)法律规定属于国家所有的野生动植物资源;(6)无线电频谱资源;(7)法律规定属于国家所有的文物;(8)国防资产;(9)依照法律规定为国家所有的铁路、公路、电力设施、电信设施和油气管道等基础设施
集体所有权	(1)法律规定属于集体所有的土地和森林、山岭、草原、荒地、滩涂;(2)集体所有的建筑物、生产设施、农田水利设施;(3)集体所有的教育、科学、文化、卫生、体育等设施;(4)集体所有的其他不动产和动产(注:我国《宪法》规定,农村和城市郊区的土地,除由法律规定属于国家所有的以外,属于集体所有;宅基地和自留地、自留山,也属于集体所有。)
私人所有权	私人对其合法的收入、房屋、生活用品、生产工具、原材料等不动产和动产享有所有权

易混点辨析

考生应注意区分国家所有权和集体所有权的内容。仅属于国家所有的财产包括:矿藏、水流、海域、无居民海岛、城市的土地、野生动物资源、无线电频谱资源。

真题面对面

[2019平顶山,多,1.4分]根据我国法律规定,下列所有权只能属于国家所有的有(　　)

A. 城市的土地　　B. 郊区的土地

C. 矿藏、水流　　D. 森林、山岭

答案:AC。矿藏、水流、城市的土地仅属于国家所有。

2. 所有权取得的特别规定

(1)**善意取得**:指受让人以财产所有权转移为目的,善意、对价受让且占有该财产,即使出让人无转移所有权的权利,受让人仍取得其所有权。

无处分权人将不动产或者动产转让给受让人的,所有权人有权追回;除法律另有规定外,符合下列情形的,受让人取得该不动产或者动产的所有权:①受让人受让该不动产或者动产时是善意。②以合理的价格转让。③转让的不动产或者动产依照法律规定应当登记的已经登记,不需要登记的已经交付给受让人。受让人依照上述情形取得不动产或者动产的所有权的,原所有权人有权向无处分权人**请求损害赔偿**。当事人善意取得其他物权的,参照适用前述规定。

(2)**拾得遗失物**:①拾得遗失物,应当返还权利人。拾得人应当及时通知权利人领取,或者送交公安等有关部门。②有关部门收到遗失物,知道权利人的,应当及时通知其领取;不知道的,应当及时发布招领公告。③遗失物自发布招领公告之日起一年内无人认领的,归国家所有。④拾得漂流物、发现埋藏物或者隐藏物的,参照适用拾得遗失物的有关规定。法律另有规定的,依照其规定。

(3)**遗失物的善意取得**:所有权人或者其他权利人有权追回遗失物。该遗失物通过转让被他人占有的,权利人有权向无处分权人请求损害赔偿,或者自知道或者应当知道受让人之日起二年内向受让人请求返还

原物;但是,受让人通过拍卖或者向具有经营资格的经营者购得该遗失物的,权利人请求返还原物时应当支付受让人所付的费用。权利人向受让人支付所付费用后,有权向无处分权人追偿。

考点 2 他物权

他物权是指在他人所有的物上设定或享有的权利,具体包括用益物权和担保物权。

表3-3-5 他物权的分类

分类	含义	举例
用益物权	指用益物权人对他人所有的不动产或者动产,依法享有占有、使用和收益的权利	土地承包经营权、建设用地使用权、宅基地使用权、居住权、地役权、自然资源使用权
担保物权	指为了担保债权的实现,由债务人或第三人提供特定的物或者权利作为标的物而设定的限定物权	抵押权、质权、留置权

易错点提示

居住权的设定主要采取意定的方式,即通过合同和遗嘱的方式设定。居住权不得转让、继承。设立居住权的住宅不得出租,但是当事人另有约定的除外。

二、债权 【单选】★

债权是指在债的关系中权利主体具备的能够要求特定义务人为一定行为或不为一定行为的权利。

考点 1 债发生的原因

无因管理与不当得利

债发生的原因,是指引起债产生的法律事实。引起债的原因包括合同关系、侵权行为、无因管理、不当得利等。

(1)无因管理:管理人没有法定的或者约定的义务,为避免他人利益受损失而管理他人事务的,可以请求受益人偿还因管理事务而支出的必要费用;管理人因管理事务受到损失的,可以请求受益人给予适当补偿。无因管理成立要件中的主观要件是管理人有为他人管理的意思。为他人管理的意思与为自己管理的意思可以并存。

(2)不当得利:得利人没有法律根据取得不当利益的,因此受到损失的人可以请求得利人返还取得的利益,但是有下列情形之一的除外:①为履行道德义务进行的给付;②债务到期之前的清偿;③明知无给付义务而进行的债务清偿。

考点 2 债的担保

债的担保是指为了促使债务人履行债务,保障债权人的债权得以实现的法律措施。我国法律规定,债的担保方式有保证、抵押、质押、留置、定金。

1. 保证

保证是指保证人和债权人约定,当债务人不履行债务时,保证人按照约定履行债务或者承担责任的行为。保证人应当具有代为清偿债务的能力,可以是法人、其他组织或者公民。

2. 抵押

抵押是指债务人或者第三人不转移相关财产的占有,将该财产作为履行债务的担保。当债务人不履行债务时,债权人有权依照法律规定以该财产折价或者以拍卖、变卖财产的价款优先受偿。

债务人或者第三人有权处分的下列财产**可以抵押**:①建筑物和其他土地附着物;②建设用地使用权;③**海域使用权**;④生产设备、原材料、半成品、产品;⑤正在建造的建筑物、船舶、航空器;⑥交通运输工具;⑦法律、行政法规未禁止抵押的其他财产。

下列财产**不得抵押**:①土地所有权;②宅基地、自留地、自留山等集体所有土地的使用权,但是法律规定可以抵押的除外;③学校、幼儿园、医疗机构等为公益目的成立的非营利法人的教育设施、医疗卫生设施和其他公益设施;④所有权、使用权不明或者有争议的财产;⑤依法被查封、扣押、监管的财产;⑥法律、行政法规规定不得抵押的其他财产。

3. 质押

质押也称质权,就是债务人或第三人将其动产或财产权利移交债权人占有或者控制,以此作为履行债务的担保。当债务人不履行债务时,债权人有权依法就该动产或财产权利的价值优先受偿。它可以分为动产质押和权利质押。

4. 留置

留置权是指已经合法占有债务人动产的债权人,于债务人不履行到期债务时,有留置该动产并有权就该动产价值优先受偿的权利。留置的客体限于动产,留置权人丧失对留置财物的占有即丧失留置权。

5. 定金

定金是在合同订立或在履行之前支付一定数额的金钱作为担保的担保方式,又称保证金。①定金的数额由当事人约定,不得超过主合同标的额的20%,超过部分不产生定金的效力。实际交付的定金数额多于或者少于约定数额的,视为变更约定的定金数额。②债务人履行债务的,定金应当抵作价款或者收回。给付定金的一方不履行债务或者履行债务不符合约定,致使不能实现合同目的的,无权请求返还定金;收受定金的一方不履行债务或者履行债务不符合约定,致使不能实现合同目的的,应当双倍返还定金。③当事人既约定违约金又约定定金的,一方违约时,对方可以选择违约金或者定金条款。

易错点提示

定金条款与违约金条款不能同时适用,当事人只能选择其中一种。

三、合同 【单选】 ★

考点1 合同的概念及订立

合同是民事主体之间设立、变更、终止民事法律关系的协议。

当事人订立合同,可以采用书面形式、口头形式或者其他形式。书面形式是合同书、信件、电报、电传、传真等可以有形地表现所载内容的形式。以电子数据交换、电子邮件等方式能够有形地表现所载内容,并可以随时调取查用的数据电文,视为书面形式。

考点2 要约与承诺

要约是希望与他人订立合同的意思表示;要约邀请是希望他人向自己发出要约的表示。

承诺是受要约人同意要约的意思表示。

考点 再拔高

▼ 买卖不破租赁

根据我国《民法典》第七百二十五条，租赁物在承租人按照租赁合同占有期限内发生所有权变动的，不影响租赁合同的效力。根据本法第四百零五条，抵押权设立前，抵押财产已经出租并转移占有的，原租赁关系不受该抵押权的影响。

第三节 人身权、知识产权与侵权责任

一、人身权 【单选、判断】★

考点1 人身权的分类

人身权是指民事主体依法享有的与其人身不可分离的，以特定精神利益为内容的民事权利。人身权可分为人格权和身份权。人格权不得放弃、转让或者继承。

表3-3-6 人身权的分类

分类		具体权利
人格权	一般人格权	人格自由是民事主体享有一切具体自由权的基础和根源
	具体人格权	①自然人享有生命权、身体权、健康权、姓名权、肖像权、名誉权、荣誉权、隐私权、婚姻自主权等。 ②法人、非法人组织享有名称权、名誉权、荣誉权
身份权		亲权、亲属权和配偶权等

考点2 对死者人格权利的保护

我国《民法典》第九百九十四条规定："死者的姓名、肖像、名誉、荣誉、隐私、遗体等受到侵害的，其**配偶、子女、父母**有权依法请求行为人承担民事责任；死者没有配偶、子女且父母已经死亡的，**其他近亲属**有权依法请求行为人承担民事责任。"

真题面对面

[2021信阳市直，单，1.1分]（ ）是人生来就有的权利，包括姓名权、肖像权、名誉权。

A. 自由权　　B. 人格权

C. 生命权　　D. 精神权

答案：B

二、知识产权 【单选、多选】 ★

考点1 著作权

表3-3-7 著作权

内容		具体说明
分类	著作人身权	发表权、署名权、修改权、保护作品完整权
	著作财产权	复制权、发行权、出租权、展览权、表演权、放映权、广播权、信息网络传播权、摄制权、改编权、翻译权、汇编权等
取得原则		自动取得原则,即著作权自作品创作完成之日起产生
作品范围		著作权法所称的作品,是指文学、艺术和科学领域内具有独创性并能以一定形式表现的智力成果,包括:文字作品;口述作品;音乐、戏剧、曲艺、舞蹈、杂技艺术作品;美术、建筑作品;摄影作品;视听作品;工程设计图、产品设计图、地图、示意图等图形作品和模型作品;计算机软件;符合作品特征的其他智力成果。 著作权法不适用于:法律、法规,国家机关的决议、决定、命令和其他具有立法、行政、司法性质的文件,及其官方正式译文;单纯事实消息;历法、通用数表、通用表格和公式
保护期限		作品的作者是自然人的,保护期限至作者死亡之后第**50**年的12月31日;作品的作者是法人、非法人组织的,保护期限到作品首次发表后第**50**年的12月31日。作者的署名权、修改权、保护作品完整权的保护期不受限制
合理使用情形		在下列情况下使用作品,可以不经著作权人许可,不向其支付报酬,但应当指明作者姓名或者名称、作品名称,并且不得影响该作品的正常使用,也不得不合理地损害著作权人的合法权益: (1)为个人学习、研究或者欣赏,使用他人已经发表的作品; (2)为介绍、评论某一作品或者说明某一问题,在作品中适当引用他人已经发表的作品; (3)为报道新闻,在报纸、期刊、广播电台、电视台等媒体中不可避免地再现或者引用已经发表的作品; (4)报纸、期刊、广播电台、电视台等媒体刊登或者播放其他报纸、期刊、广播电台、电视台等媒体已经发表的关于政治、经济、宗教问题的时事性文章,但著作权人声明不许刊登、播放的除外; (5)报纸、期刊、广播电台、电视台等媒体刊登或者播放在公众集会上发表的讲话,但作者声明不许刊登、播放的除外; (6)为学校课堂教学或者科学研究,翻译、改编、汇编、播放或者少量复制已经发表的作品,供教学或者科研人员使用,但不得出版发行; (7)国家机关为执行公务在合理范围内使用已经发表的作品; (8)图书馆、档案馆、纪念馆、博物馆、美术馆、文化馆等为陈列或者保存版本的需要,复制本馆收藏的作品; (9)免费表演已经发表的作品,该表演未向公众收取费用,也未向表演者支付报酬且不以营利为目的; (10)对设置或者陈列在公共场所的艺术作品进行临摹、绘画、摄影、录像; (11)将中国公民、法人或者非法人组织已经发表的以国家通用语言文字创作的作品翻译成少数民族语言文字作品在国内出版发行; (12)以阅读障碍者能够感知的无障碍方式向其提供已经发表的作品; (13)法律、行政法规规定的其他情形

续表

内容	具体说明
合作作品的著作权	两人以上合作创作的作品，著作权由合作作者共同享有。没有参加创作的人，不能成为合作作者。 合作作品的著作权由合作作者通过协商一致行使；不能协商一致，又无正当理由的，任何一方不得阻止他方行使除转让、许可他人专有使用、出质以外的其他权利，但是所得收益应当合理分配给所有合作作者。 合作作品可以分割使用的，作者对各自创作的部分可以单独享有著作权，但行使著作权时不得侵犯合作作品整体的著作权

考点 再拔高

▼ 改编、翻译、注释、整理已有作品

改编、翻译、注释、整理已有作品而产生的作品，其著作权由改编、翻译、注释、整理人享有，但行使著作权时不得侵犯原作品的著作权。

使用改编、翻译、注释、整理、汇编已有作品而产生的作品进行出版、演出和制作录音录像制品，应当取得该作品的著作权人和原作品的著作权人许可，并支付报酬。

第三部分

考点 2 专利权

表 3-3-8 专利权

内容		具体说明
性质	排他性	指专利权人对其拥有的专利权享有独占或排他的权利，未经其许可或者出现法律规定的特殊情况，任何人不得使用，否则即构成侵权
	时间性	指法律对专利权所有人的保护不是无期限的，而是有限制的，超过这一时间限制则不再予以保护
	地域性	指任何一项专利权，只有依一定地域内的法律才得以产生并在该地域内受到法律保护
客体	发明	指对**产品**、**方法**或者其改进所提出的新的技术方案
	实用新型	指对产品的**形状**、**构造**或者其结合所提出的适于实用的新的技术方案
	外观设计	指对产品的整体或者局部的**形状**、**图案**或者其结合以及**色彩与形状**、**图案**的结合所作出的富有美感并适于工业应用的新设计
不授予专利权的情形		(1)科学发现；(2)智力活动的规则和方法；(3)疾病的诊断和治疗方法；(4)动物和植物品种；(5)原子核变换方法以及用原子核变换方法获得的物质；(6)对平面印刷品的图案、色彩或者二者的结合作出的主要起标识作用的设计
取得原则		先申请原则，即以申请日为准，只对最先提出申请的申请人授予专利权
保护期限		发明专利权的期限为**20年**；实用新型专利权的期限为**10年**；外观设计专利权的期限为**15年**

易错点提示

2020年修订通过的《专利法》，自2021年6月1日起施行。考生需要关注新修订的《专利法》众多变化中的以下方面：(1)引入了局部外观设计的概念。(2)将原子核变换方法排除在专利授权客体之外。(3)将外观设计专利权的期限延长到15年。(4)新增了专利申请以及专利权行使过程中的诚实信用原则。

考点3 商标权

表3-3-9 商标权

内容		具体说明
权利内容	专有使用权	指商标权人可在核定的商品上独占性地使用核准的商标，并通过使用获得其他合法权益，是商标权中最基本的核心权利
	禁止权	指注册商标所有人有权禁止他人未经其许可，在同一种或者类似商品或服务项目上使用与其注册商标相同或近似的商标
	许可权	指注册商标所有人通过签订许可使用合同，许可他人使用其注册商标的权利
	转让权	指注册商标所有人按照一定的条件，依法将其商标权转让给他人所有的行为
商标注册原则		两个或者两个以上的商标注册申请人，在同一种商品或者类似商品上，以相同或者近似的商标申请注册的，初步审定并公告**申请在先**的商标；同一天申请的，初步审定并公告**使用在先**的商标，驳回其他人的申请，不予公告
使用期限		注册商标的有效期为**10年**，自**核准注册之日起计算**。 有效期满，需要继续使用的，应当在期满前12个月内按照规定办理续展手续；在此期间未能办理的，可以给予6个月的宽展期。每次续展注册的有效期为10年

三、侵权责任 【单选、多选、判断】 ★★

行为人因过错侵害他人民事权益造成损害的，应当承担侵权责任。

考点1 侵权责任的归责原则及一般规定

侵权责任的归责原则，是据以确定行为人承担侵权民事责任的根据和标准。

1. 侵权责任的归责原则

过错责任原则以行为人的主观心理状态作为确定和追究责任的绝对标准，即“有过错有责任”“无过错无责任”。在过错责任原则中，通常由受害人证明行为人是否有过错，但在一些情况下也适用过错推定。

所谓过错推定，是指根据法律规定推定行为人有过错，行为人不能证明自己没有过错的，应当承担侵权责任。

无过错责任原则，是指不论行为人有无过错，只要行为人损害他人民事权益，就应依法承担民事责任的原则。无过错责任原则主要适用于以下侵权行为：(1)产品质量不合格致人损害；(2)机动车交通事故中机动车一方致非机动车或行人的损害；(3)环境污染、破坏生态致人损害；(4)高度危险作业致人损害；(5)饲养的动物致人损害；(6)用人者的雇员在工作中致人损害；(7)被监护人致人损害。

2. 共同实施侵权行为人的连带责任

二人以上共同实施侵权行为，造成他人损害的，应当承担连带责任。

3. 教唆者、帮助者的侵权责任

教唆、帮助他人实施侵权行为的，应当与行为人承担连带责任。

教唆、帮助无民事行为能力人、限制民事行为能力人实施侵权行为的，应当承担侵权责任；该无民事行为能力人、限制民事行为能力人的监护人未尽到监护职责的，应当承担相应的责任。

考点 2 责任主体的特殊规定

1. 监护人责任

无民事行为能力人、限制民事行为能力人造成他人损害的，由监护人承担侵权责任。监护人尽到监护职责的，可以减轻其侵权责任。有财产的无民事行为能力人、限制民事行为能力人造成他人损害的，从本人财产中支付赔偿费用；不足部分，由监护人赔偿。

2. 暂时丧失心智损害责任

完全民事行为能力人对自己的行为暂时没有意识或者失去控制造成他人损害有过错的，应当承担侵权责任；没有过错的，根据行为人的经济状况对受害人适当补偿。

完全民事行为能力人因醉酒、滥用麻醉药品或者精神药品对自己的行为暂时没有意识或者失去控制造成他人损害的，应当承担侵权责任。

3. 个人劳务损害责任

个人之间形成劳务关系，提供劳务一方因劳务造成他人损害的，由接受劳务一方承担侵权责任。接受劳务一方承担侵权责任后，可以向有故意或者重大过失的提供劳务一方追偿。提供劳务一方因劳务受到损害的，根据双方各自的过错承担相应的责任。

提供劳务期间，因第三人的行为造成提供劳务一方损害的，提供劳务一方有权请求第三人承担侵权责任，也有权请求接受劳务一方给予补偿。接受劳务一方补偿后，可以向第三人追偿。

4. 承揽人、定作人的侵权责任

承揽人在完成工作过程中造成第三人损害或者自己损害的，定作人不承担侵权责任。但是，定作人对定作、指示或者选任有过错的，应当承担相应的责任。

重难点解读

在承揽雇佣法律关系混同的侵权纠纷案件中，提供劳务一方受到侵害的，其赔偿责任应综合评定定作人、承揽人、提供劳务一方各自的责任分担。

真题面对面

[2021 信阳淮滨，多，1.49 分] 尤某经人介绍为某水务有限公司提供劳务，报酬以工程量计算，尤某将工作交由许某等民工完成并支付劳动报酬。完工后尤某与水务公司补签用工协议，尤某一次性领取报酬。许某在工作中受伤，经鉴定为十级伤残，因赔偿协商未果，将尤某和水务公司诉至法院。下列说法正确的有（　　）

A. 尤某与水务公司之间是雇佣关系

B. 尤某与水务公司之间是承揽关系

C. 许某受伤的损害赔偿应由领取报酬的尤某承担

D. 许某受伤的损害赔偿应根据许某、尤某及水务公司各自的过错责任分别承担

答案：BD。尤某为水务公司提供劳务，报酬以工程量计算，且补签"用工协议"，协议内容与完成工作内容一致，双方形成承揽关系。许某与尤某之间形成雇佣劳务关系。许某受伤的损害赔偿应根据许某、尤某及该水务公司各自的过错责任分别承担。

5. **教育机构对无民事行为能力人受到人身损害的过错推定责任**

无民事行为能力人在幼儿园、学校或者其他教育机构学习、生活期间受到人身损害的，幼儿园、学校或者其他教育机构应当承担侵权责任；但是，能够证明尽到教育、管理职责的，不承担侵权责任。

6. **教育机构对限制民事行为能力人受到人身损害的过错责任**

限制民事行为能力人在学校或者其他教育机构学习、生活期间受到人身损害，学校或者其他教育机构未尽到教育、管理职责的，应当承担侵权责任。

7. **第三人在教育机构造成人身损害的侵权责任和补充责任**

易错点提示

"在教育机构学习、生活期间"包括：(1)在教育机构内；(2)在教育机构外，但由教育机构组织期间，如春游等集体外出活动。

无民事行为能力人或者限制民事行为能力人在幼儿园、学校或者其他教育机构学习、生活期间，受到幼儿园、学校或者其他教育机构以外的第三人人身损害的，由第三人承担侵权责任；幼儿园、学校或者其他教育机构未尽到管理职责的，承担相应的补充责任。幼儿园、学校或者其他教育机构承担补充责任后，可以向第三人追偿。

第三部分

记忆有妙招

为方便考生记忆，编者将教育机构的侵权责任规定总结成口诀，供考生参考记忆。

无人受害，学校推定；限人受害，学校过错；外人致害，学校补充。

(1)无人受害，学校推定：教育机构对无民事行为能力人受到人身损害的过错推定责任。

(2)限人受害，学校过错：教育机构对限制民事行为能力人受到人身损害的过错责任。

(3)外人致害，学校补充：教育机构对第三人造成人身损害的补充责任。

第四节　婚姻家庭与继承

一、婚姻家庭　【单选、多选】★★

考点 1　结婚

结婚

1. **结婚应满足的条件**

(1)男女双方完全自愿；

(2)达到法定年龄，男不得早于22周岁，女不得早于20周岁；

(3)夫妻双方均无配偶；

(4)结婚登记。

2. **禁止结婚情形**

直系血亲或者三代以内的旁系血亲禁止结婚。

旁系血亲指和己身同源于祖父母、外祖父母的各代旁系血亲。三代以内旁系血亲的范围：(1)同源于父母的兄弟姐妹，包括同父同母的全血缘的兄弟姐妹，同父异母或同母异父的半血缘的兄弟姐妹；(2)同源于祖父母、外祖父母的上下辈旁系亲属,包括叔、伯、姑与侄儿、侄女,舅、姨与外甥、外甥女;(3)同源于祖父母、外祖父母的平辈旁系亲属,包括堂兄弟姐妹、表兄弟姐妹。

真题面对面

[2020信阳市直,单,0.9分]直系血亲和三代以内的旁系血亲禁止结婚,下列属于旁系血亲的是(　　)

A. 父母与子女　　B. 同父异母的兄弟姐妹

C. 祖父母与孙子女　　D. 外祖父母与外孙子女

答案:B

3. 无效婚姻与可撤销婚姻

(1)无效婚姻:①重婚;②有禁止结婚的亲属关系;③未到法定婚龄。

(2)可撤销的婚姻:①受胁迫。因胁迫结婚的,受胁迫的一方可以向人民法院请求撤销婚姻。请求撤销婚姻的,应当自胁迫行为**终止之日起一年内提出**。被非法限制人身自由的当事人请求撤销婚姻的,应当自恢复人身自由之日起一年内提出。②隐瞒重大疾病。一方患有重大疾病的,应当在结婚登记前如实告知另一方;不如实告知的,另一方可以向人民法院请求撤销婚姻。请求撤销婚姻的,应当自知道或者应当知道撤销事由之日起一年内提出。

重难点解读

小香有话说

当事人依据《民法典》中关于婚姻无效的情形的规定向人民法院请求确认婚姻无效,法定的无效婚姻情形在当事人提起诉讼时已经消失的,人民法院不予支持。

记忆有妙招

为方便考生记忆,编者将无效婚姻和可撤销婚姻的情形总结成口诀,供考生参考记忆。

小近多无效,胁瞒可撤销。

(1)**小近多无效:**无效婚姻的3种情形。**小:**未到法定婚龄。**近:**有禁止结婚的亲属关系。**多:**重婚。

(2)**胁瞒可撤销:**可撤销婚姻的2种情形。**胁:**胁迫。**瞒:**隐瞒重大疾病。

考点 2 家庭关系

夫妻在家庭中地位平等,双方都有各自使用自己姓名的权利,双方都有参加生产、工作、学习和社会活动的自由,一方不得对另一方加以限制或干涉。

表3-3-10　家庭关系中的夫妻关系

夫妻关系		具体说明
财产关系	夫妻共同财产	(1)工资、奖金、劳务报酬; (2)生产、经营、投资的收益; (3)知识产权的收益; (4)继承或者受赠的财产,但是遗嘱或者赠与合同中确定只归一方的财产除外; (5)其他应当归共同所有的财产

续表

夫妻关系		具体说明
财产关系	夫妻一方财产	(1)一方的婚前财产; (2)一方因受到人身损害获得的赔偿或者补偿; (3)遗嘱或者赠与合同中确定只归一方的财产; (4)一方专用的生活用品; (5)其他应当归一方的财产
债务关系		夫妻双方共同签名或者夫妻一方事后追认等共同意思表示所负的债务,以及夫妻一方在婚姻关系存续期间以个人名义为家庭日常生活需要所负的债务,属于夫妻共同债务。夫妻一方在婚姻关系存续期间以个人名义超出家庭日常生活需要所负的债务,不属于夫妻共同债务;但是,债权人能够证明该债务用于夫妻共同生活、共同生产经营或者基于夫妻双方共同意思表示的除外

考点3 离婚

1. 登记离婚与诉讼离婚

(1)登记离婚,是指夫妻双方自愿离婚,并就离婚的法律后果达成协议,经婚姻登记机关认可,即可解除婚姻关系的一种离婚方式。

离婚冷静期指自婚姻登记机关收到离婚登记申请之日起三十日内,任何一方不愿意离婚的,可以向婚姻登记机关撤回离婚登记申请。此三十日期限届满后的三十日内,双方应当亲自到婚姻登记机关申请发给离婚证;未申请的,视为撤回离婚登记申请。

(2)诉讼离婚,是指夫妻一方向人民法院提起离婚诉讼,人民法院依法通过调解或判决而解除婚姻关系的离婚方式。

2. 离婚的特殊情形

(1)军婚的保护:现役军人的配偶要求离婚,应当征得军人同意,但是军人一方有重大过错的除外。

(2)男方离婚诉权的限制:女方在怀孕期间、分娩后一年内或者终止妊娠后六个月内,男方不得提出离婚;但是,女方提出离婚或者人民法院认为确有必要受理男方离婚请求的除外。

二、继承 【单选】★★

继承是指自然人死亡后,由法律规定的人或者遗嘱指定的人依法取得死者遗产的法律制度。

考点1 继承方式

继承开始后,按照法定继承办理;有遗嘱的,按照遗嘱继承或者遗赠办理;有遗赠扶养协议的,按照协议办理。它们之间的继承顺序是:遗赠扶养协议>遗嘱继承、遗赠>法定继承。

考点2 法定继承

法定继承

1. 继承人范围及继承顺序

(1)第一顺序:配偶、子女、父母。

(2)第二顺序:兄弟姐妹、祖父母、外祖父母。

丧偶儿媳对公婆,丧偶女婿对岳父母,尽了主要赡养义务的,作为第一顺序继承人。

继承开始后，由第一顺序继承人继承，第二顺序继承人不继承。没有第一顺序继承人继承的，由第二顺序继承人继承。

考点 再拔高

▼《民法典》继承编中所称子女、父母、兄弟姐妹的范围

《民法典》继承编中所称子女，包括婚生子女、非婚生子女、养子女和有扶养关系的继子女；所称父母，包括生父母、养父母和有扶养关系的继父母；所称兄弟姐妹，包括同父母的兄弟姐妹、同父异母或者同母异父的兄弟姐妹、养兄弟姐妹、有扶养关系的继兄弟姐妹。

真题面对面

[2021信阳淮滨，单，0.88分]秦某为某工厂工人，因家中亲戚亡故，回家帮忙照料丧事，不幸被高压电击中身亡。事后秦某家属与供电局达成赔偿协议，由供电局支付丧葬费、被扶养人生活费、死亡赔偿金共13万元。后秦某的家属在分配赔偿金时产生纠纷，下列无权分配到死亡赔偿金的是（　　）

A. 秦某的表哥　　B. 秦某已成年的大儿子

C. 秦某未成年的小女儿　　D. 秦某的妻子

答案：A。死亡赔偿金是在死者死亡时所赔付给权利人的赔偿金，可以参照《民法典》中分割遗产的原则加以合理分配。秦某的表哥不属于法定继承人，无权分配到死亡赔偿金。故选A。

2. 代位继承

被继承人的子女先于被继承人死亡的，由被继承人的子女的直系晚辈血亲代位继承。被继承人的兄弟姐妹先于被继承人死亡的，由被继承人的兄弟姐妹的子女代位继承。代位继承人一般只能继承被代位继承人有权继承的遗产份额。

3. 继承权的丧失

继承人有下列行为之一的，丧失继承权：(1)故意杀害被继承人；(2)为争夺遗产而杀害其他继承人；(3)遗弃被继承人，或者虐待被继承人情节严重；(4)伪造、篡改、隐匿或者销毁遗嘱，情节严重；(5)以欺诈、胁迫手段迫使或者妨碍被继承人设立、变更或者撤回遗嘱，情节严重。继承人有前述第三项至第五项行为，确有悔改表现，被继承人表示宽恕或者事后在遗嘱中将其列为继承人的，该继承人不丧失继承权。

考点3 遗嘱继承

我国《民法典》继承编在遗嘱形式中增设打印遗嘱和录像遗嘱，删除了原《继承法》中关于公证遗嘱效力优先的规定，并规定立有数份遗嘱，内容相抵触的，以最后的遗嘱为准。这切实尊重了遗嘱人的真实意愿。

1. 遗嘱的形式

(1)公证遗嘱：由遗嘱人经公证机构办理。

(2)自书遗嘱：由遗嘱人亲笔书写，签名，注明年、月、日。

(3)代书遗嘱：应当有**两个**以上见证人在场见证，由其中一人代书，并由遗嘱人、代书人和其他见证人签名，注明年、月、日。

(4)口头遗嘱：遗嘱人在危急情况下，可以立口头遗嘱。口头遗嘱应当有两个以上见证人在场见证。危急情况消除后，遗嘱人能够以书面或者录音录像形式立遗嘱的，所立的口头遗嘱无效。

(5)打印遗嘱：应当有两个以上见证人在场见证。遗嘱人和见证人应当在遗嘱每一页签名，注明年、月、日。

(6)录音录像遗嘱：应当有两个以上见证人在场见证。遗嘱人和见证人应当在录音录像中记录其姓名或者肖像，以及年、月、日。

2. 遗嘱的见证人

无民事行为能力人、限制民事行为能力人以及其他不具有见证能力的人；继承人、受遗赠人；与继承人、受遗赠人有利害关系的人不能作为遗嘱见证人。

3. 遗嘱的无效

无民事行为能力人或者限制民事行为能力人所立的遗嘱无效。遗嘱必须表示遗嘱人的真实意思，受欺诈、胁迫所立的遗嘱无效。伪造的遗嘱无效。遗嘱被篡改的，篡改的内容无效。

核心考点回顾

1. 自然人的民事行为能力的分类及其分类标准是什么？(参见本书P147)
2. 责任主体的特殊规定有哪些？(参见本书P160)
3. 无效婚姻和可撤销婚姻的情形分别有什么？(参见本书P162)

达标测评

建议用时	实际用时	测评总分	实际得分
11分钟	____分钟	14分	____分

一、单项选择题(每小题1分，共5分)

1. 下列不属于限制民事行为能力人的是(　　)
   A. 张某20岁，但没有任何收入
   B. 王某15岁，能以自己的劳动收入作为主要生活来源
   C. 李某18岁，不能完全辨认自己的行为
   D. 赵某8岁，能够完全辨认自己的行为
2. 2022年9月，董某到某银行取款时，意外发现自己的银行卡里多了50万元存款。经查，是银行误将一个与董某同名同姓人的存款存入董某的卡里。此种情形可构成(　　)
   A. 意外事件　　B. 不当得利　　C. 赠与行为　　D. 侵权行为
3. 甲、乙签订购销合同，甲按约付给乙三万元定金后，乙违约，则甲依法有权要求乙给付(　　)赔偿。
   A. 3万元　　B. 6万元　　C. 9万元　　D. 12万元

4. 下列不属于夫妻共同财产的是(　　)

A. 工资、奖金、劳务报酬　　B. 生产、经营、投资的收益

C. 知识产权的收益　　D. 一方因受到人身损害获得的赔偿或者补偿

5. 按照我国的相关法律规定,遗产继承的第一顺序继承人为(　　)

A. 配偶、子女、父母　　B. 兄弟、配偶、子女

C. 子女、父母、兄弟　　D. 父母、兄弟、配偶

二、多项选择题(每小题2分,共6分)

1. 下列属于法定遗嘱形式的是(　　)

A. 自书遗嘱　　B. 代书遗嘱

C. 录音录像遗嘱　　D. 打印遗嘱

2. 下列行为中,哪些构成无因管理(　　)

A. 甲错把他人的牛当成自家的而饲养

B. 乙见邻居家中失火,恐殃及自己家,遂用自备的灭火器救火

C. 丙(15岁)租车将在体育课上昏倒的同学送往医院救治

D. 丁见门前马路下水道井盖被盗致路人跌伤,遂自购一井盖铺上

3. 某小学组织外出活动,队伍行进过程中某班班主任赵某因接打电话,未能及时跟进照顾本班学生。此时该班学生李某和王某发生争执,李某将王某打伤。对王某的人身损害,下列说法中错误的有(　　)

A. 某小学应承担全部赔偿责任

B. 赵某应承担赔偿责任

C. 赵某应当与李某的监护人承担连带责任

D. 李某的监护人应承担侵权责任,某小学应承担相应的侵权责任

三、判断题(每小题1分,共3分)

1. 无效的民事行为从行为开始起就没有法律约束力。(　　)

2. 两人以上合作创作的作品,著作权由合作作者共同享有。(　　)

3. 周胁迫吴结婚,如吴想撤销婚姻,其应当自胁迫行为发生之日起一年内提出。(　　)

参考答案及解析

一、单项选择题

1. A　[解析]成年人为完全民事行为能力人,可以独立实施民事法律行为。十六周岁以上的未成年人,以自己的劳动收入为主要生活来源的,视为完全民事行为能力人。A项正确,B项错误。不能完全辨认自己行为的成年人为限制民事行为能力人。C项错误。八周岁以上的未成年人为限制民事行为能力人。D项错误。

2. B　[解析]不当得利是指得利人没有合法根据,取得不当利益,造成他人损失的情形。本题中,董某因为银行的工作错误而获得利益(银行卡里多了50万元存款),而另一个与其同名同姓人因此利益受损(损失50万元),此种情形可构成不当得利。故本题选B。

3. B [解析]收受定金的一方不履行债务或者履行债务不符合约定,致使不能实现合同目的的,应当双倍返还定金。因此,甲依法有权要求乙给付的赔偿为6万元。

4. D [解析]工资、奖金、劳务报酬,生产、经营、投资的收益,知识产权的收益为夫妻的共同财产。一方因受到人身损害获得的赔偿或者补偿为夫妻一方的个人财产。

5. A [解析]遗产按照下列顺序继承:(一)第一顺序:配偶、子女、父母;(二)第二顺序:兄弟姐妹、祖父母、外祖父母。继承开始后,由第一顺序继承人继承,第二顺序继承人不继承;没有第一顺序继承人继承的,由第二顺序继承人继承。故本题选A。

二、多项选择题

1. ABCD [解析]遗嘱继承的形式有自书遗嘱、代书遗嘱、打印遗嘱、录音录像遗嘱、口头遗嘱、公证遗嘱。故本题选ABCD。

2. BCD [解析]无因管理,是指管理人没有法定或者约定的义务,为避免他人利益受损失而主动管理他人事务(为他人管理的意思与为自己管理的意思可以并存)的法律事实。A项中甲没有为他人管理或者服务的意思,因此不构成无因管理。BCD三项均符合无因管理的构成要件。故本题选BCD。

3. ABC [解析]小学生一般属于无民事行为能力人或限制民事行为能力人。无民事行为能力人、限制民事行为能力人造成他人损害的,由监护人承担侵权责任。无民事行为能力人在幼儿园、学校或者其他教育机构学习、生活期间受到人身损害的,幼儿园、学校或者其他教育机构应当承担侵权责任;但是,能够证明尽到教育、管理职责的,不承担侵权责任。限制民事行为能力人在学校或者其他教育机构学习、生活期间受到人身损害,学校或者其他教育机构未尽到教育、管理职责的,应当承担侵权责任。本题中,李某对王某造成了人身损害,李某的监护人应承担侵权责任。赵某因接打电话,未能及时跟进照顾学生,因此某小学应承担相应的侵权责任,D项说法正确。ABC项说法错误,本题为选非题,故选ABC。

三、判断题

1. √ [解析]我国《民法典》第一百五十五条规定:"无效的或者被撤销的民事法律行为自始没有法律约束力。"故本题说法正确。

2. √ [解析]根据我国《著作权法》第十四条的规定,两人以上合作创作的作品,著作权由合作作者共同享有。没有参加创作的人,不能成为合作作者。

3. × [解析]因胁迫结婚的,受胁迫的一方可以向人民法院请求撤销婚姻。请求撤销婚姻的,应当自胁迫行为终止之日起一年内提出。"发生之日"说法错误。

第四章　刑　法

思维导图

- 刑法
  - 刑法概述
    - 刑法的概念
    - 刑法的基本原则：罪刑法定原则、刑法适用平等原则、罪责刑相适应原则
    - 刑法的适用范围
      - 空间效力：属地管辖、属人管辖、保护管辖、普遍管辖
      - 时间效力：生效时间与失效时间、溯及力
  - 犯罪
    - 犯罪的概念
    - 犯罪构成要件（重点）
      - 犯罪主体：自然人犯罪主体、单位犯罪主体
      - 犯罪主观方面：犯罪故意、犯罪过失、不可抗力和意外事件
      - 犯罪客体：我国刑法所保护而为犯罪行为所侵犯的社会关系
      - 犯罪客观方面：危害行为、危害结果、刑法因果关系、犯罪的时间、地点和方法等
    - 犯罪排除事由（易混点）
      - 正当防卫：防卫对象是不法侵害者本人
      - 紧急避险：损害的是第三人的合法权益
    - 故意犯罪形态：犯罪预备、犯罪未遂、犯罪中止、犯罪既遂（难点）
    - 共同犯罪：共同犯罪人的类型：主犯、从犯、胁从犯、教唆犯
  - 刑罚
    - 刑罚的种类
      - 主刑：管制、拘役、有期徒刑、无期徒刑、死刑
      - 附加刑：罚金、剥夺政治权利、没收财产、驱逐出境（对犯罪的外国人）
    - 刑罚的具体运用
      - 累犯、自首与立功
      - 数罪并罚、缓刑
      - 减刑、假释
  - 刑法分则
    - 危害公共安全罪：以危险方法危害公共安全罪、交通肇事罪、危险驾驶罪、妨害安全驾驶罪（易混点）
    - 破坏社会主义市场经济秩序罪：抗税罪、假冒注册商标罪、侵犯著作权罪
    - 侵犯公民人身权利、民主权利罪：故意杀人罪、故意伤害罪、非法拘禁罪、绑架罪（易混点）
    - 侵犯财产罪：抢劫罪、抢夺罪、诈骗罪、盗窃罪、侵占罪、职务侵占罪
    - 妨害社会管理秩序罪：袭警罪、招摇撞骗罪、冒名顶替罪、寻衅滋事罪、高空抛物罪（易混点）
    - 贪污贿赂罪：贪污罪、挪用公款罪、受贿罪、行贿罪

河南考向

本章属于法律常识的难点章节，也是河南招教重点考查的章节，内容较为系统化，需要识记的知识较多。在考试中常以选择题、判断题等客观题的形式考查。现对本章河南考向分析如下：

考点类型	高频考点	常考题型	能力层级	考查热度
常规考点	犯罪构成要件	单选、判断	识记	★★★
	刑罚的种类	单选、判断	识记	★★
	危害公共安全罪	单选、多选	识记	★★
新增考点	刑法的适用范围	判断	理解	★★

核心考点

第一节　刑法概述

一、刑法的概念

刑法是规定犯罪、刑事责任和刑罚的法律。刑法有广义与狭义之分。广义刑法是一切刑事法律规范的总称,狭义刑法仅指刑法典,在我国即《中华人民共和国刑法》。

二、刑法的基本原则　【单选】

我国刑法明文规定了三个基本原则:罪刑法定原则,刑法适用平等原则,罪责刑相适应原则。

(1)**罪刑法定原则**:法无明文规定不为罪,法无明文规定不处罚。

(2)**刑法适用平等原则**:对任何人犯罪,在适用法律上一律平等。不允许任何人有超越法律的特权。对于一切人的合法权益都要平等地加以保护,不允许有任何歧视。

(3)**罪责刑相适应原则**:刑罚的轻重,应当与犯罪分子所犯罪行和承担的刑事责任相适应。

三、刑法的适用范围　【判断】 ★★

考点 1　刑法的空间效力

1. 属地管辖

(1)凡在中华人民共和国**领域内**犯罪的,除法律有特别规定的以外,都适用本法。凡在中华人民共和国**船舶或者航空器内**犯罪的,也适用本法。

(2)犯罪的行为或者结果有一项发生在中华人民共和国领域内的,就认为是在中华人民共和国领域内犯罪。

(注:享有外交特权和豁免权的外国人的刑事责任,通过外交途径解决。)

2. 属人管辖

(1)**中华人民共和国公民**在中华人民共和国**领域外**犯本法规定之罪的,适用本法,但是按本法规定的最高刑为三年以下有期徒刑的,可以不予追究。

(2)中华人民共和国国家工作人员和军人在中华人民共和国领域外犯本法规定之罪的,适用本法。

3. 保护管辖

外国人在中华人民共和国**领域外**对中华人民共和国国家或者公民犯罪,而按本法规定的最低刑为三年以上有期徒刑的,可以适用本法,但是按照犯罪地的法律不受处罚的除外。

4. 普遍管辖

对于中华人民共和国缔结或者参加的国际条约所规定的罪行,中华人民共和国在所承担条约义务的范

第三部分

围内行使刑事管辖权的，适用本法。

真题面对面

[2022安阳滑县，判断，0.6分]我国公民在国外犯罪的，法定最低刑在三年以下有期徒刑的可以不予追究。(　　)

答案：×

考点 2 刑法的时间效力

刑法的时间效力主要包括生效时间、失效时间与溯及既往的效力。

1. 刑法的生效时间与失效时间

刑法的生效时间分为2种情形：(1)自公布之日起生效。(2)公布后间隔一段时间才生效。

刑法的失效时间也有2种情形：明示废止和默示终止。

2. 刑法的溯及力

我国现行刑法的溯及力原则是从旧兼从轻。根据我国《刑法》第十二条的规定，中华人民共和国成立以后本法施行以前的行为，如果当时的法律不认为是犯罪的，适用当时的法律；如果当时的法律认为是犯罪的，依照本法总则第四章第八节的规定应当追诉的，按照当时的法律追究刑事责任，但是如果本法不认为是犯罪或者处刑较轻的，适用本法。本法施行以前，依照当时的法律已经作出的生效判决，继续有效。

第二节　犯　罪

一、犯罪的概念　【多选、判断】★

我国《刑法》第十三条规定：一切危害国家主权、领土完整和安全，分裂国家、颠覆人民民主专政的政权和推翻社会主义制度，破坏社会秩序和经济秩序，侵犯国有财产或者劳动群众集体所有的财产，侵犯公民私人所有的财产，侵犯公民的人身权利、民主权利和其他权利，以及其他危害社会的行为，依照法律应当受刑罚处罚的，都是犯罪，但是情节显著轻微危害不大的，不认为是犯罪。

二、犯罪构成要件　【单选、判断】★★★

犯罪构成，指的是我国刑法所规定的成立犯罪所必需的一切客观和主观要件的总和。任何一种犯罪的成立都必须具备四个方面的构成要件，即犯罪主体、犯罪主观方面、犯罪客体和犯罪客观方面。

考点 1 犯罪主体

犯罪主体

犯罪主体是指实施危害社会的行为、依法应当负刑事责任的**自然人和单位**。

从主体的法律性质上分，犯罪主体包括自然人犯罪主体和单位犯罪主体。

1. 自然人犯罪主体

(1)刑事责任年龄

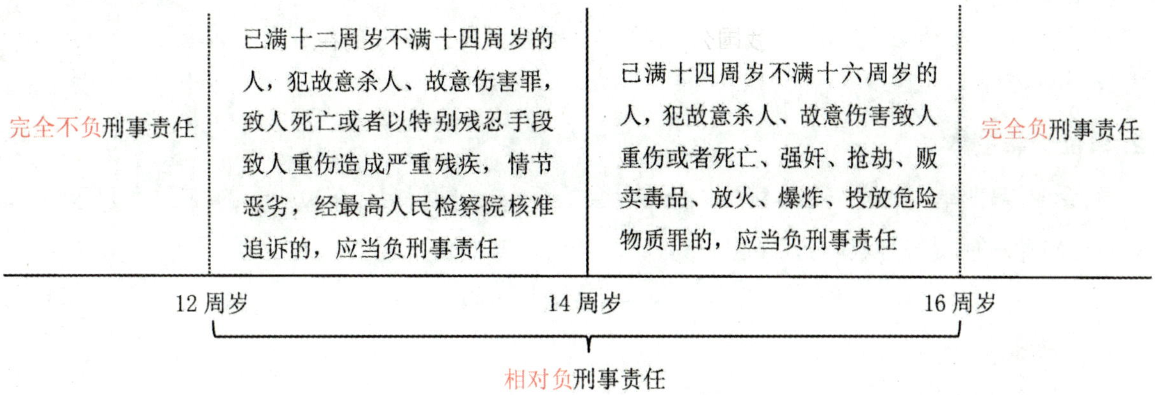

完全不负刑事责任	已满十二周岁不满十四周岁的人，犯故意杀人、故意伤害罪，致人死亡或者以特别残忍手段致人重伤造成严重残疾，情节恶劣，经最高人民检察院核准追诉的，应当负刑事责任	已满十四周岁不满十六周岁的人，犯故意杀人、故意伤害致人重伤或者死亡、强奸、抢劫、贩卖毒品、放火、爆炸、投放危险物质罪的，应当负刑事责任	完全负刑事责任

12周岁　　14周岁　　16周岁

相对负刑事责任

图3-4-1　自然人犯罪主体刑事责任年龄的认定

因不满十六周岁不予刑事处罚的，责令其父母或者其他监护人加以管教；在必要的时候，依法进行专门矫治教育。

记忆有妙招

已满十四周岁不满十六周岁的人应承担刑事责任的情形有8种，为方便考生记忆，编者将其总结成口诀，供考生参考记忆。

烧杀奸抢，商贩抱头：犯故意杀人、故意伤害致人重伤或者死亡、强奸、抢劫、贩卖毒品、放火、爆炸、投放危险物质罪的，应当负刑事责任。**烧：**放火；**杀：**故意杀人；**奸：**强奸；**抢：**抢劫；**商：**故意伤害致人重伤或者死亡；**贩：**贩卖毒品；**抱：**爆炸；**头：**投放危险物质。

(2)特殊人员的刑事责任能力

表3-4-1　特殊人员的刑事责任能力

犯罪主体		具体说明
精神病人	不负刑事责任	在不能辨认或者不能控制自己行为的时候造成危害结果，经法定程序鉴定确认的
	应当负刑事责任	间歇性的精神病人在精神正常的时候犯罪
		尚未完全丧失辨认或者控制自己行为能力的精神病人犯罪
醉酒的人	应当负刑事责任	这里所讲的“醉酒”一般是指“生理性醉酒”

(3)从轻或者减轻处罚的犯罪情节

表3-4-2　实行从轻或者减轻处罚的犯罪情节

犯罪情节	适用原则
依法追究刑事责任的不满十八周岁的人	应当从轻或者减轻处罚
已满七十五周岁的人过失犯罪	
已满七十五周岁的人故意犯罪	可以从轻或者减轻处罚
尚未完全丧失辨认或者控制自己行为能力的精神病人犯罪	
又聋又哑的人或者盲人犯罪	可以从轻、减轻或者免除处罚

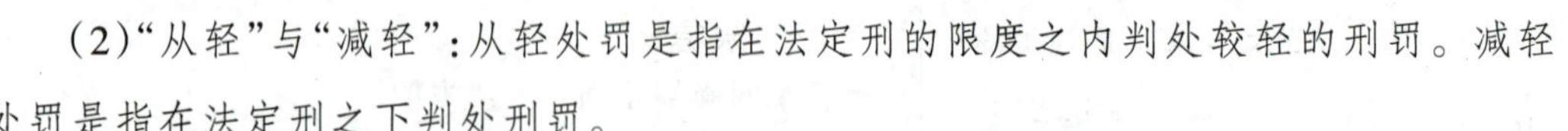

(1)“应当”和“可以”:“应当”是“必须”,“可以”则有选择的余地。

(2)“从轻”与“减轻”:从轻处罚是指在法定刑的限度之内判处较轻的刑罚。减轻处罚是指在法定刑之下判处刑罚。

2. 单位犯罪主体

公司、企业、事业单位、机关、团体实施的危害社会的行为,法律规定为单位犯罪的,应当负刑事责任。

对单位犯罪一般实行“双罚”:对单位判处罚金,并对其直接负责的主管人员和其他直接责任人员判处刑罚。

真题面对面

[2021安阳龙安,判断,0.6分]根据最新的《刑法修正案(十一)》,我国法定最低刑事责任年龄是14周岁。(　　)

答案:×

第三部分

考点2 犯罪主观方面

犯罪主观方面是行为人对自己实施的犯罪行为以及其造成的犯罪结果的心理态度。它包括犯罪故意和犯罪过失(合称罪过)以及犯罪目的和动机。

犯罪主观方面

表3-4-3　犯罪主观方面

犯罪主观方面		具体说明
犯罪故意	直接故意	行为人明知自己的行为**会发生**危害社会的结果,并且**希望**这种结果发生的心理态度
	间接故意	行为人明知自己的行为**可能会发生**危害社会的结果,并且**放任**这种结果发生的心理态度
犯罪过失	疏忽大意的过失	行为人应当预见自己的行为可能发生危害社会的结果,因为疏忽大意而**没有预见**,以致发生这种结果的心理态度
	过于自信的过失	行为人**已经预见**自己的行为可能发生危害社会的结果,但**轻信**能够避免,以致发生这种结果的心理态度
不可抗力和意外事件		行为在客观上虽然造成了损害结果,但不是出于故意或者过失,而是由于不能抗拒或者不能预见的原因所引起的,不是犯罪

考点3 犯罪客体

犯罪客体是指我国刑法所保护而为犯罪行为所侵犯的**社会关系**。比如,故意伤害罪侵犯的客体是他人的身体健康权,伪造货币罪侵犯的客体是国家货币管理制度。

考点4 犯罪客观方面

犯罪客观方面,是指刑法所规定的、说明犯罪活动外在表现的诸客观事实。犯罪客观方面一般包括危害行为、危害结果、刑法因果关系、犯罪的时间、地点和方法等。

三、犯罪排除事由 【单选】★

排除犯罪事由指形式上符合犯罪的构成要件，但实际上不具有社会危害性的行为，依法不成立犯罪的情况。关于排除犯罪事由，我国刑法明文规定的只有正当防卫与紧急避险。

考点1 正当防卫

1. 正当防卫成立的条件

成立正当防卫必须同时具备以下条件：

(1)起因条件——有不法侵害行为发生；

(2)时间条件——对正在进行的不法侵害进行防卫；

(3)对象条件——防卫行为必须是针对不法侵害者本人实行；

(4)主观条件——防卫必须是基于保护合法权利免受不法侵害的目的；

(5)限度条件——正当防卫不能明显超过必要限度造成重大损害。

2. 特别防卫

特别防卫是指对正在进行行凶、杀人、抢劫、强奸、绑架以及其他严重危及人身安全的暴力犯罪，采取防卫行为，造成不法侵害人伤亡的，不属于防卫过当，不负刑事责任。

3. 防卫过当

正当防卫明显超过必要限度造成重大损害的，应当负刑事责任，但是应当减轻或者免除处罚。

4. 事前防卫和假想防卫

事前防卫是指行为人在不法侵害尚未发生或还未到来的时候，而对准备进行不法侵害的人采取了所谓的防卫行为。

假想防卫是指不法侵害行为根本不存在，由于行为人猜想、估计、推断不法侵害行为存在，而对他人实施侵袭的不法侵害行为。

真题面对面

[2021 信阳淮滨，单，0.88 分]吴某到一家名牌皮包专卖店闲逛，专卖店老板郑某认为吴某偷了店内的一个名牌钱包，故而双方发生口角，随后双方进行厮打，郑某将吴某打伤。次日，吴某纠结数人手持钢管找郑某理论，郑某事先已有准备，双方互相斗殴。在相互斗殴中，郑某手持西瓜刀砍伤吴某，吴某眼见打不过对方后逃跑，刚逃出店门，被闻讯赶来的郑某朋友王某撞到，王某见吴某欲逃走，将吴某打翻在地并对其拳打脚踢，吴某起身手持钢管将王某打伤，吴某将王某打伤的行为构成(　　)

A. 防卫过当　　B. 假想防卫　　C. 正当防卫　　D. 故意伤害

答案：C

考点2 紧急避险

1. 紧急避险成立的条件

成立紧急避险必须同时具备以下条件：

(1)起因条件——必须有危险发生；

第三部分

(2)时间条件——实际存在的正在发生的危险;

(3)对象条件——避险行为针对的对象是第三人的合法利益;

(4)主观条件——为了使合法利益免受正在发生的危险;

(5)限制条件——在迫不得已的情况下实施;

(6)限度条件——避险行为不能超过必要限度造成不应有的危害;

(7)特别例外限制——关于避免本人危险的规定,不适用于职务上、业务上负有特定责任的人。

2. 避险过当

紧急避险超过必要限度造成不应有的损害的,应当负刑事责任,但是应当减轻或者免除处罚。

易混点辨析

区别正当防卫与紧急避险的关键在于实施对象不同。正当防卫的对象是不法侵害者本人,紧急避险损害的是第三人的合法权益。

四、故意犯罪形态 【单选、多选】★★

考点1 犯罪预备、犯罪中止、犯罪未遂

表3-4-4 犯罪预备、犯罪中止、犯罪未遂的比较

形态	概念	举例	区分关键	处罚
犯罪预备	为了犯罪,准备工具、制造条件的行为,因行为人意志以外的原因而未能着手实行	A携匕首赴B家,准备杀B泄愤。途中因肚子疼痛难忍而折返家中	区分犯罪预备与犯罪未遂:是否已"着手"实行犯罪	可以比照既遂犯从轻、减轻处罚或者免除处罚
犯罪未遂	已经着手实行犯罪,由于犯罪分子意志以外的原因而未得逞("欲达目的而不能")	A盗窃电动车时,突然听到警笛声大作,因害怕被警察抓住而仓皇逃走,盗窃行为未得逞	区分犯罪未遂与犯罪中止:犯罪的未完成是否由于犯罪分子意志以外的原因	可以比照既遂犯从轻或者减轻处罚
犯罪中止	在犯罪过程中,自动放弃犯罪或者自动有效地防止犯罪结果发生("能达目的而不欲")	A携匕首赴B家,准备杀B泄愤。途中遇小区保安巡逻,A深感害怕,于是折返家中	**自动性**是犯罪中止的本质特征	没有造成损害的,应当免除处罚;造成损害的,应当减轻处罚

重难点解读

犯罪中止可能发生在犯罪预备的阶段,也可能发生在已经着手实行犯罪之后、犯罪结果出现之前的阶段。因此,犯罪预备阶段的中止也属于犯罪中止,而非犯罪预备。

考点2 犯罪既遂

犯罪既遂是指行为人所实施的行为已经齐备了刑法分则对某一具体犯罪所规定的全部构成要件。对于既遂犯,应直接按照刑法分则具体犯罪条文规定的法定刑幅度处罚。

考点 再拔高

▼ 犯罪既遂的主要类型

(1)行为犯。以法定的犯罪行为的完成作为既遂标准的犯罪,即行为人只要实施了刑法规定的某种行为,无需发生特定的危害结果就已经构成既遂的犯罪。比如,侮辱国旗、国徽、国歌罪等。

(2)结果犯。以发生特定的犯罪结果作为既遂的标准,即行为人不仅要实施刑法分则所规定的行为,而且只有发生了法定的危害结果,才能构成犯罪既遂。比如,故意杀人罪、故意伤害罪、抢劫罪、盗窃罪等。以故意杀人罪为例,故意杀人罪的犯罪结果就是他人的死亡,发生了死亡结果的是犯罪既遂,由于行为人意志以外的原因没有发生死亡结果的是犯罪未遂。

(3)危险犯。行为人实施的犯罪行为,足以造成某种危害结果的特别危险状态而构成既遂的犯罪。比如,破坏交通工具罪等。

(4)举动犯。举动犯是指按照法律规定,行为人一着手实施犯罪行为,犯罪就完成并且也完全符合构成要件,从而构成犯罪既遂的犯罪。比如,煽动民族仇恨、民族歧视罪等。

真题面对面

[2021信阳淮滨,单,0.88分]街上闲逛的李某路过小卖部,发现只有一老妇看店,便心生歹念,拿起小卖部的水果刀对老妇说:"把抽屉里的钱拿出来,不然我就不客气了。"老妇却没有被吓到,气定神闲地劝年轻人不要不务正业想着抢夺别人的钱,自己挣钱才是正道。李某见老妇没被吓到,便打消了图财的念头,走了。李某的行为属于(　　)

A. 犯罪既遂　　B. 犯罪未遂　　C. 犯罪中止　　D. 犯罪预备

答案:C。李某在犯罪过程中打消了犯罪的念头,属于自动放弃,符合犯罪中止的特征。

五、共同犯罪 【判断】 ★★

共同犯罪是指二人以上共同故意犯罪。二人以上共同过失犯罪,不以共同犯罪论处。共同犯罪人有主犯、从犯、胁从犯和教唆犯四类。

表3-4-5 共同犯罪人

类型	具体说明	刑事责任
主犯	组织、领导犯罪集团进行犯罪活动	对组织、领导犯罪集团的首要分子,按照集团所犯的全部罪行处罚。除此以外的主犯,应当按照其所参与的或者组织、指挥的全部犯罪处罚
	在共同犯罪中起主要作用	
从犯	在共同犯罪中起次要或者辅助作用	应当从轻、减轻处罚或者免除处罚
胁从犯	被胁迫参加犯罪	应当按照犯罪情节减轻处罚或者免除处罚
教唆犯	教唆他人犯罪	按照其在共同犯罪中所起的作用处罚
	教唆不满十八周岁的人犯罪	应当从重处罚
	被教唆的人没有犯被教唆的罪	可以从轻或者减轻处罚

真题面对面

[2021信阳淮滨,判断,0.58分]教唆他人犯罪的,应当按照他在共同犯罪中所起的作用处罚。( )

答案:√

第三节 刑 罚

一、刑罚的种类 【单选、判断】★★

我国《刑法》规定,刑罚分为主刑和附加刑。

考点 1 主刑

主刑只能独立适用,对一个犯罪只能适用一个主刑,不能适用两个以上的主刑。

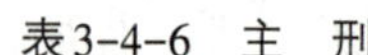
表3-4-6 主 刑

主刑	内容	要点
管制	对犯罪分子不予关押,但限制一定的自由,并进行社区矫正的刑罚	执行方式:社区矫正,群众监督。对于被判处管制的犯罪分子,在劳动中应当同工同酬 执行期限:三个月以上二年以下,数罪并罚时不能超过三年 刑期折抵:管制的刑期,从判决执行之日起计算;判决执行以前先行羁押的,羁押一日折抵刑期二日
拘役	短期内剥夺犯罪分子人身自由,就近予以监禁的刑罚	执行方式:由公安机关就近执行。在执行期间,被判处拘役的犯罪分子每月可以回家一天至两天;参加劳动的,可以酌量发给报酬 执行期限:一个月以上六个月以下,数罪并罚时不能超过一年 刑期折抵:拘役的刑期,从判决执行之日起计算;判决执行以前先行羁押的,羁押一日折抵刑期一日
有期徒刑	剥夺犯罪分子一定期限的人身自由,并强迫其接受教育和改造的刑罚	执行期限:六个月以上十五年以下,数罪并罚时,有期徒刑总和刑期不满三十五年的,最高不能超过二十年,总和刑期在三十五年以上的,最高不能超过二十五年 刑期折抵:有期徒刑的刑期,从判决执行之日起计算;判决执行以前先行羁押的,羁押一日折抵刑期一日
无期徒刑	剥夺犯罪分子终身自由,并强制其参加劳动、接受教育和改造的刑罚	刑期折抵:不存在折抵刑期的问题 无期徒刑减为有期徒刑的,刑期自裁定减刑之日起算
死刑	对罪行极其严重的犯罪分子适用的剥夺其生命的刑罚	执行方式:死刑立即执行和死刑缓期执行 核准程序:死刑除依法由最高人民法院判决的以外,都应当报请最高人民法院核准。死刑缓期执行的,可以由高级人民法院判决或者核准

记忆有妙招

为方便考生记忆，编者将不适用死刑的情形总结成口诀，供考生参考记忆。

犯十八，审孕老，老有除外。

(1)犯十八：犯罪的时候不满十八周岁的人，不适用死刑。

(2)审孕老：审判的时候怀孕的妇女、审判的时候已满七十五周岁的人，不适用死刑。

(3)老有除外：审判的时候已满七十五周岁的人，不适用死刑，但以特别残忍手段致人死亡的除外。

真题面对面

[2021信阳淮滨，判断，0.58分]在执行期间，被判处拘役的犯罪分子每周可以回家一至两天。(　　)

答案：×

考点2 附加刑

附加刑既可以附加适用，也可以独立适用；适用附加刑时，对一个犯罪可以适用两个以上的附加刑。

表3-4-7　附加刑

附加刑	内容	要点
罚金	犯罪分子向国家交纳一定数额金钱的刑罚	罚金是财产刑，由**一审人民法院**执行
剥夺政治权利	剥夺犯罪分子参加国家管理活动和政治活动权利的刑罚	剥夺政治权利是剥夺下列权利： (1)**选举权和被选举权**； (2)言论、出版、集会、结社、游行、示威自由的权利； (3)担任国家机关职务的权利； (4)担任国有公司、企业、事业单位和人民团体领导职务的权利
没收财产	没收犯罪分子个人所有财产的一部分或者全部的刑罚	民事优先原则：承担民事赔偿责任的犯罪分子，同时被判处罚金，其财产不足以全部支付的，或者被判处没收财产的，应当先承担对被害人的民事赔偿责任

注：对于犯罪的外国人，可以独立适用或者附加适用驱逐出境。

易混点辨析

"罚款"与"罚金"不同，罚款是一种行政处罚。

二、刑罚的具体运用 【单选】★

考点1 累犯

被判处有期徒刑以上刑罚的犯罪分子，刑罚执行完毕或者赦免以后，在**五年以内**再犯应当判处有期徒刑以上刑罚之罪的，是累犯，但是过失犯罪和不满十八周岁的人犯罪的除外。

危害国家安全犯罪、恐怖活动犯罪、黑社会性质的组织犯罪的犯罪分子，在刑罚执行完毕或者赦免以后，在任何时候再犯上述任一类罪的，都以累犯论处。累犯应当从重处罚，且不适用缓刑，也不得假释。

考点 2 自首与立功

表3-4-8 自首与立功

内容	具体说明	处罚
自首	犯罪以后自动投案,如实供述自己的罪行。 被采取强制措施的犯罪嫌疑人、被告人和正在服刑的罪犯,如实供述司法机关还未掌握的本人其他罪行的,以自首论	(1)可以从轻或者减轻处罚。 (2)犯罪较轻的,可以免除处罚
立功	犯罪分子有揭发他人犯罪行为,查证属实的,或者提供重要线索,从而得以侦破其他案件等立功表现	(1)可以从轻或者减轻处罚; (2)有重大立功表现的,可以减轻或者免除处罚

真题面对面

[2021信阳淮滨,单,0.88分]杨某因犯贪污罪、挪用公款罪被判处有期徒刑五年。一审判决生效后,杨某向看守所管教民警揭发了在案发前陈某诈骗其一万元的事实,杨某的行为属于(　　)

A. 自首　　B. 隐瞒

C. 退赃　　D. 立功

答案:D

考点 3 数罪并罚

数罪并罚,是对一行为人所犯数罪合并处罚的制度。我国刑法中的数罪并罚,是指人民法院对一行为人在法定时间界限内所犯数罪分别定罪量刑后,按照法定的并罚原则及刑期计算方法决定其应执行的刑罚的制度。

数罪并罚共分为3种情况:判决宣告以前一人犯数罪的并罚、判决宣告以后又发现判决前的漏罪的并罚、刑罚执行过程中又犯新罪的并罚。

考点 4 缓刑

缓刑的性质属于刑罚暂缓执行,是对原判刑罚附条件地不予执行的一种刑罚制度。

1. 缓刑的适用条件

对于被判处拘役、三年以下有期徒刑的犯罪分子,同时符合下列条件的,可以宣告缓刑,对其中不满十八周岁的人、怀孕的妇女和已满七十五周岁的人,应当宣告缓刑:(1)犯罪情节较轻;(2)有悔罪表现;(3)没有再犯罪的危险;(4)宣告缓刑对所居住社区没有重大不良影响。

2. 缓刑的考验期限

拘役的缓刑考验期限为原判刑期以上一年以下,但是不能少于二个月。有期徒刑的缓刑考验期限为原判刑期以上五年以下,但是不能少于一年。缓刑考验期限,从判决确定之日起计算。

考点 5 减刑

被判处管制、拘役、有期徒刑、无期徒刑的犯罪分子,在执行期间,如果认真遵守监规,接受教育改造,确

有悔改表现的，或者有立功表现的，可以减刑；有下列重大立功表现之一的，应当减刑：(1)阻止他人重大犯罪活动的；(2)检举监狱内外重大犯罪活动，经查证属实的；(3)有发明创造或者重大技术革新的；(4)在日常生产、生活中舍己救人的；(5)在抗御自然灾害或者排除重大事故中，有突出表现的；(6)对国家和社会有其他重大贡献的。

考点6 假释

被判处有期徒刑的犯罪分子，执行原判刑期二分之一以上，被判处无期徒刑的犯罪分子，实际执行十三年以上，如果认真遵守监规，接受教育改造，确有悔改表现，没有再犯罪的危险的，可以假释。

第四节 刑法分则

我国刑法分则规定了十大类罪名，其中每类罪名又包含各类分罪名。本节仅列举部分常考罪名。

一、危害公共安全罪 【单选、多选】★★

(1)以危险方法危害公共安全罪是一个概括性罪名，是故意以放火、决水、爆炸以及投放毒害性、放射性、传染病病原体等物质以外的并与之相当的危险方法，足以危害公共安全的行为。**例如，私自架设电网致人死亡；醉酒驾车肇事后继续驾车冲撞，造成重大伤亡；向人群开枪；故意传播突发传染病病原体，危害公共安全。**

(2)交通肇事罪是指违反交通运输管理法规，因而发生重大事故，致人重伤、死亡或者使公私财产遭受重大损失的行为。

(3)危险驾驶罪是指在道路上驾驶机动车**追逐竞驶**，情节恶劣的；**醉酒驾驶**机动车的；从事**校车业务或者旅客运输**，严重超过定额乘员载客，或者严重超过规定时速行驶的；违反危险化学品安全管理规定运输危险化学品，危害公共安全的行为。

易混点辨析

以危险方法危害公共安全罪与交通肇事罪的犯罪主观方面不同。前者是故意犯罪，行为人的主观心态是故意，即希望或者放任危害社会结果的发生。后者是过失犯罪。

(4)妨害安全驾驶罪。对行驶中的公共交通工具的驾驶人员使用暴力或者抢控驾驶操纵装置，干扰公共交通工具正常行驶，危及公共安全的行为；驾驶人员在行驶的公共交通工具上擅离职守，与他人互殴或者殴打他人，危及公共安全的行为。

二、破坏社会主义市场经济秩序罪 【单选、判断】★★

(1)抗税罪是指以暴力、威胁方法拒不缴纳税款的行为。

(2)假冒注册商标罪是指未经注册商标所有人许可，在同一种商品、服务上使用与其注册商标相同的商标，情节严重的行为。该罪的主观方面为故意，且以营利为目的。过失不构成本罪。

(3)侵犯著作权罪是指以营利为目的，侵犯著作权或者与著作权有关的权利，违法所得数额较大或者有其他严重情节的下列情形之一：①未经著作权人许可，复制发行、通过信息网络向公众传播其文字作品、音乐、美术、视听作品、计算机软件及法律、行政法规规定的其他作品的；②出版他人享有专有出版权的图书的；③未经录音录像制作者许可，复制发行、通过信息网络向公众传播其制作的录音录像的；④未经表演者许可，复制发行录有其表演的录音录像制品，或者通过信息网络向公众传播其表演的；⑤制作、出售假冒他人署名的美术作品的；⑥未经著作权人或者与著作权有关的权利人许可，故意避开或者破坏权利人为其作品、录音录像制品等采取的保护著作权或者与著作权有关的权利的技术措施的。

真题面对面

[2022郑州市直，单，1.2分]下列行为不构成侵犯著作权罪的是（　　）

A. 丙销售印有唐寅印章的字画

B. 麦克风KTV播放盗版歌曲

C. 某视频网站有大量网友粘贴的侵权视频，其他人点播观看视频需要向网站付费

D. 甲将盗版光盘予以出租获利颇丰

答案：A

三、侵犯公民人身权利、民主权利罪　【单选、多选】★★

（1）故意杀人罪是指故意非法剥夺他人生命的行为。即使行为人主观上发生对象认识错误，如将张三误认为李四而杀死的，同样构成故意杀人罪既遂。

（2）故意伤害罪是指故意伤害他人身体的行为。成立故意伤害罪的前提是造成**轻伤以上（包括轻伤）**结果。

（3）非法拘禁罪是指非法拘禁他人或者以其他方法非法剥夺他人人身自由的行为。

（4）绑架罪是指以勒索财物为目的绑架他人的，或者绑架他人作为人质的行为。

易混点辨析

绑架罪与非法拘禁罪的危险性不同。绑架罪需以暴力、胁迫等犯罪方法，对被害人的健康、生命有较大的危害，而非法拘禁罪更多地是侵害他人的人身自由而非生命健康。

四、侵犯财产罪　【单选】★★

（1）抢劫罪是指以暴力、胁迫或者其他方法抢劫公私财物的行为。犯盗窃、诈骗、抢夺罪，为窝藏赃物、抗拒抓捕或者毁灭罪证而当场使用暴力或者以暴力相威胁的行为，按照抢劫罪定罪处罚。

（2）抢夺罪是指以非法占有为目的，乘人不备，公开夺取数额较大的公私财物的行为。携带凶器抢夺的，依照抢劫罪定罪处罚。

（3）诈骗罪是指以非法占有为目的，用虚构事实或者隐瞒真相的方法，骗取数额较大的公私财物的行为。

（4）盗窃罪是指盗窃公私财物，数额较大或者多次盗窃、入户盗窃、携带凶器盗窃、扒窃的行为。

（5）侵占罪是指将代为保管的他人财物非法占为己有，数额较大，拒不退还的；将他人的遗忘物或者埋藏物非法占为己有，数额较大，拒不交出的行为。

（6）职务侵占罪是**公司、企业或者其他单位的工作人员**，利用职务上的便利，将本单位财物非法占为己有，数额较大的行为。

五、妨害社会管理秩序罪 【判断】★

(1)袭警罪是指暴力袭击正在依法执行职务的人民警察的行为。

(2)招摇撞骗罪是指冒充国家机关工作人员进行招摇撞骗,以谋取非法利益的行为。

(3)冒名顶替罪是指盗用、冒用他人身份,顶替他人取得的高等学历教育入学资格、公务员录用资格、就业安置待遇的行为。处三年以下有期徒刑、拘役或者管制,并处罚金。

易混点辨析

小香有话说

招摇撞骗罪与诈骗罪侵犯的客体不同。招摇撞骗罪侵犯的客体是国家机关的威信和正常活动。诈骗罪侵犯的客体是公私财产所有权。

(4)寻衅滋事罪是指下列破坏社会秩序的寻衅滋事行为:随意殴打他人,情节恶劣的;追逐、拦截、辱骂、恐吓他人,情节恶劣的;强拿硬要或者任意损毁、占用公私财物,情节严重的;在公共场所起哄闹事,造成公共场所秩序严重混乱的。

(5)高空抛物罪是指从建筑物或者其他高空抛掷物品,情节严重的行为。

[2022安阳滑县,判断,0.6分]盗用、冒用他人身份,顶替他人取得的高等学历教育入学资格的,处三年以下有期徒刑、拘役或者管制,并处罚金。(　　)

答案:√

六、贪污贿赂罪 【单选】

(1)贪污罪是指**国家工作人员**利用职务上的便利,侵吞、窃取、骗取或者以其他手段非法占有公共财物的行为。

(2)挪用公款罪是指**国家工作人员**利用职务上的便利,挪用公款归个人使用,进行非法活动的,或者挪用公款数额较大、进行营利活动的,或者挪用公款数额较大、超过三个月未还的行为。

(3)受贿罪是指国家工作人员利用职务上的便利,索取他人财物的,或者非法收受他人财物,为他人谋取利益的行为。国家工作人员在经济往来中,违反国家规定,收受各种名义的回扣、手续费,归个人所有的,以受贿论处。国家工作人员利用本人职权或者地位形成的便利条件,通过其他国家工作人员职务上的行为,为请托人谋取不正当利益,索取请托人财物或者收受请托人财物的,以受贿论处。

(4)行贿罪是指为谋取不正当利益,给予**国家工作人员**以财物的行为。在经济往来中,违反国家规定,给予国家工作人员以财物,数额较大的,或者违反国家规定,给予国家工作人员以各种名义的回扣、手续费的行为。

核心考点回顾

1. 自然人犯罪主体的刑事责任年龄是如何认定的?(参见本书P171)

2. 我国《刑法》中规定的主刑和附加刑分别有哪些?(参见本书P176)

3. 危害公共安全罪主要包括哪些分罪名?(参见本书P179)

达标测评

建议用时	实际用时	测评总分	实际得分
10分钟	____分钟	14分	____分

一、单项选择题(每小题1分,共6分)

1. 根据我国《刑法》的规定,在共同犯罪中起次要或者辅助作用的是(　　)

A. 从犯　　B. 帮助犯　　C. 共犯　　D. 胁从犯

2. 下列关于刑法的主刑和附加刑的说法错误的一项是(　　)

A. 附加刑是补充主刑的刑罚方式,不能独立适用

B. 犯罪时不满18周岁的,不能适用死刑

C. 被判处拘役的犯罪分子在执行期间参加劳动的,可以酌量发给报酬

D. 对一个犯罪不能适用两个以上的主刑

3. 药店营业员李某与王某有仇。某日王某之妻到药店买药为王某治病,李某将一包砒霜混在药中交给王妻。后李某后悔,于第二天到王家欲取回砒霜,而王某谎称已服完。李某见王某没有什么异常,就没有将真相告诉王某。几天后,王某因服用李某提供的砒霜而死亡。李某的行为属于(　　)

A. 犯罪中止　　B. 犯罪既遂　　C. 犯罪未遂　　D. 犯罪预备

4. M国公民乘坐S国飞机飞越R国领空时,殴打中国籍公民赵某致其重伤,对于M国公民对赵某的犯罪,适用我国《刑法》进行裁判的依据是(　　)

A. 属地管辖原则　　B. 属人管辖原则

C. 保护管辖原则　　D. 普遍管辖原则

5. 张某的次子乙,平时经常因琐事滋事生非,无端打骂张某。一日,乙与其妻发生争吵,张某过来劝说。乙转而辱骂张某并将其踢倒在地,并掏出身上的水果刀欲刺张某,张某起身逃跑,乙随后紧追。张某的长子甲见状,随手从门口拿起扁担朝乙的颈部打了一下,将乙打昏在地上。张某顺手拿起地上的石头转身回来朝乙的头部猛砸数下,致乙死亡。对本案中张某、甲的行为应当如何定性(　　)

A. 张某的行为构成故意杀人罪,甲的行为属于正当防卫

B. 张某的行为构成故意杀人罪,甲的行为属于防卫过当

C. 张某的行为属于防卫过当,构成故意杀人罪,甲的行为属于正当防卫

D. 张某和甲的行为均构成故意杀人罪

6. 某甲是间歇性精神病人。某日,某甲喝醉了酒,把某酒店老板打成重伤,在群众抓捕他时,某甲因惊恐而精神病发作。则某甲(　　)

A. 应受到批评教育　　B. 应受到舆论谴责

C. 不负刑事责任,因其是精神病人　　D. 应当负刑事责任

二、多项选择题(每小题2分,共8分)

1. 甲经常结伙对周边小学生使用轻微暴力强抢财物,严重扰乱社会秩序。关于甲的行为说法正确的有(　　)

A. 不构成犯罪　　B. 构成抢劫罪

C. 该行为妨害了社会管理秩序　　D. 构成寻衅滋事罪

2. 关于正当防卫,下列表述中,正确的是(　　)

A. 正当防卫的起因条件是有不法侵害行为发生

B. 正当防卫的时间条件是不法侵害行为即将发生或者正在进行。特殊情况下,对已经结束的侵害也可正当防卫

C. 防卫的目的是保护刑法所保护的利益

D. 正当防卫与防卫过当区别的关键在于是否明显超过必要限度造成重大损害

3. 下列情形中应当追究刑事责任的有(　　)

A. 15周岁的甲抢劫　　B. 15周岁的乙放火

C. 15周岁的丙贩卖海洛因8000克　　D. 15周岁的丁盗窃

4. 下列行为应认定为抢劫罪一罪的有(　　)

A. 甲将仇人杀死后,取走其身上的5000元现金

B. 甲持刀拦路行抢,故意将受害人杀死后取走其财物

C. 甲在抢劫过程中,为压制被害人的反抗,将被害人杀死,取走其财物

D. 甲实行抢劫后,为防止受害人报案,将其杀死

参考答案及解析

一、单项选择题

1. A　[解析]我国《刑法》规定:“在共同犯罪中起次要或者辅助作用的,是从犯。对于从犯,应当从轻、减轻处罚或者免除处罚。”故选A。

2. A　[解析]我国《刑法》第三十二条规定:“刑罚分为主刑和附加刑。”第三十四条规定:“附加刑也可以独立适用。”A错误,当选。

3. B　[解析]此题情形属于犯罪既遂而不属于犯罪中止。犯罪中止必须是没有发生作为既遂标志的犯罪结果。行为人虽然自动放弃犯罪或者自动采取措施防止结果发生,但如果发生了作为既遂标志的犯罪结果,犯罪中止就不成立。故意杀人罪属于结果犯。李某虽然在投毒后又主动采取措施想防止王某死亡结果的发生,但王某最终因李某的毒药而死亡,李某的行为属于犯罪既遂。故本题选B。

4. C　[解析]我国《刑法》关于保护管辖原则的规定是:外国人在中华人民共和国领域外对中华人民共和国国家或者公民犯罪,而按本法规定的最低刑为三年以上有期徒刑的,可以适用本法,但是按照犯罪地的法律不受处罚的除外。根据我国《刑法》的规定,故意伤害他人身体的,处三年以下有期徒刑、拘役或者管

制。犯前款罪,致人重伤的,处三年以上十年以下有期徒刑。M国公民殴打中国籍公民赵某致其重伤构成故意伤害罪,因此适用保护管辖原则。

5. A [解析]本案中,乙对张某实施不法侵害,符合正当防卫的起因条件和时间条件。甲为维护他人的合法权益针对不法侵害人本人实施打击,符合正当防卫的对象条件和防卫目的的要求。虽然甲将乙打昏在地,但从侵害行为和防卫行为的强度对比来看,甲并未超出必要限度,所以甲的行为是正当防卫。而张某在乙失去侵害能力时,侵害乙的生命权,不符合正当防卫的时间条件——不法侵害正在进行。张某拿起地上的石头转身回来朝乙的头部猛砸数下致乙死亡的行为构成故意杀人罪。故本题选A。

6. D [解析]我国《刑法》第十八条规定:“间歇性的精神病人在精神正常的时候犯罪,应当负刑事责任。”

二、多项选择题

1. CD [解析]B项属于侵犯财产罪,D项属于妨害社会管理秩序罪。我国《刑法》第二百九十三条列举了寻衅滋事罪的四种具体情况:随意殴打他人,情节恶劣的;追逐、拦截、辱骂、恐吓他人,情节恶劣的;强拿硬要或者任意损毁、占用公私财物,情节严重的;在公共场所起哄闹事,造成公共场所秩序严重混乱的。寻衅滋事罪侵犯的客体主要是公共秩序,而非公私财物的所有权和公民的人身权利。从客观方面分析,寻衅滋事罪对强抢财物的数量要求较小,暴力程度较低。从主观方面分析,甲明显带有以强凌弱的动机。可见,甲在公共场所,以轻微暴力强抢小学生的财物,更符合寻衅滋事罪的犯罪特征,CD项说法正确,AB项说法错误。故选CD。

2. ACD [解析]正当防卫的成立条件为:(1)具有防卫意图,即为了使国家、公共利益、本人或者他人的人身、财产和其他权利免受不法侵害;(2)正当防卫的起因条件是不法侵害的发生和存在;(3)正当防卫的对象只能是不法侵害人;(4)正当防卫的时间条件是指对正在进行的不法侵害进行防卫,即不法侵害已经开始尚未结束。如果不法侵害尚未开始或者已经结束而实行“防卫”的,是“防卫的不适时”(事先防卫或事后防卫),不能成立正当防卫;(5)正当防卫的限度条件,是指正当防卫不能明显超过必要限度且对不法侵害人造成重大损害。根据正当防卫的条件,A、C、D正确,B错误。故本题选ACD。

3. ABC [解析]我国《刑法》第十七条规定:“已满十四周岁不满十六周岁的人,犯故意杀人、故意伤害致人重伤或者死亡、强奸、抢劫、贩卖毒品、放火、爆炸、投放危险物质罪的,应当负刑事责任。”故本题选ABC。

4. BC [解析]A项中甲将仇人杀死的行为与取财的行为分别构成故意杀人罪和盗窃罪,应当数罪并罚;D项中甲实施抢劫后为灭口而故意杀人,以抢劫罪和故意杀人罪定罪,实行数罪并罚。B项属于为劫取财物而预谋故意杀人;C项属于在劫取财物过程中,为制服被害人而故意杀人,BC两项均应以抢劫罪一罪定罪处罚。故选BC。

第五章　行政法

思维导图

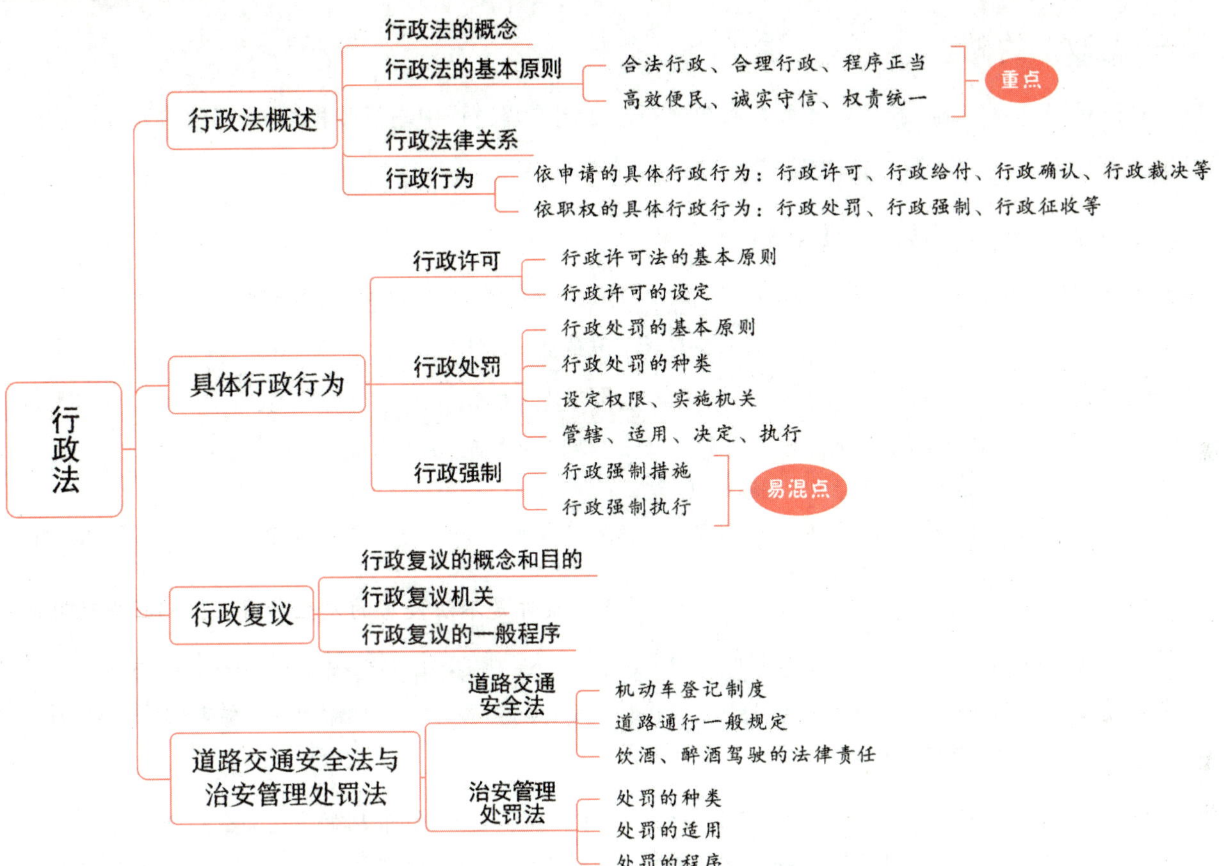

河南考向

本章属于法律常识的基础章节，在河南招教考试中考查较少，内容较为系统化，需要识记的知识不多。在考试中常以选择题等客观题的形式考查。现对本章河南考向分析如下：

考点类型	高频考点	常考题型	能力层级	考查热度
常规考点	行政法的基本原则	单选	识记	★★
	行政处罚	单选	识记	★★
新增考点	道路交通安全法	多选	识记	★★

核心考点

第一节　行政法概述

一、行政法的概念

行政法是指行政主体在行使行政职权和接受行政法制监督过程中与**行政相对人**、**行政法制监督主体**之间发生的各种关系，以及**行政主体内部**发生的各种关系的法律规范的总称。

二、行政法的基本原则 【单选】★★

行政法的基本原则包括：合法行政、合理行政、程序正当、高效便民、诚实守信和权责统一。

表3-5-1　行政法的基本原则

基本原则	具体要求
合法行政	合法行政是行政法的首要原则，是行政活动区别于民事活动的主要标志。 (1)法律优先：行政活动不得违背现有法律。 (2)法律保留：行政活动应当依照法律的授权进行，行政机关没有法律、法规、规章的依据不得作出影响公民权益的决定
合理行政	(1)公平公正：平等对待行政相对人、相同的行为给予相同的处理。 (2)考虑相关因素：行政机关在实施活动时只能考虑与该事件有关的各种因素，不得考虑无关因素。 (3)符合比例：行政手段裁量适当、必要、均衡。行政机关在可以采用多种方式的情况下，应当采用对当事人权益损害最小的方式
程序正当	(1)行政公开：保障知情权，分为不予公开(国家秘密、商业秘密和个人隐私)、主动公开和依申请公开。 (2)公众参与：工作和决策听取公众意见、作出行政决定前听取陈述申辩。 (3)公务回避：利害回避与保证中立而回避。 (4)适用程序合法：依法听证、依法催告、依法适用简易程序等。程序违法既违反合法行政原则，也违反程序正当原则
高效便民	(1)行政效率：积极履行职责、提高办事效率。 (2)便利当事人：简化行政程序，提供优质服务
诚实守信	(1)行政信息真实：提供真实、准确、全面的行政信息。 (2)信赖利益保护：存续保护，即行政行为不得随意更改(禁止反复无常)；财产保护，即基于公共利益依法定程序更改(依法变更、废止、撤回)，需要对相对人的损失进行补偿
权责统一	(1)行政效能：赋予执法手段，保证政令有效。 (2)行政责任：行使行政权须依法接受监督，行政违法或不当应承担法律责任，即接受监督、纠错问责

三、行政法律关系 【单选】

行政法律关系是指经过行政法规范调整，由国家强制力保障实施的行政关系。行政法律关系由行政法律关系的主体、客体、内容等要素构成。其中,行政法律关系的主体包括行政主体和行政相对人。行政主体是指享有行政职权,以自己的名义从事行政管理活动并独立承担相应法律责任的组织。

四、行政行为

行政行为是指行政主体运用行政权对行政相对人作出的产生法律效力的行为,具有从属法律性、单方性、强制性和效力先定性的特征。

考点1 依申请的具体行政行为

依申请的行政行为是指行政主体只有在行政相对人提出申请后才能被动实施的具体行政行为,包括行政许可、行政给付、行政确认、行政裁决等。

表3-5-2　依申请的具体行政行为

形式	具体说明
行政许可	指行政机关根据公民、法人或者其他组织的申请,经依法审查,准予其从事特定活动的行为。例如,为驾驶人颁发机动车驾驶证
行政给付	指行政主体对公民在年老、疾病或丧失劳动能力等情况或其他特殊情况下,依照有关法律、法规规定,赋予其一定物质权益或与物质有关的权益的具体行政行为。它包括补助、安置、抚恤、优待等
行政确认	指行政主体依法对行政相对人的法律地位、法律关系和法律事实进行甄别,使之获得法律效果的行政行为。它的主要形式包括:确定、认可、登记、证明、批准等
行政裁决	指行政主体依法对平等主体之间的民事争议活动作出裁决的具体行政行为。它包括损害赔偿裁决、权属纠纷裁决、侵权纠纷裁决等

考点2 依职权的具体行政行为

依职权的具体行政行为是指行政主体无需行政相对人的申请就能根据自身的行政职权主动实施的具体行政行为,包括行政处罚、行政强制和行政征收等。

第二节　具体行政行为

一、行政许可　【多选】 ★

考点1 行政许可法的基本原则

行政许可法的基本原则包括:合法原则;公开、公平、公正、非歧视原则;便民与效率原则;救济原则;信赖保护原则;监督原则等。

考点2 行政许可的设定

可以设定行政许可的事项:(1)直接涉及国家安全、公共安全、经济宏观调控、生态环境保护以及直接关系人身健康、生命财产安全等特定活动,需要按照法定条件予以批准的事项;(2)有限自然资源开发利用、公

第三部分

共资源配置以及直接关系公共利益的特定行业的市场准入等，需要赋予特定权利的事项；(3)提供公众服务并且直接关系公共利益的职业、行业，需要确定具备特殊信誉、特殊条件或者特殊技能等资格、资质的事项；(4)直接关系公共安全、人身健康、生命财产安全的重要设备、设施、产品、物品，需要按照技术标准、技术规范，通过检验、检测、检疫等方式进行审定的事项；(5)企业或者其他组织的设立等，需要确定主体资格的事项；(6)法律、行政法规规定可以设定行政许可的其他事项。

起草法律草案、法规草案和省、自治区、直辖市人民政府规章草案，拟设定行政许可的，起草单位应当采取听证会、论证会等形式听取意见，并向制定机关说明设定该行政许可的必要性、对经济和社会可能产生的影响以及听取和采纳意见的情况。

二、行政处罚 【单选】★★

行政处罚是指行政机关依法对违反行政管理秩序的公民、法人或者其他组织，以减损权益或者增加义务的方式予以惩戒的行为。

考点1 行政处罚的基本原则

(1)处罚法定原则：公民、法人或者其他组织违反行政管理秩序的行为，应当给予行政处罚的，依照本法由法律、法规、规章规定，并由行政机关依照本法规定的程序实施。

(2)公正公开的原则：设定和实施行政处罚必须以事实为依据，与违法行为的事实、性质、情节以及社会危害程度相当。对违法行为给予行政处罚的规定必须公布；未经公布的，不得作为行政处罚的依据。

(3)处罚与教育相结合原则：实施行政处罚，纠正违法行为，应当坚持处罚与教育相结合，教育公民、法人或者其他组织自觉守法。

(4)保障当事人程序权利原则：公民、法人或者其他组织对行政机关所给予的行政处罚，享有陈述权、申辩权；对行政处罚不服的，有权依法申请行政复议或者提起行政诉讼。公民、法人或者其他组织因行政机关违法给予行政处罚受到损害的，有权依法提出赔偿要求。保障当事人程序权利原则的基本要求是正确处理惩罚与保护的相互关系，使无辜的人不受行政处罚，使违法行为人受到公正处理，使遭受违法处罚的人得到及时补救。通过保障当事人行使程序权利使行政处罚得到正确使用。

(5)不免除民事责任、不取代刑事责任原则：公民、法人或者其他组织因违法行为受到行政处罚，其违法行为对他人造成损害的，应当依法承担民事责任。违法行为构成犯罪，应当依法追究刑事责任的，不得以行政处罚代替刑事处罚。

考点2 行政处罚的种类

(1)警告、通报批评；(2)罚款、没收违法所得、没收非法财物；(3)暂扣许可证件、降低资质等级、吊销许可证件；(4)限制开展生产经营活动、责令停产停业、责令关闭、限制从业；(5)行政拘留；(6)法律、行政法规规定的其他行政处罚。

考点3 行政处罚的设定权限

法律可以设定各种行政处罚。限制人身自由的行政处罚，只能由法律设定。行政法规可以设定除限制人身自由以外的行政处罚。地方性法规可以设定除限制人身自由、吊销营业执照以外的行政处罚。

考点4 行政处罚的实施机关

行政处罚由具有行政处罚权的行政机关在法定职权范围内实施。

国家在城市管理、市场监管、生态环境、文化市场、交通运输、应急管理、农业等领域推行建立综合行政执法制度，相对集中行政处罚权。

国务院或者省、自治区、直辖市人民政府可以决定一个行政机关行使有关行政机关的行政处罚权。

限制人身自由的行政处罚权只能由公安机关和法律规定的其他机关行使。

考点5 行政处罚的管辖

行政处罚由违法行为发生地的县级以上地方人民政府具有行政处罚权的行政机关管辖。法律、行政法规另有规定的，从其规定。

两个以上行政机关都有管辖权的，由最先立案的行政机关管辖。对管辖发生争议的，应当协商解决，协商不成的，报请共同的上一级行政机关指定管辖；也可以直接由共同的上一级行政机关指定管辖。

考点6 行政处罚的适用

第三部分

一事不再罚原则：对当事人的同一个违法行为，不得给予两次以上罚款的行政处罚。同一个违法行为违反多个法律规范应当给予罚款处罚的，按照罚款数额高的规定处罚。

不予处罚的情况：(1)不满十四周岁的未成年人有违法行为的。(2)精神病人、智力残疾人在不能辨认或者不能控制自己行为时有违法行为的。(3)违法行为轻微并及时改正，没有造成危害后果的。初次违法且危害后果轻微并及时改正的，可以不予行政处罚。当事人有证据足以证明没有主观过错的，不予行政处罚。法律、行政法规另有规定的，从其规定。(4)违法行为在二年内未被发现的。法律另有规定的除外。

已满十四周岁不满十八周岁的未成年人有违法行为的，应当从轻或者减轻行政处罚。间歇性精神病人在精神正常时有违法行为的，应当给予行政处罚。尚未完全丧失辨认或者控制自己行为能力的精神病人、智力残疾人有违法行为的，可以从轻或者减轻行政处罚。

考点7 行政处罚的决定

1. 简易程序

违法事实确凿并有法定依据，对公民处以二百元以下、对法人或者其他组织处以三千元以下罚款或者警告的行政处罚的，可以当场作出行政处罚决定。执法人员当场作出行政处罚决定的，应当向当事人出示执法证件，填写预定格式、编有号码的行政处罚决定书，并当场交付当事人。当事人拒绝签收的，应当在行政处罚决定书上注明。

2. 普通程序

除适用简易程序的可以当场作出的行政处罚外，行政机关发现公民、法人或者其他组织有依法应当给予行政处罚的行为的，必须全面、客观、公正地调查，收集有关证据；必要时，依照法律、法规的规定，可以进行检查。符合立案标准的，行政机关应当及时立案。

行政机关应当自行政处罚案件立案之日起九十日内作出行政处罚决定。

3. 听证程序

行政机关拟作出较大数额罚款，没收较大数额违法所得、没收较大价值非法财物，降低资质等级、吊销许可证件，责令停产停业、责令关闭、限制从业，其他较重的行政处罚，应当告知当事人有要求举行听证的权利；当事人要求听证的，行政机关应当组织听证。当事人不承担行政机关组织听证的费用。

考点 8 行政处罚的执行

行政处罚决定依法作出后，当事人应当在行政处罚书载明的期限内，予以履行。

原则上，在当事人申请行政复议或提起行政诉讼期间，行政处罚不停止执行。

作出罚款决定的行政机关应当与收缴罚款的机构分离，即罚缴分离。依法给予一百元以下罚款的，不当场收缴事后难以执行的，执法人员可以当场收缴罚款；在边远、水上、交通不便地区，当事人到指定的银行或者通过电子支付系统缴纳罚款确有困难，经当事人提出，行政机关及其执法人员可以当场收缴罚款。

真题面对面

[2022 信阳淮滨，单，0.7 分]限制人身自由的行政处罚权，只能由(　　)和法律规定的其他机关行使。

A. 权力机关　　B. 人民政府　　C. 司法机关　　D. 公安机关

答案：D

三、行政强制 【判断】 ★

行政强制是指行政主体为实现行政目的，对相对人的财产、身体及自由等予以强制而采取的措施。

考点 1 行政强制措施

行政强制措施，是指行政机关在行政管理过程中，为制止违法行为、防止证据损毁、避免危害发生、控制危险扩大等情形，依法对公民的人身自由实施暂时性限制，或者对公民、法人或者其他组织的财物实施暂时性控制的行为。行政强制措施包括：①限制公民人身自由；②查封场所、设施或者财物；③扣押财物；④冻结存款、汇款；⑤其他行政强制措施。

易混点辨析

行政强制措施与行政强制执行的目的不同。行政强制措施的目的是使相对人的人身、财产处于一定状态，以预防、制止或者控制正在发生或者可能发生的违法行为或者危险状态。行政强制执行的目的在于强制相对人履行义务或达到与履行义务相同的状态。

考点 2 行政强制执行

行政强制执行，是指行政机关或者行政机关申请人民法院，对不履行行政决定的公民、法人或者其他组织，依法强制履行义务的行为。行政强制执行的方式包括：①加处罚款或者滞纳金；②划拨存款、汇款；③拍卖或者依法处理查封、扣押的场所、设施或者财物；④排除妨碍、恢复原状；⑤代履行；⑥其他强制执行方式。

第三节　行政复议

一、行政复议的概念和目的 【多选】 ★

行政复议是指公民、法人或者其他组织认为行政机关作出的**具体行政行为**侵害其合法权益时，当事人

向行政机关提出复议申请，相关行政机关按照行政复议的程序进行**合法性和适当性**审查，并作出行政复议的决定的制度。行政复议的目的是防止和纠正违法的或者不当的具体行政行为，保护公民、法人和其他组织的合法权益，保障和监督行政机关依法行使职权。

易错点提示

对抽象行政行为的审查申请只能在对具体行政行为提起行政复议申请时一并提出，而不能单独对抽象行政行为提起行政复议。

二、行政复议机关

表3-5-3 行政复议机关

作出具体行政行为的机关	复议机关
县级以上地方各级人民政府工作部门	该部门的本级人民政府或者上一级主管部门
海关、金融、国税、外汇管理等实行垂直领导的行政机关和国家安全机关	上一级主管部门
地方各级人民政府	上一级地方人民政府
省、自治区人民政府依法设立的派出机关所属的县级地方人民政府	该派出机关
国务院部门或者省、自治区、直辖市人民政府	作出该具体行政行为的国务院部门或者省、自治区、直辖市人民政府
县级以上地方人民政府依法设立的派出机关	设立该派出机关的人民政府
法律、法规授权的组织	管理该组织的地方人民政府、地方人民政府工作部门或者国务院部门
两个或者两个以上行政机关以共同的名义作出具体行政行为	其共同上一级行政机关
被撤销的行政机关在撤销前所作出的行政行为	继续行使其职权的行政机关的上一级行政机关

三、行政复议的一般程序

表3-5-4 行政复议的一般程序

程序	具体说明
申请	依法申请行政复议的公民、法人或者其他组织是申请人，其应当自知道该具体行政行为之日起**60日**内提出行政复议申请；但是法律规定的申请期限超过60日的除外。申请人可以**书面**申请，也可以**口头**申请
受理	行政机关收到行政复议申请后，应当在5日内进行审查，不符合复议条件的，应当书面告知申请人；符合条件的，自收到申请之日起即为受理
审查	行政复议原则上采取书面审查的办法。行政复议机关负责法制工作的机构应当对被申请人作出的具体行政行为进行审查，提出意见，经行政复议机关的负责人同意或者集体讨论通过后，按照规定作出行政复议决定。复议期间，具体行政行为**不停止**执行
决定	行政复议机关应当在自受理申请之日起**60日**内作出行政复议决定(除法律规定的情况外)。情况复杂，不能在规定期限内作出行政复议决定的，经行政复议机关的负责人批准，可以适当延长，并告知申请人和被申请人；但是延长期限最多不超过30日

第四节　道路交通安全法与治安管理处罚法

一、道路交通安全法　【多选】　★★

考点1　机动车登记制度

国家对机动车实行登记制度。尚未登记的机动车，需要临时上道路行驶的，应当取得临时通行牌证。有下列情形之一的，应当办理相应的登记：(1)机动车所有权发生转移的；(2)机动车登记内容变更的；(3)机动车用作抵押的；(4)机动车报废的。

考点2　道路通行一般规定

我国《道路交通安全法》对道路通行作了具体的规定，主要包括：(1)机动车、非机动车实行右侧通行。(2)根据道路条件和通行需要，道路划分为机动车道、非机动车道和人行道的，机动车、非机动车、行人实行分道通行。没有划分机动车道、非机动车道和人行道的，机动车在道路中间通行，非机动车和行人在道路两侧通行。(3)道路划设专用车道的，在专用车道内，只准许规定的车辆通行，其他车辆不得进入专用车道内行驶。(4)车辆、行人应当按照交通信号通行，遇有交通警察现场指挥时，应当按照交通警察的指挥通行。(5)机动车上道路行驶，不得超过限速标志标明的最高时速。(6)机动车载人不得超过核定的人数，客运机动车不得违反规定载货。

考点3　饮酒、醉酒驾驶的法律责任

饮酒后驾驶机动车的，处暂扣六个月机动车驾驶证，并处一千元以上二千元以下罚款。因饮酒后驾驶机动车被处罚，再次饮酒后驾驶机动车的，处十日以下拘留，并处一千元以上二千元以下罚款，吊销机动车驾驶证。

醉酒驾驶机动车的，由公安机关交通管理部门约束至酒醒，吊销机动车驾驶证，依法追究刑事责任；五年内不得重新取得机动车驾驶证。

饮酒后驾驶营运机动车的，处十五日拘留，并处五千元罚款，吊销机动车驾驶证，五年内不得重新取得机动车驾驶证。

醉酒驾驶营运机动车的，由公安机关交通管理部门约束至酒醒，吊销机动车驾驶证，依法追究刑事责任；十年内不得重新取得机动车驾驶证，重新取得机动车驾驶证后，不得驾驶营运机动车。

饮酒后或者醉酒驾驶机动车发生重大交通事故，构成犯罪的，依法追究刑事责任，并由公安机关交通管理部门吊销机动车驾驶证，终生不得重新取得机动车驾驶证。

二、治安管理处罚法　【单选】　★

扰乱公共秩序，妨害公共安全，侵犯人身权利、财产权利，妨害社会管理，具有社会危害性，依照《中华人民共和国刑法》的规定构成犯罪的，依法追究刑事责任；尚不够刑事处罚的，由公安机关依照治安管理处罚法给予治安管理处罚。

考点1　处罚的种类

治安管理处罚的种类分为：(1)警告；(2)罚款；(3)行政拘留；(4)吊销公安机关发放的许可证。对违反治安管理的外国人，可以附加适用限期出境或者驱逐出境。

考点2 处罚的适用

1. 应受处罚行为主体

已满十四周岁不满十八周岁的人违反治安管理的，从轻或者减轻处罚；不满十四周岁的人违反治安管理的，不予处罚，但是应当责令其监护人严加管教。

精神病人在不能辨认或者不能控制自己行为的时候违反治安管理的，不予处罚，但是应当责令其监护人严加看管和治疗。间歇性的精神病人在精神正常的时候违反治安管理的，应当给予处罚。

盲人或者又聋又哑的人违反治安管理的，可以从轻、减轻或者不予处罚。

醉酒的人违反治安管理的，应当给予处罚。醉酒的人在醉酒状态中，对本人有危险或者对他人的人身、财产或者公共安全有威胁的，应当对其采取保护性措施约束至酒醒。

单位违反治安管理的，对其直接负责的主管人员和其他直接责任人员依照本法的规定处罚。

对于因民间纠纷引起的打架斗殴或者损毁他人财物等违反治安管理行为，情节较轻的，公安机关可以调解处理。经公安机关调解，当事人达成协议的，不予处罚。经调解未达成协议或者达成协议后不履行的，公安机关应当依照治安管理处罚法的规定对违反治安管理行为人给予处罚，并告知当事人可以就民事争议依法向人民法院提起民事诉讼。

2. 不执行拘留处罚情形

违反治安管理行为人有下列情形之一，依法应当给予行政拘留处罚的，不执行行政拘留处罚：(1)已满十四周岁不满十六周岁的；(2)已满十六周岁不满十八周岁，初次违反治安管理的；(3)七十周岁以上的；(4)怀孕或者哺乳自己不满一周岁婴儿的。

3. 处罚追究时效

违反治安管理行为在六个月内没有被公安机关发现的，不再处罚。期限从违反治安管理行为发生之日起计算；违反治安管理行为有连续或者继续状态的，从行为终了之日起计算。

考点3 处罚的程序

1. 处罚决定

治安管理处罚由县级以上人民政府公安机关决定；其中警告、五百元以下的罚款可以由公安派出所决定。对决定给予行政拘留处罚的人，在处罚前已经采取强制措施限制人身自由的时间，应当折抵。限制人身自由一日，折抵行政拘留一日。违反治安管理行为事实清楚，证据确凿，处警告或者二百元以下罚款的，可以当场作出治安管理处罚决定。当场作出治安管理处罚决定的，经办的人民警察应当在24小时内报所属公安机关备案。被处罚人对治安管理处罚决定不服的，可以依法申请行政复议或者提起行政诉讼。

2. 听证制度

公安机关作出吊销许可证以及处二千元以上罚款的治安管理处罚决定前，应当告知违反治安管理行为人有权要求举行听证；违反治安管理行为人要求听证的，公安机关应当及时依法举行听证。

边缘考点

根据我国《公职人员政务处分法》的规定，政务处分的种类为：警告；记过；记大过；降级；撤职；开除。政务处分的期间为：警告，六个月；记过，十二个月；记大过，十八个月；降级、撤职，二十四个月。政务处分决定自作出之日起生效，政务处分期自政务处分决定生效之日起计算。

公务员以及参照《中华人民共和国公务员法》管理的人员在政务处分期内，不得晋升职务、职级、衔级和级别；其中，被记过、记大过、降级、撤职的，不得晋升工资档次。被撤职的，按照规定降低职务、职级、衔级和级别，同时降低工资和待遇。

决定给予政务处分的，应当制作政务处分决定书。

公职人员受到政务处分的，应当将政务处分决定书存入其本人档案。对于受到降级以上政务处分的，应当由人事部门按照管理权限在作出政务处分决定后一个月内办理职务、工资及其他有关待遇等的变更手续；特殊情况下，经批准可以适当延长办理期限，但是最长不得超过六个月。

第三部分

核心考点回顾

1. 行政法的基本原则是什么？（参见本书P186）
2. 行政处罚的基本原则是什么？（参见本书P188）
3. 行政强制措施与行政强制执行的区别是什么？（参见本书P190）

达标测评

建议用时	实际用时	测评总分	实际得分
8分钟	____分钟	11分	____分

一、单项选择题（每小题1分，共5分）

1. 下列属于具体行政行为的是（　　）

A. 国务院制定行政法规　　B. 某市地税局进行税务征收

C. 国务院各部委制定行政规章　　D. 省、自治区、直辖市人民政府制定行政法规

2. 行政处罚是指行政机关依法对违反行政管理法律法规的公民、法人或其他组织给予制裁的行政行为。下列选项属于行政处罚的是（　　）

A. 对严重违反《中华人民共和国公务员法》的公务员给予开除处分

B. 对醉酒的人约束至酒醒

C. 暂扣违章司机的机动车驾驶证

D. 强制拆除公路边的违章建筑

3. 依据我国《行政处罚法》的规定，违法事实确凿并有法定依据，对公民处以（　　）元以下、对法人或者其他

组织处以(　　)元以下罚款或者警告的行政处罚的,可以当场作出行政处罚决定。

A. 五十;一千　　B. 五十;三千　　C. 二百;一千　　D. 二百;三千

4. 下列符合依法行政原则的有(　　)

A. 行政机关在法定范围内行使自由裁量权

B. 某工商局吊销违法企业的营业执照和卫生许可证

C. 公安局将严重拖欠国有企业贷款的某公司经理拘留

D. 某省政府制定一行政规章,该规章根据本省特点对法律有所变通

5. 下列选项中不能提起行政复议的行为是(　　)

A. 某市公安车管部门发布了排气量在1升以下的汽车不予上牌照的规定,并据此对吴某汽车不予上牌照的行为

B. 某乡政府发布通告劝导农民种植高产农作物的行为

C. 城建部门将施工企业的资质由一级变更为二级的行为

D. 民政部门对王某成立社团的申请不予批准的行为

二、多项选择题(每小题2分,共6分)

1. 下述社会关系中不属于行政法调整范围的是(　　)

A. 各社会组织内部的管理关系

B. 行政机关缔结买卖合同而形成的关系

C. 法律法规授权的组织行使某一行政管理权所发生的社会关系

D. 行政机关与相对方当事人之间发生的民事关系

2. 以下属于行政许可行为的有(　　)

A. 社团登记　　B. 公司成立　　C. 结婚登记　　D. 颁发执照

3. 某市市场监督管理部门以未取得生产许可证为由,扣押孙某工厂所生产的商品及厂房设备,并查封厂房,要求孙某缴纳罚款3万元。因孙某拒不缴纳罚款,该部门将扣押的商品进行了拍卖以抵缴罚款。以下说法不正确的有(　　)

A. 扣押商品及厂房设备的行为属于行政强制执行

B. 查封厂房的行为属于行政强制措施

C. 拍卖商品的行为属于行政强制措施

D. 拍卖商品的行为属于行政处罚

参考答案及解析

一、单项选择题

1. B　[解析]具体行政行为是指国家行政机关和行政机关工作人员、法律法规授权的组织、行政机关委托的组织或者个人在行政管理活动中行使行政职权,针对特定的公民、法人或者其他组织,就特定的具体事项,作出的有关该公民、法人或者其他组织权利义务的单方行为。

2. C [解析]行政处罚的种类包括:(1)警告、通报批评;(2)罚款、没收违法所得、没收非法财物;(3)暂扣许可证件、降低资质等级、吊销许可证件;(4)限制开展生产经营活动、责令停产停业、责令关闭、限制从业;(5)行政拘留;(6)法律、行政法规规定的其他行政处罚。只有C项符合题意。A项是行政处分,B项是行政强制措施,D项是行政强制执行。故本题选C。

3. D [解析]根据我国《行政处罚法》第五十一条的规定,违法事实确凿并有法定依据,对公民处以二百元以下、对法人或者其他组织处以三千元以下罚款或者警告的行政处罚的,可以当场作出行政处罚决定。

4. A [解析]B项,工商局无权吊销企业的卫生许可证。C项,属于民事纠纷,公安局无权干涉。D项,政府规章不能对法律进行变通。故本题选A。

5. B [解析]根据我国《行政复议法》关于行政复议范围的规定,B项是一种行政指导,不属于提起行政复议的范围。故本题选B。

二、多项选择题

1. ABD [解析]行政法的调整对象是行政关系。行政关系是指行政主体行使行政职权和接受行政法制监督而与行政相对人、行政法制监督主体发生的各种关系,以及行政主体内部发生的各种关系。行政关系以行政职权为核心,只有与行政职权的行使直接或间接发生联系的社会关系才是行政关系。A项不属于行政关系,B、D属于民事关系。故本题选ABD。

2. ABD [解析]行政许可是指行政机关根据公民、法人或者其他组织的申请,经依法审查,准予其从事特定活动的行为。ABD项均属于行政许可行为。结婚登记是婚姻登记机关依法确立当事人之间婚姻关系的具体行政行为。因此结婚登记属于行政确认行为。故选ABD。

3. ACD [解析]本题中,市场监督管理部门扣押商品及厂房设备,并查封厂房的行为属于行政强制措施,A项错误,B项正确。因孙某拒不缴纳罚款,市场监督管理部门将扣押的商品进行拍卖的行为属于行政强制执行,CD项错误。故选ACD。

第六章　诉讼法

第三部分

思维导图

诉讼法
- 民事诉讼法
  - 民事诉讼法的基本原则
    - 当事人诉讼权利平等原则、同等原则和对等原则、辩论原则
    - 法院调解自愿和合法原则、处分原则、诚信原则、检察监督原则
  - 民事诉讼的基本制度
    - 合议制度、回避制度、公开审判制度和两审终审制度
  - 民事诉讼的管辖
    - 级别管辖：基层人民法院、中级人民法院、高级人民法院、最高人民法院
    - 地域管辖：一般地域管辖、特殊地域管辖、专属管辖等
  - 民事诉讼参加人
  - 民事案件的审理（重点）
    - 应当公开：除涉及国家秘密、个人隐私或者法律另有规定的以外
    - 可以不公开：离婚案件、涉及商业秘密的案件，当事人申请不公开审理的
  - 民事诉讼的证据
    - 证据的种类
    - 民事诉讼的举证责任："谁主张、谁举证"
  - 民事诉讼的诉前财产保全
- 行政诉讼法
  - 行政诉讼法的基本原则
  - 行政诉讼的受案范围
  - 行政诉讼的管辖
    - 级别管辖：基层人民法院、中级人民法院、高级人民法院、最高人民法院
    - 地域管辖：一般地域管辖、特殊地域管辖、共同地域管辖
  - 行政诉讼参加人
  - 行政诉讼的证据
    - 证据的种类
    - 行政诉讼的举证责任：由被告举证（易混点）
  - 行政诉讼的程序
- 刑事诉讼法
  - 刑事诉讼的基本原则
  - 刑事诉讼的专门机关与诉讼参与人
  - 刑事诉讼的管辖
  - 刑事诉讼证据（难点）
    - 分类：言词证据和实物证据、有罪证据和无罪证据、直接证据和间接证据、原始证据和传来证据
    - 种类：物证；书证；证人证言；被害人陈述；犯罪嫌疑人、被告人供述和辩解；鉴定意见；勘验、检查、辨认、侦查实验等笔录；视听资料、电子数据

河南考向

本章属于法律常识的基础章节，在河南招教考试中偶有考查，内容较为琐碎，识记高频考点即可。在考试中常以选择题等客观题的形式考查。现对本章河南考向分析如下：

考点类型	高频考点	常考题型	能力层级	考查热度
常规考点	民事案件的审理、行政诉讼的管辖	单选	识记	★★
	刑事诉讼的管辖	多选	识记	★★
	刑事诉讼证据	单选	识记	★★

核心考点

第一节　民事诉讼法

民事诉讼是指人民法院、当事人和其他诉讼参加人，在审理民事案件的过程中，所进行的各种诉讼活动，以及由这些活动所产生的各种关系的总和。

一、民事诉讼法的基本原则

民事诉讼法的基本原则主要包括：当事人诉讼权利平等原则、同等原则和对等原则、法院调解自愿和合法原则、辩论原则、处分原则、诚信原则、检察监督原则等。

二、民事诉讼的基本制度　【判断】★

民事诉讼的基本制度包括合议制度、回避制度、公开审判制度和两审终审制度。

三、民事诉讼的管辖　【单选】★

民事诉讼的管辖，是指确定各级人民法院之间和同级人民法院之间受理第一审民事案件的分工和权限。我国法律规定的民事诉讼的管辖，一般包括级别管辖、地域管辖和裁定管辖等。

考点1　级别管辖

级别管辖是指上、下级人民法院之间受理第一审民事案件的分工和权限。

表3-6-1　民事诉讼的级别管辖

法院级别	具体说明
基层人民法院	一般的第一审民事案件
中级人民法院	(1)重大涉外案件； (2)在本辖区有重大影响的案件； (3)最高人民法院确定由中级人民法院管辖的案件
高级人民法院	本辖区有重大影响的第一审民事案件
最高人民法院	(1)在全国有重大影响的案件； (2)认为应当由本院审理的案件

考点2　地域管辖

地域管辖是指同级人民法院之间受理第一审民事案件的分工和权限，民事诉讼的地域管辖主要包括一般地域管辖、特殊地域管辖、专属管辖、共同管辖和协议管辖等。这里主要介绍一般地域管辖、特殊地域管辖和专属管辖。

(1)一般地域管辖又称普通管辖，是指以当事人住所地与法院辖区的关系来确定管辖法院。一般地域管辖的原则是“原告就被告”，即民事诉讼由被告所在地人民法院管辖。

(2)特殊地域管辖又称特别地域管辖，是指以诉讼标的所在地或者引起民事法律关系发生、变更和消灭的法律事实所在地为标准确定的管辖。特殊地域管辖主要包括：因合同纠纷提起的诉讼，由被告住所地或者合同履行地人民法院管辖；因票据纠纷提起的诉讼，由票据支付地或者被告住所地人民法院管辖；因侵权行为提起的诉讼，由侵权行为地或者被告住所地人民法院管辖；因共同海损提起的诉讼，由船舶最先到达地、共同海损理算地或者航程终止地的人民法院管辖等。

(3)专属管辖是指对某些特定类型的案件，法律规定只能由特定的人民法院行使管辖权，主要包括：因不动产纠纷提起的诉讼，由不动产所在地人民法院管辖；因港口作业中发生纠纷提起的诉讼，由港口所在地人民法院管辖；因继承遗产纠纷提起的诉讼，由被继承人死亡时住所地或者主要遗产所在地人民法院管辖。

四、民事诉讼参加人

民事诉讼中的诉讼参加人包括当事人、诉讼代表人、第三人和诉讼代理人等。

(1)当事人是指因民事权利义务发生争议，以自己的名义进行诉讼，并受法院裁判拘束的人。公民、法人和其他组织可以作为民事诉讼的当事人。法人由其法定代表人进行诉讼。其他组织由其主要负责人进行诉讼。当事人在第一审程序中，一般称为原告和被告；在第二审程序中，称为上诉人和被上诉人。

(2)诉讼代表人指由人数众多的一方当事人推选出来、代表该方当事人进行诉讼的人。诉讼代表人制度分为人数确定的代表人诉讼和人数不确定的代表人诉讼两种。

(3)第三人是指对原告、被告之间争议的诉讼标的具有独立的请求权，或者虽然没有独立的请求权，但案件的处理结果与其有法律上的利害关系，经本人申请或者人民法院通知参加到已经开始的诉讼中来的人。

(4)诉讼代理人是指为了保护被代理人的权益，以被代理人的名义，在被代理人委托授权的范围内进行诉讼活动的人。

五、民事案件的审理 【单选】 ★★

人民法院审理民事案件，除涉及国家秘密、个人隐私或者法律另有规定的以外，应当公开进行。

离婚案件，涉及商业秘密的案件，当事人申请不公开审理的，可以不公开审理。

真题面对面

[2020信阳市直，单，0.9分]根据我国《民事诉讼法》的规定，下列案件不得公开审理的是(　　)

A. 农民工小米讨要劳务加工费案

B. 小李和小张的离婚财产分配案

C. 16岁的周某诉某网络公司侵犯隐私权案

D. 小张离婚后子女抚养权归属案

答案：C

第三部分

六、民事诉讼的证据

考点1 证据的种类

我国《民事诉讼法》规定，民事诉讼的证据包括：(1)当事人的陈述；(2)书证；(3)物证；(4)视听资料；(5)电子数据；(6)证人证言；(7)鉴定意见；(8)勘验笔录。证据必须查证属实，才能作为认定事实的根据。

考点2 民事诉讼的举证责任

当事人对自己提出的主张，有责任提供证据。当事人及其诉讼代理人因客观原因不能自行收集的证据，或者人民法院认为审理案件需要的证据，人民法院应当调查收集。

七、民事诉讼的诉前财产保全 【多选】★

财产保全属于应急性的保全措施，目的是保护利害关系人不致遭受无法弥补的损失。利害关系人因情况紧急，不立即申请保全将会使其合法权益受到难以弥补的损害的，可以在提起诉讼或者申请仲裁前向被保全财产所在地、被申请人住所地或者对案件有管辖权的人民法院申请采取保全措施。

第三部分

考点再拔高

▼ 我国解决民事纠纷的方式

在我国，解决民事纠纷的方式有和解、调解、仲裁、诉讼四种。

其中，人民调解是指人民调解委员会通过说服、疏导等方法，促使当事人在平等协商基础上自愿达成调解协议，解决民间纠纷的活动。人民调解是我国法律所确认的一种诉讼外的调解形式，不是民事诉讼的必经程序，其制发的调解书不具有强制执行力。调解行为如有违法，当事人可向法院提起诉讼予以纠正。经人民调解委员会调解达成调解协议后，当事人之间就调解协议的履行或者调解协议的内容发生争议的，一方当事人可以向人民法院提起诉讼。

真题面对面

[2021安阳龙安，多，1.5分]下列关于民事诉讼和人民调解的关系表达正确的是(　　)

A. 人民调解不是民事诉讼的必经程序

B. 当事人经调解达成协议后，不能向法院提起诉讼

C. 人民调解委员会制发的调解书不具有强制执行力

D. 调解行为如有违法，当事人可向法院提出诉讼予以纠正

答案：ACD

第二节　行政诉讼法

行政诉讼是指人民法院应公民、法人或者其他组织的请求，通过审查行政机关和行政机关工作人员的具体行政行为的合法性，来解决特定范围内行政争议的活动。

一、行政诉讼法的基本原则

行政诉讼法的基本原则包括一般性原则和特有原则。其中，一般性原则包括以下内容：审判独立原则；以事实为根据，以法律为准绳原则；当事人法律地位平等原则；合议、回避、公开审判、两审终审原则；人民检察院有权实行法律监督原则等。特有原则包括诉讼不停止执行原则、被告对作出的具体行政行为负有举证责任原则、对具体行政行为的合法性进行审查原则、人民法院审理行政案件不适用调解原则等。

二、行政诉讼的受案范围

考点 1 受理情形

人民法院受理公民、法人或者其他组织提起的下列诉讼：(1)对行政拘留、暂扣或者吊销许可证和执照、责令停产停业、没收违法所得、没收非法财物、罚款、警告等行政处罚不服的；(2)对限制人身自由或者对财产的查封、扣押、冻结等行政强制措施和行政强制执行不服的；(3)申请行政许可，行政机关拒绝或者在法定期限内不予答复，或者对行政机关作出的有关行政许可的其他决定不服的；(4)对行政机关作出的关于确认土地、矿藏、水流、森林、山岭、草原、荒地、滩涂、海域等自然资源的所有权或者使用权的决定不服的；(5)对征收、征用决定及其补偿决定不服的；(6)申请行政机关履行保护人身权、财产权等合法权益的法定职责，行政机关拒绝履行或者不予答复的；(7)认为行政机关侵犯其经营自主权或者农村土地承包经营权、农村土地经营权的；(8)认为行政机关滥用行政权力排除或者限制竞争的；(9)认为行政机关违法集资、摊派费用或者违法要求履行其他义务的；(10)认为行政机关没有依法支付抚恤金、最低生活保障待遇或者社会保险待遇的；(11)认为行政机关不依法履行、未按照约定履行或者违法变更、解除政府特许经营协议、土地房屋征收补偿协议等协议的；(12)认为行政机关侵犯其他人身权、财产权等合法权益的。

考点 2 不受理情形

人民法院不受理公民、法人或者其他组织对下列事项提起的诉讼：(1)国防、外交等**国家行为**；(2)行政法规、规章或者行政机关制定、发布的具有**普遍约束力**的决定、命令；(3)**行政机关对行政机关工作人员的奖惩、任免等决定**；(4)法律规定由**行政机关最终裁决**的行政行为。

根据《最高人民法院关于适用〈中华人民共和国行政诉讼法〉的解释》的规定，不可诉讼的行政行为包括：(1)公安、国家安全等机关依照刑事诉讼法的明确授权实施的行为；(2)调解行为以及法律规定的仲裁行为；(3)行政指导行为；(4)驳回当事人对行政行为提起申诉的重复处理行为；(5)行政机关作出的不产生外部法律效力的行为；(6)行政机关为作出行政行为而实施的准备、论证、研究、层报、咨询等过程性行为；(7)行政机关根据人民法院的生效裁判、协助执行通知书作出的执行行为，但行政机关扩大执行范围或者采取违法方式实施的除外；(8)上级行政机关基于内部层级监督关系对下级行政机关作出的听取报告、执法检查、督促履责等行为；(9)行政机关针对信访事项作出的登记、受理、交办、转送、复查、复核意见等行为；(10)对公民、法人或者其他组织权利义务不产生实际影响的行为。

三、行政诉讼的管辖 【单选】 ★★

行政诉讼的管辖是指人民法院之间受理第一审行政案件的分工。行政诉讼的管辖一般分为级别管辖和地域管辖。

考点 1 级别管辖

表3-6-2 行政诉讼的级别管辖

法院级别	具体说明
基层人民法院	第一审行政案件
中级人民法院	(1)对国务院部门或者县级以上地方人民政府所作的行政行为提起诉讼的案件; (2)海关处理的案件; (3)本辖区内重大、复杂的案件; (4)其他法律规定由中级人民法院管辖的案件
高级人民法院	本辖区内重大、复杂的第一审行政案件
最高人民法院	全国范围内重大、复杂的第一审行政案件

考点 2 地域管辖

行政诉讼的地域管辖主要包括一般地域管辖、特殊地域管辖和共同地域管辖。

(1)一般地域管辖是指在行政诉讼中按照最初作出具体行政行为的行政机关所在地划分案件管辖,也称普遍地域管辖。经复议的案件,也可以由复议机关所在地人民法院管辖。

(2)特殊地域管辖包括限制人身自由管辖和不动产管辖。

①限制人身自由管辖是指对限制人身自由的行政强制措施不服提起的诉讼,由被告所在地或者原告所在地人民法院管辖。

②不动产管辖是指因不动产提起的行政诉讼,由不动产所在地人民法院管辖。

(3)共同地域管辖是指两个以上人民法院对同一案件都有管辖权的情况下,原告可以选择其中一个法院起诉。

真题面对面

[2020信阳市直,单,0.9分]张某长期居住在A省B地,某次自驾到C省D地时,因违章停车被D地公安局罚款200元。张某不服,此时张某应该选择向(　　)人民法院提起诉讼。

A. A省　　B. B地

C. C省　　D. D地

答案:D。最初作出行政行为的行政机关是D地公安局,张某应向D地人民法院提起行政诉讼。

四、行政诉讼参加人

行政诉讼参加人,是指依法参加行政诉讼活动、享有诉讼权利、承担诉讼义务的当事人和与当事人诉讼地位相似的诉讼代理人,包括原告、被告、共同诉讼人、第三人和诉讼代理人。

行政诉讼的被告是指被原告起诉指控侵犯其行政法上的合法权益和与之发生行政争议,而由人民法院通知应诉的行政主体。不同的行政行为被告不同,具体如下:

表3-6-3　行政诉讼的被告

行为		被告
一般情形		作出行政行为的机关
经复议机关复议的案件	维持原行政行为	作出原行政行为的行政机关和复议机关是共同被告
	改变原行政行为	复议机关
两个以上行政机关作出同一行政行为		共同作出行政行为的行政机关是共同被告
组织作出的行政行为	法律、法规授权的组织	该组织
	行政机关委托的组织	委托的行政机关
行政机关被撤销或者职权变更		继续行使其职权的行政机关

五、行政诉讼的证据

考点 1　证据的种类

我国《行政诉讼法》规定，行政诉讼的证据包括：(1)书证；(2)物证；(3)视听资料；(4)电子数据；(5)证人证言；(6)当事人的陈述；(7)鉴定意见；(8)勘验笔录、现场笔录。以上证据经法庭审查属实，才能作为认定案件事实的根据。

考点 2　行政诉讼的举证责任

我国《行政诉讼法》对行政诉讼的举证责任做了具体规定：被告对作出的行政行为负有举证责任，应当提供作出该行政行为的证据和所依据的规范性文件。被告不提供或者无正当理由逾期提供证据，视为没有相应证据。但是，被诉行政行为涉及第三人合法权益，第三人提供证据的除外。

易混点辨析

考生应注意区分民事诉讼和行政诉讼的举证责任。民事诉讼中“谁主张、谁举证”，行政诉讼中则由被告举证。

六、行政诉讼的程序

我国《行政诉讼法》对行政诉讼的程序做了明确规定，具体为：起诉、受理、审理、判决和执行。对属于人民法院受案范围的行政案件，公民、法人或者其他组织可以先向行政机关申请复议，对复议决定不服的，再向人民法院提起诉讼；也可以直接向人民法院提起诉讼。法律、法规规定应当先向行政机关申请复议，对复议决定不服再向人民法院提起诉讼的，依照法律、法规的规定。

第三节　刑事诉讼法

刑事诉讼是指国家司法机关在刑事诉讼参与人的参加下，依法揭露犯罪、证实犯罪和惩罚犯罪的活动。

一、刑事诉讼法的基本原则

我国刑事诉讼法的基本原则包括：职权原则和严格遵守法定程序原则；人民法院、人民检察院依法独立行使职权原则；分工负责、互相配合、互相制约原则；用本民族语言、文字进行诉讼原则；法院定罪原则；保障诉讼参与人诉讼权利原则；依法不追诉原则；追究外国人刑事责任适用我国刑事诉讼法原则。

二、刑事诉讼的专门机关与诉讼参与人 【单选】★

考点1 专门机关

刑事诉讼中的专门机关是指依照法定职权进行刑事诉讼活动，并在诉讼中承担一定职能的国家机关，主要有人民法院、人民检察院和公安机关，还包括国家安全机关、军队保卫部门、监狱、海关走私犯罪侦查部门等。

考点2 诉讼参与人

刑事诉讼参与人是指在刑事诉讼中除司法人员以外的享有一定的诉讼权利、负有一定诉讼义务的人。一般情况下，刑事诉讼参与人包括当事人、法定代理人、诉讼代理人、辩护人、证人、鉴定人和翻译人员。

三、刑事诉讼的管辖 【多选】★★

刑事诉讼的管辖一般包括级别管辖、地域管辖、指定管辖及优先、移送管辖等。这里主要介绍刑事诉讼的级别管辖和地域管辖。

第三部分

考点1 级别管辖

级别管辖是指各级人民法院之间在审判第一审刑事案件上的权限分工。

表3-6-4 刑事诉讼的级别管辖

法院级别	具体说明
基层人民法院	第一审普通刑事案件
中级人民法院	危害国家安全、恐怖活动案件；可能判处无期徒刑、死刑的案件
高级人民法院	全省（自治区、直辖市）性的重大刑事案件
最高人民法院	全国性的重大刑事案件
级别管辖的变通	上级人民法院在必要的时候，可以审判下级人民法院管辖的第一审刑事案件；下级人民法院认为案情重大、复杂需要由上级人民法院审判的第一审刑事案件，可以请求移送上一级人民法院审判

考点2 地域管辖

地域管辖是指刑事案件由犯罪地的人民法院管辖。如果由被告人居住地的人民法院审判更为适宜的，可以由被告人居住地的人民法院管辖。

四、刑事诉讼证据 【单选】★★

考点1 刑事诉讼证据的分类

1. 言词证据和实物证据

根据证据的表现形式的不同，可以将证据分为言词证据和实物证据。凡是表现为人的陈述，即以言词作为表现形式的证据，是言词证据，它包括被害人陈述，犯罪嫌疑人、被告人供述和辩解，证人证言等。凡是以实物作为表现形式的证据，都是实物证据。

2. 有罪证据和无罪证据

根据证据是否能够证明犯罪事实的存在或者犯罪行为系犯罪嫌疑人、被告人所为，可以将证据分为有

罪证据和无罪证据。凡是能够证明犯罪事实存在和犯罪行为系犯罪嫌疑人、被告人所为的证据，是有罪证据。凡是能够否定犯罪事实存在，或者能够证明犯罪嫌疑人、被告人未实施犯罪行为的证据，是无罪证据。

3. 直接证据和间接证据

根据证据与案件主要事实的证明关系的不同，可以将证据分为直接证据和间接证据。直接证据是指能够单独证明案件主要事实的证据，间接证据是指只有与其他证据相结合才能证明案件主要事实的证据。

4. 原始证据和传来证据

根据证据材料的来源的不同，可以将证据分为原始证据和传来证据。凡是来自原始出处，即直接来源于案件事实的证据材料，叫作原始证据。凡是不是直接来源于案件事实，而是从间接的非第一来源获得的证据材料，称为传来证据。

考点2 刑事诉讼证据的种类

可以用于证明案件事实的材料，都是证据。证据包括：(1)物证；(2)书证；(3)证人证言；(4)被害人陈述；(5)犯罪嫌疑人、被告人供述和辩解；(6)鉴定意见；(7)勘验、检查、辨认、侦查实验等笔录；(8)视听资料、电子数据。证据必须经过查证属实，才能作为定案的根据。

物证是指能够以其存在形式、外部特征、内在属性证明案件真实情况的物品和痕迹。

书证是指通过文字或符号等表达形式记载内容，并能证明案件事实真实性的作为书面材料的证据，如书信、合同、租约、委托书等。

证人证言是指证人就其所了解的案件事实情况向公安司法机关所作的陈述。证人证言一般是以笔录加以固定的口头陈述，但是经办案人员同意，由证人亲笔书写的书面证词也是证人证言。

电子数据是指案件发生过程中形成的，以数字化形式存储、处理、传输的，能够证明案件事实的数据。一般认为，电子数据包括但不限于下列信息、电子文件：(1)网页、博客、微博客、朋友圈、贴吧、网盘等网络平台发布的信息；(2)手机短信、电子邮件、即时通信、通讯群组等网络应用服务的通信信息；(3)用户注册信息、身份认证信息、电子交易记录、通信记录、登录日志等信息；(4)文档、图片、音视频、数字证书、计算机程序等电子文件。

易错点提示

考生在判断录音录像形式的证据种类时容易出错。作为视听资料、电子数据的录音、录像，一般产生于诉讼开始之前、犯罪实施过程之中。如果是在刑事诉讼启动之后，公安司法机关为了收集、固定和保全证据而制作的录音、录像等，往往不是视听资料、电子数据。例如，在询问证人、被害人过程中进行的录音和录像，应当分别属于证人证言、被害人陈述。

真题面对面

[2021信阳市直，单，1.1分]某法院审理一起故意杀人案，因该案的唯一目击者行动不便，辩护人向法院出示了一段用数码相机拍摄的录像，其内容为该目击者对案件情况的描述，该证据的种类属于(　　)

A. 书证　　B. 物证　　C. 证人证言　　D. 电子数据

答案：C

考点 3 刑事诉讼的举证责任

公诉案件中被告人有罪的举证责任由人民检察院承担，自诉案件中被告人有罪的举证责任由自诉人承担。

核心考点回顾

1. 哪些民事诉讼案件不得公开审理？（参见本书P199）

2. 行政诉讼的一般地域管辖是什么？（参见本书P202）

3. 刑事诉讼中，证据的种类有哪些？（参见本书P205）

达标测评

建议用时	实际用时	测评总分	实际得分
7分钟	____分钟	9分	____分

一、单项选择题（每小题1分，共5分）

1. 我国的法律诉讼主要分为三种，分别是：刑事诉讼、民事诉讼、（　　）

A. 合同诉讼　　B. 劳动争议　　C. 经济诉讼　　D. 行政诉讼

2. 在行政诉讼中，对被诉行政行为承担举证责任的是（　　）

A. 原告　　B. 被告　　C. 谁主张谁举证　　D. 人民法院

3. 王某家住郑州市二七区，周某家住中原区。两人在金水区共有一处商业用房，现因共有份额产生纠纷，王某诉至法院，应由（　　）受理。

A. 二七区法院　　B. 中原区法院

C. 金水区法院　　D. 以上三个法院都可以

4. 我国的行政诉讼案件由（　　）受理和审理。

A. 普通法院　　B. 专门法院　　C. 行政法院　　D. 宪法法院

5. 下列案件属于行政诉讼受案范围的是（　　）

A. 国防、外交等国家行为

B. 人民政府对其工作人员的开除决定

C. 人民政府关于禁止燃放烟花爆竹的决定

D. 人民政府责令某企业停产治理环境污染的决定

二、多项选择题（每小题2分，共4分）

1. 下列属于刑事诉讼证据的有（　　）

A. 被害人陈述　　B. 证人证言　　C. 鉴定意见　　D. 被告人供述

2. 中级人民法院管辖的第一审行政案件有(　　)

A. 本辖区内复杂案件

B. 海关处理的案件

C. 本辖区内重大案件

D. 对市辖区人民政府所作的具体行政行为提起诉讼的案件

参考答案及解析

一、单项选择题

1. D　[解析]根据现行法律,我国的诉讼制度分为刑事诉讼、民事诉讼、行政诉讼三种。故选D。

2. B　[解析]我国《行政诉讼法》规定,被告对作出的行政行为负有举证责任,应当提供作出该行政行为的证据和所依据的规范性文件。故本题选B。

3. C　[解析]根据我国《民事诉讼法》的规定,因不动产纠纷提起的诉讼,由不动产所在地人民法院管辖,故选C。

4. A　[解析]我国《行政诉讼法》第二条规定:"公民、法人或者其他组织认为行政机关和行政机关工作人员的行政行为侵犯其合法权益,有权依照本法向人民法院提起诉讼。"故本题选A。

5. D　[解析]根据我国《行政诉讼法》第二条的规定,公民、法人或者其他组织认为行政机关和行政机关工作人员的行政行为侵犯其合法权益,有权依照本法向人民法院提起诉讼。D项正确。该法第十三条规定,人民法院不受理公民、法人或者其他组织对下列事项提起的诉讼:(1)国防、外交等国家行为;(2)行政法规、规章或者行政机关制定、发布的具有普遍约束力的决定、命令;(3)行政机关对行政机关工作人员的奖惩、任免等决定;(4)法律规定由行政机关最终裁决的行政行为。ABC项错误。故选D。

二、多项选择题

1. ABCD　[解析]我国《刑事诉讼法》第五十条规定:"可以用于证明案件事实的材料,都是证据。证据包括:(一)物证;(二)书证;(三)证人证言;(四)被害人陈述;(五)犯罪嫌疑人、被告人供述和辩解;(六)鉴定意见;(七)勘验、检查、辨认、侦查实验等笔录;(八)视听资料、电子数据。证据必须经过查证属实,才能作为定案的根据。"故选ABCD。

2. ABC　[解析]我国《行政诉讼法》第十五条规定,中级人民法院管辖下列第一审行政案件:对国务院部门或者县级以上地方人民政府所作的行政行为提起诉讼的案件;海关处理的案件;本辖区内重大、复杂的案件;其他法律规定由中级人民法院管辖的案件。故本题选ABC。

第七章 其他法律法规

思维导图

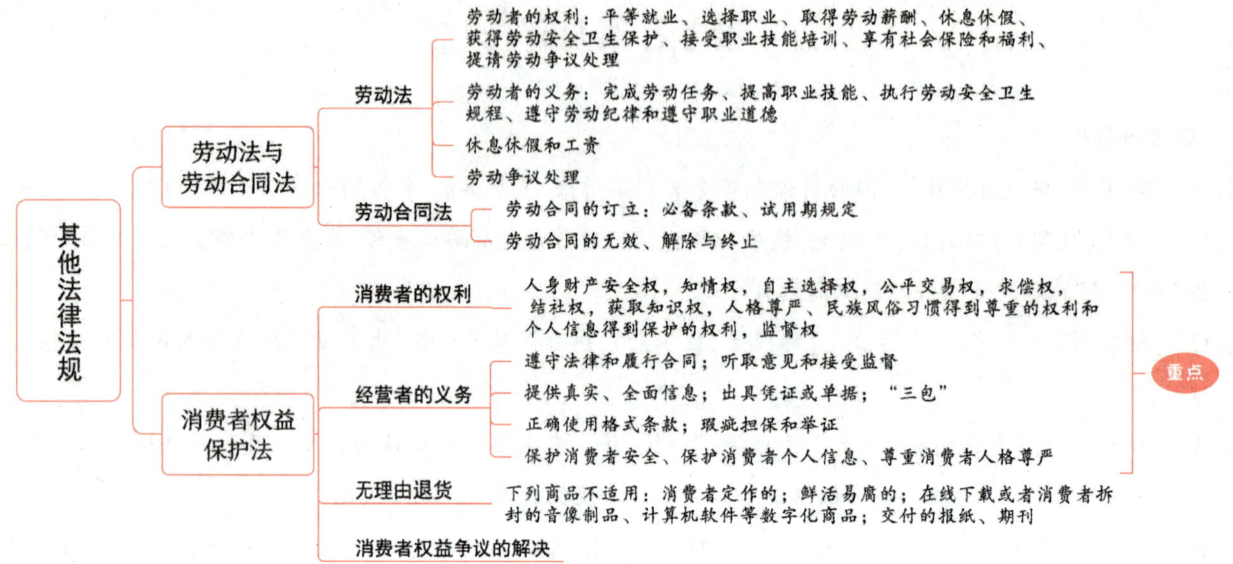

河南考向

本章在河南招教考试中偶有考查，内容较为琐碎，需要识记的知识不多。在考试中常以选择题等客观题的形式考查。现对本章河南考向分析如下：

考点类型	高频考点	常考题型	能力层级	考查热度
常规考点	劳动合同法	单选、多选	识记	★★
	消费者的权利	单选	识记	★★
	经营者的义务	单选	识记	★★

核心考点

第一节 劳动法与劳动合同法

一、劳动法 【单选】

《中华人民共和国劳动法》第二条规定："在中华人民共和国境内的企业、个体经济组织（以下统称用人单位）和与之形成劳动关系的劳动者，适用本法。国家机关、事业组织、社会团体和与之建立劳动合同关系的劳动者，依照本法执行。"

考点 1 劳动者的权利和义务

劳动者的各种权利主要包括：平等就业的权利、选择职业的权利、取得劳动薪酬的权利、休息休假的权利、获得劳动安全卫生保护的权利、接受职业技能培训的权利、享有社会保险和福利的权利、提请劳动争议处理的权利等。

劳动者的义务主要包括：完成劳动任务、提高职业技能、执行劳动安全卫生规程、遵守劳动纪律和遵守职业道德。其中，完成劳动任务是最基本的义务。

考点 2 休息休假和工资

安排劳动者延长工作时间的，支付不低于工资的百分之一百五十的工资报酬；休息日安排劳动者工作又不能安排补休的，支付不低于工资的百分之二百的工资报酬；法定休假日安排劳动者工作的，支付不低于工资的百分之三百的工资报酬。

国家实行带薪年休假制度。劳动者连续工作一年以上的，享受带薪年休假。

考点 3 劳动争议处理

我国《劳动法》规定，用人单位与劳动者发生劳动争议，当事人可以依法申请调解、仲裁、提起诉讼，也可以协商解决。调解原则适用于仲裁和诉讼程序。劳动仲裁是劳动诉讼的必经程序。

易错点提示

下列纠纷不属于劳动争议：劳动者请求社会保险经办机构发放社会保险金的纠纷；劳动者与用人单位因住房制度改革产生的公有住房转让纠纷；家庭或者个人与家政服务人员之间的纠纷；个体工匠与帮工、学徒之间的纠纷；农村承包经营户与受雇人之间的纠纷。

二、劳动合同法 【单选、多选】 ★★

考点 1 劳动合同的订立

建立劳动关系，应当订立书面劳动合同。已建立劳动关系，未同时订立书面劳动合同的，应当自用工之日起一个月内订立书面劳动合同。用人单位与劳动者在用工前订立劳动合同的，劳动关系**自用工之日起**建立。

1. 必备条款

劳动合同应当具备以下条款：(1)用人单位的名称、住所和法定代表人或者主要负责人；(2)劳动者的姓名、住址和居民身份证或者其他有效身份证件号码；(3)劳动合同期限；(4)工作内容和工作地点；(5)工作时间和休息休假；(6)劳动报酬；(7)社会保险；(8)劳动保护、劳动条件和职业危害防护；(9)法律、法规规定应当纳入劳动合同的其他事项。

真题面对面

[2019 信阳平桥，单，0.64 分]我国《劳动合同法》在规定劳动合同要包含劳动时间、劳动合同内容等常规条款外的同时，还强调要把以下哪一项纳入条款(　　)

A. 保密义务　　　　B. 福利待遇

第三部分

C. 职业危害防护　　　　　　　　　　D. 试用期和工作培训

答案：C。C项职业危害防护是必备条款，当选。

2. 试用期规定

劳动合同期限三个月以上不满一年的，试用期不得超过**一个月**；劳动合同期限一年以上不满三年的，试用期不得超过**二个月**；三年以上固定期限和无固定期限的劳动合同，试用期不得超过**六个月**。同一用人单位与同一劳动者只能约定一次试用期。以完成一定工作任务为期限的劳动合同或者劳动合同期限不满三个月的，不得约定试用期。

劳动者在试用期的工资不得低于本单位相同岗位最低档工资或者劳动合同约定工资的百分之八十，并不得低于用人单位所在地的最低工资标准。

真题面对面

[2019信阳平桥，多，1.01分]下列有关劳动试用期的说法，正确的有(　　)

A. 劳动合同期限3个月以上不满1年的，试用期不得超过1个月

B. 劳动合同期限1年以上不满3年的，试用期不得超过2个月

C. 3年以上固定期限和无固定期限的劳动合同，试用期不得超过3个月

D. 必要时，同一用人单位与同一劳动者可以约定两次试用期

答案：AB

第三部分

考点2　劳动合同的无效、解除与终止

1. 劳动合同的无效

我国《劳动合同法》规定，下列劳动合同无效或者部分无效：(1)以欺诈、胁迫的手段或者乘人之危，使对方在违背真实意思的情况下订立或者变更劳动合同的；(2)用人单位免除自己的法定责任、排除劳动者权利的；(3)违反法律、行政法规强制性规定的。对劳动合同的无效或者部分无效有争议的，由劳动争议仲裁机构或者人民法院确认。劳动合同部分无效，不影响其他部分效力的，其他部分仍然有效。

2. 劳动合同的解除

(1)劳动者单方解除劳动合同

我国《劳动合同法》规定，用人单位有下列情形之一的，劳动者可以解除劳动合同：①未按照劳动合同约定提供劳动保护或者劳动条件的；②未及时足额支付劳动报酬的；③未依法为劳动者缴纳社会保险费的；④用人单位的规章制度违反法律、法规的规定，损害劳动者权益的；⑤以欺诈、胁迫的手段或者乘人之危，使劳动者在违背真实意思的情况下订立或者变更劳动合同致使劳动合同无效的；⑥法律、行政法规规定劳动者可以解除劳动合同的其他情形。用人单位以暴力、威胁或者非法限制人身自由的手段强迫劳动者劳动的，或者用人单位违章指挥、强令冒险作业危及劳动者人身安全的，劳动者可以立即解除劳动合同，不需事先告知用人单位。

(2)用人单位单方解除劳动合同

用人单位单方解除劳动合同分为过失性辞退和无过失性辞退。

表3-7-1　用人单位单方解除劳动合同情形

辞退情形	具体说明
过失性辞退	劳动者有下列情形之一的，用人单位可以解除劳动合同： ①在试用期间被证明不符合录用条件的； ②严重违反用人单位的规章制度的； ③严重失职，营私舞弊，给用人单位造成重大损害的； ④劳动者同时与其他用人单位建立劳动关系，对完成本单位的工作任务造成严重影响，或者经用人单位提出，拒不改正的； ⑤因以欺诈、胁迫的手段或者乘人之危，使用人单位在违背真实意思的情况下订立或者变更劳动合同而致使劳动合同无效的； ⑥被依法追究刑事责任的
无过失性辞退	有下列情形之一的，用人单位提前三十日以书面形式通知劳动者本人或者额外支付劳动者一个月工资后，可以解除劳动合同： ①劳动者患病或者非因工负伤，在规定的医疗期满后不能从事原工作，也不能从事由用人单位另行安排的工作的； ②劳动者不能胜任工作，经过培训或者调整工作岗位，仍不能胜任工作的； ③劳动合同订立时所依据的客观情况发生重大变化，致使劳动合同无法履行，经用人单位与劳动者协商，未能就变更劳动合同内容达成协议的

第三部分

3. 劳动合同的终止

我国《劳动合同法》规定，有下列情形之一的，劳动合同终止：(1)劳动合同期满的；(2)劳动者开始依法享受基本养老保险待遇的；(3)劳动者死亡，或者被人民法院宣告死亡或者宣告失踪的；(4)用人单位被依法宣告破产的；(5)用人单位被吊销营业执照、责令关闭、撤销或者用人单位决定提前解散的；(6)法律、行政法规规定的其他情形。

第二节　消费者权益保护法

一、消费者的权利 【单选】 ★★

人身财产安全权：消费者在购买、使用商品和接受服务时享有人身、财产安全不受损害的权利。

知情权：消费者享有知悉其购买、使用的商品或者接受的服务的真实情况的权利。

自主选择权：消费者享有自主选择商品或者服务的权利。

公平交易权：消费者享有公平交易的权利。

求偿权：消费者因购买、使用商品或者接受服务受到人身、财产损害的，享有依法获得赔偿的权利。

结社权：消费者享有依法成立维护自身合法权益的社会组织的权利。

获取知识权：消费者享有获得有关消费和消费者权益保护方面的知识的权利。

人格尊严、民族风俗习惯得到尊重的权利和个人信息得到保护的权利：消费者在购买、使用商品和接受服务时，享有人格尊严、民族风俗习惯得到尊重的权利，享有个人信息依法得到保护的权利。

监督权：消费者享有对商品和服务以及保护消费者权益工作进行监督的权利。

真题面对面

[2021信阳市直,单,1.1分]消费者有权检举、控告侵害消费者权益的行为和国家机关及其工作人员在保护消费者权益工作中的违法失职行为,有权对保护消费者权益工作提出批评、建议,说明消费者具有( )

A. 安全权　　B. 知悉真情权　　C. 自主选择权　　D. 监督权

答案:D

二、经营者的义务 【单选】 ★★

经营者的义务主要有以下几种:遵守法律和履行合同的义务,听取意见和接受监督的义务,保护消费者安全的义务,提供真实、全面信息的义务,出具凭证或单据的义务,瑕疵担保和举证的义务,包修、包换、包退的"三包"义务,正确使用格式条款的义务,尊重消费者人格尊严的义务,保护消费者个人信息的义务。

其中,正确使用格式条款的义务包括:(1)经营者在经营活动中使用格式条款的,应当以显著方式提请消费者注意商品或者服务的数量和质量、价款或者费用、履行期限和方式、安全注意事项和风险警示、售后服务、民事责任等与消费者有重大利害关系的内容,并按照消费者的要求予以说明。(2)经营者不得以格式条款、通知、声明、店堂告示等方式,作出排除或者限制消费者权利、减轻或者免除经营者责任、加重消费者责任等对消费者不公平、不合理的规定,不得利用格式条款并借助技术手段强制交易。格式条款、通知、声明、店堂告示等含有前款所列内容的,其内容无效。

三、无理由退货 【多选】 ★

经营者采用网络、电视、电话、邮购等方式销售商品,消费者有权自收到商品之日起七日内退货,且无需说明理由,但下列商品除外:(1)消费者定作的;(2)鲜活易腐的;(3)在线下载或者消费者拆封的音像制品、计算机软件等数字化商品;(4)交付的报纸、期刊。除前款所列商品外,其他根据商品性质并经消费者在购买时确认不宜退货的商品,不适用无理由退货。

真题面对面

[2021信阳市直,多,1.3分]网购时,在法律规定的期限内可以无理由退货的有( )

A. 洗衣机　　B. 电冰箱　　C. 新鲜蔬菜　　D. 交付的期刊杂志

答案:AB

四、消费者权益争议的解决

消费者和经营者发生消费者权益争议的,可以通过下列途径解决:(1)与经营者协商和解;(2)请求消费者协会或者依法成立的其他调解组织调解;(3)向有关行政部门投诉;(4)根据与经营者达成的仲裁协议提请仲裁机构仲裁;(5)向人民法院提起诉讼。

核心考点回顾

1. 劳动合同的必备条款有哪些?(参见本书P209)

2. 我国《消费者权益保护法》规定的消费者的权利有什么?(参见本书P211)

3. 我国《消费者权益保护法》规定的经营者的义务有什么?(参见本书P212)

达标测评

建议用时	实际用时	测评总分	实际得分
7分钟	____分钟	10分	____分

一、单项选择题(每小题1分,共4分)

1. 刘某与公司签订了为期2年的劳动合同,但公司一直不为其办理社会保险。因此,刘某准备解除劳动合同。对此,下列说法正确的是( )

A. 刘某可以单方面解除合同　　B. 刘某经公司同意可以解除合同

C. 刘某可提前30天书面通知公司解除合同　　D. 刘某不得解除未到期合同

2. 下列选项中,不适用《中华人民共和国消费者权益保护法》的是( )

A. 商店老板张三购买米、面、油等生活用品以供销售

B. 公务员李四在单位附近的美容院购买美容卡

C. 学生王五购买纸笔、书包等学习用品

D. 农民赵六购买用于农业生产的化肥

3. 甲在某火锅店用餐时,服务员用打火机点燃酒精时操作不当,致使甲胳膊烧伤。该火锅店损害了甲作为消费者的( )

A. 知情权　　B. 自主选择权

C. 公平交易权　　D. 人身财产安全权

4. 根据我国《劳动法》规定,用人单位与劳动者发生劳动争议后,以下解决途径不正确的是( )

A. 协商解决　　B. 依法申请调解

C. 向劳动争议仲裁委员会申请仲裁　　D. 直接向人民法院提起诉讼

二、多项选择题(每小题2分,共6分)

1. 下列劳动合同或劳务合同,哪些属于《劳动法》的调整范围( )

A. 某私营企业与职工之间的劳动合同　　B. 某国家机关与工勤人员之间的劳动合同

C. 某公司董事长与公司之间的聘用合同　　D. 甲公司与乙公司之间的劳务合同

2. 根据《劳动合同法》规定,下列属于劳动合同的必备条款的有( )

A. 工作内容　　B. 工作地点　　C. 社会保险　　D. 劳动纪律

3. 经营者依法应对其提供的商品或者服务承担“三包”责任,“三包”是指( )

A. 包修　　B. 包赔　　C. 包退　　D. 包换

参考答案及解析

一、单项选择题

1. A [解析]我国《劳动合同法》第三十八条规定:“未依法为劳动者缴纳社会保险费的,劳动者可以解除劳动合同。”

2. A [解析]根据我国《消费者权益保护法》的规定,为保护消费者的合法权益,维护社会经济秩序,促进社会主义市场经济健康发展,制定本法。BCD项中的主体都是消费者。A项的主体是经营者,不适用我国《消费者权益保护法》,故选A。

3. D [解析]我国《消费者权益保护法》第七条规定:“消费者在购买、使用商品和接受服务时享有人身、财产安全不受损害的权利。消费者有权要求经营者提供的商品和服务,符合保障人身、财产安全的要求。”本题选择D选项。

4. D [解析]我国《劳动法》第七十七条规定:“用人单位与劳动者发生劳动争议,当事人可以依法申请调解、仲裁、提起诉讼,也可以协商解决。”第七十九条规定:“对仲裁裁决不服的,可以向人民法院提起诉讼。”因此,劳动争议案件一般都需要经过劳动仲裁才能进入诉讼程序。故本题选D。

二、多项选择题

1. ABC [解析]我国《劳动法》第二条规定,在中华人民共和国境内的企业、个体经济组织和与之形成劳动关系的劳动者,适用本法。国家机关、事业组织、社会团体和与之建立劳动合同关系的劳动者,依照本法执行。故本题选ABC。

2. ABC [解析]劳动合同应当具备以下条款:(1)用人单位的名称、住所和法定代表人或者主要负责人;(2)劳动者的姓名、住址和居民身份证或者其他有效身份证件号码;(3)劳动合同期限;(4)工作内容和工作地点;(5)工作时间和休息休假;(6)劳动报酬;(7)社会保险;(8)劳动保护、劳动条件和职业危害防护;(9)法律、法规规定应当纳入劳动合同的其他事项。故本题选ABC。

3. ACD [解析]“三包”是零售商业企业对所售商品实行“包修、包换、包退”的简称,是指商品进入消费领域后,卖方对买方所购物品负责而采取的在一定限期内的一种信用保证办法。故选ACD。

第四部分

人文素养

内容导学

河南省教师招聘考试人文素养部分共四章。

第一章主要介绍中国历史和世界历史。

第二章主要介绍中国文学和外国文学。

第三章主要介绍中国音乐和中国美术。

第四章主要是传统文化素养。

考生要重点掌握第一章、第二章和第四章的内容。在备考时，应结合历年真题与自身实际，有针对性地复习。

第一章　历史素养

思维导图

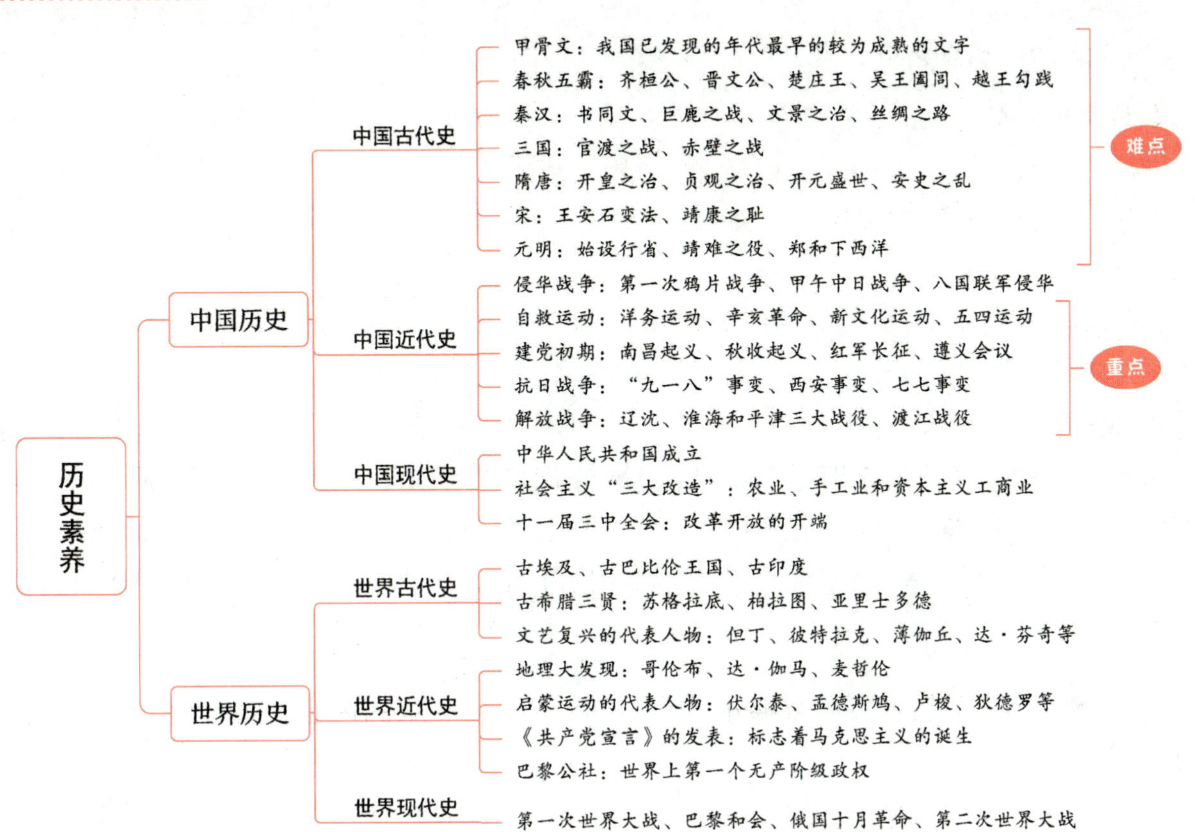

河南考向

本章属于人文素养的基础章节，也是河南招教重点考查的章节，内容较为琐碎，需要识记的知识较多。在考试中常以选择题、判断题等客观题的形式考查。现对本章河南考向分析如下：

考点类型	高频考点	常考题型	能力层级	考查热度
常规考点	中国古代史	单选、多选、判断	识记	★★★
	中国近代史	单选、多选、判断	识记	★★★
	世界现代史	单选、判断	识记	★★

第四部分

核心考点

第一节　中国历史

一、中国古代史 【单选、多选、判断】 ★★★

考点 1　华夏之祖

1. 炎帝和黄帝

中国人自称"炎黄子孙",其中的"炎"指炎帝,"黄"指黄帝。

炎帝是中国上古时期姜姓部落的首领尊称,号**神农氏**,相传神农尝百草,因而炎帝被尊为中华原始农业和医药学的创始人。

黄帝,号**轩辕氏**,是古华夏部落联盟首领。相传,黄帝在位期间,播百谷草木,大力发展生产,始制衣冠、建舟车、制音律。

2. 尧舜禹

相传在黄帝之后,黄河流域出现了三位德才兼备的部落联盟首领:尧、舜、禹。尧舜禹时期,民主推举部落联盟首领的办法叫"禅让制"。

相传,尧在位时,中原**黄河**流域洪水泛滥造成水患灾祸,禹曾奉舜之命治水,三过家门而不入,最终消除了中原的洪灾。

第四部分

考点 2　奴隶制王朝

1. 夏朝

约公元前2070年,禹建立了夏朝,这是我国历史上的第一个王朝。禹从原始部落联盟首领转变为奴隶制国家的国王,标志着我国漫长的原始社会的结束和奴隶社会的开始。禹死后,其儿子启继承父位,成为夏朝第二代国王。从此,世袭制代替了禅让制,"家天下"代替了"公天下"。

记忆有妙招

从夏朝开始到清朝灭亡,我国出现了很多朝代。为了准确记忆各个朝代的先后顺序,我们可以熟记历史朝代歌,以便在排列时间先后顺序的题目中作出准确而快速的判断。

历史朝代歌:夏商与西周,东周分两段。春秋和战国,一统秦两汉。三分魏蜀吴,两晋前后延。南北朝并立,隋唐五代传。宋元明清后,皇朝至此完。

2. 商朝

由于夏朝最后一个国王桀的暴政,约公元前1600年,商部落首领汤率领周围的小国和部落灭夏,建立商朝。由于水患和政治动乱的原因,商王盘庚迁都到殷,因此商朝又称为殷商。

(1)青铜器

原始社会末期,我国已经出现了青铜器。夏朝时期青铜器种类逐渐增多。商朝是我国青铜文化的灿烂

时期，其中著名的青铜器有**后母戊鼎**（河南安阳出土，世界上迄今为止出土的最大的青铜器）和造型奇特的**四羊方尊**。在成都平原盛行着一种独特的青铜文化，叫作**“三星堆”**文化。

（2）甲骨文

殷墟出土的文字，刻在“龟甲”和“兽骨”上，因此称为**“甲骨文”**。由于是占卜用的，所以又称为“卜辞”。铸在青铜器上的铭文则称为“金文”。从甲骨文以及青铜器铭文来看，中国汉字在商代后期已趋于成熟。文字演变的三个阶段——象形、会意与形声三类文字在这时都已出现。甲骨文是清朝光绪年间，国子监祭酒王懿荣在中药“龙骨”上发现的。

甲骨文是我国已发现的年代最早的较为成熟的文字。考生需要注意甲骨文是已经成型的文字，而不是我国文字的雏形。

真题面对面

[2022信阳淮滨，单，0.7分]世界上所有国家里，只有我们国家的汉字是从古代一直演变过来、没有间断的文字。我国现存的已经释读的最古老的汉字是（　　）

A. 金文　　B. 大篆　　C. 小篆　　D. 甲骨文

答案：D

3. 西周

由于商朝最后一个国王商纣王的暴政，周武王率军伐纣，公元前1046年，双方在**牧野**大战，牧野之战是武王伐纣的决胜战，最终商朝灭亡。周武王建立西周，定都镐京（在今西安）。

西周实行分封制，而分封制的基础则是宗法制。宗法制是中国古代社会血缘关系的基本原则，其主要内容是嫡长子继承制。分封制的经济基础是井田制。

4. 东周

公元前770年，周平王东迁洛邑（今河南洛阳），史称“东周”。东周分为春秋和战国两个时期。春秋是我国奴隶社会的瓦解时期；战国是我国封建社会的形成时期。

（1）春秋时期

城濮之战是晋国联合秦、齐、宋等国，在卫国城濮（今山东省鄄城县西南）大败楚国及其盟国的战役。此战成就了晋文公的中原霸主地位。

春秋时期的主要霸主有：齐桓公（成语：尊王攘夷、老马识途），晋文公（成语：秦晋之好、退避三舍），楚庄王（成语：一鸣惊人、问鼎中原），吴王阖闾（成语：三令五申），越王勾践（成语：卧薪尝胆）。

（2）战国时期

战国初年，三家（韩、赵、魏）分晋。之后田氏代齐，形成燕、齐、楚、秦、赵、魏、韩七雄并立的局面，史称“战国七雄”。

秦孝公时期，商鞅大规模地推行过两次变法。商鞅变法的主要内容有：用法令形式废除了奴隶制的井田制，即“开阡陌封疆”；奖励军功，建立军功爵制；实行重农抑商政策；普遍推行县制；建立什伍连坐制；统一度量衡。经过商鞅变法，秦国的旧制度被彻底废除，经济得到了发展，秦国逐渐成为战国七雄中实力最强的国家，为后来秦王朝统一天下奠定了坚实的基础。（成语：徙木立信）

第四部分

长平之战是秦、赵两国因争夺上党而爆发的大规模的战争。赵国经此一战元气大伤,加速了秦国统一中国的进程。(赵括:纸上谈兵)

考点 3 封建王朝

1. 秦朝

秦王**嬴政**先后灭掉韩、赵、魏、楚、燕、齐六国,于公元前221年,实现统一,建立秦朝,定都咸阳。

秦朝在中央设三公九卿,地方上废除分封制,代以郡县制;实行书同文(小篆)、车同轨、统一度量衡和货币。对外北击匈奴,南征百越,筑**长城**以拒外敌,凿灵渠以通水系。

公元前209年,陈胜、吴广以"王侯将相宁有种乎"为口号,在**大泽乡**发动起义,这是中国历史上**第一次大规模**的农民起义。

公元前207年,巨鹿之战,项羽以少胜多,打败秦军主力。(成语:作壁上观、破釜沉舟)

2. 西汉

公元前206年至公元前202年,刘邦与项羽进行了为期四年的**楚汉之争**,以项羽战败而告终。公元前202年,刘邦建立汉朝,定都长安,史称西汉。刘邦就是汉高祖。

(1)文景之治

汉文帝、汉景帝时期,政治清明,经济发展,社会比较安定,百姓富裕起来,历史上称这一时期的统治为"**文景之治**"。

(2)"丝绸之路"

西域指今甘肃玉门关、阳关以西,也就是今天新疆地区和更远的地方。汉武帝为了解除匈奴对汉朝的威胁,派**张骞**两次出使西域,开辟了中西交通道路,加强了汉朝同西域的经济、文化交流。

汉朝和西域沟通以后,中国的丝织品从长安出发往西,经河西走廊(甘肃),运到安息(今伊朗),再从安息转运到西亚和欧洲的大秦(罗马帝国)。历史上把这条商旅要道称为"丝绸之路"。

(3)罢黜百家,独尊儒术

汉武帝接受董仲舒建议,把儒家学说立为正统思想,使儒家忠君守礼的思想成为大一统政权的精神支柱。从此,儒学居于主导地位,为历代王朝所推崇。

(4)代汉建新

公元9年,王莽代汉,建立新朝。"王莽改制"并没有解决西汉末年的社会危机,反而引发了更大的社会动荡。昆阳之战是新朝末年,新汉两军在中原地区进行的一场战略决战,最终王莽大军战败,刘秀一战而天下闻名。

3. 东汉

25年,刘秀在河北鄗南(今河北柏乡北)的千秋亭即皇位,建立汉政权,七月攻克洛阳,定为国都。因洛阳在西汉古都长安以东,故刘秀所建汉政权被称为"东汉"。刘秀采取措施,以"柔道"治天下,巩固统治,加强了专制主义中央集权,史称"**光武中兴**"。

184年,张角与信徒以"苍天已死,黄天当立,岁在甲子,天下大吉"为口号兴兵反汉,史称"**黄巾起义**"。虽最终起义失败,但军阀割据、东汉名存实亡的局面也不可挽回,最终导致三国局面的形成。

4. 三国时期

(1)官渡之战

200年,曹操以少量兵力于官渡打败袁绍10多万大军,史称**"官渡之战"**。"官渡之战"奠定了曹操统一中国北方的基础。

(2)赤壁之战

208年,孙权、刘备于赤壁战胜曹操,史称**"赤壁之战"**。"赤壁之战"奠定了三国鼎立的基础。(成语:草船借箭;万事俱备,只欠东风)("羽扇纶巾,谈笑间,樯橹灰飞烟灭。"——《念奴娇·赤壁怀古》)

(3)三国鼎立

220年,曹操的儿子曹丕自立为帝,定都洛阳,建立魏国。221年,刘备在成都称帝,建立蜀汉政权。222年,孙权称帝,吴国建立。三国鼎立局面形成。

真题面对面

[2021信阳市直,判断,0.8分]赤壁之战是中国历史上以少胜多、以弱胜强的著名战役之一,发生在隋唐时期。( )

答案:×

5. 西晋

266年,司马炎代魏称帝,国号晋,史称西晋。280年,西晋发兵灭吴,重新统一南北。从291年起,西晋开始了一场为争夺中央政权而引发的皇族内乱,史称"八王之乱"。316年,匈奴攻占长安,西晋灭亡。西晋的统一前后仅36年。

6. 东晋

317年,司马睿重建晋朝,定都建康,史称"东晋"。

383年,前秦苻坚在统一北方后,组成近90万大军,挥师南下,企图一举灭晋。东晋谢玄率部将于淝水大破秦军,史称**"淝水之战"**。(成语:风声鹤唳;草木皆兵;投鞭断流)

中国古代以少胜多的战役主要有:牧野之战、巨鹿之战、官渡之战、赤壁之战、淝水之战等。

7. 南北朝

(1)南朝

420年,东晋大将刘裕废东晋皇帝,自立为帝,国号宋。此后的170年间,南方先后经历了宋、齐、梁、陈四个王朝,都城均在建康,合称"南朝"。南朝中,宋疆域最大,齐统治时间最短,陈最弱小。

历史上先后有东吴、东晋,南朝的宋、齐、梁、陈等王朝在南京建都。因此,南京被称为"六朝古都"。

(2)北朝

386年,鲜卑族拓跋珪建立北魏。6世纪,北魏分裂成东魏和西魏。后来,东魏和西魏又各自为北齐和北周所代替。北方的这五个朝代总称"北朝",南朝和北朝并存,称为"南北朝"。

(3)北魏孝文帝改革

北魏**孝文帝**进行了一系列改革,改革的主要内容是:颁布均田令;迁都洛阳;着汉服,学说汉话,采汉姓,提倡与汉族通婚。孝文帝的这些改革,加速了北方各少数民族的封建化进程,促进了北方民族的大融合。

第四部分

8. 隋朝

581年，隋文帝杨坚夺取北周政权，建立隋朝，定都长安，改元开皇。隋文帝时期经济繁荣发展，史称“开皇之治”。

隋炀帝从605年起，陆续开凿了一条纵贯南北的大运河，即**“京杭大运河”**。隋炀帝时设进士科，标志着科举制的正式确立。618年，隋炀帝在江都被叛军杀死，隋朝灭亡。

9. 唐朝

隋末爆发了大规模的农民起义，隋朝大臣李渊及其子李世民等乘机起兵反隋。618年，李渊称帝，建立唐朝，定都长安(今陕西西安)。李渊就是唐高祖。

626年，唐高祖次子秦王李世民发动“玄武门之变”。**唐太宗李世民**登基后，关注民生，政策开明，革除弊病，励精图治，在短短的数年时间里，使得经济和文化得到了较好的恢复和发展，史称**“贞观之治”**。

690年，**武则天**称帝，改国号为周，成为中国历史上唯一的**女皇帝**。

唐玄宗李隆基在位前期，政治清明，励精图治，任用贤才，经济迅速发展，提倡文教，使得天下大治，唐朝进入全盛时期，并成为当时世界上最强盛的国家，史称**“开元盛世”**或“开元之治”。(诗句:“一骑红尘妃子笑，无人知是荔枝来。”)

755年，安禄山在范阳起兵叛唐。直至763年唐朝才平息叛军，史称“安史之乱”。安史之乱使农业生产受到极大破坏，唐朝由强盛转向衰落。(诗句:“渔阳鼙鼓动地来，惊破霓裳羽衣曲。”)

从8世纪末开始，中国陶瓷开始向外输出。经晚唐五代到宋初，达到了一个高潮。宋元到明初是中国瓷器输出的第二个阶段。明代中晚期至清初的200余年是中国瓷器外销的黄金时期。

考点 再拔高

▼ 三省六部制

三省六部制是中国古代封建社会一套组织严密的中央官制。它始于隋朝，确立于唐朝。

三省：中书省、门下省、尚书省。尚书省是最高行政机构，负责执行国家的重要政令；门下省是审议机构，负责审核政令；中书省是决策机构，负责草拟和颁发皇帝的诏令。

六部：尚书省下设有六部。吏部负责考核、任免四品以下官员；户部负责财政、国库；礼部负责贡举、祭祀、典礼；兵部负责军事；刑部负责司法、审计事务，具体审判另有大理寺负责；工部负责工程建设。

10. 五代十国及宋元时期

(1)五代十国

从907年节度使朱温废唐建立后梁，到960年北宋建立，黄河流域相继有后梁、后唐、后晋、后汉、后周五个朝代更替，统治北方长达50多年，史称五代；与五代同时，在南方各地和北方的山西出现过10个割据政权交替并存，总称十国。

(2)辽国

10世纪初，耶律阿保机统一契丹各部，并于916年称帝，建立契丹国。947年，契丹改国号为辽。1005年，辽与北宋在澶州订立和约，两国约为兄弟之国，史称**“澶渊之盟”**。

(3)北宋

960年，后周大将赵匡胤在陈桥驿发动兵变，建立宋朝，定都东京（今河南开封），史称北宋。赵匡胤就是宋太祖。北宋建立后，陆续消灭了五代十国割据政权，结束了**黄河流域**的分裂局面。

宋朝是中国历史上**商品经济**高度繁荣的时代，达到了封建社会的巅峰，四川地区出现世界上最早的纸币——交子。

宋神宗时期，王安石发动了以发展生产，富国强兵，摆脱宋朝统治危机为目的的社会改革运动。王安石认为国家贫困的症结在于生产过少，因此在变法中围绕增加政府收入、增强军队实力、培养改革人才等方面采取了许多措施，主要内容有：青苗法、募役法、方田均税法、农田水利法、市易法、保甲法等。

(4)西夏

1038年，党项族首领元昊脱离宋朝称帝，定都兴庆府（今宁夏银川），国号大夏，史称西夏。

(5)金国

1114年，女真族首领完颜阿骨打举兵反辽，次年称皇帝，建立金朝。金灭辽后，于1126年大举进攻宋朝。金军掳走徽、钦二帝，北宋灭亡，史称"**靖康之耻**"。

(6)南宋

1127年，赵构登上皇位，定都临安（今杭州），史称南宋。1141年南宋与金达成和议，南宋向金称臣，并向金纳岁币，双方以淮水到大散关一线划定分界线，宋金对峙局面形成。

(7)元朝

1206年，蒙古贵族召开大会，推举**铁木真**为大汗，尊称他为"**成吉思汗**"，建立蒙古国。

1271年忽必烈定国号为元，1272年定都大都。忽必烈就是元世祖。忽必烈即位后，即攻打南宋，1279年南宋灭亡。至此，自唐末以来的分裂割据局面结束，元朝实现了全国的大统一。

为对全国实行有效的统治，元世祖在中央设中书省，地方设行中书省（简称行省）。我国省级行政区的设立，始于元朝。

元政府设置宣政院加强对西藏的管辖，西藏成为元朝正式的行政区；设置澎湖巡检司管理澎湖列岛和琉球（今台湾），加强对台湾的管辖。

11. 明朝

1368年，**朱元璋**称帝，以应天府为都城，建立明朝，他就是明太祖。

北平的燕王朱棣，打出"靖难"旗号，起兵反对建文帝，史称"**靖难之役**"。朱棣称帝，为明成祖。1421年，明朝迁都北京，改应天为南京。

明朝永乐、宣德年间，郑和率领船队先后七次航海，到过亚非30多个国家和地区，最远到达非洲东海岸和红海沿岸。**郑和下西洋**是世界航海史上的壮举，比欧洲航海家的远洋航行早半个多世纪。

1644年，**李自成**以"均田免赋"为口号，率领农民起义军攻入北京，明朝灭亡。

12. 清朝

1636年，皇太极在盛京（今辽宁沈阳）即位，改国号为大清。

1644年，清朝军队在明朝将领吴三桂的带领下大举进入山海关，攻入北京。清军入关后，清顺治帝定都北京，逐步建立起对全国的统治。

第四部分

1684年，清朝设置台湾府，隶属于福建省。1727年，清朝开始设置驻藏大臣。乾隆帝时，清朝在新疆设置伊犁将军。

重难点解读

中国古代史是高频考点。考生需要：

(1)识记各个朝代的重要人物、发生的重要历史事件及其意义；

(2)理解重要历史事件的背景，积累相关诗句、成语典故。

小香有话说

二、中国近代史 【单选、多选、判断】★★★

考点1 第一次鸦片战争

1839年，林则徐开展禁烟运动。1840年6月，英国挑起鸦片战争，迫使清政府于1842年签订了中国近代史上第一个不平等条约——中英《南京条约》。

第一次鸦片战争使中国开始沦为半殖民地半封建社会，中国进入旧民主主义革命时期。第一次鸦片战争是中国近代史的开端。

考点2 太平天国运动

1851年，洪秀全率起义军在广西桂平县金田村宣布起义，建号**太平天国**，起义军称“太平军”。太平天国运动是我国历史上规模最宏大、历时最久的农民革命。

1853年下半年，太平天国颁布了一个以解决农民土地问题为中心的全面的农民革命斗争纲领和社会改革方案——**《天朝田亩制度》**。

考点3 洋务运动

19世纪60年代，清朝统治阶级内部一部分人士认识到西方武器和科学技术的先进，掀起以“自强”“求富”为口号、以维护和巩固清政府的统治为根本目的的洋务运动。提倡和参与洋务运动的代表人物是曾国藩、左宗棠、李鸿章、张之洞等。

洋务运动前期，洋务派以“自强”为旗号，创办了安庆内军械所、江南制造总局、福州船政局、天津机器局等一批近代军事工业。其中，由李鸿章筹建的江南制造总局是规模最大的近代军事企业。洋务运动后期，洋务派打着“求富”的旗号，兴办了轮船招商局、开平矿务局、上海机器织布局、汉阳铁厂等一批民用工业。为适应洋务运动的需要，洋务派创办了京师同文馆、福州船政学堂等一些新式学堂，培养翻译人才、军事人才和科技人才，选派留学生出国深造。洋务派还筹建了北洋、南洋、福建三支海军。

洋务运动没有使中国走上富强的道路，但是在客观上刺激了中国资本主义的发展，也对外国经济势力的扩张起到了一定的抵制作用。

考点4 甲午中日战争

1894年7月，日本舰船袭击北洋舰队，正式发动了侵华战争。1894年9月，黄海大战爆发，民族英雄邓世昌战死，日本舰队夺取了黄海制海权。1895年初，日本进犯北洋海军基地威海卫。海军提督丁汝昌拒降自杀，北洋舰队全军覆没。北洋舰队的全军覆没标志着洋务运动的破产。

1895年春，李鸿章等与伊藤博文等在日本马关谈判，签订了**《马关条约》**。它的影响包括：(1)日本殖民

我国台湾50年之久(1895~1945);(2)允许日本在中国的通商口岸投资办厂,帝国主义对我国的经济侵略从商品输出变为资本输出;(3)掀起了帝国主义瓜分中国的狂潮。

考点5 维新运动

1895年春,康有为、梁启超等联合参加会试的1300多名举人上书光绪帝,反对在甲午战争中战败的清政府签订丧权辱国的《马关条约》,史称“公车上书”。1898年6月,光绪帝颁布了政治、经济、文化教育、军事等方面的一系列变法诏令,由新兴资产阶级发动的变法运动开始,史称**“戊戌变法”**。

在中国历史上,康有为首次倡导了政治体制上的中西结合,最早在中国提出了立宪政体,并在1912年的《拟新中国政府议章》中提出了建立“新中国”的设想。

真题面对面

[2021信阳市直,单,1.1分]鸦片战争以后,清朝统治者无能,日渐衰败,中国饱受西方侵凌,有识之士为了救亡图存,提出了诸多救国设想。其中,建立“新中国”的设想由维新运动领袖(　　)提出。

A. 康有为　　B. 魏源

C. 康广仁　　D. 谭嗣同

答案:A

考点6 八国联军侵华

八国联军是指1900年英、法、德、美、日、俄、意、奥等国,为阻止义和团对北京使馆区的围攻并镇压中国北方义和团运动而派遣的联合远征军。八国联军的行动,直接导致义和团被消灭,以及京津一带清军的溃败,迫使慈禧太后挟光绪帝逃往陕西西安。1901年9月,清政府被迫与英、法、德、美、日、俄、意、奥、荷、比、西共11国签订丧权辱国的《辛丑条约》。《辛丑条约》使中国完全陷入半殖民地半封建社会的深渊。

考点7 辛亥革命和民国成立

1. 中国同盟会

1905年8月,中国资产阶级革命派在日本东京成立了中国同盟会,孙中山为总理。孙中山是中国民主革命伟大先行者。

政治纲领:驱除鞑虏,恢复中华(推翻清朝统治,废除君主专制,阐释为“民族”),创立民国(建立民主共和国,阐释为“民权”),平均地权(改革土地制度,阐释为“民生”)。“民族”“民权”“民生”三大主义,合称三民主义,它是孙中山领导资产阶级革命的指导思想。

2. 辛亥革命

1911年10月10日晚,湖北新军工程营的革命党人打响了武昌起义的第一枪,汉口、汉阳的新军起义回应,革命在武汉三镇取得了胜利。1911年是旧历辛亥年,历史上称这次革命为**“辛亥革命”**。

易错点提示

辛亥革命推翻了清王朝的反动统治,结束了中国两千多年的君主专制制度,但是没有提出彻底的反帝反封建的革命纲领,并没有解决近代中国社会的根本矛盾,没有完成民族独立、人民解放的历史任务。

3. 民国成立

1911年12月,独立各省代表在南京集会,选举孙中山为临时大总统。1912年元旦,孙中山在南京宣誓就职,宣告中华民国临时政府成立。

考点8 新文化运动

辛亥革命后,一些激进的资产阶级、小资产阶级知识分子在思想文化领域掀起了一场反对封建复古主义和专制主义的斗争,即"新文化运动"。新文化运动的基本内容是"四提倡、四反对"。所谓的"四提倡、四反对"是指:提倡民主,反对专制;提倡科学,反对迷信;提倡新道德,反对旧道德;提倡新文学,反对旧文学。

1915年9月,陈独秀在上海创办《青年杂志》,并在创刊号上发表《敬告青年》一文,成为新文化运动开始的标志。新文化运动提出了"民主"与"科学"的口号,代表人物有陈独秀、李大钊、鲁迅、胡适等。《青年杂志》后改名为《新青年》,《新青年》和北京大学成为新文化运动最为重要的阵地。

考点9 五四运动

1919年在第一次世界大战战胜国召开的巴黎和会上,中国代表外交的失败成为五四运动的**导火线**。

1919年5月4日,北京3000多名学生在天安门前集会游行,军警逮捕集会游行学生。随后,全国许多城市学生罢课,商人罢市,工人罢工,迫使北洋军阀政府释放被捕学生,罢免曹汝霖、陆宗舆、章宗祥三人的职务,并拒绝在对德和约上签字。

五四爱国运动,是一次彻底的反帝反封建的爱国运动,是中国新民主主义革命的开端,为中国共产党的成立奠定了基础。

第四部分

考点10 中国共产党的成立

1920年8月,《共产党宣言》第一个中文全译本在上海出版,为中国共产党的成立做了思想上的准备。它的首译者是陈望道。

中国共产党历史上有"南陈北李,相约建党"之佳话。"南陈"是指陈独秀同志,"北李"是指李大钊同志。

1921年7月23日,中共一大在上海召开,最后一天的会议转移到浙江嘉兴南湖的游船上举行。

出席党的一大的各地代表共13人,陈独秀和李大钊因事务繁忙未出席会议。

大会的召开标志着中国共产党的成立,中国的革命从此焕然一新。

考点11 第一次国内革命战争

1. 革命统一战线的建立

1924年1月,中国国民党在广州召开第一次全国代表大会。大会确定了"联俄、联共、扶助农工"三大政策,提出了反帝反封建的新三民主义政策,通过了共产党员和社会主义青年团员以个人身份加入国民党的决定。改组后的国民党成为工人、农民、城市小资产阶级和民族资产阶级四个阶级的民主革命联盟。

国民党一大的召开,标志着国共两党革命统一战线的正式建立。

2. 北伐战争

1926年7月,蒋介石就任国民革命军总司令,进行北伐誓师,北伐的对象为吴佩孚、孙传芳和张作霖。北伐战争消灭了吴佩孚、孙传芳两大军阀。1928年底,张学良宣布东北易帜,至此北伐成功,南京政府在名义上统一了全国。

3. 国共合作破裂

1927年4月，蒋介石发动四一二反革命政变，并在南京建立“国民政府”。1927年7月，汪精卫在武汉召开“分共会议”，公开宣布与共产党决裂，随后对共产党人和革命群众展开了疯狂的大屠杀。至此，第一次国共合作全面破裂。

考点 12 武装反抗国民党反动派

1. 南昌起义

1927年8月1日，周恩来、贺龙、朱德、叶挺等人率领两万多人在南昌宣布起义，打响了武装反抗国民党反动统治的第一枪。这是中国共产党独立地领导革命战争和创建人民军队的开始。

2. 八七会议

中共中央政治局于1927年8月7日在汉口召开紧急会议，纠正了陈独秀的右倾机会主义错误，确定了党在农村领导武装暴动、开展土地革命的斗争方针，给正处于思想混乱和组织涣散的中国共产党指明了新的出路，中国革命从此开始了由大革命失败到土地革命兴起的转折。

3. 秋收起义

八七会议后，毛泽东于1927年9月领导了秋收起义。

1927年10月，毛泽东率领部队到反动势力统治比较薄弱的井冈山地区建立了中国第一个农村革命根据地——**井冈山革命根据地**，开辟了一条具有中国特色的革命道路。南昌起义和秋收起义部队在井冈山会师后，合编为中国工农革命军第四军，后改称为中国工农红军第四军，这是中国革命第一支坚强的队伍。

考点 再拔高

▼ 革命根据地

井冈山革命根据地是中国共产党在土地革命战争时期创建的第一个农村革命根据地；中国共产党在抗战时期创建的第一个农村革命根据地是陕甘宁抗日根据地。

4. 古田会议

1929年12月28日至29日，中国工农红军第四军在福建省上杭县古田村召开了第九次党的代表大会，即红军第四军第九次党代表大会，史称“古田会议”。古田会议的中心思想是用无产阶级思想进行军队和党的建设。古田会议最重要的历史贡献是开创了思想建党和政治建军的光辉道路，确立了“党指挥枪”的原则。

重难点解读

党对军队绝对领导的根本原则和制度，发端于南昌起义，奠基于三湾改编，定型于古田会议，是人民军队完全区别于一切旧军队的政治特质和根本优势。

5. 红军长征

1933年9月，蒋介石对中国共产党建立的革命根据地发动了规模空前的第五次“围剿”。由于中共临时中央负责人博古和军事顾问李德等人在军事指挥上“左”的错误，红军第五次反“围剿”失败。

红军长征是人类历史上的伟大奇迹。中央红军共进行了380余次战斗，攻占700多座县城，共击溃国民党军数百个团，其间共经过11个省，翻越18座大山，跨过24条大河，走过荒无人烟的草地，翻过连绵起伏的

第四部分

雪山，行程约二万五千里。

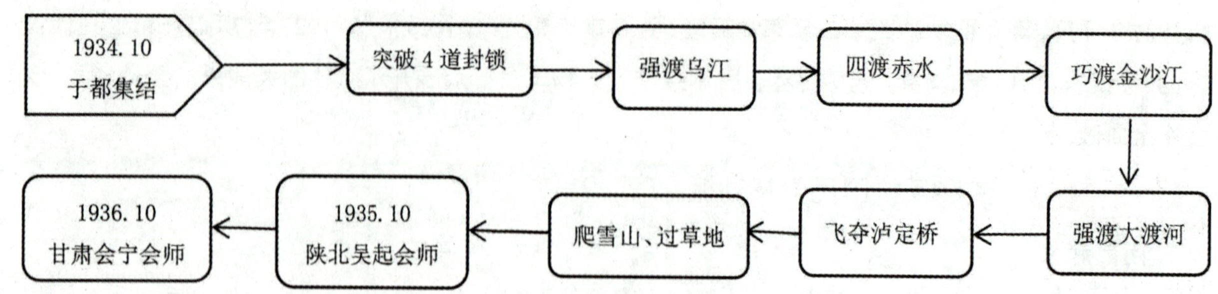

图 4-1-1　红军长征路线图

1935 年 12 月，毛泽东同志总结长征的伟大意义："长征是历史记录上的第一次，长征是宣言书，长征是宣传队，长征是播种机。"

真题面对面

[2021 信阳市直，单，1.1 分]某革命旧址的讲解员在介绍时说道："他们蹚越滔滔急流，征服皑皑雪山，穿越茫茫草地，突破层层封锁，终于……"这最可能描述的事件是(　　)

A. 八七会议　　B. 红军长征

C. 秋收起义　　D. 井冈山会师

答案：B

第四部分

6. 遵义会议

遵义会议是指 1935 年 1 月 15 日至 17 日中共中央政治局在贵州遵义召开的独立自主地解决中国革命问题的一次极其重要的扩大会议，纠正了博古"左"倾领导在军事指挥上的错误。这次会议是中国共产党第一次独立自主地运用马克思列宁主义基本原理解决自己的路线、方针、政策问题的会议，在极端危险的时刻，挽救了党和红军。这次会议开始确立实际以毛泽东为代表的马克思主义的正确路线在中共中央的领导地位，是中国共产党历史上一个生死攸关的转折点，标志着中国共产党从幼稚走向成熟。

考点 13　中国人民抗日战争

1. "九一八"事变

1931 年 9 月 18 日，日本关东军炸毁南满铁路的一段路轨，并反诬中国军队，以此为借口，炮轰我国东北军驻地北大营，占领沈阳城，制造了震惊中外的"九一八"事变。"九一八"事变是日本帝国主义企图以武力征服中国的开端。"九一八"事变后，中国人民开始了长达十四年的抗战。

2. 西安事变

1936 年 12 月 12 日，**张学良、杨虎城**在多次力劝蒋介石停止内战、一致抗日被拒绝的情况下，扣押蒋介石，实行"兵谏"，并通电全国，要求停止内战，联共抗日，史称"西安事变"。中国共产党派周恩来、秦邦宪、叶剑英等去西安参加谈判。经过各方面的努力，蒋介石被迫接受停止内战、共同抗日的条件，西安事变和平解决。西安事变的和平解决，成为扭转时局的关键，标志着十年内战局面基本结束，国共合作的抗日民族统一战线初步形成。

3. 七七事变

1937年7月7日，日军炮轰宛平城及卢沟桥，中国守军奋起抵抗，史称"七七事变"或"卢沟桥事变"。"七七事变"标志着全国性抗日战争的开始。

4. 洛川会议

1937年8月22日至25日，中共中央政治局在陕北洛川县冯家村召开扩大会议，史称洛川会议。洛川会议确定八路军必须实行由国内正规战争向抗日游击战争的军事战略转变，使游击战争担负起开辟敌后战场、配合正面战场、创建抗日根据地的历史使命。洛川会议在全国抗战刚刚爆发的历史关头制定了正确路线和战略总方针，阐明了党在抗日战争时期的基本政治主张，明确了我军的战略任务和战略方针，对争取抗战的最后胜利具有重大意义。

5. 敌后抗日游击战争

从全国抗战开始到1940年，是中国人民抗日力量大发展的时期。1938年10月，日本侵略军占领广州、武汉以后，中国抗日战争逐渐转入战略相持阶段。日本政府对国民党由军事打击为主逐渐转变为政治诱降为主，日本作战的主攻方向也由对国民党的正面战场逐渐转向对共产党的敌后战场。1940年2月10日，中共中央和中央军委规定八路军、新四军的战略任务是：粉碎敌人的"扫荡"，坚持游击战争，打退投降派和顽固派的进攻，将华北、华中连接起来，建设民主的抗日根据地，巩固抗日民族统一战线，争取时局好转。

6. 抗日战争胜利

1945年8月15日，日本天皇发表《终战诏书》，宣布无条件投降。中国人民抗日战争是一百多年来中国人民反对帝国主义侵略的**第一次**取得完全胜利的民族解放战争，成为中华民族由衰败到重新振兴的转折点，为中国的独立和解放奠定了基础。

第四部分

考点 再拔高

▼ 中国人民抗日战争中的重要战役（节选）

(1)淞沪会战，是中日双方在中国人民抗日战争中的第一场大型会战，也是整个中国人民抗日战争中进行的规模最大、战斗最惨烈的一场战役。

(2)武汉会战，是中国人民抗日战争战略防御阶段发生的规模最大、时间最长、歼敌最多的一次战役。

(3)百团大战，是在中国人民抗日战争的相持阶段，中国八路军与日军在中国华北地区发生的一次规模最大、持续时间最长的战役。

(4)平型关大捷，是八路军出师以来打的第一个大胜仗，迟滞了日军的战略进攻，打乱了敌人沿平绥铁路右翼迂回华北的计划。

真题面对面

[2022郑州市直，多，2分]1940年2月10日，中共中央和中央军委规定八路军、新四军的战略任务是(　　)，将华北、华中连接起来，建设民主的抗日根据地，巩固抗日民族统一战线。

A. 粉碎敌人的"扫荡"　　　　B. 坚持运动战

C. 打退投降派和顽固派的进攻　　D. 打土豪，分田地

E. 坚持游击战争

答案：ACE

考点 14 中国人民解放战争

1. 重庆谈判

1945年8月，毛泽东在周恩来、王若飞等人的陪同下到达重庆。10月10日，国共双方代表签订了《政府与中共代表会谈纪要》，又称《双十协定》。

2. 全面内战爆发

1946年6月，国民党军队以重兵围攻中原解放区，全面内战爆发。

1947年，刘伯承、邓小平率领大军强渡黄河，**千里挺进大别山**，这一战役被称为"解放战争史上的神来之笔"。

1948年9月至1949年1月，人民解放军连续组织了规模空前的**辽沈、淮海和平津**三大战役。**淮海战役是**三大战役中的第二个战役，也是我国历史上著名的以少胜多的战役之一。

1949年4月21日，中国人民解放军强渡长江，发起**渡江战役**，彻底摧毁了国民党军的长江防线。

3. 国民党统治覆灭

1949年4月23日，南京解放，标志着统治中国22年之久的南京国民政府垮台。

真题面对面

[2022郑州郑东新区，判断，0.5分]刘邓大军挺进大别山，被称为解放战争史上的神来之笔。(　　)

答案：√

三、中国现代史 【判断】 ★

考点 1 中华人民共和国成立

中国人民政治协商会议第一届全体会议于1949年9月21日至9月30日在北平举行。这次会议代行了中国的立法机关——全国人民代表大会的职权。会议通过了具有临时宪法性质的《中国人民政治协商会议共同纲领》；制定了《中国人民政治协商会议组织法》《中华人民共和国中央人民政府组织法》；决定了新中国的名称为中华人民共和国，国都定于北平（1949年9月27日改名为北京），采用公元纪年，《义勇军进行曲》为代国歌，国旗定为五星红旗。

1949年10月1日，中华人民共和国成立。中华人民共和国的成立是中国历史的伟大转折，从此中国真正成为独立自主的国家，中国人民从此站起来，成为国家的主人，壮大了世界和平民主和社会主义的力量，鼓舞了世界被压迫民族争取斗争胜利的信心。

考点 2 中国向社会主义过渡时期

1. 没收官僚资本，废除封建土地制度

1950年夏，中央人民政府颁布了《中华人民共和国土地改革法》。从1950年冬到1953年春，新解放区分

期分批开展了土地改革运动，彻底摧毁了封建剥削的土地所有制。

2. 抗美援朝战争

1950年，美国派兵武装干涉朝鲜内政，把战火烧到中朝边境。朝鲜请求中国出兵援助。同年10月，中国人民志愿军赴朝参战。1953年7月，美国被迫在停战协议上签字，抗美援朝战争取得胜利。

抗美援朝战争是新中国成立后中国人民同世界上最强大的敌人进行军事较量并取得胜利的一次保家卫国战争，维护了亚洲和世界和平，巩固了中国新生的人民政权，打破了美帝国主义不可战胜的神话，使中国的国际威望空前提高，极大地增强了中国人民的民族自信心和自豪感，为国内经济建设和社会改革赢得了相对稳定的和平环境。

3. 社会主义“三大改造”

1953年至1956年，中国共产党在全国范围内组织了对**农业、手工业和资本主义工商业**的社会主义改造。三大改造的基本完成，标志着我国基本上实现了从新民主主义社会向社会主义的转变，标志着社会主义的基本经济制度已经在中国确立。从此，我国进入社会主义初级阶段。

真题面对面

[2020信阳市直，判断，0.7分]抗美援朝是新中国成立后中国人民同世界上最强大的敌人进行军事较量并取得胜利的一次保家卫国战争。(　　)

答案：√

考点3　社会主义现代化建设新时期

1978年12月，中国共产党第十一届三中全会在北京召开。全会作出把党和国家的工作重心转移到经济建设上来，实行改革开放的伟大决策，完成了党的思想路线、政治路线和组织路线的拨乱反正，是改革开放的开端。从此，中国历史进入社会主义现代化建设的新时期。

实践证明，改革开放是社会主义社会解放和发展生产力的必由之路，是现代化建设的强大动力源泉。

第二节　世界历史

一、世界古代史　【单选】

考点1　古代亚非奴隶制国家

1. 古埃及

古埃及位于非洲东北角，是世界上**最早的**奴隶制国家。古埃及人发明了**象形文字**，采用十进制计算法，发明了世界上最早的太阳历，建造了金字塔、狮身人面像等。

2. 古巴比伦王国

巴比伦城邦位于幼发拉底河中游。第六任国王汉谟拉比继位之后，巴比伦成为两河流域的强大帝国。学术界将汉谟拉比建立的国家称为古巴比伦王国。古巴比伦的文明成就主要包括：**楔形文字**，**《汉谟拉比法典》**，用肉眼观测月食等。

3. 古印度

雅利安人从中亚高原南下侵入印度，逐渐征服了印度河、恒河流域，印度逐渐从原始社会过渡到奴隶社会。阿育王在位时，征服了除半岛南端以外的整个印度，形成了印度历史上第一个统一的奴隶制国家。

古印度的文明成就主要包括：史诗《摩诃婆罗多》《罗摩衍那》，发明数字0～9，创立佛教等。

考点 2 古希腊与古罗马

1. 古希腊

斯巴达和雅典是古代希腊最著名的两个奴隶制城市国家。其中，斯巴达以贵族军事专制统治著称，而雅典以奴隶主共和制闻名。

哲学方面，古希腊出现了以古希腊三贤——苏格拉底、柏拉图、亚里士多德为代表的一大批著名的哲学家。建筑方面，追求和谐、单纯、庄重和布局清晰，帕特农神庙是古希腊建筑的经典之作。体育方面，古希腊是奥林匹克运动会的发源地。科学方面，欧几里得的《几何原本》奠定了以后欧洲数学的基础，毕达哥拉斯证明了毕达哥拉斯定理（中国称勾股定理），阿基米德发现了浮力原理和杠杆原理。

2. 古罗马

约公元前509年，罗马城建立了贵族专政的奴隶制共和国。公元前27年，罗马军事独裁者屋大维建立元首制，以取代奴隶制共和国。公元1至2世纪，罗马成为地跨欧、亚、非三大洲的大帝国。395年，罗马帝国分裂为东罗马与西罗马，东罗马定都君士坦丁堡，西罗马仍定都罗马。476年，西罗马的最后一个皇帝被日耳曼雇佣军首领废除，西罗马帝国灭亡。西罗马帝国的灭亡，标志着奴隶制度在西欧的崩溃。

罗马法是罗马人留给后世的最重要的遗产之一。

考点 3 文艺复兴

14世纪开始于**意大利**的文艺复兴，是新兴的资产阶级在文学、艺术、哲学与科学领域掀起的对封建主义、中世纪神学和哲学的一场革命，其实质是资产阶级文化的兴起。它在文学、艺术和自然科学等领域都取得了辉煌的成就，是欧洲历史上的一次思想革新运动，在人类文化史上产生了重大影响。文艺复兴的代表人物有：但丁，彼特拉克，薄伽丘，达·芬奇，拉斐尔，米开朗琪罗，莎士比亚等。

二、世界近代史 【单选、判断】

考点 1 地理大发现

“地理大发现”是西方史学家对15～17世纪欧洲航海者一系列航海活动的通称。1492年，哥伦布航行抵达“新大陆”美洲，开辟了欧美航线；1498年，达·伽马开辟自西欧绕过好望角直达印度的航路；1519～1522年麦哲伦船队首次完成环球航行。新航路的开辟和美洲的发现，初步形成了世界市场，开始了西方国家殖民掠夺的狂潮。

考点 2 启蒙运动

启蒙运动，指发生在17~18世纪的一场资产阶级和人民大众的反封建反教会的思想文化运动。启蒙运动以**法国**为中心，其核心思想是“理性崇拜”，用理性之光驱散愚昧的黑暗。这次运动有力批判了封建专制主义，宗教愚昧及特权主义，宣传了自由、民主和平等的思想。启蒙运动的代表人物有：伏尔泰、孟德斯鸠、卢梭以及狄德罗等。

考点3 英国资产阶级革命

1638年，苏格兰人民起义，反抗查理一世的专制统治，成为英国资产阶级革命的导火线。1640年，新议会的召开，标志着英国资产阶级革命的开始。

1688年，辉格党联合部分托利党人发动政变，邀请荷兰执政威廉和他的妻子玛丽入主英国。这次政变被英国历史学家称为“光荣革命”。1689年10月，议会通过了**《权利法案》**。英国逐步建立起了君主立宪制。

考点4 美国独立战争与南北战争

1. 美国独立战争

1775年4月，英军在来克星顿遭遇当地民兵，在那里响起了美国独立战争的第一枪，北美独立战争爆发。1776年7月4日大陆会议发表《独立宣言》，宣告了北美脱离英国而独立，标志着美利坚合众国的诞生。后来，7月4日被定为美国国庆日。1783年，英美在巴黎签订和约，英国承认美国独立。1789年，华盛顿当选美国第一任总统。同年4月，华盛顿在纽约宣誓就职，组成联邦政府。

2. 美国南北战争

1861年主张废除奴隶制的林肯就任美国总统。同年4月，美国南北战争爆发。1862年，林肯颁布了《解放黑人奴隶宣言》，满足了人民对土地的要求，调动了黑人奴隶的革命热情，踊跃参军，使战争形势有利于北方。1865年北方获得胜利，维护了国家的统一。通过南北战争，美国废除了奴隶制度，扫清了资本主义发展的又一障碍，为以后经济的迅速发展创造了条件。

考点5 法国资产阶级革命

1. 革命爆发

法国封建社会将人们分为三个等级：教士是第一等级，贵族是第二等级，其他各种人都归入第三等级。法国的第三等级，特别是其中的资产阶级迫切希望改变现状。18世纪后期，国王因国库空虚，在1789年召集已经停止了175年的“三级会议”来筹款。这次“三级会议”成为法国资产阶级革命的导火索。1789年7月14日，巴黎人民攻占巴士底狱，法国大革命爆发。后来，7月14日被正式确立为法国的国庆日。

2.《人权宣言》

1789年8月26日，法国制宪议会通过了**《人权宣言》**。《人权宣言》是法国革命史上的重要文献，体现了启蒙思想家提出的“自由”“平等”的口号，也体现了反对君主专制和封建等级制度的思想，具有进步意义。同时，它又明确保护私有财产神圣不可侵犯，体现了资产阶级的本质。

3. 雾月政变

1799年11月9日，拿破仑派军队控制了督政府，接管了革命政府的一切事务。历史上称拿破仑发动的政变为“雾月政变”，雾月政变使拿破仑掌握了法国的军政大权。

考点6 科学社会主义的诞生

1. 共产主义者同盟的成立

1847年6月，流亡在法国的德意志工人的秘密团体“正义者同盟”在伦敦举行代表大会。大会根据马克思和恩格斯的意见，决定将正义者同盟改组为**共产主义者同盟**。

2.《共产党宣言》的发表

1847年11月，共产主义者同盟召开第二次代表大会，大会委托马克思和恩格斯为同盟起草纲领。1848年2月，大会纲领《共产党宣言》在伦敦以单行本发表。《共产党宣言》第一次全面系统地阐述了科学社会主义理论，指出共产主义运动已成为不可抗拒的历史潮流。《共产党宣言》的发表标志着马克思主义的诞生。

3. 第一国际的成立

1864年9月，英、法、德、意、波兰等国的工人代表在伦敦圣马丁教堂集会，联合成立了国际工人协会，史称“第一国际”。

4. 巴黎公社

1871年3月18日，巴黎的无产阶级和人民群众举行武装起义，推翻了资产阶级反动统治，3月28日，建立了世界上第一个无产阶级政权——巴黎公社。

考点 7 日本明治维新

1867年，明治天皇即位。明治政府在政治、经济和社会等方面实行改革，采取“奉还版籍”“废藩置县”等措施，结束了日本长期以来的封建割据局面，为建立中央集权国家和发展资本主义经济奠定了基础。此后，明治政府实施了富国强兵、殖产兴业和文明开化三大政策。明治维新是日本历史的重要转折点，它使日本走上了发展资本主义的道路，摆脱了民族危机，逐渐成为亚洲强国。

三、世界现代史 【单选、判断】★★

第四部分

考点 1 第一次世界大战

1914年6月，奥匈帝国皇储斐迪南大公夫妇在萨拉热窝被塞尔维亚族青年普林西普枪杀。萨拉热窝事件后，奥匈帝国向塞尔维亚宣战，第一次世界大战爆发。凡尔登战役是第一次世界大战的转折点。1918年11月11日，德国宣布投降，第一次世界大战结束。

考点 2 巴黎和会

1919年1月至6月，第一次世界大战胜利的协约国集团在巴黎召开了缔结和约的会议。27个战胜国代表和一些殖民地国家参加。会议签订了《凡尔赛和约》，第一部分为国际联盟盟约，第二部分是对德和约。对德和约规定了德国原在中国山东的一切特权和胶州湾的租借地让给日本。

考点 3 俄国十月革命

1917年11月，俄国彼得格勒武装起义爆发，资产阶级临时政府被推翻。十月革命是列宁领导的布尔什维克组织的武装起义，它建立了苏维埃政权和由马克思主义政党领导的第一个国家。十月革命是人类历史上第一次获得胜利的社会主义革命，冲破了世界帝国主义战线，使得社会主义革命首先在一个国家取得胜利成为现实，开辟了人类历史的新纪元。

考点 4 第二次世界大战

1. 第二次世界大战爆发

1939年9月1日，法西斯德国以“闪电战”方式突袭波兰，波兰的盟国英、法被迫对德宣战，第二次世界大战全面爆发。

2. 德意日军事同盟

1940年9月，德、意、日三国在柏林签署了《德意日三国同盟条约》，正式建立法西斯同盟。

3. 苏联卫国战争

1941年6月22日，法西斯德国撕毁《苏德互不侵犯条约》，向苏联发动全线进攻。

1942年夏，德军集中力量向斯大林格勒发动猛烈进攻。苏联军民英勇反击，围歼德军30多万。斯大林格勒战役的胜利是苏德战争的转折点，也是第二次世界大战的重要转折点，此后，德军由战略进攻转入战略防御。

4. 太平洋战争

第二次世界大战期间，日本帝国主义为了争夺远东殖民地，独霸亚洲，于1941年12月7日，偷袭了在太平洋上的美国海军基地珍珠港，美国太平洋舰队遭受重大损失。第二天，美英对日宣战，第二次世界大战进一步扩大。珍珠港事件(偷袭珍珠港)成为第二次世界大战中太平洋战争爆发的导火索。

5. 国际反法西斯联盟的建立

1941年8月，美国总统罗斯福和英国首相丘吉尔在大西洋北部纽芬兰的美国军舰上会晤，签署了《大西洋宪章》。

1942年1月1日，美、英、苏、中等26国在华盛顿举行会议，签署《联合国家宣言》，表示赞同《大西洋宪章》，并决心共同战败德、日、意的法西斯侵略，不到侵略国无条件投降，决不和敌国单独议和。

6. 开罗会议和德黑兰会议

1943年11月，中国、美国、英国三国政府首脑在开罗举行会议，讨论三国对日作战问题。会议通过了《开罗宣言》，庄严声明：日本所窃取于中国的领土，如东北、台湾、澎湖群岛等，归还中国。《开罗宣言》是第二次世界大战期间，最先明文规定将台湾归还中国的国际公约。

开罗会议结束后，罗斯福和丘吉尔飞往德黑兰，同斯大林举行三国首脑战时第一次会晤，史称德黑兰会议。德黑兰会议的中心议题是开辟欧洲第二战场问题。

开罗会议和德黑兰会议对维护、巩固反法西斯联盟的团结，加速战争的胜利起了重大作用。

7. 诺曼底登陆

诺曼底登陆的代号是“霸王行动”。1944年6月，英美等反法西斯盟军在法国的诺曼底登陆，开辟欧洲第二战场，使德军陷入东西两线同时作战的被动境地，加速了德国法西斯的灭亡。诺曼底战役使第二次世界大战的战略态势发生了根本性的变化。

8. 雅尔塔会议

1945年2月，罗斯福、斯大林、丘吉尔在苏联克里米亚半岛的雅尔塔再次会晤。会议决定德国战后由苏、美、英等分区占领，德国必须实行非军国主义化。会议讨论了成立联合国的问题。

9. 波茨坦会议

为了商讨对德国的处置问题和解决战后欧洲问题的安排，以及争取苏联尽早对日作战，1945年7月，美、英、苏三国首脑在柏林近郊的波茨坦举行会晤，史称“波茨坦会议”或“柏林会议”。会议期间发表《中美英三国促令日本投降之波茨坦公告》，简称《波茨坦公告》。

10. 德国和日本投降

1945年5月8日德国签署无条件投降书，欧洲战场战争结束。8月，美国在日本的广岛和长崎投下两颗原子弹，造成日本重大伤亡。8月15日，日本宣布无条件投降。9月2日，日本签署了投降书，第二次世界大战结束。

真题面对面

[2022信阳淮滨，单，0.7分]第二次世界大战期间，最先明文规定将台湾归还中国的国际公约是(　　)

A.《开罗宣言》　　B.《波茨坦公告》

C.《同盟国宣言》　　D.《联合国宪章》

答案：A

考点5 联合国

1943年10月，美、苏、中、英四国共同发表声明，首次正式提出建立联合国。1945年10月24日，联合国正式成立。联合国设有联合国大会、联合国安全理事会、联合国经济及社会理事会、联合国托管理事会、国际法院和联合国秘书处6个主要机构。联合国安全理事会常任理事国是联合国安全理事会中的五位创始成员国，即**中国、俄罗斯、英国、法国和美国**。联合国秘书长是联合国的行政首长，由安理会推荐，大会委派，任期5年，可以连任。

联合国的宗旨是：维护国际和平与安全；发展各国之间的友好关系；促进国际合作与发展；协调各国行动。

第四部分

核心考点回顾

1. 我国古代以少胜多的战役有哪些？(参见本书P221)
2. 中国共产党历史上生死攸关的转折点是什么？(参见本书P228)
3. 中国人民解放战争中的重要战役有哪些？(参见本书P230)

达标测评

建议用时	实际用时	测评总分	实际得分
12分钟	____分钟	14分	____分

一、单项选择题(每小题1分，共7分)

1. “有志者、事竟成，破釜沉舟，百二秦关终属楚；苦心人、天不负，卧薪尝胆，三千越甲可吞吴。”此联所涉及的历史事件分别发生在(　　)

A. 春秋和战国　　B. 秦末和春秋

C. 战国和三国　　D. 秦初和汉初

2. 秦始皇灭六国后，统一了全国文字。这种文字被称为(　　)

A. 隶书　　B. 楷书　　C. 小篆　　D. 行书

3. 下列“盛世”出现于唐代的是(　　)

A. 文景之治　　B. 光武中兴　　C. 开元盛世　　D. 康乾盛世

4. 下列各项中，对辛亥革命伟大意义的表达，不正确的是(　　)

A. 推翻了清朝的统治　　B. 完成了反帝反封建的革命任务

C. 结束了两千多年的封建帝制　　D. 使民主共和观念深入人心

5. 1936年10月，红军三大主力在(　　)胜利会师，宣告了红军二万五千里长征胜利结束。

A. 贵州遵义　　B. 青海玉树　　C. 四川小金县　　D. 甘肃会宁

6. 成为中国共产党历史上生死攸关的转折点的会议是(　　)

A. 八七会议　　B. 遵义会议　　C. 古田会议　　D. 瓦窑堡会议

7. 1871年3月，巴黎的无产阶级和人民群众举行武装起义，推翻了资产阶级反动统治，建立的世界上第一个无产阶级政权是(　　)

A. 巴黎公社　　B. 第一国际

C. 共产主义者同盟　　D. 古巴共和国

二、多项选择题(每小题2分，共4分)

1. 下列著名战役中，属于以少胜多的是(　　)

A. 巨鹿之战　　B. 牧野之战　　C. 官渡之战　　D. 淝水之战

2. 解放战争，亦称“第三次国内革命战争”，是中国人民解放军在中国共产党的领导下，为推翻国民党统治，解放全中国而进行的战争。下列事件发生于解放战争期间的有(　　)

A. 第五次反“围剿”　　B. 辽沈战役

C. 渡江战役　　D. 千里挺进大别山

三、判断题(每小题1分，共3分)

1. 甲骨文是中国的一种古老文字，是商朝时期的一种成熟文字，最早出土于河南安阳的殷墟。(　　)

2. 我国第一个农村革命根据地是陕甘宁革命根据地。(　　)

3. “霸王”战役是苏德战争的转折点，也是第二次世界大战的重要转折点。(　　)

参考答案及解析

一、单项选择题

1. B　[解析]前半句话的“破釜沉舟”典故出自秦末的巨鹿之战。后半句话说的是春秋时期的越国国王勾践励精图治以图复国的事迹。与题干史实相符的历史时期是秦朝末年和春秋时期。故本题答案为B。

2. C　[解析]秦始皇灭六国统一天下后，把小篆作为全国文字的标准。故选C。

3. C　[解析]“文景之治”出现于西汉，“光武中兴”出现于东汉，“开元盛世”出现在唐朝，“康乾盛世”出现于清朝。故本题答案选C。

第四部分

4. B [解析]辛亥革命并没有提出彻底的反对帝国主义和反对封建主义的革命纲领,因此,也不可能完成反帝反封建的革命任务。

5. D [解析]1936年10月,红二、四方面军到达甘肃会宁地区,同红一方面军会师。红军三大主力会师,标志着二万五千里长征的胜利结束。

6. B [解析]遵义会议是中国共产党历史上生死攸关的转折点。遵义会议批判了博古、李德在军事指挥上的错误,实际上结束了以王明为代表的"左"倾教条主义、冒险主义在党中央的统治,避免了中国革命遭到更为严重的损失。对中央领导机构进行了改组,事实上确立了毛泽东在红军和党中央的领导地位,开始形成以毛泽东为核心的党中央的正确领导。这是中国共产党第一次独立自主地运用马克思列宁主义基本原理解决自己的路线、方针和政策问题的会议,标志着中国共产党在政治上开始走向成熟。故本题答案选B。

7. A [解析]1871年3月18日,巴黎的无产阶级和人民群众举行武装起义,推翻了资产阶级反动统治,3月28日,建立了世界上第一个无产阶级政权——巴黎公社。

二、多项选择题

1. ABCD [解析]我国古代历史上以少胜多的著名战役有:牧野之战、巨鹿之战、官渡之战、赤壁之战、淝水之战等。

2. BCD [解析]第五次反"围剿"发生于国共十年对峙时期,排除。千里挺进大别山发生于1947年,辽沈战役发生于1948年9月,渡江战役发生于1949年,均发生于解放战争期间。故选BCD。

三、判断题

1. √ [解析]甲骨文是我国的一种古老文字,是商朝时期的一种成熟文字,也是我国已发现的年代最早的较为成熟的文字,最早出土于河南安阳的殷墟。

2. × [解析]井冈山革命根据地是土地革命战争时期,中国共产党在湖南、江西两省边界罗霄山脉中段创建的第一个农村革命根据地。

3. × [解析]斯大林格勒战役的胜利是苏德战争的转折点,也是第二次世界大战的重要转折点。此后,德军由战略进攻转入战略防御。

第二章　文学素养

思维导图

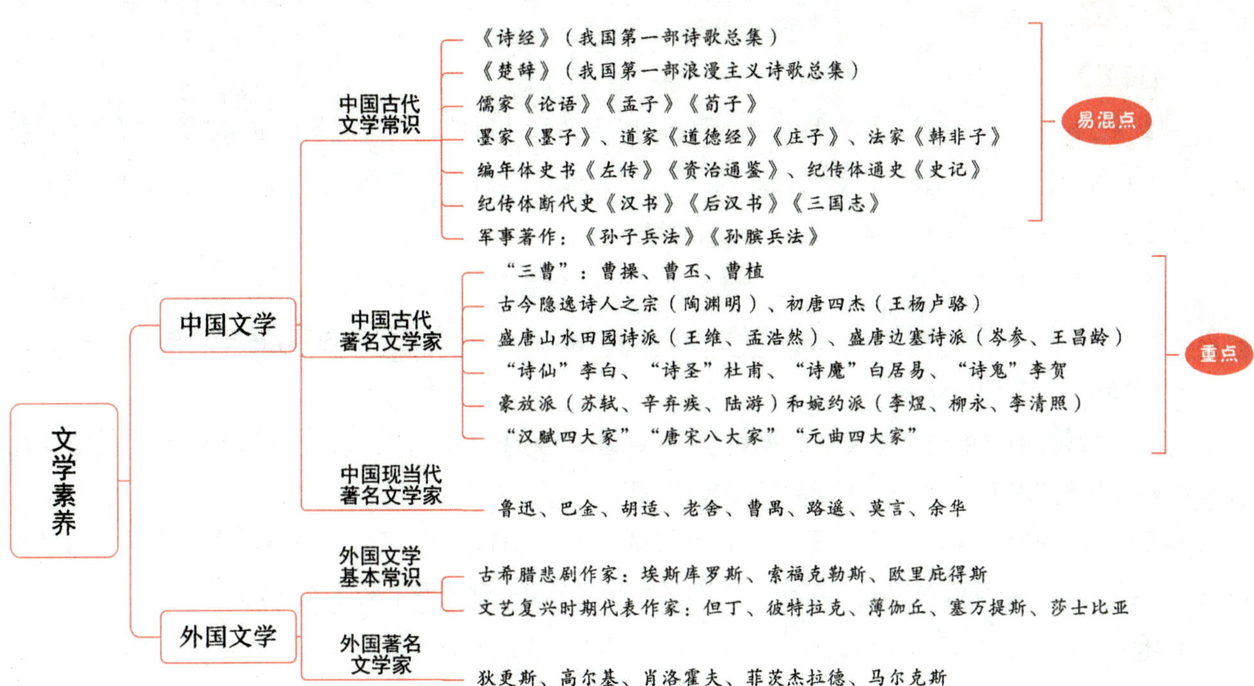

第四部分

河南考向

本章属于人文素养的基础章节，也是河南招教重点考查的章节，内容较为琐碎，需要识记的知识较多。在考试中常以选择题、判断题等客观题的形式考查。现对本章河南考向分析如下：

考点类型	高频考点	常考题型	能力层级	考查热度
常规考点	中国古代文学常识	单选	识记	★★★
	中国古代著名文学家	单选	识记	★★
	中国现当代著名文学家	单选、判断	识记	★★★

核心考点

第一节　中国文学

一、中国古代文学常识 【单选】★★★

考点1　诗歌

1.《诗经》

《诗经》是我国第一部诗歌总集，共收录自西周初期至春秋中叶约五百年间的诗歌305篇，与《尚书》《礼记》《周易》《春秋》合称为“五经”。《诗经》分**“风、雅、颂”**三部分，其中“风”指各地方的民间歌谣，“雅”是贵族的宫廷正乐，“颂”是周天子和诸侯用以祭祀宗庙的舞乐。

《诗经》不仅是**最早的诗歌总集**，也是一部反映当时社会生活的百科全书，可以说开创了我国古代诗歌现实主义创作的优秀传统。“诗六艺”指的是风、雅、颂、赋、比、兴，前三个说的是内容，后三个说的是手法。

2.“楚辞”

“楚辞”是战国时代的伟大诗人**屈原**创作的一种诗体。屈原是中国历史上第一位伟大的爱国诗人，中国浪漫主义文学的奠基人，被誉为“中华诗祖”“辞赋之祖”。

汉代时，刘向把屈原的作品及宋玉等人“承袭屈赋”的作品编辑成集，名为《楚辞》。《楚辞》成为继《诗经》以后，对我国文学具有深远影响的一部诗歌总集，并且是我国第一部浪漫主义诗歌总集。

3. 乐府

乐府是古代时的音乐行政机关，秦代以来朝廷设立的管理音乐的官署。汉武帝时正式设立乐府。

今保存乐府民歌五六十首，真实地反映了下层人民的苦难生活，如《战城南》《东门行》《十五从军征》《陌上桑》等，其文体较《诗经》《楚辞》更为活泼自由，发展了五言体、七言体及长短句等，并多以叙事为主，塑造了具有一定性格的人物形象。

《孔雀东南飞》《木兰辞》是汉魏以来乐府中叙事民歌的优秀代表作，被称为“乐府双璧”。

4. 唐诗

唐代是我国古典诗歌发展的全盛时期。唐诗的题材非常广泛，从自然现象、政治动态、劳动生活、社会风俗，直到个人感受，都成为诗人们写作的题材。在创作方法上，既有现实主义的流派，也有浪漫主义的流派。唐诗的基本形式有六种：五言古体诗、七言古体诗、五言绝句、七言绝句、五言律诗、七言律诗。

5. 宋词

宋词兼有文学与音乐两方面的特点，又叫“曲子词”“长短句”“乐府”等。每首词都有一个调名，叫作“词牌”，依调填词叫“依声”。

6. 元曲

元曲原本来自所谓的“番曲”“胡乐”，首先在民间流传，被称为“街市小令”或“村坊小调”。元曲有严密的格律定式，每一曲牌的句式、字数、平仄等都有固定的格式要求。

考点2 诸子散文

诸子散文是中国春秋战国时期各学术流派代表人物的著作。其中，最有代表性的是儒(以孔子、孟子为代表)、墨(以墨子为代表)、道(以老子、庄子为代表)、法(以韩非子、李斯为代表)四家。

1.《论语》《孟子》和《荀子》

《论语》是儒家学派的经典著作之一，以语录体为主，叙事体为辅，集中体现了孔子的政治主张、伦理思想、道德观念及教育原则等。

《孟子》一书是孟子的言论汇编，记录了孟子的语言、政治观点(仁政、王霸之辨、民本、格君心之非、**民贵君轻**)和政治行动，属儒家经典著作。孟子的学说的出发点为**性善论**，提出“仁政”“王道”，主张德治。《孟子》与《论语》《大学》《中庸》合称为“四书”。

《荀子》一书旨在反映唯物主义自然观以及荀况的伦理、政治和经济思想。“天行有常，不为尧存，不为桀亡”是荀子的观点。

2.《墨子》

《墨子》原书71篇，今存53篇。墨家主张“**兼爱**”“**非攻**”“**尚贤**”，提倡节俭，反对奢侈浪费。

3.《道德经》和《庄子》

《道德经》(又名《老子》)主张“**无为而治、小国寡民**”，是我国历史上首部完整的哲学著作，也是我国道家哲学思想的重要来源，被誉为“万经之王”。

《庄子》一书主要反映了庄子的批判哲学、艺术、美学、审美观等，分内、外、杂篇，现存33篇。

4.《韩非子》

《韩非子》是战国末期法家代表人物韩非子创作的一部政治哲学文集，现存55篇，其中多为说理文，逻辑严密，分析透彻，条理分明，主张以法治国。

考点3 史学著作

1.《左传》

《左传》，《春秋左氏传》的省称，又称《左氏春秋》，旧传为春秋时期左丘明所作，近人多认为是战国时人根据各国史料所编。《左传》是中国第一部叙事详尽的编年体史书。

2.《史记》

《史记》是由司马迁撰写的中国第一部纪传体通史。它记载了上至上古传说中的黄帝时代，下至汉武帝元狩元年间共3000多年的历史。《史记》在文学史上有重要地位，具有极高的文学价值，被鲁迅誉为“史家之绝唱，无韵之离骚”。

史书按照体例可分为编年体、国别体、纪传体等，按时空可分为通史、断代史。考生应注意区分史学著作中不同的“第一部”。

3.《汉书》

《汉书》，又称《前汉书》，由我国东汉时期的历史学家班固编撰，是中国第一部纪传体断代史，“二十四史”之一。全书主要记述了上起西汉的汉高祖元年(公元前206年)，下至新朝的王莽地皇四年(公元23年)，共230年的史事。

4.《三国志》

《三国志》是由西晋史学家陈寿所著的记载三国时期的曹魏、蜀汉、东吴历史的纪传体断代史。

5.《后汉书》

《后汉书》是一部由南朝刘宋时期的历史学家范晔编撰的记载东汉历史的纪传体断代史，与《史记》《汉书》《三国志》合称“前四史”。

6.《资治通鉴》

《资治通鉴》，是北宋司马光主编的中国第一部编年体通史。《资治通鉴》的内容以政治、军事和民族关系为主，兼及经济、文化和历史人物评价，目的是通过对事关国家盛衰、民族兴亡的统治阶级政策的描述警示后人。

真题面对面

[2022信阳淮滨，单，0.7分]被誉为“史家之绝唱，无韵之离骚”的是(　　)

A. 班固《汉书》　　B. 司马迁《史记》

C. 陈寿《三国志》　　D. 司马光《资治通鉴》

答案：B

考点4　军事著作

1.《孙子兵法》

《孙子兵法》，又称《孙武兵法》，是我国现存最早的军事著作，被中外军事界誉为“兵学圣典”。作者**孙武**，字长卿，春秋末期齐国人。全书广博精深，体系完整，论述了战争与自然条件、政治、经济的关系，揭示了一些重要而带有普遍意义的军事规律，如“**知己知彼，百战不殆**”“**攻其无备，出其不意**”等。

2.《孙膑兵法》

《孙膑兵法》，也称《齐孙子》，是中国古代的著名兵书，由战国中期孙膑及其后学者所著。

二、中国古代著名文学家　【单选】　★★

考点1　“三曹”

建安是东汉末年汉献帝的年号(公元196～220年)。建安诗歌是指以这一时期为中心的汉末魏初的诗歌，其诗人主要是曹氏父子和围绕在他们周围的文士。

曹操是建安文学的主将和开创者，今存其乐府诗20余首，代表作《蒿里行》描写了军阀混战时期的惨景，《短歌行》是脍炙人口的名篇。

曹丕是曹操的次子，他的《燕歌行》是现存最早的七言诗。曹丕所著的《典论·论文》，是中国文学批评史上的重要著作。

曹植是这一时期最负盛名的作家，流传下来的诗赋文章有《泰山梁甫行》《美女篇》《洛神赋》《七步诗》等。

考点2　陶渊明

陶渊明，名潜，自号五柳先生，世称“**靖节先生**”，东晋末至南朝宋初期伟大的诗人、辞赋家。他是中国第一位田园诗人，被称为“古今隐逸诗人之宗”。陶渊明的诗分为饮酒诗、咏怀诗和田园诗三大类，其中田园诗成就最高。陶渊明的主要代表作品有《归去来兮辞》《桃花源记》《闲情赋》《五柳先生传》等。

考点3 唐代著名诗人

1. “初唐四杰”

“初唐四杰”是中国唐代初期四位文学家王勃、杨炯、卢照邻、骆宾王的合称。初唐四杰在初唐诗坛上承梁陈，下启沈宋，以大量的杰作，为五言律诗奠定了基础，并把七言古诗推向了成熟阶段。

王勃《送杜少府之任蜀州》中有名句：“海内存知己，天涯若比邻。”《滕王阁序》中有名句：“落霞与孤鹜齐飞，秋水共长天一色。”

> 易错点提示
>
> 小香有话说
>
> 贺知章不在“初唐四杰”之列，其诗作豪放旷达，人称“诗狂”。

2. 盛唐山水田园诗派

盛唐山水田园诗派的代表人物有王维、孟浩然、储光羲、常建等。

王维的著名诗句有《山居秋暝》中的“空山新雨后，天气晚来秋。明月松间照，清泉石上流”，《使至塞上》中的“大漠孤烟直，长河落日圆”等。苏轼评价王维的诗画风格为“味摩诘之诗，诗中有画；观摩诘之画，画中有诗”。

孟浩然的著名诗作有《春晓》：“春眠不觉晓，处处闻啼鸟。夜来风雨声，花落知多少。”

3. 盛唐边塞诗派

盛唐是边塞诗创作的鼎盛时期，涌现了大量的边塞诗人，代表诗人有高适、岑参、王昌龄、李颀等。

王昌龄《出塞二首·其一》中有名句：“但使龙城飞将在，不教胡马度阴山。”

岑参《白雪歌送武判官归京》中“忽如一夜春风来，千树万树梨花开”描写的是北方边塞的雪景。

4. 李白

李白，字太白，号青莲居士，中国唐代伟大的浪漫主义诗人，被后人称为**“诗仙”**。他的代表作品有《蜀道难》《行路难》《望庐山瀑布》《梦游天姥吟留别》《将进酒》等。

5. 杜甫

杜甫，字子美，自号少陵野老，是中国唐代伟大的现实主义诗人，被后世尊称为**“诗圣”**，他的诗也被称为“诗史”。杜甫与李白合称**“李杜”**。杜甫创作了“三吏”“三别”等名作，其著名诗句有《春望》中的“感时花溅泪，恨别鸟惊心”，《望岳》中的“会当凌绝顶，一览众山小”，《戏为六绝句·其二》中的“尔曹身与名俱灭，不废江河万古流”等。

> 易混点辨析
>
> 
>
>
> “三吏”即《新安吏》《石壕吏》《潼关吏》，“三别”即《新婚别》《无家别》《垂老别》。

6. 白居易

白居易是中国唐代伟大的现实主义诗人，被称为“诗魔”。他一生诗作很多，以讽喻诗最为有名，语言通俗易懂，代表作品有长篇叙事诗**《长恨歌》**和**《琵琶行》**。《琵琶行》中有名句：“同是天涯沦落人，相逢何必曾相识。”

7. 李贺

李贺被称为“诗鬼”，与李白、李商隐三人并称唐代“三李”。他的诗作具有想象奇特、思维奇谲、辞采奇丽的独特风格。李贺的代表作有《老夫采玉歌》《李凭箜篌引》《雁门太守行》《金铜仙人辞汉歌》《秋来》等。

8. 刘禹锡

刘禹锡是唐代诗人、文学家，被称为“诗豪”。刘禹锡关心现实社会，他的诗反映了中唐政治生活中的重大事件，倾向鲜明，其咏史怀古之作最为人称道。他的代表作有《西塞山怀古》《乌衣巷》《石头城》《蜀先主庙》等。《酬乐天扬州初逢席上见赠》中有名句："沉舟侧畔千帆过，病树前头万木春。"

9. 李商隐

李商隐，字义山，晚唐诗人。他最为人传诵的无题诗具有"朦胧"的特点，旨意隐秘。关于无题诗的内容和写作意图，主要说法有两种，即寄托说和爱情说。

10. 杜牧

杜牧是晚唐的诗人代表，与李商隐并称"小李杜"。杜牧的诗辞采清丽，风调俊朗，对后世影响很大。他著有《樊川文集》，代表作有《阿房宫赋》《遣怀》等。

真题面对面

[2021信阳市直，单，1.1分]唐代诗人(　　)两次前往边塞，所以写了很多描写边塞风光的诗句，比较有名的有《白雪歌送武判官归京》中的"忽如一夜春风来，千树万树梨花开"。

A. 岑参　　B. 高适　　C. 陆游　　D. 王维

答案：A

考点4 豪放派和婉约派代表人物

宋词可分为婉约派与豪放派两大流派。**婉约派**的特点主要是内容侧重儿女风情，结构深思缜密，重视音律谐婉，语言圆润，清新绮丽，具有一种柔婉之美，但内容比较狭窄。**豪放派**的特点是创作视野较为广阔，气象恢弘雄放，喜用诗文的手法、句法和字法写词，语词宏博，用事较多，不拘守音律。

表4-2-1　豪放派代表人物及其代表作

代表人物	代表作	名句
苏轼(北宋)，字子瞻	《水调歌头·明月几时有》	但愿人长久，千里共婵娟
	《赤壁赋》	寄蜉蝣于天地，渺沧海之一粟
	《后赤壁赋》	山高月小，水落石出
	《念奴娇·赤壁怀古》	大江东去，浪淘尽，千古风流人物
	《蝶恋花·春景》	枝上柳绵吹又少。天涯何处无芳草
辛弃疾(南宋)，字幼安，号稼轩	《永遇乐·京口北固亭怀古》	凭谁问：廉颇老矣，尚能饭否
	《青玉案·元夕》	众里寻他千百度。蓦然回首，那人却在，灯火阑珊处
	《贺新郎·甚矣吾衰矣》	我见青山多妩媚，料青山见我应如是
陆游(南宋)	《游山西村》(注：此作为诗)	山重水复疑无路，柳暗花明又一村
	《钗头凤·红酥手》	红酥手，黄縢酒，满城春色宫墙柳

表4-2-2　婉约派代表人物及其代表作

代表人物	代表作	名句
李煜(南唐)	《虞美人·春花秋月何时了》	问君能有几多愁？恰似一江春水向东流
	《相见欢·无言独上西楼》	剪不断，理还乱，是离愁。别是一般滋味在心头

续表

代表人物	代表作	名句
柳永(北宋)	《雨霖铃·寒蝉凄切》	今宵酒醒何处？杨柳岸，晓风残月
	《蝶恋花·伫倚危楼风细细》	衣带渐宽终不悔，为伊消得人憔悴
晏殊(北宋)	《蝶恋花·槛菊愁烟兰泣露》	昨夜西风凋碧树，独上高楼，望尽天涯路
	《浣溪沙·一曲新词酒一杯》	无可奈何花落去，似曾相识燕归来
李清照(南宋)	《声声慢·寻寻觅觅》	寻寻觅觅，冷冷清清，凄凄惨惨戚戚
	《一剪梅·红藕香残玉簟秋》	此情无计可消除，才下眉头，却上心头
	《夏日绝句》(注：此作为诗)	生当作人杰，死亦为鬼雄

考点 5 “汉赋四大家”

表 4-2-3 “汉赋四大家”及其代表作

文学家	代表作
司马相如	《子虚赋》《上林赋》《美人赋》
扬雄	《河东赋》《羽猎赋》《甘泉赋》
班固	《两都赋》
张衡	《二京赋》《归田赋》

考点 6 “唐宋八大家”

表 4-2-4 “唐宋八大家”及其代表作

文学家	代表作
韩愈	《师说》《杂说》《祭十二郎文》
柳宗元	《黔之驴》《天说》《永州八记》
欧阳修	《醉翁亭记》《鸣蝉赋》《秋声赋》《卖油翁》
苏洵	《六国论》《衡论》《辨奸论》《管仲论》《权书》
苏轼	《水调歌头》《浣溪沙·游蕲水清泉寺》《江城子·密州出猎》《蝶恋花·春景》
苏辙	《栾城集》《栾城应诏集》
曾巩	《寄欧阳舍人书》《上蔡学士书》《赠黎安二生序》《王平甫文集序》
王安石	《游褒禅山记》《伤仲永》《答司马谏议书》

“三苏”指的是苏洵、苏轼、苏辙。

考点 7 “元曲四大家”

表 4-2-5 “元曲四大家”及其代表作

元杂剧作家	代表作
关汉卿	《窦娥冤》《救风尘》《望江亭》《拜月亭》《鲁斋郎》《单刀会》
马致远	《汉宫秋》《荐福碑》《岳阳楼》《青衫泪》《陈抟高卧》《任风子》
白朴	《唐明皇秋夜梧桐雨》《墙头马上》
郑光祖	《倩女离魂》《王粲登楼》

易错点提示

“元曲四大家”不包括王实甫。王实甫的代表作是《崔莺莺待月西厢记》(简称《西厢记》)。

考点8 明清小说作家

表4-2-6 明清小说作家及其代表作

小说作家	代表作	简介
施耐庵	《水浒传》	英雄传奇小说
罗贯中	《三国演义》	我国章回小说的开山之作
吴承恩	《西游记》	浪漫主义神魔小说
曹雪芹、高鹗	《红楼梦》	中国古典小说的最高峰
吴敬梓	《儒林外史》	长篇讽刺小说
吴沃尧	《二十年目睹之怪现状》	晚清四大谴责小说
李宝嘉	《官场现形记》	
曾朴	《孽海花》	
刘鹗	《老残游记》	

考点再拔高

▼ 四大名著中的经典情节

《水浒传》:景阳冈打虎、倒拔垂杨柳、智取生辰纲、雪夜上梁山

《三国演义》:桃园三结义、三顾茅庐、草船借箭、煮酒论英雄

《西游记》:大闹天宫、困囚五行山、三打白骨精、三借芭蕉扇

《红楼梦》:木石前盟、流水葬花、晴雯撕扇、刘姥姥三进大观园

三、中国现当代著名文学家 【单选、判断】 ★★★

表4-2-7 中国现当代著名文学家及其代表作

作家	代表作
鲁迅(被誉为“民族魂”)	《狂人日记》(鲁迅创作的第一篇短篇白话日记体小说和中国第一部现代白话文小说,收录在小说集《呐喊》中) 《孔乙己》(短篇小说,收录在小说集《呐喊》中) 《阿Q正传》(中篇小说,收录在小说集《呐喊》中) 《祝福》(短篇小说,收录在小说集《彷徨》中) 《朝花夕拾》(多侧面地反映鲁迅青少年时期生活的散文集) 《野草》(鲁迅唯一的一本散文诗集)
茅盾	《子夜》《林家铺子》《蚀》(《幻灭》《动摇》《追求》)和《农村三部曲》(《春蚕》《秋收》《残冬》)
巴金	《激流三部曲》(《家》《春》《秋》)和《爱情的三部曲》(《雾》《雨》《电》)

续表

作家	代表作
朱自清	《背影》《荷塘月色》《威尼斯》
徐志摩	《再别康桥》《我所知道的康桥》《翡冷翠山居闲话》
胡适	《尝试集》(中国现代文学史上第一部白话诗集),《四十自述》《南游杂忆》《我们必须选择我们的方向》
田汉	《获虎之夜》《名优之死》《关汉卿》《义勇军进行曲》
老舍(新中国第一位获得“人民艺术家”称号的作家)	《茶馆》《龙须沟》《骆驼祥子》《四世同堂》
曹禺(被誉为“东方的莎士比亚”)	《雷雨》《日出》《原野》《北京人》
艾青	《大堰河——我的保姆》《向太阳》《艾青诗选》
戴望舒	《债》《雨巷》《母爱》
郭沫若	《女神》(我国现代诗歌史上最能体现“五四”时代精神的第一本诗集),《屈原》《孔雀胆》
闻一多	《红烛》《七子之歌》《死水》
路遥	《人生》《平凡的世界》《惊心动魄的一幕》《在困难的日子里》
莫言	《红高粱》《檀香刑》《丰乳肥臀》《酒国》《生死疲劳》《蛙》
余华	《在细雨中呼喊》《活着》《许三观卖血记》

真题面对面

[2022信阳淮滨,单,0.7分]下列文章不属于鲁迅作品的是(　　)

A.《狂人日记》　　B.《骆驼祥子》

C.《孔乙己》　　D.《祝福》

答案:B

第二节　外国文学

一、外国文学基本常识　【单选】

考点1　古希腊文学

古希腊是欧洲文化的发祥地,古希腊文学和早期基督教文学是西方文学的两个源头。

古希腊文学产生于荷马时代,持续了1000年左右,主要成就体现在神话、史诗、寓言和抒情诗。希腊神话具有鲜明的人本色彩和命运观念,是世界神话中保存最完整、内容最丰富的。《荷马史诗》是西方文学史上最早的正式的书面文学作品,包括两部,分别是《伊利亚特》和《奥德赛》,相传为盲人诗人荷马所作。《伊索寓言》具有很高的哲理性。古希腊抒情诗对后世欧洲抒情诗的发展有较大的影响。希腊文学的最大成就是它的戏剧,产生了埃斯库罗斯、索福克勒斯和欧里庇得斯三位伟大的悲剧作家以及伟大的喜剧作家阿里斯托芬。

考点2 文艺复兴时期文学

欧洲的文艺复兴运动从14世纪开始，持续到17世纪才宣告结束。在长达300多年的时间里，人文主义文学取得了辉煌的成就。这一时期的代表作家有意大利的但丁、彼特拉克、薄伽丘，法国的拉伯雷，西班牙的塞万提斯，英国的莎士比亚等。

考点3 阿拉伯文学

阿拉伯文学是世界上最古老、最有成就的文学之一。它是东方文学的一个重要组成部分。连环故事集**《一千零一夜》**（旧译《天方夜谭》），汇集和整理了波斯、印度、埃及、希伯来和阿拉伯的民间故事，历经数百年方成形，成为脍炙人口的世界性普及读物，是世界文学中一颗璀璨的明珠。

二、外国著名文学家 【单选、判断】 ★

表4-2-8 外国著名文学家及其代表作

作家	国籍	代表作
埃斯库罗斯	古希腊	《乞援人》《波斯人》《被缚的普罗米修斯》
索福克勒斯	古希腊	《安提戈涅》《俄狄浦斯王》
欧里庇得斯	古希腊	《美狄亚》《特洛伊妇女》
阿里斯托芬	古希腊	《阿卡奈人》《骑士》《和平》《鸟》《蛙》
亚里士多德	古希腊	《诗学》
但丁	意大利	《神曲》
莫里哀	法国	《无病呻吟》《伪君子》《悭吝人》
薄伽丘	意大利	《十日谈》《菲洛柯洛》《苔塞伊达》
莎士比亚	英国	四大悲剧（《哈姆莱特》《奥赛罗》《麦克白》《李尔王》） 四大喜剧（《仲夏夜之梦》《威尼斯商人》《第十二夜》《皆大欢喜》） 《罗密欧与朱丽叶》
塞万提斯	西班牙	《堂吉诃德》
伏尔泰	法国	《如此世界》《查第格》《天真汉》《老实人》
卢梭	法国	《新爱洛伊丝》《爱弥儿》《忏悔录》
莫泊桑	法国	《羊脂球》《我的叔叔于勒》《米隆老爹》《项链》
歌德	德国	《浮士德》《少年维特之烦恼》《平民将军》
笛福	英国	《鲁滨孙漂流记》
拜伦	英国	《唐璜》
雪莱	英国	《解放了的普罗米修斯》《西风颂》《致云雀》
雨果	法国	《巴黎圣母院》《悲惨世界》《笑面人》《九三年》
大仲马	法国	《三个火枪手》《基督山伯爵》
小仲马	法国	《茶花女》
普希金	俄国	《叶甫盖尼·奥涅金》《鲍里斯·戈都诺夫》《黑桃皇后》
列夫·托尔斯泰	俄国	《战争与和平》《安娜·卡列尼娜》《复活》

续表

作家	国籍	代表作
契诃夫	俄国	《变色龙》《胖子和瘦子》《凡卡》《套中人》
司汤达	法国	《红与黑》
巴尔扎克	法国	《人间喜剧》(收录了《欧也妮·葛朗台》等多部小说)
狄更斯	英国	《双城记》(以法国大革命为背景),《匹克威克外传》《雾都孤儿》
马克·吐温	美国	《竞选州长》《败坏了哈德莱堡的人》
欧·亨利	美国	《麦琪的礼物》《警察与赞美诗》《最后一片叶子》
欧仁·鲍狄埃	法国	《自由万岁》《自由吧,巴黎》《国际歌》
高尔基	苏联	《童年》《在人间》《我的大学》
米哈依尔·肖洛霍夫	苏联	《静静的顿河》
菲茨杰拉德	美国	《了不起的盖茨比》
海明威	美国	《老人与海》《永别了,武器》《丧钟为谁而鸣》《太阳照常升起》
加西亚·马尔克斯	哥伦比亚	《百年孤独》《霍乱时期的爱情》

真题面对面

[2020信阳市直,判断,0.7分]长篇历史小说《双城记》是法国作家查尔斯·狄更斯以法国大革命为背景所著的作品。(　　)

答案:×

核心考点回顾

1.《左传》《史记》《汉书》《资治通鉴》分别是哪种史书的"第一部"?(参见本书P241)

2. 我国唐代著名诗人及其代表作有哪些?(参见本书P243)

3. 我国现当代著名文学家及其代表作品有哪些?(参见本书P246)

达标测评

建议用时	实际用时	测评总分	实际得分
12分钟	____分钟	16分	____分

一、单项选择题(每小题1分,共6分)

1. 被称为中国历史上第一位伟大的爱国诗人、中国浪漫主义文学的奠基人、"辞赋之祖"的是(　　)

A. 李白　　B. 杜甫　　C. 宋玉　　D. 屈原

2. 根据联合国教科文组织统计，被译成外国文字发行量最多的中华名著，同时也被誉为“万经之王”的是（　　）

A.《论语》　　B.《道德经》　　C.《诗经》　　D.《墨子》

3. 山水游记是中国古代散文中文学性最强的分支之一。著名诗句“落霞与孤鹜齐飞，秋水共长天一色”出自（　　）

A.《滕王阁序》　　B.《岳阳楼记》

C.《醉翁亭记》　　D.《兰亭序》

4. 关于文学常识，下列说法不正确的是（　　）

A.《楚辞》以屈原的诗歌为主　　B.《琵琶行》是杜甫的作品

C.《红楼梦》原名《石头记》　　D.《儒林外史》反映的是当时的科举制度

5.《麦琪的礼物》是美国作家（　　）的作品。

A. 马克·吐温　　B. 毛姆　　C. 欧·亨利　　D. 乔伊斯

6. 下列中国古代著名文学家及其主要作品对应错误的是（　　）

A. 杜牧—《阿房宫赋》　　B. 白居易—《琵琶行》

C. 王勃—《滕王阁序》　　D. 杜甫—《行路难》

二、多项选择题（每小题2分，共8分）

1. 下列表述中，正确的选项有（　　）

A. 班固的《汉书》开创了我国纪传体历史著作的先河

B.“一门三父子，都是大文豪，诗赋传千古，峨眉共比高。”这里的“三父子”指的是苏洵、苏轼和苏辙

C. 朱自清是现代著名作家，《背影》《荷塘月色》《威尼斯》是他的名篇

D. 塑造祥林嫂这一典型形象的小说《祝福》，出自鲁迅的小说集《彷徨》

2. 杜甫的“三吏三别”深刻地写出了民间疾苦及在乱世之中身世飘荡的孤独，揭示了战争给人民带来的巨大不幸和困苦，表达了作者对备受战祸摧残的老百姓的同情。“三吏三别”包括（　　）

A.《新婚别》　　B.《从军别》　　C.《石壕吏》　　D.《潼关吏》

3. 路遥是著名作家，把文学创作融入改革开放伟大实践，用心用情抒写改革开放故事。中共中央、国务院授予他“改革先锋”称号，称他为“鼓舞亿万农村青年投身改革开放的优秀作家”。他的主要作品有（　　）

A.《人生》　　B.《惊心动魄的一幕》

C.《在细雨中呼喊》　　D.《平凡的世界》

4. 下列属于莎士比亚四大悲剧的有（　　）

A.《第十二夜》　　B.《哈姆莱特》　　C.《李尔王》　　D.《麦克白》

三、判断题（每小题1分，共2分）

1. 陶渊明，东汉著名诗人，他的田园诗被誉为“中国田园诗的基石”，其中《归园田居》《饮酒》等最具代表性。（　　）

2.《老人与海》是马克·吐温著名的作品之一。（　　）

参考答案及解析

一、单项选择题

1. D [解析]屈原是中国历史上第一位伟大的爱国诗人,中国浪漫主义文学的奠基人,被誉为“中华诗祖”“辞赋之祖”。

2. B [解析]《道德经》(又名《老子》)是我国历史上首部完整的哲学著作,也是我国道家哲学思想的重要来源,被誉为“万经之王”。

3. A [解析]名句“落霞与孤鹜齐飞,秋水共长天一色”出自王勃的《滕王阁序》。

4. B [解析]《琵琶行》是白居易的作品。故选B。

5. C [解析]欧·亨利是美国著名的批判现实主义作家,世界三大短篇小说大师之一。他的代表作有《麦琪的礼物》《警察与赞美诗》《最后一片叶子》等。故选C。

6. D [解析]《行路难》的作者是李白。李白是中国唐代伟大的浪漫主义诗人,被后人称为“诗仙”。杜甫,字子美,自号少陵野老,被后世尊称为“诗圣”,他的代表作有《闻官军收河南河北》《春望》《望岳》等。

二、多项选择题

1. BCD [解析]《史记》是中国历史上第一部纪传体通史。A项错误。B、C、D三项均正确。

2. ACD [解析]杜甫的“三吏三别”是指《新安吏》《石壕吏》《潼关吏》《新婚别》《无家别》《垂老别》。

3. ABD [解析]路遥的主要作品有《人生》《平凡的世界》《惊心动魄的一幕》《在困难的日子里》等。《在细雨中呼喊》是余华的作品。

4. BCD [解析]莎士比亚的四大悲剧是《麦克白》《李尔王》《哈姆莱特》《奥赛罗》;四大喜剧是《皆大欢喜》《仲夏夜之梦》《第十二夜》《威尼斯商人》。故选BCD。

三、判断题

1. × [解析]陶渊明是东晋末至南朝宋初的诗人、辞赋家、散文家。

2. × [解析]《老人与海》是海明威著名的作品之一。

第三章 艺术素养

思维导图

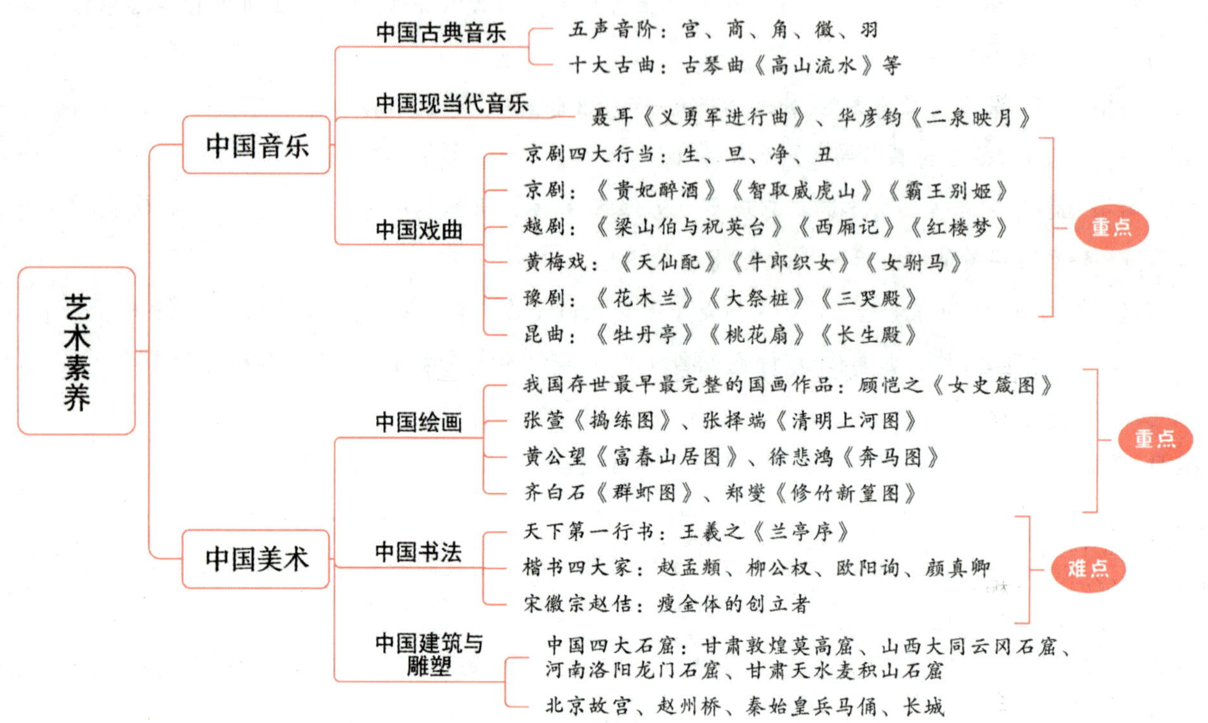

河南考向

本章属于人文素养的基础章节，也是河南招教偶尔考查的章节，内容较为琐碎，需要识记的知识较多。在考试中常以选择题、判断题等客观题的形式考查。现对本章河南考向分析如下：

考点类型	高频考点	常考题型	能力层级	考查热度
常规考点	中国戏曲	判断	识记	★★
	中国绘画	单选、多选、判断	识记	★★★
	中国书法	单选	识记	★★

核心考点

第一节　中国音乐

一、中国古典音乐　【单选】

考点1　五声音阶

五声音阶是汉族古代音律。按五度的相生顺序，从宫音开始到羽音，依次为：宫—商—角—徵—羽，类似现在简谱中的1、2、3、5、6。宫等于1(Do)，商等于2(Re)，角等于3(Mi)，徵等于5(Sol)，羽等于6(La)，亦称作五音。

考点2　十大古曲

十大古曲是中国传统音乐的精髓，包括《高山流水》(古琴曲)、《广陵散》(古琴曲)、《平沙落雁》(古琴曲)、《梅花三弄》(古琴曲)、《十面埋伏》(琵琶曲)、《夕阳箫鼓》(琵琶曲)、《渔樵问答》(古琴曲)、《胡笳十八拍》(古琴曲)、《汉宫秋月》(琵琶曲)、《阳春白雪》(琵琶曲)。

考点3　江南丝竹八大曲

1939年，沪西丝竹家薛孝慈在新世界游乐场内举办"丝竹游艺"活动。活动中，将《梅花三弄》(《三六》)、《熏风曲》(《中花六板》)、《行街》、《四合如意》、《云庆》、《欢乐歌》、《慢六板》、《慢三六》八首乐曲分别写于八块牌子上，丝竹爱好者可从中任意选曲上台演奏，由此产生"丝竹八大曲"。

二、中国现当代音乐　【单选】

考点1　聂耳

聂耳，原名聂守信，中国音乐家，被郭沫若称为"人民音乐家"，中华人民共和国国歌《义勇军进行曲》的曲作者。他的音乐创作具有鲜明的时代感、严肃的思想性、高昂的民族精神和卓越的艺术创造性，为中国无产阶级革命音乐的发展指出了方向，树立了中国音乐创作的榜样。

考点2　冼星海

冼星海是中国近代著名作曲家、钢琴家，被毛泽东誉为"人民音乐家"。他的代表作品有《在太行山上》《到敌人后方去》《黄河大合唱》《生产运动大合唱》等。

考点3　华彦钧(阿炳)

华彦钧是民间音乐家，现留存有二胡曲《二泉映月》《听松》《寒春风曲》和琵琶曲《大浪淘沙》《龙船》《昭君出塞》。

三、中国戏曲　【判断】　★★

戏曲是中国传统戏剧，经过长期的发展演变，逐步形成了以"京剧、越剧、黄梅戏、评剧、豫剧"中国五大戏曲剧种为核心的中华戏曲百花苑。

考点 1 京剧

徽剧是京剧的前身。清代乾隆时期，四大徽班陆续进入北京，并与其他地方戏曲不断交流、融合，最终形成京剧。

“唱”“念”“做”“打”是京剧表演的四种艺术表现手段，同时也是京剧表演的四项基本功。“唱”指唱功，“念”指具有音乐性的念白，“做”指舞蹈化的形体动作，“打”指武打和翻跌的技艺。

京剧中的角色划分为生、旦、净、丑四种行当。

生是除了花脸以及丑角以外的男性正面角色的统称，分老生、武生、小生、红生、娃娃生。

旦是女性正面角色的统称，分青衣(正旦)、花旦、闺门旦、刀马旦、武旦、彩旦。旦角四大流派是梅派(梅兰芳)、尚派(尚小云)、程派(程砚秋)、荀派(荀慧生)。

表4-3-1 旦 行

分类	具体形象
正旦(青衣)	多为端庄稳重的中青年妇女，以唱功见长，如《铡美案》中的秦香莲
花旦	多为年轻活泼的小家碧玉或丫鬟，以做功和念白见长，如《西厢记》中的红娘
刀马旦	多为女将或女元帅，如《穆桂英挂帅》中的穆桂英
武旦	身具武艺的江湖女子或神怪精灵，表演上重翻打，如《白蛇传》中的青蛇

净俗称花脸，大多是扮演性格、品质或相貌上有些特异的男性人物，化妆用脸谱，音色洪亮，风格粗犷。“净”主要分为文净、武净两大类。文净又分正净、副净，武净分重把子工架的武花、重跌扑摔打的武花、油花。

丑是喜剧角色，因在鼻梁上抹一小块白粉，俗称小花脸，分文丑、武丑等。

京剧脸谱是根据某种性格、性情或某种特殊类型的人物，采用某些色彩来表示的一种特殊的化妆方法。红脸含有褒义，代表忠勇；黑脸为中性，代表猛智；蓝脸和绿脸也为中性，代表草莽英雄；黄脸和白脸含贬义，黄脸偏向于凶恶，白脸偏向于狡诈；金脸和银脸是神秘，代表神妖。

京剧的代表剧目：《玉堂春》《四郎探母》《红灯记》《群英会》《沙家浜》《贵妃醉酒》《铡美案》《智取威虎山》《空城计》《霸王别姬》等。

考点 2 越剧

越剧起源于浙江嵊州一带流行的说唱艺术——落地唱书。在发展过程中，越剧不断汲取昆曲、话剧、滩簧、京剧等唱腔因素和表演形式，逐步形成了既善于叙事又擅长抒情的唱腔音乐。越剧的代表剧目有《梁山伯与祝英台》《西厢记》《红楼梦》等。

考点 3 黄梅戏

黄梅戏，旧称黄梅调或采茶戏，起源于湖北省黄梅县，发展壮大于安徽省安庆市。

黄梅戏唱腔淳朴流畅，以明快抒情见长，具有丰富的表现力；表演质朴细致，以真实活泼著称。黄梅戏的优秀剧目有《天仙配》《牛郎织女》《女驸马》等。

考点 4 豫剧

豫剧又称“河南梆子”，代表剧目有《花木兰》《大祭桩》《人欢马叫》《三哭殿》等。

考点 5 昆曲

昆曲原名“昆山腔”“昆腔”，是中国古老的戏曲声腔、剧种，是中国传统戏曲中最古老的剧种之一，被誉为“百戏之祖”。

昆曲中有影响又经常演出的剧目有：汤显祖的**《牡丹亭》**《紫钗记》《邯郸记》《南柯记》，朱素臣的《十五贯》，孔尚任的**《桃花扇》**，洪昇的《长生殿》，另外还有一些著名的折子戏，如《游园惊梦》《阳关》《三醉》《秋江》《思凡》《断桥》等。

真题面对面

[**2022安阳滑县，判断，0.6分**]昆曲是中国传统戏曲中最古老的剧种之一，被誉为“百戏之祖”。

答案：√

第二节 中国美术

一、中国绘画 【单选、多选、判断】★★★

考点1 顾恺之

顾恺之是东晋杰出画家、绘画理论家，与曹不兴、陆探微、张僧繇合称“六朝四大家”。顾恺之作画，意在传神，其“迁想妙得”“以形写神”等论点，为中国传统绘画的发展奠定了基础。他的著名画作有**《洛神赋图》《女史箴图》**《列女仁智图》等，著名绘画理论著作为《画云台山记》。其中，《女史箴图》是我国存世最早最完整的国画作品。

考点2 阎立本

阎立本是唐代政治家、画家。阎立本擅长工艺，多巧思，工篆隶书，对绘画、建筑都很擅长。他的代表作品有**《步辇图》**《历代帝王图》《职贡图》等。

考点3 吴道子

吴道子是唐代著名画家，被尊称为**“画圣”**，精于佛道、人物，长于壁画创作。他的人物画风格被称作“吴带当风”，著名画作有**《送子天王图》**《明皇受箓图》《梁武帝》等。

考点4 张萱

张萱是唐代画家，其代表作《捣练图》是一幅工笔重彩仕女画，描绘了唐代妇女在捣练、络线、熨平、缝制劳动操作时的情景。

考点5 张择端

张择端是北宋画家，擅画楼观、屋宇、林木、人物。他的代表作品有**《清明上河图》**《金明池争标图》等，皆为我国古代的艺术珍品。

考点6 黄公望

黄公望是元代画家，擅画山水。他所作水墨画笔力老到，简淡深厚，又于水墨之上略施淡赭，世称“浅绛山水”，晚年以草籀笔意入画，气韵雄秀苍茫，与吴镇、倪瓒、王蒙合称“元四家”。他的存世作品有**《富春山居图》**《九峰雪霁图》《丹崖玉树图》《天池石壁图》等。《富春山居图》以**浙江富春江**为背景，画面用墨淡雅，山和水的布置疏密得当，墨色浓淡干湿并用，极富于变化。它的前半卷现藏于浙江省博物馆，后半卷现藏于台北故宫博物院。

真题面对面

[2020信阳市直，单，0.9分]《富春山居图》是元朝书画，由画家黄公望为郑樗所绘，以(　　)的富春江为背景。

A. 江苏　　B. 浙江

C. 江西　　D. 湖南

答案：B

考点7 郑燮

郑燮，字克柔，号板桥，清代著名书画家、诗人，擅画兰、竹、石等，尤精墨竹。其画取法于明徐渭、清石涛等的大写意，运笔秀劲潇洒，横涂竖抹而不失章法。因其独具艺术创新的言行和长期流寓扬州卖画，被列为"扬州八怪"之一。其代表画作有《甘谷菊泉图》《修竹新篁图》《清光留照图》等。"咬定青山不放松，立根原在破岩中"就出自其题画诗，赞颂了竹子的刚毅。

考点8 徐悲鸿

徐悲鸿是中国现代画家、美术教育家。徐悲鸿强调国画改革融入西画法，作画主张光线、造型，讲求对象的解剖结构、骨骼的准确把握，并强调作品的思想内涵，对当时中国画坛影响甚大。其所作国画彩墨浑成，尤以奔马享名于世，代表作品有《愚公移山》《群奔》《奔马图》《田横五百士》等。

考点9 齐白石

齐白石是近现代中国绘画大师，世界文化名人。齐白石擅画花鸟、虫鱼、山水、人物，笔墨雄浑滋润，色彩浓艳明快，造型简练生动，意境淳厚朴实，所作鱼虾虫蟹，天趣横生，其代表作有《蛙声十里出山泉》《群虾图》等。

二、中国书法 【单选】 ★★

汉字形体演变过程为：甲骨文—金文—小篆—隶书—楷书—草书—行书。

考点1 王羲之和王献之

东晋时期的王羲之被人们称为"书圣"，其代表作《兰亭序》被誉为"天下第一行书"。王羲之的代表作有楷书《黄庭经》《乐毅论》，草书《十七帖》《初月帖》，行书《兰亭序》《快雪时晴帖》等。

王羲之之子王献之，人称"小圣"，其代表作为《鸭头丸帖》《中秋帖》等。王羲之和王献之父子合称"二王"。

王羲之的《兰亭序》、颜真卿的《祭侄文稿》与苏轼的《寒食帖》合称为"天下三大行书"。

考点2 颜真卿和柳公权

颜真卿是唐代杰出的书法家。颜真卿的书法精妙，擅长行、楷，创"颜体"楷书，与赵孟頫、柳公权、欧阳询并称为"楷书四大家"；与柳公权并称"颜柳"，被称为**"颜筋柳骨"**。他的代表作品有《多宝塔碑》《中兴颂》《争座位帖》《祭侄文稿》等。

柳公权是唐代著名书法家。他汲取了颜真卿、欧阳询之长，融汇新意，自创独树一帜的“柳体”，以骨力劲健见长。他的代表作品有《金刚经》《玄秘塔碑》《神策军碑》等。

考点3 张旭和怀素

张旭是唐朝书法家，以草书著名，被后世尊称为“**草圣**”。张旭的书法与怀素齐名，合称“**颠张狂素**”。他的代表作品是《古诗四帖》《自言帖》等。

怀素是唐代书法家，以“狂草”名世。怀素草书，笔法瘦劲，飞动自然，其传世书法作品有**《自叙帖》**《苦笋帖》《圣母帖》《论书帖》等。

考点4 米芾

米芾是北宋书法家，与蔡襄、苏轼、黄庭坚合称“**宋四家**”。米芾擅长篆、隶、楷、行、草等书体，长于临摹古人书法，代表作品有《蜀素帖》《苕溪诗帖》等。

考点5 宋徽宗

宋徽宗赵佶创立了**瘦金体**——书法史上极具个性的一种楷书书体。瘦金体运笔灵动快捷，笔迹瘦劲。宋徽宗的瘦金体代表作品是《楷书千字文》《秾芳诗帖》。

真题面对面

[2021信阳市直，单，1.1分]（　　）的《兰亭序》为历代书法家所敬仰，被称作“天下第一行书”。

A. 颜真卿　　B. 黄庭坚

C. 王羲之　　D. 欧阳询

答案：C

三、中国建筑与雕塑

考点1 中国四大石窟

中国的石窟多建在北方的黄河流域。从北魏至隋唐，是凿窟的鼎盛时期，尤其是在唐朝时期修筑了许多大石窟。甘肃敦煌莫高窟、山西大同云冈石窟、河南洛阳龙门石窟和甘肃天水麦积山石窟被称为中国的“四大石窟”。

考点2 北京故宫

北京故宫是中国明清两代的皇家宫殿，旧称为紫禁城，位于北京中轴线的中心，以**黄色和红色**为建筑主色调，是中国古代宫廷建筑之精华。北京故宫以三大殿为中心，有大小宫殿70多座，房屋9000余间，是世界上现存规模最大、保存最为完整的木质结构古建筑之一。北京故宫被誉为世界五大宫（北京故宫、法国凡尔赛宫、英国白金汉宫、美国白宫、俄罗斯克里姆林宫）之首。

考点3 赵州桥

赵州桥又称安济桥，坐落在河北省赵县的洨河上，因桥体全部用石料砌成，又被当地称作“大石桥”。赵州桥建于隋朝，由著名匠师李春设计建造，距今已有1400多年的历史。该桥是一座空腹式的圆弧形石拱桥，是中国现存最早、保存最好的巨大石拱桥。

考点 4 秦始皇兵马俑

秦始皇兵马俑位于今陕西省西安市临潼区秦始皇陵以东的兵马俑坑内。1987年，秦始皇陵及兵马俑坑被联合国教科文组织批准列入《世界遗产名录》，并被誉为“世界第八大奇迹”。

考点 5 长城

长城，又称万里长城，是中国古代的军事防御工事，是一道高大、坚固而且连绵不断的长垣，用以限隔敌骑的行动。长城修筑的历史可上溯到西周时期，发生在首都镐京(今陕西西安)的著名典故“烽火戏诸侯”就源于此。秦灭六国统一天下后，秦始皇连接和修缮战国长城，始有“万里长城”之称。今天人们所看到的长城多是明朝修筑的。长城上的重要关隘主要有：嘉峪关、山海关、居庸关、雁门关等。

真题面对面

[2021信阳市直，多，1.3分]长城是我国古代重要的军事防御工程，是一道高大、坚固、连绵不断的长垣，用以限隔敌骑的行动。长城上有许多重要关隘，比如(　　)

A. 嘉峪关　　B. 山海关　　C. 剑门关　　D. 居庸关

答案：ABD

核心考点回顾

1. 京剧的行当和代表剧目有哪些?(参见本书P254)
2. 中国古代著名画家及其代表作品有哪些?(参见本书P255)
3. 中国古代著名书法家及其代表作品有哪些?(参见本书P256)

达标测评

建议用时	实际用时	测评总分	实际得分
8分钟	____分钟	10分	____分

一、单项选择题(每小题1分，共6分)

1. 下列曲目不属于中国“十大古曲”的是(　　)

A.《梅花三弄》　　B.《十面埋伏》　　C.《渔樵问答》　　D.《牡丹亭》

2. 明朝时期，兴起于江南地区的(　　)达到鼎盛，对此后的诸多剧种的形成和发展产生了深远影响，被誉为“百戏之祖”。

A. 昆曲　　B. 京剧　　C. 越剧　　D. 豫剧

3. 国画是我国传统的美术形式，我国存世最早最完整的国画作品是下列的哪件作品(　　)

A. 顾恺之的《女史箴图》　　B. 张僧繇的《梁武帝像》

C. 周昉的《簪花仕女图》 D. 吴道子的《送子天王图》

4. 被称之为“书圣”的我国著名书法家王羲之，其代表作《兰亭序》的书体是（ ）

A. 隶书 B. 楷书 C. 行书 D. 草书

5. 在我国书法史上，“楷书四大家”分别是（ ）

A. 欧阳询、颜真卿、柳公权、赵孟頫 B. 欧阳询、颜真卿、柳公权、王羲之

C. 欧阳询、颜真卿、柳公权、王献之 D. 欧阳询、颜真卿、苏轼、赵孟頫

6. 我国元代画家（ ）擅长画山水，其代表作《富春山居图》被称为“中国十大传世名画之一”。

A. 张择端 B. 黄公望 C. 顾恺之 D. 吴道子

二、多项选择题（每小题2分，共4分）

1. 以下关于中国戏剧与其代表作对应正确的是（ ）

A. 京剧——《霸王别姬》 B. 黄梅戏——《天仙配》

C. 豫剧——《花木兰》 D. 越剧——《女驸马》

2. 中国古代建筑的特点之一是最敢于使用色彩，也最善于使用色彩。大凡宫殿、坛庙、寺观等建筑物多使用对比强烈、色调鲜明的色彩。故宫，又名紫禁城，其建筑主色调是（ ）

A. 白 B. 灰 C. 红 D. 黄

参考答案及解析

一、单项选择题

1. D [解析]十大古曲，指的是《高山流水》《梅花三弄》《夕阳箫鼓》《汉宫秋月》《阳春白雪》《渔樵问答》《胡笳十八拍》《广陵散》《平沙落雁》《十面埋伏》。

2. A [解析]昆曲被称为“百戏之祖”，源于元末江苏的昆山。昆曲是中国乃至世界现存最古老的剧种，与古希腊戏剧和印度梵剧并称为“世界三大古老戏剧”。

3. A [解析]我国存世最早最完整的国画作品是顾恺之的《女史箴图》。

4. C [解析]王羲之的《兰亭序》为行书字帖，是其代表作之冠，被书法界誉为“天下第一行书”。

5. A [解析]楷书四大家，是对书法史上以楷书著称的四位书法家的合称。他们分别是：欧阳询、颜真卿、柳公权、赵孟頫。

6. B [解析]《富春山居图》是元代画家黄公望的代表作。

二、多项选择题

1. ABC [解析]《霸王别姬》是京剧代表剧目。《天仙配》《女驸马》是黄梅戏代表剧目。《花木兰》是豫剧代表剧目。越剧的代表剧目有《梁山伯与祝英台》《西厢记》《红楼梦》等。

2. CD [解析]北京故宫以红色、黄色为主色调，以三大殿为中心，有大小宫殿70多座，房屋9000余间，是世界上现存规模最大、保存最为完整的木质结构古建筑之一。

第四章　传统文化素养

- 传统文化素养
  - 天文历法与传统节日
    - 天文历法
      - 二十四节气歌：春雨惊春清谷天，夏满芒夏暑相连；秋处露秋寒霜降，冬雪雪冬小大寒（难点）
      - 数九、干支、月相纪日法（难点）
    - 传统节日与习俗
      - 中国四大传统节日：春节、清明节、端午节、中秋节
  - 教育
    - 古代人才选拔的制度
      - 军功爵制、察举制、九品中正制、科举制
    - 科举制度（重点）
      - 科举考试级别：院试、乡试、会试、殿试
      - 连中三元：接连在乡试、会试、殿试中考取了第一名
    - 古代学府与四大书院
      - 古代学府：太学、国子学、国子监
      - 四大书院：应天书院、岳麓书院、白鹿洞书院、嵩阳书院
  - 其他传统文化（重点）
    - 植物和人物
      - 岁寒三友：松、竹、梅
      - 四君子：梅、兰、竹、菊
      - 四大美女："沉鱼"指西施，"落雁"指王昭君，"闭月"指貂蝉，"羞花"指杨玉环
    - 年龄称谓和次序
      - 年龄称谓
      - 兄弟排行的次序：伯、仲、叔、季
      - 每季月份的顺序：孟、仲、季
      - 座次顺序：东向座最尊，南向座次之，北向座再次，西向座最卑
    - 谦辞、敬辞和典故
      - 谦辞："家"字类、"舍"字类、"鄙"字类
      - 敬辞："尊"字类、"令"字类、"高"字类
      - 典故：青衿、采薇、青鸟、昆山之玉

河南考向

本章属于人文素养的基础章节，也是河南招教重点考查的章节，内容较为琐碎，需要识记的知识较多。在考试中常以选择题、判断题等客观题的形式考查。现对本章河南考向分析如下：

考点类型	高频考点	常考题型	能力层级	考查热度
常规考点	二十四节气	单选	识记	★★
	科举制度	单选、多选	识记	★★
	年龄称谓和次序	单选、多选、判断	识记	★★

核心考点

第一节　天文历法与传统节日

一、天文历法

考点 1　二十四节气　【单选】　★★

二十四节气是指中国农历中表示季节变迁的24个特定节令，是根据地球在黄道(即地球绕太阳公转的轨道)上的位置变化而制定的，分别对应于太阳在黄道上每运动15°所到达的一定位置。在我国历史上，黄河流域的中原地区一直是主要的政治、经济、文化、农业活动中心，所以，二十四节气也就是以这一带的气候、物候为依据建立起来的。

二十四节气分别是立春、雨水、惊蛰、春分、清明、谷雨、立夏、小满、芒种、夏至、小暑、大暑、立秋、处暑、白露、秋分、寒露、霜降、立冬、小雪、大雪、冬至、小寒、大寒。

记忆有妙招

二十四节气歌：春雨惊春清谷天，夏满芒夏暑相连；秋处露秋寒霜降，冬雪雪冬小大寒。

考点再拔高

▼ 二十四节气的分类

(1)反映太阳高度变化：春分、秋分、夏至、冬至。春分和秋分当天，太阳直射赤道，全球各地昼夜平分。

(2)反映温度变化：小暑、大暑、处暑、小寒、大寒。

(3)反映降水量变化：雨水、谷雨、白露、寒露、霜降、小雪、大雪。

(4)反映物候现象：惊蛰、清明、小满、芒种。其中，小满和芒种也反映农作物的成熟和收成情况。

真题面对面

[2020信阳市直，单，0.9分]二十四节气，于中国先秦时期就已经订立、到汉代完全确立的用来指导农事的补充历法，始于________，终于________，周而复始。(　　)

A. 春分　冬至　　　　B. 立春　冬至

C. 立春　大寒　　　　D. 春分　大寒

答案：C

考点 2　数九

数九，又称冬九九，一般从冬至那天开始，到惊蛰结束，每九天算成一段，一直到九九八十一天结束。

考点 3　干支

天干地支，简称“干支”。在中国古代的历法中，甲、乙、丙、丁、戊、己、庚、辛、壬、癸被称为“十天干”，子、丑、寅、卯、辰、巳、午、未、申、酉、戌、亥叫作“十二地支”。十干和十二支依次相配，组成六十个基本单位，两者按固定的顺序互相配合，组成了干支纪法。从殷墟出土的甲骨文来看，天干地支在中国古代主要用于纪日，此外还曾用来纪月、纪年、纪时等。

1. 天干

天干的十个符号按其自身的含义可以与五行的五个符号和五方进行匹配。

甲、乙为木，东方；丙、丁为火，南方；戊、己为土，中央；庚、辛为金，西方；壬、癸为水，北方。

天干也有阴阳之分：甲、丙、戊、庚、壬，属阳；乙、丁、己、辛、癸，属阴。

2. 地支

地支是指木星轨道被分成的十二个部分。木星的公转周期大约为十二年。中国古代用木星来纪年，故而称为“岁星”。后来又将这十二个部分命名，这就是“地支”。

表4-4-1　地支与生肖、时间的对应

地支纪时	子	丑	寅	卯	辰	巳	午	未	申	酉	戌	亥
生肖纪时	鼠	牛	虎	兔	龙	蛇	马	羊	猴	鸡	狗	猪
天色纪时	夜半	鸡鸣	平旦	日出	食时	隅中	日中	日昳	晡时	日入	黄昏	人定
夜晚五更	三更	四更	五更	—	—	—	—	—	—	—	一更	二更
对应现代纪时	23~1	1~3	3~5	5~7	7~9	9~11	11~13	13~15	15~17	17~19	19~21	21~23

考点4　月相纪日法

月相纪日法是根据月亮的缺、圆、晦、明等变化规律纪日的方法。

朔：农历每月初一。

既朔：农历每月初二。

朏：农历每月初三。

望：农历每月十五(小月十五，大月十六)。

既望：望的后一天(小月十六，大月十七)。

晦：农历每月的最后一天。

二、传统节日与习俗　【单选】★

春节、清明节、端午节与中秋节并称为中国四大传统节日。

表4-4-2　古代节日与习俗

节日	习俗	诗词/相关人物
春节 (农历正月初一)	贴门神、春联、年画，守岁，拜年	爆竹声中一岁除，春风送暖入屠苏
元宵节/上元节/小正月/元夕/灯节 (农历正月十五)	赏花灯，吃元宵，猜灯谜	①东风夜放花千树，更吹落，星如雨 ②月色灯山满帝都，香车宝盖隘通衢
寒食节 (清明节前一二日)	禁火，吃冷食	晋文公与介子推

续表

节日	习俗	诗词/相关人物
清明节 （公历4月5日前后）	祭祖，扫墓，踏青，插柳，放风筝	清明时节雨纷纷，路上行人欲断魂
端午节/端阳节/正阳节/天中节/重午节/龙节 （农历五月初五）	悬挂菖蒲、艾草，佩香囊，赛龙舟，荡秋千，饮雄黄酒、菖蒲酒，吃粽子	①正是浴兰时节动，菖蒲酒美清尊共 ②彩线轻缠红玉臂，小符斜挂绿云鬟
七夕节/双七节/乞巧节/七巧节 （农历七月初七）	女子拜月，穿针乞巧，喜蛛应巧，吃巧果	①迢迢牵牛星，皎皎河汉女 ②天阶夜色凉如水，坐看牵牛织女星
中秋节/仲秋节/八月节/团圆节 （农历八月十五）	祭月，赏月，拜月，吃月饼，赏桂花，饮桂花酒	但愿人长久，千里共婵娟
重阳节 （农历九月初九）	登高，赏菊，喝菊花酒，插茱萸，吃重阳糕	①遥知兄弟登高处，遍插茱萸少一人 ②东篱把酒黄昏后，有暗香盈袖。莫道不销魂，帘卷西风，人比黄花瘦

第二节　教　育

一、古代人才选拔的制度

中国古代人才选拔制度主要有：军功爵制、察举制、九品中正制、科举制。

军功爵制是奖励军功、鼓励杀敌求胜的军功爵禄制度，它是新兴的地主阶级为提高军队战斗力而采取的一项措施，同时也是调整当时社会关系的途径之一。

察举制是西汉时期选拔官吏的一种制度，它的主要特征是由地方长官在辖区内随时考察、选取人才并推荐给上级或中央，经过试用考核再任命官职。

九品中正制，又称九品官人法，是魏晋南北朝时期重要的选官制度。

二、科举制度　【单选、多选】　★★

科举制度是中国古代通过考试选拔官吏的制度。

隋文帝时期，废除九品中正制，开始采用分科考试的方式选拔官员。隋炀帝时期，设进士科，科举制形成。武则天时期，开始殿试。明朝时期正式的科举考试分为三级，即乡试、会试、殿试。1905年，科举制被废止。

连中三元，意思是指接连在乡试、会试、殿试中考取了第一名。

院试在县府举行，考中者称“生员”。乡试，又称秋闱，在明、清两代是每三年一次的地方考试，考中的称**举人**，第一名称**解元**。会试，又称春闱，是由礼部主持的全国考试，考中的称**贡士**，第一名称**会元**。殿试在会试后当年举行，殿试由皇帝亲自主持。殿试录取分三甲，通称**进士**。其中，一甲三名，第一名称**状元**，第二名称榜眼，第三名称探花，合称三鼎甲。

考点 再拔高

▼ 八股文

八股文出现于明初。以写作八股文为主要内容进行的科举考试,被称为“八股取士”。它使科举考试更加规范化,但因形式呆板僵化,内容陈旧空洞,严重束缚了考生的思想。

三、古代学府与四大书院

“国学”一词最早出自《周礼·春官宗伯·乐师》中的“乐师掌国学之政”。其中,“国学”的意思是诸侯国设立的教育机构。

太学是中国古代的国立大学,始创于西汉武帝时期,鼎盛于东汉。魏晋至明清或设太学,或设国子学、国子监,或同时设立,均为传授儒家经典的最高学府。国子监是元、明、清三代国家设立的最高学府和教育行政管理机构,在国子监读书的学生称为“监生”,教学人员为博士、助教等,掌管人员为祭酒、司业等。

书院是唐宋至明清出现的一种独立的教育机构,最早出现在唐朝,正式的教育制度则是由朱熹创立,发展于宋代。关于“四大书院”的说法一直存在争议。南宋“东南三贤”之一、理学家吕祖谦在《白鹿洞书院记》中提出,应天书院(位于今河南商丘睢阳南湖畔)、岳麓书院(位于今湖南长沙岳麓山)、白鹿洞书院(位于今江西九江庐山)、嵩阳书院(位于今河南郑州登封嵩山)当属“天下四大书院”。1998年4月,国家邮政局在商丘举办“四大书院”邮票首发仪式,邮票所选书院为上述四个书院。

第三节　其他传统文化

一、植物和人物 【单选、判断】★★

考点 1 岁寒三友

象征常青不老的松、象征君子之道的竹、象征冰清玉洁的梅,经冬不衰,因此有“岁寒三友”之称。

考点 2 四君子

梅花、兰花、竹、菊花被称为“四君子”,其品质分别是傲、幽、坚、淡。

梅:探波傲雪,剪雪裁冰,一身傲骨,是为**高洁志士**。

兰:空谷幽放,孤芳自赏,香雅怡情,是为**世上贤达**。

竹:筛风弄月,潇洒一生,清雅淡泊,是为**谦谦君子**。

菊:凌霜飘逸,特立独行,不趋炎势,是为**世外隐士**。

真题面对面

[2020信阳市直,单,0.9分]拥有高贵品质的人一直是世人推崇和学习的对象,在我国古代,常用梅、兰、竹、菊四种植物来隐喻四种颇具风骨的君子,其中菊所代表的是(　　)

A. 正人君子　　B. 世外隐士　　C. 当世大儒　　D. 少年天才

答案:B

考点3 四大美女

中国古代四大美女，即西施、王昭君、貂蝉、杨玉环。四大美女享有“沉鱼落雁之容，闭月羞花之貌”的美誉。其中，“沉鱼”是指西施，“落雁”是指王昭君，“闭月”是指貂蝉，“羞花”是指杨玉环。

二、年龄称谓和次序 【单选、多选、判断】 ★★

考点1 年龄称谓

表4-4-3 年龄称谓

称谓	年龄	称谓	年龄
襁褓	未满周岁的婴儿	弱冠	男子二十岁
孩提	两三岁的幼儿	而立	三十岁
始龀	童年	不惑	四十岁
垂髫	三四岁至八九岁的儿童	知命	五十岁
总角	八九岁至十三四岁的儿童、少年	耳顺	六十岁（也称“花甲”）
豆蔻	女子十三四岁	古稀	七十岁
及笄	女子十五岁	耄耋	八九十岁
束发	男子十五岁	期颐	百岁高寿

考点2 次序

1. 兄弟排行

伯仲叔季是兄弟排行的次序，伯是老大，仲是第二，叔是第三，季是最小的。例如，孙坚的儿子中，孙策字伯符，孙权字仲谋，孙翊字叔弼，孙匡字季佐。

2. 月份排序

孟、仲、季多用来表示每季月份的顺序。如：春季的三个月分别称为孟春、仲春、季春。

3. 座次顺序

我国古代宴席上四个方向的座位中，以东向座（坐西向东）为最尊，其次是南向座（坐北向南），再次是北向座（坐南向北），最卑的是西向座（坐东向西）。

三、谦辞、敬辞和典故 【单选、判断】 ★★

考点1 谦辞和敬辞

谦辞就是表示谦虚的词语，多用于自称。敬辞又叫敬语、尊称，是尊敬对方的称谓。

1. 谦辞

“家”字类用于对别人称自己辈分高或年纪大的亲戚。例如，称自己的父亲为“家严”，称自己的母亲为“家慈”。

“舍”字类用于谦称自己的家或者对别人称比自己的辈分低或年纪小的亲戚。例如，称自己的弟弟为“舍弟”。

“鄙”字类用于称自己或跟自己有关的事物,“拙”字类用于对别人称自己的(文章、见解等)。例如,称自己的见解为“鄙见”,称自己的作品为“拙作”。

2. 敬辞

“尊”字类用于称与对方有关的人或事物。例如,尊称对方的父亲为“尊君”。

“令”字类用于称对方的亲属或有关系的人。例如,尊称对方的父亲为“令尊”,尊称对方的母亲为“令堂”,尊称对方的女儿为“令爱”“令媛”。

“高”字类用于称别人或事物。例如,称别人的学生为“高足”,称别人的议论为“高论”。

考点再拔高

▼ 古代书信署名后的惯用语

对尊长与上司用“叩禀”“谨上”“叩上”等。

对平辈用“顿首”“鞠躬”“谨启”等。其中,“顿首”是古代跪拜礼的一种,即叩头,是平辈或地位相当者之间一般的交际礼仪,在古代经常用于书信的开头或结尾。

对晚辈,可用“手启”“示”“谕”等。

真题面对面

[2021 安阳龙安,单,1.2 分]下列关于文化常识的表述,不正确的是(　　)

A.《论语》《孟子》《大学》《中庸》合称“四书”,是儒家主要经典著作

B.《窦娥冤》是一出元杂剧,是元代著名戏剧家关汉卿的代表作之一

C. 古代宴席上的四面座位中,以东向为最尊,次为南向,再次为西向,北向是侍座

D. 古人称自己一方的亲属朋友用“家”“舍”等谦称,尊称别人的父母则为“尊”

答案:C

考点 2　典故

“青青子衿,悠悠我心”——“衿”,古式的衣领。青衿,是周代读书人的服装,也指古代有学识的人。

“相顾无相识,长歌怀采薇”——“薇”是一种植物,相传叔齐和伯夷是商代小国孤竹国的公子,他们在周武王建立周朝后决定不吃周朝的粮食,于是饿死在首阳山上。因此,后以“采薇”指代隐居生活。

“蓬山此去无多路,青鸟殷勤为探看”——“青鸟”指代信使。

“忆君初得昆山玉,同向扬州携手行”——昆山之玉指昆仑山的美玉,相传这种玉燔以炉炭,三日三夜,色泽不变,是玉中之最美者。常用来指代杰出的人才。

边缘考点

除常见的法定节假日和常见节日外,一些现代节日纪念日也成为近年命题热点或背景。

1月:中国人民警察节(1月10日)

2月：世界湿地日（2月2日），国际气象节（2月10日）

3月：国际消费者权益日（3月15日），世界水日（3月22日），世界气象日（3月23日）

4月：北京市义务植树日（4月的第一个星期日），世界卫生日（4月7日），中国全民国家安全教育日（4月15日），世界地球日（4月22日），世界读书日（4月23日），中国航天日（4月24日），世界知识产权日（4月26日）

5月：中国品牌日（5月10日），中国防灾减灾日、国际护士节（5月12日），中国大中学生心理健康日（5月25日），中国全国科技工作者日（5月30日），世界无烟日（5月31日）

6月：世界环境日（6月5日），中国爱眼日（6月6日），中国人口日（6月11日），国际禁毒日（6月26日）

7月：世界人口日（7月11日）

8月：中国全民健身日（8月8日），中国医师节（8月19日）

9月：中国人民抗日战争胜利纪念日（9月3日），中国农民丰收节（秋分），中国烈士纪念日（9月30日）

10月：世界精神卫生日（10月10日），中国老年节（重阳节），世界粮食日（10月16日），中国国家扶贫日（10月17日）

11月：中国消防安全日（11月9日）

12月：中国宪法日（12月4日），世界人权日（12月10日），南京大屠杀死难者国家公祭日（12月13日）

核心考点回顾

1. 二十四节气的顺序是什么？（参见本书P261）

2. 科举考试中，各级别考试的名称及其考中者的名称分别是什么？（参见本书P263）

3. 常见的谦辞和敬辞分别有哪些？（参见本书P265）

达标测评

建议用时	实际用时	测评总分	实际得分
10分钟	____分钟	12分	____分

一、单项选择题（每小题1分，共6分）

1. “三更”是指（　　）

A. 21点到23点　　B. 23点至凌晨1点

C. 凌晨1点至3点　　D. 24点至凌晨1点

2. 下列民俗中，与端午节有关的是（　　）

A. 祭祖　　B. 守岁　　C. 喝菊花酒　　D. 喝雄黄酒

3. 科举考试中，殿试的录取者被称为（　　）

A. 大元　　B. 解元　　C. 进士　　D. 榜眼

4. “及笄”在古代指的是女子（　　）

A. 13岁　　B. 15岁　　C. 18岁　　D. 20岁

5. “闭月”代指古代四大美女中的( )

A. 西施　B. 杨玉环　C. 王昭君　D. 貂蝉

6. 古时候,如果一家有兄弟数人,在给他们起名字的时候,家长会有意用上一些表示顺序的字,以示长幼有序。下列排行称谓按照年龄从大到小,排列正确的是( )

A. 仲、季、叔、伯　B. 伯、仲、叔、季　C. 仲、叔、伯、季　D. 仲、伯、叔、季

二、多项选择题(每小题2分,共4分)

1. 下列传统节日中,与二十四节气无关的是( )

A. 元宵节　B. 端午节　C. 中秋节　D. 清明节

2. 下列十二地支与十二生肖对应不正确的是( )

A. 子鼠　B. 丑虎　C. 辰蛇　D. 申猴

三、判断题(每小题1分,共2分)

1. 梅花、松树、竹子、菊花是中国画的传统题材,谓之“四君子”。( )

2. 一般尊称对方的父亲为“令堂”,尊称对方的母亲为“令爱”。( )

参考答案及解析

一、单项选择题

1. B [解析]旧时将从黄昏到拂晓的一夜间分为五更,每一更等于现在的两小时。一更即19点至21点,二更即21点至23点,三更即23点至次日凌晨1点,四更即凌晨1点至3点,五更即3点至5点。故选B。

2. D [解析]端午节的习俗有悬挂菖蒲、艾草,佩香囊,赛龙舟,荡秋千,饮雄黄酒、菖蒲酒,吃粽子等。

3. C [解析]科举考试中,殿试的录取者分三甲,通称进士。

4. B [解析]“及笄”在古代指的是女子15岁。

5. D [解析]我国古代四大美女中,“沉鱼”代指西施,“落雁”代指王昭君,“闭月”代指貂蝉,“羞花”代指杨玉环。

6. B [解析]伯仲叔季是兄弟排行的次序,伯是老大,仲是第二,叔是第三,季是最小的。

二、多项选择题

1. ABC [解析]清明在仲春与暮春之交,是二十四节气之一。清明节气在时间和天气物候特点上为清明节的形成提供了重要条件,被看作清明节的源流之一。ABC项均与节气无关。

2. BC [解析]在中国古代的历法中,子、丑、寅、卯、辰、巳、午、未、申、酉、戌、亥叫作“十二地支”;鼠、牛、虎、兔、龙、蛇、马、羊、猴、鸡、狗、猪叫作“十二生肖”。两者按固定的顺序互相搭配,组成子鼠、丑牛、寅虎、卯兔、辰龙、巳蛇、午马、未羊、申猴、酉鸡、戌狗、亥猪,用于纪时。本题为选非题,答案为BC。

三、判断题

1. × [解析]梅花、兰花、竹、菊花被称为“四君子”,其品质分别是傲、幽、坚、淡。

2. × [解析]一般尊称对方的父亲为“令尊”,尊称对方的母亲为“令堂”,尊称对方的女儿为“令爱”“令媛”。

第五部分

科技常识

内容导学

河南省教师招聘考试科技常识部分共四章。

第一章主要是中国科技成就、外国科技成就和高新科技。

第二章主要介绍生物常识、物理常识、化学常识、安全与急救常识。

第三章主要介绍自然地理、世界地理、中国地理和河南地理。

第四章主要是对计算机基础和Office办公软件的阐述。

考生要重点掌握第一章和第二章的内容。在备考时，应结合历年真题与自身实际，有针对性地复习。

第一章　科技成就与高新科技

思维导图

科技成就与高新科技

- 中国古代科技成就
  - 四大发明：造纸术、指南针、火药、活字印刷术
  - 中国古代数学成就：《周髀算经》《九章算术》和天元术等
  - 中国古代天文历法成就：《太初历》、大明历、《授时历》
  - 中国古代医学成就
    - 张仲景《伤寒杂病论》、华佗"麻沸散"和"五禽戏"
    - 孙思邈《千金方》、李时珍《本草纲目》
  - 中国古代农业、手工业成就
    - 贾思勰《齐民要术》、沈括《梦溪笔谈》
    - 宋应星《天工开物》、徐光启《农政全书》
  - 中国古代地理学成就：《水经注》《徐霞客游记》
- 中国现代科技成就
  - 航天技术（重点）
    - 我国重要航天器："神舟"系列、"嫦娥"系列等
    - 卫星：东方红一号、北斗卫星导航系统、其他卫星系列
  - 航海技术（重点）
    - 航空母舰：辽宁舰、山东舰、福建舰
    - 载人潜水器：蛟龙号、奋斗者号
  - 其他科技成就
    - 原子弹与氢弹、超级计算机和量子计算机、极地科学考察
    - "中国天眼"、生命科学研究、杂交水稻
- 外国科技成就
  - 外国各领域的科技成就
    - 哥白尼《天体运行论》、伽利略自制天文望远镜
    - 万有引力定律（牛顿）、电磁感应现象（法拉第）
    - 量子概念（普朗克）、狭义相对论和广义相对论（爱因斯坦）
    - 生物进化论（达尔文）、巴氏消毒法（巴斯德）
  - 三次科技革命成果："蒸汽时代""电气时代""信息时代"
- 高新科技
  - 智能技术：人工智能（AI）、智能制造装备、智慧城市
  - 信息与通信技术（重点）
    - 打印技术、5G技术、大数据
    - 云计算、物联网、区块链
  - VR和AR：VR（虚拟现实）、AR（增强现实）
  - 能源（易混点）
    - 可再生：水能、太阳能、风能、地热能、海洋能、生物能
    - 不可再生：煤、石油、天然气、核能

河南考向

本章属于科技常识的基础章节，也是河南招教重点考查的章节，内容较为琐碎，需要识记的知识较多。在考试中常以选择题、判断题等客观题的形式考查。现对本章河南考向分析如下：

考点类型	高频考点	常考题型	能力层级	考查热度
常规考点	航天技术	单选、多选	识记	★★★
	信息与通信技术	单选、多选、判断	识记	★★★
	能源	单选、判断	识记	★★
新增考点	航海技术	单选	识记	★★

核心考点

第一节　中国古代科技成就

一、四大发明

四大发明是指中国古代对世界具有很大影响的四种发明，即造纸术、指南针、火药、活字印刷术。

东汉元兴元年（105年）蔡伦改进了造纸术。魏晋南北朝时期，造纸技术进步明显，纸的产量大增，我国逐渐采用纸张取代简牍成为最主要的书写材料。

易错点提示

早在西汉前期，中国就已经有了纸。"蔡侯纸"是对造纸技术的改进。

战国时期，中国人发明的"司南"是世界上最早的指南仪器。后来，人们利用磁石指南的特性，制成指南针。北宋时，指南针应用于航海。

中国是最早发明火药的国家。唐末，火药开始应用于军事。最早的火药武器有突火枪、火箭、火炮等。宋朝，火药已广泛应用于军事。

隋唐之际，中国出现了雕版印刷术。11世纪中叶，北宋的匠人毕昇用胶泥做泥活字，发明了胶泥活字印刷术，比欧洲早约400年。

二、中国古代数学成就　【单选】★

考点1　《周髀算经》和《九章算术》

西汉中期，我国第一部算学著作《周髀算经》成书，书中记载了勾股定理，是我国现存文献中最早记载勾股定理的著作。成书于东汉前期的《九章算术》，标志着我国古代数学的完整体系的形成。

考点2　圆周率的精确

南北朝数学家祖冲之，在世界上首次将圆周率精确到小数点后第七位，比欧洲早1000多年。

考点3　天元术

李冶是金元时期的数学家，在数学上的主要贡献是使天元术发展到相当成熟的新阶段，即用设未知数并列方程的方法研究直角三角形内切圆和旁切圆的性质。

真题面对面

[2019平顶山，单，1.2分]我国《九章算术》成书于(　　)时期。

A. 春秋　　B. 东汉

C. 西汉　　D. 三国

答案：B

第五部分

三、中国古代天文历法成就

考点 1 《太初历》

《太初历》是汉武帝时期制定的一种历法，将一日分为八十一分，故又称"八十一分律历"。它是中国古代第一部比较完整的历书，是我国历法史上一个划时代的进步。

考点 2 大明历

大明历是由南北朝时期中国著名数学家、科学家祖冲之创制的一部历法，也称"甲子元历"。在历法中，祖冲之首次引入了"岁差"的概念，从而使得历法更加精确，是中国一次较大的历法改革。

考点 3 《授时历》

元朝时著名天文学家和水利专家郭守敬修订的《授时历》是当时世界上最精确的历法，测定一年为365.2425天，与现在公历基本相同，但比现行公历的确立早约三百年。

四、中国古代医学成就

表5-1-1　中国古代医学成就

朝代	作品或人物	成就或地位
战国至西汉	《黄帝内经》	我国现存最早的一部医学典籍，被称为"医之始祖"
东汉	《神农本草经》	中国第一部完整的药物学著作，中医药药物学理论发展的源头
	《伤寒杂病论》（"医圣"张仲景）	后世中医的重要经典
	华佗	首创"麻沸散"，创编了"五禽戏"（"五禽"指虎、鹿、熊、猿、鸟），被称为"外科鼻祖"
唐朝	《千金方》（"药王"孙思邈）	被誉为"中国最早的临床医学百科全书"
明朝	《本草纲目》（李时珍）	总结了16世纪以前中国的医药学，被誉为"东方药物巨典"

五、中国古代农业、手工业成就

表5-1-2　中国古代农业、手工业成就

成就	成书时间	作者	地位
《齐民要术》	北魏	贾思勰	中国现存最早、最完整、最系统的农业科学著作
《梦溪笔谈》	北宋	沈括	英国学者李约瑟称它为"中国科学史上的里程碑"
《天工开物》	明朝	宋应星	世界上第一部关于农业和手工业生产的综合性著作，被誉为"中国17世纪的工艺百科全书"
《农政全书》	明朝	徐光启	一部农业百科全书，是我国农学史上最早传播西方近代科学知识的书籍

六、中国古代地理学成就

考点 1 《水经注》

北魏地理学家郦道元的《水经注》以注录水道系统为纲，是一部综合性的地理学专著。

考点2 《徐霞客游记》

《徐霞客游记》是明末地理学家徐弘祖所著的以日记体为主的中国地理名著，是我国地理学史上第一次较全面地对自然地理现象及其成因理论的探索，也是我国最早的一部野外考察记录和优秀的地理学著作。**中国旅游日**（每年的5月19日）的设立与徐霞客有关。

第二节 中国现代科技成就

一、航天技术 【单选、多选】★★★

考点1 我国重要航天器

表5-1-3 我国重要航天器

代号	航天器	内容
"神舟"系列	载人飞船	2003年，我国第一艘载人飞船"神舟五号"发射升空，杨利伟是我国首位进入太空的航天员； 2008年，"神舟七号"发射升空，翟志刚是第一位出舱活动、完成太空行走的中国人； 2012年，"神舟九号"载人飞船与"天宫一号"对接成功，刘洋是我国首位进入太空的女航天员； 2013年，"神舟十号"载人飞船进入太空，航天员王亚平实现太空授课； 2016年，"神舟十一号"载人飞船成功发射，并与"天宫二号"自动交会对接成功； 2021年6月17日，"神舟十二号"载人飞船在酒泉卫星发射中心成功发射。航天员聂海胜、刘伯明、汤洪波先后进入天和核心舱，标志着中国人首次进入自己的空间站； 2021年10月16日，"神舟十三号"载人飞船在酒泉卫星发射中心成功发射，将**翟志刚**、**王亚平**、**叶光富**三名航天员送入太空；实现多个"首次"：首次实施径向交会对接，首次实施快速返回流程，首次在中国空间站进行太空授课，王亚平成为中国首位进行出舱活动的女航天员等； 2022年6月5日，"神舟十四号"载人飞船在酒泉卫星发射中心成功发射。航天员**陈冬**、**刘洋**、**蔡旭哲**依次进入天和核心舱。"神舟十四号"飞行任务期间将全面完成以天和核心舱、问天实验舱和梦天实验舱为基本构型的天宫空间站建造，建成国家太空实验室。7月25日，航天员顺利进入问天实验舱，这是中国航天员首次在轨进入科学实验舱
"嫦娥"系列	探月工程探测器	2013年，"嫦娥三号"探测器发射成功，中国成为第三个实现月球软着陆的国家； 2019年，"嫦娥四号"探测器通过"鹊桥"中继星传回了世界第一张近距离拍摄的月背影像图； 2020年，"嫦娥五号"返回器携带月球样品在预定区域安全着陆，中国探月工程"绕、落、回"三步走规划如期完成
"天宫"系列	空间实验室	2011年，"天宫一号"成功升空，是中国第一个目标飞行器，先后与"神舟八号"、"神舟九号"和"神舟十号"飞船完成多次空间交会对接； 2016年，"天宫二号"发射成功，是中国首个具备补加功能的载人航天科学实验空间实验室和首个真正意义上的空间实验室

续表

代号	航天器	内容
"长征"系列	运载火箭	1970年，"长征一号"运载火箭在酒泉卫星发射中心首次发射"东方红一号"卫星成功； 2020年5月，长征五号B运载火箭于文昌航天发射场发射成功，拉开了我国载人航天工程"第三步"任务的序幕； 2022年2月，长征八号遥二运载火箭在文昌航天发射场成功发射，将22颗卫星送入预定轨道，创造了我国一箭多星发射的新纪录
"天舟"系列	货运飞船	"天舟"系列货运飞船，是天地间运货的工具，可以对未来空间站中航天员的长期驻留和空间科学实验进行货物补给的支持。 2021年5月29日，长征七号遥三运载火箭搭载着天舟二号货运飞船，在文昌航天发射场点火发射，这是空间站货物运输系统的第一次应用性飞行。"天舟二号"是中国空间站工程建造阶段的首艘货运飞船
"天问"系列	行星探测	"天问"的名称源于屈原的长诗《天问》，中国行星探测工程以"揽星九天"作为图形标识； 2021年5月15日，我国首个火星探测器"天问一号"携带首辆**火星车"祝融号"**成功着陆于火星乌托邦平原南部预选着陆区，我国首次火星探测任务着陆火星取得圆满成功

重难点解读

考生需要关注我国重要航天器的最新进展，重点识记航天器名称、发射地点、航天员名字、最新技术成果、重大意义等信息。

真题面对面

[**2022郑州郑东新区，多，1分**]"神舟十四号"飞行任务是我国空间站建造阶段第一次载人飞行任务，任务期间将全面完成以(　　)为基本构型的天宫空间站建造，建成国家太空实验室。

A. 天和核心舱　　B. 天舟货物舱

C. 问天实验舱　　D. 梦天实验舱

答案：ACD

考点2 卫星

1. 东方红一号

1970年，我国首颗人造卫星"东方红一号"在酒泉卫星发射中心发射成功。我国是继苏联、美国、法国、日本之后世界上第5个能独立发射人造卫星的国家。

2. 北斗卫星导航系统

2020年6月23日，北斗系统第五十五颗导航卫星，暨北斗三号最后一颗全球组网卫星在西昌卫星发射中心点火升空。至此，北斗全球卫星导航系统星座部署全面完成。2020年7月31日，北斗三号开通，当天中共中央贺电指出，要大力弘扬**"自主创新、开放融合、万众一心、追求卓越"**的新时代北斗精神。

美国GPS、俄罗斯GLONASS、欧盟"伽利略"、中国北斗是世界四大导航系统。

第五部分

3. 其他卫星系列

目前，中国已初步形成了返回式遥感卫星系列、“东方红”通信广播卫星系列、“风云”气象卫星系列、“实践”科学探测与技术试验卫星系列、“资源”地球资源卫星系列、“北斗”导航定位卫星系列和“海洋”卫星系列等。

“悟空”号是一颗暗物质粒子探测卫星，是我国第一颗天文卫星。“墨子”号是全球第一颗量子科学实验卫星。“慧眼”号是一颗硬X射线调制望远镜卫星，这是我国第一台空间X射线天文望远镜。“羲和号”是我国首颗太阳探测科学技术试验卫星。

二、航海技术 【单选】★★

考点1 航空母舰

2012年9月25日，**中国第一艘航空母舰**“辽宁舰”正式交付海军。

2019年12月17日，**中国第一艘国产航空母舰**在海南三亚某军港交付海军。这艘航母命名为“中国人民解放军海军山东舰”，舷号为“17”。

2022年6月17日，经中央军委批准，我国第三艘航空母舰命名为“中国人民解放军海军福建舰”，舷号为“18”。福建舰是我国完全自主设计建造的首艘弹射型航空母舰，采用平直通长飞行甲板，配置电磁弹射和阻拦装置，满载排水量8万余吨。

真题面对面

[2022信阳淮滨，单，0.7分]中国第一艘航空母舰命名为(　　)

A. 辽宁舰　　B. 大连舰　　C. 山东舰　　D. 海南舰

答案：A

考点2 载人潜水器

“蛟龙号”载人潜水器是一艘由中国自行设计、自主集成研制的载人潜水器。

2020年11月10日，**“奋斗者”**号在马里亚纳海沟成功坐底，创造了10909米中国载人深潜新纪录，标志着我国在大深度载人深潜领域达到世界领先水平，使我国成为世界上第二个实现万米载人深潜的国家。

三、其他科技成就 【单选】★

考点1 原子弹与氢弹

1964年10月16日，中国自行制造的第一颗原子弹在新疆罗布泊爆炸成功。

1967年6月17日，中国成功地爆炸了第一颗氢弹。氢弹爆炸成功，是中国核武器发展的又一飞跃，标志着中国核武器的发展进入了一个新的阶段。

考点2 超级计算机和量子计算机

我国的超级计算机有“神威·太湖之光”“天河二号”等。我国的量子计算机原型机有“九章”“祖冲之号”等。其中，“祖冲之号”是我国首个可操纵的超导量子计算机原型机。

考点3 极地科学考察

中国南极科考站包括中国南极**长城**站、中国南极**中山**站、中国南极**昆仑**站、中国南极**泰山**站以及在恩克斯堡岛在建的第五个科考站中国南极罗斯海新站。

中国北极黄河站，是中国首个北极科考站，成立于2004年。除中国北极黄河站外，2018年10月18日，我国第二个北极科学考察站中—冰北极科学考察站正式运行。

考点 4 “中国天眼”

500米口径球面射电望远镜，简称FAST，位于贵州省黔南布依族苗族自治州境内。500米口径球面射电望远镜被誉为“中国天眼”，由我国天文学家南仁东于1994年提出构想，历时22年建成，于2016年9月25日落成启用。天眼是由中国科学院国家天文台主导建设，具有我国自主知识产权、世界最大单口径、最灵敏的射电望远镜。

考点 5 生命科学研究

2022年3月，中国科学家李兰娟等3人获得第6届“联合国教科文组织赤道几内亚国际生命科学研究奖”。联合国教科文组织称，奖项授予中国科学家李兰娟教授是为了表彰她在应对包括新冠肺炎、流感和严重病毒性肝炎在内的传染病方面的创新方法。

屠呦呦多年从事中药和中西药结合研究并发现了青蒿素。2015年10月，屠呦呦获得诺贝尔生理学或医学奖；2017年1月9日，屠呦呦获2016年国家最高科学技术奖；2019年9月29日，屠呦呦获得共和国勋章。

考点 6 杂交水稻

袁隆平是中国杂交水稻育种专家，中国研究与发展杂交水稻的开创者，被誉为“世界杂交水稻之父”。2000年，他获得首届国家最高科学技术奖；2019年9月29日，他获得共和国勋章。

真题面对面

[2022郑州市直，单，1.2分]2022年3月，根据联合国教科文组织于当地时间14日发布的信息，中国科学家(　　)、美国的米尔金、英国的图马祖3人获得第6届“联合国教科文组织赤道几内亚国际生命科学研究奖”。该奖项旨在表彰有效改善生活质量的生命科学领域杰出科学研究。

A. 张文宏　　B. 屠呦呦

C. 钟南山　　D. 李兰娟

答案：D

第三节　外国科技成就

一、外国各领域的科技成就

考点 1 天文学成就

表5-1-4　天文学成就

科技人物	国籍	成就
哥白尼	波兰	著《天体运行论》，创立“日心说”，成为近代天文学的起点

第五部分

续表

科技人物	国籍	成就
伽利略	意大利	首次用自制天文望远镜观测天体，进一步论证了哥白尼的学说。做自由落体实验，是近代实验物理学的开拓者，被誉为“近代科学之父”
开普勒	德国	提出行星运动的三大定律（椭圆定律、面积定律、周期定律），即开普勒定律
哈雷	英国	著《彗星天文学论说》，首先测定哈雷彗星轨道，并预言其周期为76年

考点2 数学成就

表5-1-5　数学成就

科技人物	国籍	成就
笛卡尔	法国	创立解析几何，被誉为“解析几何之父”
牛顿、莱布尼茨	英国	分别独立创立了微积分
柯西	法国	进一步完善了微积分的概念，是近代微分学的奠基人
高斯	德国	发现最小二乘法，计算得到正态分布曲线，其函数被命名为标准正态分布。高斯被誉为“数学王子”

考点3 物理学成就

表5-1-6　物理学成就

科技人物	国籍	成就
牛顿	英国	著《自然哲学的数学原理》，提出牛顿运动三大定律，发现万有引力定律，建立经典力学体系
法拉第	英国	首先提出“场”的概念，发现电磁感应现象，进而得到产生交流电的方法
居里夫人	法国	发现钋、镭有放射性并在艰苦的条件下提炼出镭
普朗克	德国	量子概念的提出者
伦琴	德国	发现X射线，首届诺贝尔物理学奖得主
爱因斯坦	美国/瑞士	现代物理学的开创者、奠基人，提出狭义相对论和广义相对论，为现代物理学奠定了理论基础
赫兹	德国	于1887年首先发现了光电效应
勒梅特	比利时	首次提出了宇宙大爆炸假说
霍金	英国	主要研究领域是宇宙论和黑洞，著有《时间简史》《果壳中的宇宙》

考点4 化学成就

表5-1-7　化学成就

科技人物	国籍	成就
波义耳	英国	提出科学的元素概念，使化学成为独立的科学
拉瓦锡	法国	否定“燃素说”，揭示了燃烧的本质，正式确立质量守恒定律
诺贝尔	瑞典	“诺贝尔奖”创始人，发明“黄色炸药”
门捷列夫	俄国	发现化学元素的周期性，并依据原子量制作出世界上第一张元素周期表

考点 5 生物学和医学成就

表 5-1-8 生物学和医学成就

科技人物	国籍	成就
哈维	英国	提出血液循环学说，奠定近代生理学的基础
施旺、施莱登	德国	提出细胞学说，推动现代生物学和医学的发展
达尔文	英国	进化论的奠基人，著《物种起源》，提出生物进化论
巴斯德	法国	近代微生物学奠基人，把微生物的研究从主要研究微生物的形态转移到研究微生物的生理途径上来，奠定工业微生物学和医学微生物学的基础，开创微生物生理学。巴斯德发明了巴氏消毒法
弗莱明	英国	发现青霉素

二、三次科技革命成果 【单选】 ★

表 5-1-9 三次科技革命成果

项目	第一次科技革命	第二次科技革命	第三次科技革命
时间	18世纪60年代到19世纪中期	19世纪70年代到20世纪初	20世纪四五十年代以来
中心	英国	美国、德国	美国
标志	蒸汽机的发明及应用	电力的应用和内燃机的发明	原子能、电子计算机和空间科学技术的发明及应用
影响	“蒸汽时代”到来	“电气时代”到来	“信息时代”到来
重要发明	瓦特：“工业革命之父”，改良蒸汽机； 富尔顿：制造第一艘蒸汽轮船； 史蒂芬孙：发明蒸汽机车	西门子：发明发电机； 爱迪生：发明电灯、留声机等； 贝尔：“电话之父”，发明第一部可用的电话； 马可尼：发明无线电报； 卡尔·本茨：发明由内燃机驱动的汽车； 莱特兄弟：发明飞机	美国成功爆炸世界第一颗原子弹； 苏联建成世界第一座核电站； 美国制造世界第一台电子计算机(ENIAC)； 苏联发射世界第一颗人造卫星

真题面对面

[2020信阳市直，单，0.9分]第一次工业革命是指18世纪60年代从(　　)发起的技术革命，是技术发展史上的一次巨大革命，它开创了以机器代替手工劳动的时代。

A. 英国　　B. 法国

C. 德国　　D. 美国

答案：A

第五部分

第四节　高新科技

一、智能技术　【多选】★

考点1　人工智能(AI)

人工智能(AI)是一门自然科学和社会科学的**交叉学科**,是研究、开发用于模拟、延伸和扩展人的智能的理论、方法、技术及应用系统的一门新的技术科学。人工智能的一个主要目标是使机器胜任一些需要人类智能才能完成的复杂工作。人工智能不是人的智能,却能像人那样思考。

考点2　智能制造装备

智能制造装备是指具有感知、分析、推理、决策和控制功能的制造装备,它是先进制造技术、信息技术和智能技术的集成与深度融合。它的典型产品包括:智能机床,智能数控系统,智能机器人,特种智能制造装备等。

考点3　智慧城市

智慧城市是运用信息和通信技术手段感测、分析、整合城市运行核心系统的各项关键信息,从而对包括民生、环保、公共安全、城市服务、工商业活动在内的各种需求做出智能响应。它的实质是利用先进的信息技术,实现城市智慧式管理和运行,进而为城市中的人创造更美好的生活,促进城市的和谐、可持续发展。

二、信息与通信技术　【单选、多选、判断】★★★

考点1　打印技术

3D打印是快速成型技术的一种,具有快速化、精准化、个性化等特点。相较于传统打印方式,3D打印可满足少量化、个性化的生产需求。

4D打印是一种无须打印机器就能让材料快速成型的革命性新技术。4D打印比3D打印多了一个“D”,即时间维度。

考点2　5G技术

5G是第5代移动通信的简称,指第5代移动通信技术。5G移动网络与早期的2G、3G和4G移动网络一样,都是数字蜂窝网络。5G网络具有超快的数据传输速度,峰值传输速率达到10Gbit/s,比4G网络要快百倍,在传输中呈现出低时延、信号稳定、低功耗的特点。5G网络通信最显著的一个特点及优势就是**兼容性强大**,能在网络通信的应用及发展中满足不同设备的正常使用,同时有效融合类型不同、阶段不同的网络。2019年是我国5G商用元年。上海虹桥火车站是全球首个采用5G室内数字系统建设的火车站。

考点3　大数据

大数据指无法在一定时间范围内用常规软件工具进行捕捉、管理和处理的数据集合,是需要新处理模式才能具有更强的决策力、洞察发现力和流程优化能力的海量、高增长率和多样化的信息资产。大数据具有以下特点:海量的数据规模、快速的数据流转、多样的数据类型和相对较低的价值密度。智慧城市的智慧之源是大数据。

考点 4 云计算

云计算是基于互联网的相关服务的增加、使用和交付模式，通常涉及通过互联网来提供动态易扩展且经常是虚拟化的资源。云是网络、互联网的一种比喻说法。云计算具有以下特点：超大规模；虚拟化；通用性；高可扩展性；按需服务；高可靠性；极其廉价；潜在的危险性。

考点 5 物联网

物联网就是“物物相连的互联网”，即通过射频识别、红外感应器、全球定位系统、激光扫描器、气体感应器等信息传感设备，按约定的协议，把任何物品与互联网连接起来，进行信息交换和通信，以实现智能化识别、定位、跟踪、监控和管理的一种网络。应用创新是物联网发展的核心，以用户体验为核心的创新2.0是物联网发展的灵魂。

考点 6 区块链

区块链是一个分布式可共享的、通过共识机制可信的、每个参与者都可以检查的公开账本，但是没有一个中心化的单一用户可以对它进行控制，它只能够按照严格的规则和公开的协议进行修订。其具有去中心化、去信任、开放性、防篡改、匿名性等特点。

真题面对面

[2021信阳市直，多，1.3分]在一个信息化特征日渐显现并不断扩散的社会，只有善于运用前沿技术推动城市管理手段、管理模式、管理理念创新，才能让城市更聪明、更智慧。下列属于前沿技术的有(　　)

A. 大数据　　B. 云计算　　C. 区块链　　D. 人工智能

答案：ABCD

三、VR和AR 【单选】 ★

VR(Virtual Reality，虚拟现实)可以让用户沉浸于由计算机生成的三维虚拟环境，并与现实环境相隔绝。**AR(Augmented Reality，增强现实)**是在真实环境中增添或者移除由计算机实时生成的可以交互的虚拟物体或信息。

易混点辨析

虚拟现实(VR)创造了整个虚拟世界，把用户和现实世界隔离开。

增强现实(AR)是把虚拟事物叠加到现实世界图像的最顶层。

四、能源 【单选、判断】 ★★

考点 1 能源的分类

(1)按形成和来源分类：①来自太阳辐射的能量；②来自地球内部的能量；③天体引力能。

(2)按开发利用状况分类：①常规能源；②新能源。

(3)按其本质属性分类：①可再生能源；②非可再生能源。

(4)按转换传递过程分类：①一次能源，指直接来自自然界的能源；②二次能源，指无法从自然界中直接

第五部分

获取，必须通过一次能源的消耗才能得到的能源。

(5)清洁能源，即绿色能源，是指不排放污染物、能够直接用于生产生活的能源，它包括核能和可再生能源。

同一种能源可以属于不同的能源类型，例如：

表5-1-10　能　源

类别		常规能源	新能源
一次能源	可再生能源	水能	太阳能，风能，地热能，海洋能(潮汐能、波浪能等)，生物能
	不可再生能源	煤，石油，天然气	核能
二次能源	汽油，柴油，煤气，沼气，火电，水电，核电，太阳能发电，氢气		

易混点辨析

煤被人们称为“工业的粮食”。

石油被人们称为“工业的血液”。

考点2 太阳能

太阳能是太阳内部高温核聚变反应所释放的辐射能，其中约二十亿分之一到达地球大气层，是地球上光和热的源泉。利用太阳能的基本方式可以分为光热利用、太阳能发电、光化学利用、光生物利用四大类。

真题面对面

[2022信阳淮滨，单，0.7分]在我国被称为“工业的粮食”的是(　　)

A. 石油　　B. 煤　　C. 水　　D. 天然气

答案：B

核心考点回顾

1. 我国古代数学成就有哪些？(参见本书P272)

2. 我国重要航天器系列有哪些？(参见本书P274)

3. 一次能源和二次能源分别包括什么？(参见本书P282)

达标测评

建议用时	实际用时	测评总分	实际得分
12分钟	____分钟	16分	____分

一、单项选择题(每小题1分，共8分)

1. 关于造纸术发明的叙述，不正确的是(　　)

A. 中国是世界上最早发明纸的国家　　B. 西汉前期就已出现用于书写和绘画的纸

C. 东汉蔡伦发明了造纸术　　D. 造纸术是中华民族对世界文明的贡献

2. 被誉为“中国17世纪的工艺百科全书”的是(　　)

A.《农政全书》　B.《天工开物》　C.《本草纲目》　D.《齐民要术》

3. 世界上第一次把圆周率精确到小数点后7位数的科学家是(　　)

A. 毕达哥拉斯　B. 亚里士多德　C. 牛顿　D. 祖冲之

4. (　　)是我国第一艘载人飞船。

A. 神舟二号　B. 神舟三号　C. 神舟四号　D. 神舟五号

5. 第三次科技革命的标志是(　　)

A. 云计算、人工智能的运用　　B. 原子能、电子计算机和空间科学技术的发明及应用

C. 大数据、互联网的发展与应用　　D. 新能源、人工智能的发展与运用

6. 日心说的创立者是(　　)

A. 达尔文　B. 哥白尼　C. 布鲁诺　D. 伽利略

7. 2022年6月17日,我国第三艘航空母舰福建舰成功下水。福建舰是我国完全自主设计建造的首艘(　　)航空母舰。

A. 滑跃型　B. 弹射型　C. 飞跃型　D. 垂直型

8. 可再生能源是指自然界中可以不断利用、循环再生的能源。以下属于可再生能源的是(　　)

A. 风能　B. 煤炭　C. 石油　D. 天然气

二、多项选择题(每小题2分,共8分)

1. 关于两汉天文学成就的叙述,正确的是(　　)

A. 制定出中国第一部较完整的历书——《太初历》

B. 张衡对月食作了最早的科学解释

C. 最早记录太阳黑子

D. 制定出当时世界上最先进的历法——《授时历》

2. 下列关于5G网络说法不正确的是(　　)

A. 5G网络不是数字蜂窝网络

B. 5G网络数据传输速率比先前的4G LTE蜂窝网络快10倍

C. 5G网络具有较低的网络延迟,低于1毫秒

D. 北京西站是全球首个用5G室内数字系统建设的火车站

3. 物联网中物体通过信息传感设备,与互联网相连接,进行信息交换和通信。下列具备信息传感功能的设备是(　　)

A. 激光扫描器　　B. 红外感应器

C. 普通数码相机　　D. 射频标签

4. 一次能源是指可以从自然界直接获取的能源,下列属于一次能源的是(　　)

A. 电能　B. 水能　C. 生物能　D. 风能

参考答案及解析

一、单项选择题

1. C [解析]蔡伦改进了造纸术,并不是发明了造纸术,C项说法错误。

2. B [解析]明朝杰出的科学家宋应星的《天工开物》是一部总结农业和手工业生产技术的著作。国外称它为“中国17世纪的工艺百科全书”,强调人类要和自然相协调,人力要与自然力相配合。

3. D [解析]祖冲之在世界数学史上第一次将圆周率(π)的数值精确到小数点后第七位,比欧洲早1000多年。

4. D [解析]神舟五号是我国载人航天工程发射的第五艘飞船,也是我国发射的第一艘载人航天飞船,于2003年10月15日搭载航天员杨利伟在酒泉卫星发射中心发射。

5. B [解析]第三次科技革命以原子能、电子计算机和空间科学技术的发明及应用为主要标志。

6. B [解析]哥白尼的主要贡献是创立了“日心说”,写出了“自然科学的独立宣言”——《天体运行论》。

7. B [解析]福建舰是我国完全自主设计建造的首艘弹射型航空母舰,采用平直通长飞行甲板,配置电磁弹射和阻拦装置,满载排水量8万余吨。

8. A [解析]煤炭、石油和天然气均属于不可再生能源,风能是可再生能源。故选A。

二、多项选择题

1. ABC [解析]元朝杰出天文学家郭守敬主持编定《授时历》,不属于两汉时期的天文学成就,D项错误。其他选项均正确。故选ABC。

2. ABD [解析]5G是数字蜂窝网络,数据传输速率比4G快数百倍。全球首个采用5G室内数字系统建设的火车站是上海虹桥火车站。ABD项错误,当选。

3. ABD [解析]普通数码相机不具备信息传感功能,排除。ABD项的设备均具备信息传感功能。

4. BCD [解析]一次能源又称天然能源,包括化石燃料(如煤、油、天然气等)、核能、生物能、水能、风能、太阳能、地热能、海洋能等。二次能源是指无法从自然界直接获取,必须经过一次能源的消耗才能得到的能源。电能是最主要的二次能源。

第二章 生活常识

思维导图

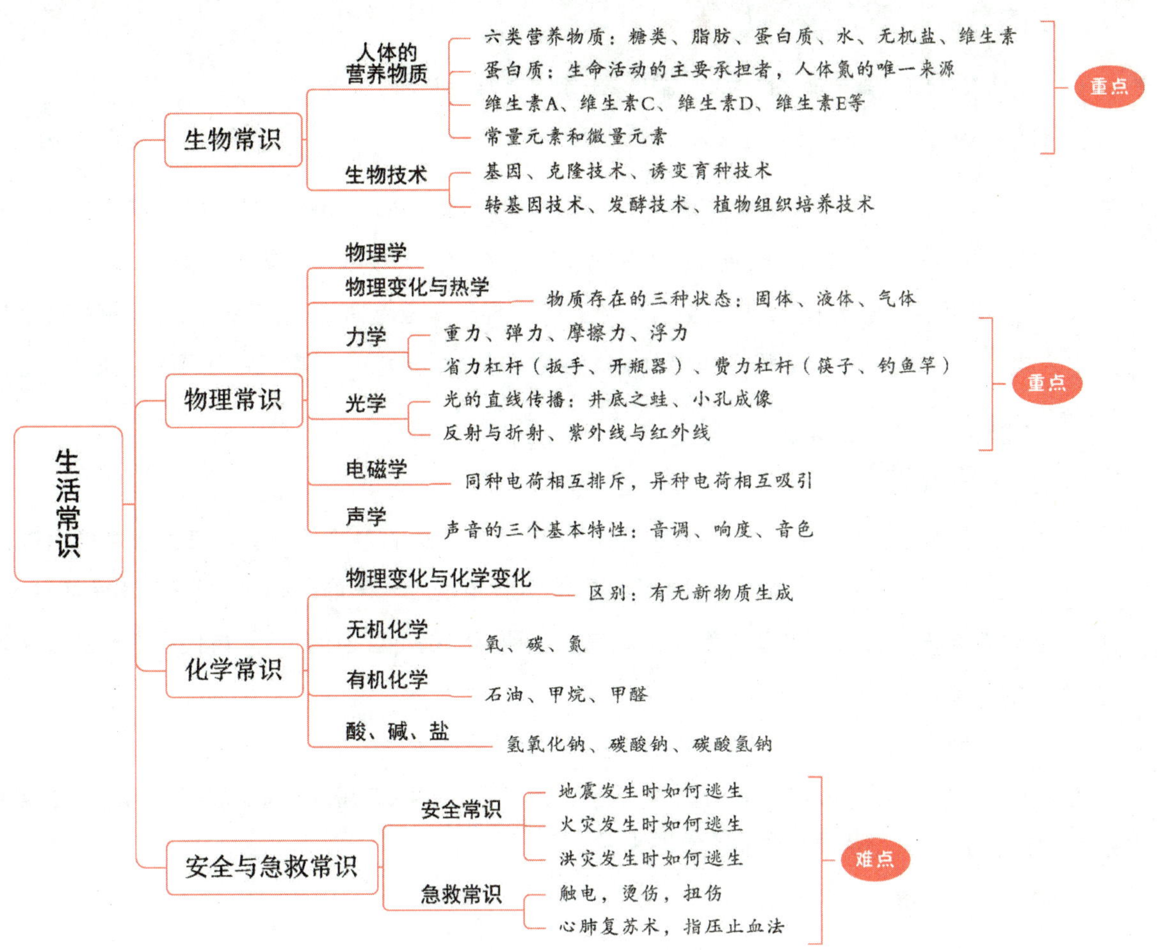

河南考向

本章属于科技常识的难点章节，也是河南招教重点考查的章节，内容较为琐碎，需要识记的知识较多。在考试中常以选择题的客观题的形式考查。现对本章河南考向分析如下：

考点类型	高频考点	常考题型	能力层级	考查热度
常规考点	人体的营养物质	单选	识记	★★
	力学、光学、无机化学	单选	识记	★★
	安全常识	单选、多选	识记	★★★
新增考点	急救常识	多选	理解	★★

第五部分

核心考点

第一节 生物常识

一、人体的营养物质 【单选】★★

食物中含有糖类、脂肪、蛋白质、水、无机盐和维生素六类营养物质。

考点 1 糖类

糖类，又称碳水化合物，一般由碳、氢与氧三种元素所组成，是一切生命体维持生命活动所需能量的主要来源。碳水化合物的主要食物来源有：蔗糖、谷物、水果、干果类、干豆类、根茎蔬菜类等。

糖类的主要代表物质有葡萄糖、蔗糖、淀粉、纤维素等。葡萄糖是单糖；蔗糖是双糖；淀粉和纤维素是天然高分子化合物，可水解为单糖。淀粉可以看作葡萄糖的高聚体，是植物中糖类的主要贮存形式，主要贮存于植物的种子、块茎及根中。

考点 2 蛋白质

蛋白质是以氨基酸为基本单位构成的生物大分子，是生命活动的主要承担者。蛋白质主要由碳、氢、氧、氮四种元素组成，此外还含有少量的硫、磷等元素，是人体氮的唯一来源。在热、酸、碱、重金属盐、紫外线等作用下，蛋白质会发生性质上的改变而凝结起来。这种凝结是不可逆的，不能再使它们恢复成原来的蛋白质，蛋白质的这种变化叫作变性。

蛋白质的生理功能主要有：构成身体组织、调节生理功能、供给能量等。

日常生活中，富含蛋白质的食物主要有肉类、大豆及其制品、蛋类、鱼虾类和乳制品等。其中，蛋类的蛋白质含量约为12%至14%，是优质蛋白质的重要来源。

考点 3 维生素

维生素是人和动物为维持正常的生理功能而必须从食物中获得的一类微量有机物质，在人体生长、代谢、发育过程中发挥着重要的作用。维生素既不参与构成人体细胞，也不为人体提供能量。

表5-2-1 维生素

名称	主要功能	缺乏症举例	食物来源
维生素A	维持正常视觉； 促进生长发育和维持生殖功能； 维护上皮组织细胞的健康	夜盲症 干眼症	动物肝脏、牛奶、胡萝卜等
维生素B_1	维持正常糖代谢； 维持神经系统正常运转	脚气病	燕麦、花生等
维生素C	参与细胞间质的形成； 维持牙齿、骨骼、血管、肌肉的正常功能； 促进伤口愈合	坏血病	广泛存在于新鲜蔬菜、水果中，西红柿、深色叶菜、柑橘、鲜枣等富含维生素C

第五部分

续表

名称	主要功能	缺乏症举例	食物来源
维生素D	调节钙、磷代谢，促进骨骼生长； 调节细胞生长分化； 调节免疫功能	佝偻病 骨质疏松症	鱼肝油、动物肝脏等
维生素E	抗氧化； 促进毛细血管增生	溶血性贫血	植物油、坚果、豆类和绿色蔬菜等

考点4 无机盐

人体内除碳、氢、氧和氮主要以有机化合物形式存在外，其余存在于人体内的元素统称为无机盐或矿物质。根据在人体中的含量和日常需要量分为常量元素和微量元素。常量元素包括钙、镁、钾、钠、磷、硫、氯等；微量元素包括铁、碘、锌、硒、氟等。

表5-2-2 微量元素

名称	缺乏症举例	食物来源
铁	缺铁性贫血	动物肝脏、蛋黄、豆类等
碘	甲状腺肿	海产品
锌	生长迟缓、皮炎	牡蛎、肉类等
硒	克山病、大骨节病	动物肝脏、海产品等
氟	龋齿、骨质疏松症	海鱼、茶叶等

二、生物技术 【多选】 ★

考点1 基因

基因是遗传的物质基础，是DNA(脱氧核糖核酸)分子上具有遗传信息的特定核苷酸序列的总称，是具有遗传效应的DNA分子片段。

考点2 克隆技术

克隆技术指运用生物学技术进行无性繁殖，产生相同基因型生物群的一种技术。克隆技术在繁育优良家畜，治疗人类遗传病，保护珍稀、濒危野生生物等方面具有广阔的应用前景。

考点3 诱变育种技术

诱变育种是指人为地利用物理、化学因素诱发作物发生遗传性的变异，然后根据育种目标进行选择、培育，以育成优良品种的一种育种方法。诱变育种技术的基本原理是基因突变。例如，太空辣椒、太空水稻等太空育种利用的就是诱变育种技术。

考点4 转基因技术

转基因技术是指利用分子生物学技术，将外源基因或经修饰过的基因转移到其他物种中，改变生物遗传物质，进而产生具有遗传性状的转基因生物。例如，培育产生人胰岛素的大肠杆菌、免疫球蛋白等。

易错点提示

杂交水稻并不是转基因作物。

第五部分

考点 5 发酵技术

发酵技术指的是人们利用微生物的发酵作用，运用一些技术手段控制发酵的过程，从而进行大规模生产发酵产品的技术。运用发酵技术进行食品生产通常用到的微生物有细菌和真菌。例如，利用乳酸菌(细菌)制作泡菜，利用醋酸菌(细菌)制醋，利用霉菌(真菌)制作腐乳。

考点 6 植物组织培养技术

植物组织培养技术是指用植物的离体器官、组织或细胞在一定的条件下培养成完整的植物个体的技术，要由离体的细胞或组织、器官形成完整个体只能依靠细胞的全能性。利用这一技术，可在短时间内大批量地培育出所需要的植物新个体。

真题面对面

[2019安阳龙安，多，1.6分]生物技术正在越来越多地影响人类的生活和社会发展，下列有关叙述正确的有(　　)

A. 植物组织培养技术可以快速繁殖植物体

B. 转基因技术可培育产生人胰岛素的大肠杆菌

C. 利用克隆技术可以培育太空辣椒

D. 食醋和泡菜都是利用发酵技术产生的有酸味的食品，在加工生产中利用了同一类微生物

答案：ABD

第二节　物理常识

一、物理学

物理学是研究物质的基本结构、基本运动形式以及相互作用规律的科学，是在人类探索自然奥秘的过程中形成的学科。现代物理学的两大基本支柱为相对论和量子力学。

二、物理变化与热学 【单选】★

考点 1 物理变化

物理变化，指物质的状态虽然发生了变化，但一般来说物质本身的组成成分却没有改变，例如：位置、体积、形状、温度、压强的变化，以及气态、液态、固态间相互转化等。物质与电磁场的相互作用，光与物质的相互作用，以及微观粒子(电子、原子核、基本粒子等)间的相互作用与转化，都是物理变化。

考点 2 分子运动

物质是由大量的分子组成的，物体里的分子永不停息地做着无规则运动。这种运动跟温度有关，所以通常把分子的这种运动叫作热运动。温度越高，分子运动的速度越快。物体受热时会膨胀，遇冷时会收缩，这就是热胀冷缩现象。

扩散现象是两种不同物质接触时，没有受到外力影响而能彼此进入对方的现象。扩散现象是分子的直接运动形式。

布朗运动是指悬浮在液体（或气体）中的微粒所做的无规则运动。其运动的激烈程度与微粒的大小和液体（或气体）的温度有关，微粒越小，温度越高，布朗运动越明显。

考点 3 物态变化

在物理学中，我们把物质从一种状态变化到另一种状态的过程，叫作物态变化。固体、液体、气体是物质存在的三种状态。

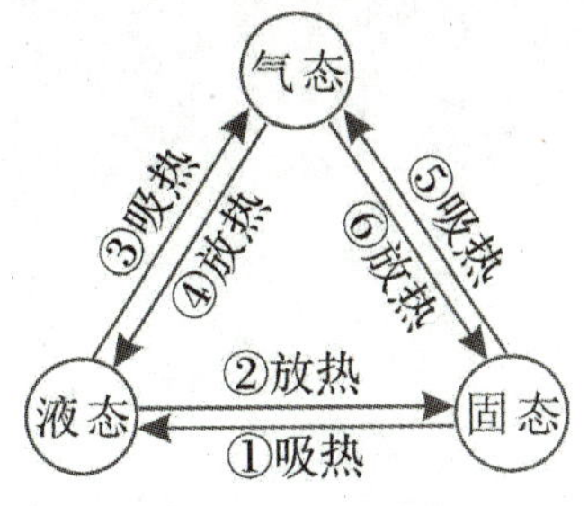

图5-2-1 物态变化

①熔化：冰雪化成水等。

②凝固：水结成冰、铁水变成钢材等。

③汽化：包括蒸发和沸腾。

④液化：冰棒冒白气、冬天呼白气、夏天自来水管出汗等。

⑤升华：樟脑丸逐渐变小、固态碘受热变成紫色气体、干冰受热变为气态二氧化碳等。

⑥凝华：用久的电灯泡会从透明变成黑色，是因为电灯泡工作时发热，而钨丝受热升华形成的钨蒸气又在灯泡壁上遇冷凝华成极薄的一层固态钨；自然界中霜的形成。

三、力学 【单选】★★

考点 1 力学概述

力是物质间的一种相互作用。力的作用效果是使物体发生形变或改变物体的运动状态。

重力：由于地球的吸引而使物体受到的力。

弹力：发生形变的物体，由于要恢复原状，对与它接触的物体会产生力的作用，这种力叫弹力。

摩擦力产生的条件包括两物体直接接触且相互挤压，接触面粗糙，有相对运动或相对运动的趋势。摩擦力方向和物体间相对运动的方向相反。增大摩擦的办法主要有：增大压力，增大接触面的粗糙程度等。例如，有经验的人在参加拔河比赛时，会穿鞋底有花纹的新鞋。这是为了通过增大接触面的粗糙程度来增大摩擦力。

浮力：浸在流体内的物体受到流体竖直向上托起的作用力。浮力原理即液体对物体的浮力等于物体下沉时所排开液体的重力。例如，曹冲称象利用了浮力原理。

考点 2 万有引力定律

万有引力定律是物体间相互作用的一条定律，于1687年为牛顿所发现。万有引力定律的具体内容是：自然界中的任何两个物体之间都存在着相互的吸引力（这种力称为万有引力），引力的方向在它们的连线上，其中任一物体所受力的大小与两物体质量的乘积成正比，与两物体间距离的平方成反比。

考点 3 杠杆

杠杆是一种简单机械。在力的作用下能绕着固定点转动的硬棒就是杠杆。根据生活中的需要，杠杆可

第五部分

以是任意形状。跷跷板、剪刀、撬棒、钓鱼竿等,都是杠杆。滑轮是一种变形的杠杆,定滑轮的实质是等臂杠杆,动滑轮的实质是省力杠杆。省力杠杆包括撬棍、扳手、钳子、拔钉器、开瓶器、自行车的刹车手柄等。费力杠杆包括筷子、镊子、钓鱼竿、扫帚、船桨、人手臂等。等臂杠杆包括天平、跷跷板等。

真题面对面

[2021信阳市直,多,1.3分]杠杆分为费力杠杆、省力杠杆和等臂杠杆,杠杆原理也称为“杠杆平衡条件”。下列选项中,属于省力杠杆的有(　　)

A. 筷子　　B. 天平

C. 开瓶器　　D. 扳手

答案:CD

四、光学 【单选】★★

考点 1 光的直线传播

光在同种均匀介质中沿直线传播。它是几何光学的重要基础,利用它可以简明地解决成像问题。例如,立竿见影,一叶障目,凿壁偷光,井底之蛙,小孔成像。

考点 2 反射与折射

光在传播到不同物质时,在分界面上改变传播方向又返回原来物质中的现象叫**光的反射**。例如,波光粼粼,镜花水月,水中捞月,杯弓蛇影等。

光从一种透明介质斜射入另一种透明介质时,传播方向发生偏折,这种现象叫**光的折射**。例如,海市蜃楼;潭清疑水浅;插进水杯的筷子“断了”;凹透镜与凸透镜。

民间有这样一句谚语:“日晕三更雨,月晕午时风。”晕是指日光或月光通过云层中的冰晶(卷状云、冰雾等)时经折射而形成的光学现象。

第五部分

考点 再拔高

▼ 放大镜生火的原理

凸透镜是根据光的折射原理制成的。凸透镜是中央较厚,边缘较薄的透镜。较厚的凸透镜则有望远、会聚等作用。用放大镜生火利用了凸透镜的聚焦原理。放大镜能把平行的光束会聚到一点,同时所有热量也会集中到那一点上。

真题面对面

[2021信阳市直,单,1.1分]放大镜生火是利用(　　)对光的聚焦原理。

A. 凸面镜　　B. 平面镜

C. 凹透镜　　D. 凸透镜

答案:D

考点 3 紫外线与红外线

波长超出了可见光光谱范围的光都是不可见光，红外线和紫外线均是不可见光。

紫外线：来自太阳辐射的一部分，它由紫外光谱区的三个不同波段组成，从短波的紫外线C到长波的紫外线A。紫外线最显著的性质是能使荧光物质发亮。例如，验钞机就是利用紫外线的荧光效应来辨别钞票真假的。

红外线：在光谱中波长自0.76至400微米的一段称为红外线，红外线是不可见光线。所有高于绝对零度(-273.15℃)的物质都可以产生红外线。自动感应门就是利用红外线反射原理，靠探测人体发射的红外线而进行工作的。而电视遥控器、摄像机的自动对焦和汽车的远程锁定等都利用了红外线进行近距离通信。

五、电磁学

电荷间的相互作用：同种电荷相互排斥，异种电荷相互吸引。例如，油罐车的尾部通常要挂一条铁链直达路面，这样做有利于使运输过程中因颠簸而产生的电荷迅速传到大地上，避免因静电而带来的火灾。

电压：也称作电势差或电位差，是衡量单位电荷在静电场中由于电势不同所产生的能量差的物理量。国际单位制中电压的单位是伏特(V)。三孔插座中，上面的孔为接地线，左边的孔接零线，右边的孔接火线。

电阻：在物理学中，用电阻来表示导体对电流阻碍作用的大小。导体的电阻越大，表示导体对电流的阻碍作用越大。不同的导体，电阻一般不同，电阻是导体本身的一种特性。由焦耳定律可知，当通过导体的电流和通电时间一定时，导体本身的电阻越大，产生的热量也就越大。国际单位制中，电阻的单位为欧姆(Ω)。例如，超导体是指在某一温度下，电阻为零的导体。

六、声学 【单选、判断】 ★

考点 1 声音

声音由物体的振动而产生，靠介质传播，真空中不能传声。

声音的三个基本特性是音调、响度、音色。音调与物体的振动频率有关；响度与物体的振幅、声源与听者的距离有关；音色与发声体的材料和结构有关。

考点 2 声波

频率在20～20000Hz的机械波可以引起人的听觉，称为声波。频率低于20Hz的机械波称为次声波，频率高于20000Hz的机械波称为超声波。蝙蝠会释放出一种超声波，这种声波遇见物体时就会反弹回来。雷达就是根据蝙蝠的这种特性发明出来的。

真题面对面

[2020信阳市直，判断，0.7分]燕子会释放出一种超声波，这种声波遇见物体时就会反弹回来，而人类听不见。雷达就是根据燕子的这种特性发明出来的。(　　)

答案：×

第五部分

第三节　化学常识

一、物理变化与化学变化

表5-2-3　物理变化与化学变化

物质变化	现象	特征	举例
物理变化	位置、体积、形状、温度、压强的变化，以及气态、液态、固态间的相互转化等	没有新物质生成	干冰的升华 石蜡受热熔化 白炽灯发光 车胎爆炸
化学变化	常伴有放热、发光、放出气体、生成沉淀、颜色改变、气味改变等现象的产生	有新物质生成	人的呼吸 石蜡燃烧 铁生锈 食物腐败

二、无机化学　【单选】★★

无机化合物通常指不含碳元素的化合物，但碳的氧化物、碳酸盐、金属碳化物、氰化物等除外。

考点1　氧

氧元素是地壳中含量最多的元素。氧气是无色无味的气体，比空气重，微溶于水。

在大气层中，氧以单质状态存在。单质氧有两种同素异形体，即氧气和臭氧。自然界中的臭氧有90%存在于大气平流层中，形成臭氧层，吸收太阳向地球发出的99%的紫外线，阻止紫外线大量进入地球表面，从而保护地球上的生命体。氟利昂对臭氧层的破坏较大。

氧化钙俗名**生石灰**，遇到水会发生化学反应，同时伴有升温现象。一般情况下，氧化钙不与氧气发生化学反应，具有极好的干燥吸湿效果，价格较低，常用作食品包装中的干燥剂。

考点2　碳

碳的同素异形体有金刚石、石墨、无定形碳等。

金刚石是无色透明晶体，有金属光泽，是目前在地球上发现的最坚硬的物质，不导电，是钻石的原身。

石墨是灰黑色不透明固体，有金属光泽，质软，黑灰色；有滑腻感，是良好导体。石墨可以在高温、高压下形成人造金刚石。石墨比金刚石稳定。

一氧化碳是无色、无味、剧毒气体。

二氧化碳是无色无味气体。固体二氧化碳俗称“**干冰**”，是分子晶体，能升华，升华时吸热，常作制冷剂。

考点3　氮

氮气是无色、无味的气体，比空气略轻，难溶于水，化学性质不活泼。

一氧化氮是一种无色、无味、不溶于水的有毒气体，能与血红蛋白作用引起中毒。

二氧化氮是一种有刺激性气味、有毒、有强氧化性的红棕色气体，易溶于水。空气中的二氧化氮是造成**光化学烟雾**的主要因素。在紫外线照射下，二氧化氮会发生一系列光化学反应，产生一种有毒的烟雾——光化学烟雾，刺激呼吸器官，危害人体的健康。

亚硝酸盐绝大部分是无色的，易溶于水，极毒，是致癌物质。

真题面对面

[2022郑州郑东新区，单，0.5分]下列关于生活中的化学常识的表述不正确的是(　　)

A. 日常使用的蔗糖、粮食中的淀粉均属于糖类

B. 食品包装中干燥剂的主要成分是生石灰，极易与氧气发生反应

C. 生活中常见的三大强致癌物质为黄曲霉毒素、苯并芘和亚硝胺

D. 维生素C有较强的还原性，高温烹饪青菜会导致其中的维生素C流失

答案：B

三、有机化学

有机化合物简称“有机物”，是碳氢化合物及其衍生物的总称。但不是所有的含碳化合物均属有机化合物。有机物是生命产生的物质基础。

石油又称原油，是古代海洋或湖泊中的生物经过漫长的演化形成的混合物，与煤一样属于**化石燃料**。

甲烷在常温下为无色、无味的气体，难溶于水，易燃烧，化学性质较稳定。

甲醛是无色、有刺激性气味的气体，易溶于水；其水溶液(又称福尔马林)具有杀菌、防腐性能。新装修的房间甲醛含量较高，是众多疾病的主要诱因。

四、酸、碱、盐

考点1　酸

酸是电离时产生的阳离子全部都是氢离子的化合物，其水溶液的pH小于7。例如：H_2SO_4(硫酸)，HCl，HNO_3(硝酸)，H_2CO_3(碳酸)。

考点2　碱

碱是电离时产生的阴离子全部都是氢氧根离子的化合物。碱通常味苦，其水溶液的pH大于7。例如：NaOH(氢氧化钠)，KOH(氢氧化钾)，$Ca(OH)_2$(氢氧化钙)，$NH_3·H_2O$(氨水)。

考点3　盐

盐是电离时生成金属阳离子(或铵根)和酸根离子的化合物。例如：Na_2CO_3(碳酸钠)，$CuSO_4$(硫酸铜)，NH_4NO_3(硝酸铵)。

碳酸钠，化学式为Na_2CO_3，又称纯碱、苏打或碱灰。

碳酸氢钠，化学式为$NaHCO_3$，俗称小苏打，白色细小晶体，在水中的溶解度小于碳酸钠。碳酸氢钠受热后分解出二氧化碳气体，此特性可使其作为食品制作过程中的膨松剂。

第五部分

第四节　安全与急救常识

一、安全常识 【单选、多选】★★★

考点 1 地震发生时如何逃生

地震到来时，来不及撤离应就近避震。在家里，应躲在坚固的家具下，或者在卫生间等小开间处。在工厂，应就近躲在机器下，或者小房间等处。在学校，应尽快躲在书桌下面，或者教室的墙角处。在室外，应尽量去空旷的地方，或者在路中间，不要在高楼、烟囱下。注意躲避时一定要避开外墙、窗户。

重难点解读

小香有话说

在发生地震、火灾时，不能使用电梯。

考点 2 火灾发生时如何逃生

要保持镇静以便选择正确的逃生方式和方向；要用湿毛巾捂住口鼻，采取低姿爬行的方式向安全地带撤离，即"一蹲、二捂、三匍匐"；要按疏散标志沿楼梯通道安全疏散；要在逃生过程中留意身边环境，让自己暴露在阳台、窗口等易被人发现的地方；要学会使用求救信号，白天可以向窗外晃动鲜艳衣物，晚上可以用手电筒不停地在窗口闪动或者敲击东西。

不要通过电梯逃生；不要钻床底、衣橱、阁楼；不要盲目跳楼；不要盲目跟随别人逃生；不要习惯往低处逃生。

表 5-2-4　火灾类型与常见灭火器的选用

火灾类型	具体火灾	灭火器举例
A类火灾	固体物质火灾，如木材、布料、纸张、橡胶以及塑料等	泡沫灭火器
B类火灾	油脂类，如汽油、煤油等	泡沫灭火器
	水溶性可燃、易燃液体，如醇、酯、醚、酮等	干粉灭火器 二氧化碳灭火器
C类火灾	气体火灾，如煤气、天然气、甲烷等	干粉灭火器 二氧化碳灭火器
D类火灾	金属火灾，即部分可燃金属，如镁、钠、钾及其合金等	干粉灭火器
E类火灾	带电火灾，即物体带电燃烧的火灾	干粉灭火器 二氧化碳灭火器
F类火灾	烹饪器具内的烹饪物(如动、植物油脂)火灾	干粉灭火器

考点 3 洪灾发生时如何逃生

突然遭遇洪水袭击时，要沉着冷静，快速转移。转移时要先人员后财产，先老幼病残人员，后其他人员。当洪水迅猛，来不及撤离时，要迅速向屋顶、大树、坚固的高墙等高处转移，并想办法发出求救信号。条件允许时，可利用船只、木板、木床等漂浮物转移。在不了解水情时，不要冒险涉水，要在安全地带等待救援。发现高压线铁塔倾倒、电线低垂或断折时，要迅速远避，防止触电。

真题面对面

[2021安阳龙安，单，1.2分]遭遇洪水袭击来不及撤离时，应(　　)

A. 在身上捆绑重物，防止被洪水冲跑

B. 迅速向屋顶、大树、坚固的高墙等高处转移

C. 及时把财物用防水布包裹起来，随身带走

D. 以静制动，原地等待救援

答案：B

二、急救常识　【多选】★★

(1)触电：首先要迅速切断电源。找不到闸门的情况下，用绝缘物挑开电线。切断电源后立即将触电者抬到通风处，并用盐水或凡士林纱布包扎局部烧伤处。

(2)烫伤：立即将被烫部位放置在流动的水下**冲洗**或用凉毛巾**冷敷**，不能采用冰敷的方式治疗烫伤。

(3)心肺复苏术：抢救成年人时胸外按压与人工呼吸比例为30:2，即每按压30次后通气2次。

(4)胸腹损伤：为了避免二次伤害及保证伤者呼吸顺畅，应使病人平躺。

(5)骨折：现场可以找块小夹板、树枝等物，对患肢进行包扎固定。

(6)头部受伤：把伤者的头偏向一边；不要仰着，因为这样会引起呕吐，极易造成伤者窒息。

(7)猫、狗抓伤或咬伤：用肥皂水或清水反复冲洗伤口，并尽早注射狂犬疫苗。

(8)扭伤：在扭伤早期不要按揉，要先进行冷敷，切忌热敷。热敷通常在48小时后进行。

(9)指压止血法：用手指、手掌或拳头压迫伤口**近心端动脉**，仅用于短时间控制动脉出血。

真题面对面

[2022郑州郑东新区，多，1分]下列关于急救常识的表述正确的是(　　)

A. 发生扭伤早期应该冷敷减少出血和肿胀，48小时之后采用热敷

B. 被猫狗抓伤后，首先用肥皂水和清水反复冲洗伤口处，尽早注射狂犬疫苗

C. 心肺复苏术的胸外按压与人工呼吸是同时进行的，一般比率为30:1

D. 用指压止血法抢救动脉出血伤员，是要压迫伤口的近心端动脉

答案：ABD

第五部分

核心考点回顾

1. 人体的营养物质有哪些？(参见本书P286)

2. 光的反射与折射分别是什么？(参见本书P290)

3. 地震、火灾发生时应如何逃生？(参见本书P294)

达标测评

建议用时	实际用时	测评总分	实际得分
9分钟	____分钟	11分	____分

一、单项选择题(每小题1分,共7分)

1. 以下变化属于化学变化的是(　　)

A. 酒精挥发　　B. 矿石粉碎　　C. 冰雪融化　　D. 白磷自燃

2. 下列关于地震自救的表述不正确的是(　　)

A. 为防止次生灾害的发生,首先要切断电源、气源,防止火灾发生

B. 应疏散到高大建筑物、窄小胡同、陡山坡及河岸边

C. 在家中要就地避险,可选择较安全的地方(如床下、桌子底下)躲避

D. 住单元楼内,可选择开间小的卫生间、厨房、储藏室及墙角躲避

3. 维生素D的功能不包括(　　)

A. 调节钙、磷代谢,促进骨骼生长　　B. 促进生长发育和维持生殖功能

C. 调节细胞生长分化　　D. 调节免疫功能

4. DNA的全称是(　　)

A. 脱氧核糖核酸　　B. 核糖核酸　　C. 蛋白质　　D. 遗传密码

5. 夏天从冰箱里取出一瓶啤酒,发现啤酒外面"出汗",对这种现象正确的解释是(　　)

A. 酒从瓶中渗出　　B. 空气中水蒸气汽化

C. 啤酒瓶上的水汽化　　D. 空气中水蒸气遇冷液化

6. 电炉丝通电后热得发红,而与电炉丝连接的铜导线却不太热,这是因为(　　)

A. 通过电炉丝的电流强度比通过铜导线的电流强度大

B. 铜导线的电阻小,所以消耗的电能少,电炉丝的电阻大,消耗的能量多,所以热得发红

C. 铜导丝有绝缘层,所以不怎么热

D. 铜导线比电阻丝传热快,所以不怎么热

7. 家里的白炽灯用久了会发黑,是因为(　　)

A. 灰尘　　B. 钨蒸气凝华

C. 钨丝烧断　　D. 灯泡变旧

二、多项选择题(每小题2分,共4分)

1. 下列物理现象中属于液化的有(　　)

A. 从冷库到热的地方眼镜上会出现水珠　　B. 晾在户外的湿衣服干了

C. 北方冬天窗户上结的"冰窗花"　　D. 从冰箱中刚拿出来的冰棍冒"白烟"

2. 蛋白质是生命的物质基础,没有蛋白质就没有生命。在某些特殊情况下,人体所需能源物质供能不足时,将依靠组织蛋白质分解产生氨基酸来获得能量,以维持必要的生理功能。下列关于蛋白质的表述正确的

是(　　)

A. 蛋白质主要由碳、氢、氧、氮及硫组成

B. 蛋白质是人体氮的唯一来源,碳水化合物和脂肪不能代替

C. 蛋白质的生理功能包括构成身体组织和调节生理功能

D. 蛋类含蛋白质12%至14%,是优质蛋白质的重要来源

参考答案及解析

一、单项选择题

1. D　[解析]化学变化与物理变化的本质区别在于有无新物质的生成。化学变化有新物质生成。白磷自燃时,白磷与氧气反应生成五氧化二磷,有新物质生成,属于化学变化,D项正确。ABC三项都属于物理变化。

2. B　[解析]发生地震时,如果住的是平房,那么可以迅速跑到门外。如果住的是楼房,应立即切断电闸,关掉煤气,暂避到洗手间等跨度小的地方,或是桌子、床铺等下面。学校、商店、影剧院等人群聚集的场所如果遇到地震,最忌慌乱,应立即躲在课桌、椅子或坚固物品下面。如在街道上遇到地震,应用手护住头部,迅速远离楼房,到街心一带。如在郊外遇到地震,要注意远离山崖、陡坡、河岸及高压线等。B项说法错误。

3. B　[解析]维生素D没有促进生长发育和维持生殖的功能,B项说法错误,排除。故本题选B。

4. A　[解析]DNA的全称是脱氧核糖核酸。

5. D　[解析]空气中有大量水蒸气,由于取出的物体温度较低,水蒸气遇冷液化,凝结成小水珠,附在啤酒瓶上。

6. B　[解析]铜导线与电炉丝是串联的,所以它们的电流相等,排除A。另外电炉丝的电阻比铜导线的电阻大得多,根据焦耳定律可知,当电流和通电时间相同时,电阻越大产生的热量越大,所以电炉丝会发红,而铜导线却不太热。

7. B　[解析]凝华是指物质从气态不经过液态而直接变成固态的现象,形成原因一般是急剧降温。家里的白炽灯的钨丝受热会发生升华现象,然后钨蒸气遇到较冷的灯泡玻璃时,在灯泡壁上凝华,所以用久了的白炽灯泡会发黑。

二、多项选择题

1. AD　[解析]A项,从冷库出来后,眼镜镜片是冷的,空气中的水蒸气遇冷液化。B项,湿衣服中的水从液态变成气态了。C项,冬天室内温度高,室外温度低,往往在零度以下,屋内水蒸气遇到冰冷的窗户,凝结成冰。D项,冰棍温度低,冰箱外水蒸气遇冷液化,并与空气中的尘埃结合,变成“白烟”。故本题答案选AD。

2. BCD　[解析]蛋白质主要由碳、氢、氧、氮四种元素组成,此外还含有少量的硫、磷等元素,A项表述错误。由于碳水化合物和脂肪中仅含有碳、氢、氧,不含氮,所以蛋白质是人体氮的唯一来源,是碳水化合物和脂肪不能代替的。蛋白质的生理功能主要有:构成身体组织、调节生理功能、供给能量等。蛋类含蛋白质12%至14%,是优质蛋白质的重要来源。故本题选BCD。

第三章　地理常识

思维导图

- 地理常识
  - 自然地理
    - 天文地理
      - 八大行星：水金地火木土天，海王行星绕外边
      - 地球、日食和月食
    - 大气运动
      - 大气的垂直分层：高层大气、平流层、对流层
      - 四大环境问题的原因、危害及措施
    - 地球三大生态系统（重点）
      - 森林（“地球之肺”）：调节气候、涵养水源等
      - 湿地（“地球之肾”）：污水净化、调节区域小气候等
      - 海洋（“地球之心”）：海洋是地球表面最大的储热体
    - 地表形态的塑造
      - 内力作用：地壳运动、岩浆活动、变质作用等
      - 外力作用：风化、侵蚀、搬运、沉积等
  - 世界地理
    - 七大洲：按面积大小排序：亚洲、非洲、北美洲、南美洲、南极洲、欧洲、大洋洲
    - 四大洋：按面积大小排序：太平洋、大西洋、印度洋、北冰洋
  - 中国地理
    - 我国的疆域（重点）
      - 区域位置：亚欧大陆东部、太平洋西岸
      - 相邻国家：俄蒙朝，越老缅，印尼不出汗，四个斯坦看一看；隔海六国要记全，印西马文菲日韩
      - 海岸线：大陆海岸线长约1.8万千米
      - 岛屿：最大的岛屿是台湾岛，最南的岛屿群是南沙群岛
    - 我国的地形与地势
      - 地形特征：高原、山岭、平原、丘陵、盆地均有分布
      - 地势特征：西高东低，大致呈阶梯状分布，具体分为：第一级阶梯、第二级阶梯、第三级阶梯和浅海大陆架
    - 我国的主要地形区：四大高原、四大盆地、三大平原、三大丘陵（重点）
    - 我国的河流与湖泊
      - 河流：长江、黄河
      - 湖泊：淡水湖、咸水湖
    - 我国的气候（难点）
      - 东部属季风气候，西北部属温带大陆性气候，青藏高原属高寒气候
      - 我国地理中重要的“线”：秦岭—淮河一线、400毫米年等降水量线
    - 我国的自然资源：土地资源绝对数量大，类型复杂多样，利用情况复杂，地区分布不均；水能资源蕴藏量居世界第一位；植被种类丰富，分布错综复杂；动物种类十分丰富；矿产资源丰富；海洋资源极为丰富，海盐产量居世界首位
    - 我国的旅游资源
      - 自然风景：五岳、五湖、风景名山
      - 人文景观：佛教四大名山、道教四大名山、四大名园、四大名楼
  - 河南地理
    - 河南名称由来：因大部分地区位于黄河以南，故称河南
    - 河南自然地理概况：地势西高东低，北、西、南三面环山
    - 河南历史渊源
      - 四个古都：洛阳、开封、安阳、郑州
      - 三个文化遗址：裴李岗文化遗址、仰韶文化遗址、龙山文化遗址
      - 历史文化名人：老子、庄子、商鞅、李斯、赵匡胤、崔知悌等
    - 河南旅游景区：龙门石窟、白马寺、殷墟、清明上河园、大相国寺、鸡公山等
    - 途经河南的三条主要铁路干线：京广铁路、陇海铁路、焦柳铁路

河南考向

本章属于科技常识的基础章节，在河南招教考试中考查较少，内容较为琐碎，识记高频考点即可。在考试中常以选择题、判断题等客观题的形式考查。现对本章河南考向分析如下：

考点类型	高频考点	常考题型	能力层级	考查热度
常规考点	七大洲、我国的疆域	多选	识记	★★
	我国的主要地形区	单选、判断	识记	★★★
	我国的气候	单选	识记	★★★
新增考点	地球三大生态系统	单选	识记	★★

核心考点

第一节　自然地理

一、天文地理 【单选】 ★

考点 1 太阳和八大行星

太阳是由炽热的气体组成的球状天体，主要成分是氢和氦。

太阳的大气结构即为太阳的外部结构，从里向外分为光球层、色球层、日冕层。

太阳活动的周期为11年，主要标志是黑子和耀斑。太阳黑子发生在光球层。太阳耀斑是太阳活动最激烈的显示，耀斑发生在色球层。太阳活动对地球的影响包括：扰乱地球大气的电离层；产生“磁暴”现象；产生极光。

太阳系目前已知的八大行星距日由近及远依次为：水星、金星、地球、火星、木星、土星、天王星、海王星。其中，金星是太阳系八大行星中最亮的星。

记忆有妙招

太阳系八大行星排列顺序口诀：水金地火木土天，海王行星绕外边。

考点 2 地球

地球的内部圈层结构由外向内为地壳、地幔、地核。地球外部圈层为大气圈、水圈、生物圈和岩石圈。

地球大气由78%的氮、21%的氧、微量的氩、二氧化碳和水组成。按大气温度随高度分布的特征，可把大气分成对流层、平流层、中间层、热层和散逸层。

考点 3 日食和月食

当月球运行到太阳和地球之间，且三者正好处在一条直线时，月球会挡住太阳射向地球的光，此时就会发生日食现象。

第五部分

当地球运行到太阳和月球之间，且三者正好处在一条直线时，月球运行到地球阴影内，则会形成月食。

二、大气运动

大气运动是指不同地区，不同高度之间的大气进行热量、动量、水分的互相交换；不同性质的空气得以相互交流，并以此形成各种天气现象和天气变化的总称。大气运动包括水平运动和垂直运动两种形式。

考点 1 大气的垂直分层

表 5-3-1 大气的垂直分层

分层	具体介绍	对人类活动的影响
高层大气	热运动，气温随海拔高度的增加先降后升	电离层反射无线电波，对无线电通信有重要作用
平流层	平流运动，气温随海拔高度的增加而上升	臭氧吸收紫外线；有利于高空飞行
对流层	对流运动，气温随海拔高度的增加而下降	刮风、下雨、降雪等天气现象都发生在对流层内

考点 2 大气环境保护

表 5-3-2 大气环境保护

环境问题	原因	危害	措施
全球变暖	温室气体的增多使气温升高	海平面上升，淹没陆地；改变各地降水状况和干湿状况；导致世界各国经济结构的变化	提高能源的利用技术和能源利用效益，采用新能源；努力加强国际合作
臭氧层破坏	除了自然原因以外，主要是人类使用制冷设备排放的氟氯烷	危害人体健康；对生态环境和农林牧渔业造成破坏	减少并逐步禁止氟氯烷等消耗臭氧物质的排放，加强国际合作
酸雨	燃烧矿物燃料排放大量二氧化硫和氮氧化物等酸性气体	河湖水酸化，土壤酸化，危害森林和农作物生长，腐蚀建筑和文物古迹等	防治酸雨**最根本的措施**是减少人为硫氧化合物和氮氧化合物的排放，我国已经采取了发展洁净煤技术、清洁燃烧技术等措施
$PM_{2.5}$(细颗粒物)	日常发电、工业生产、汽车尾气排放等过程中经过燃烧而排放的残留物，大多含有重金属等有毒物质	$PM_{2.5}$粒径小，富含大量的有毒、有害物质且在大气中的停留时间长、输送距离远，因而对人体健康和大气环境质量的影响较大	控制源头，加强工业粉尘治理，控制汽车尾气排放； 提高能源利用效率，改变能源消耗结构等

三、地球三大生态系统 【单选】 ★★

生态系统指在自然界的一定的空间内，生物与环境构成的统一整体，在这个统一整体中，生物与环境之间相互影响、相互制约，并在一定时期内处于相对稳定的动态平衡状态。森林、湿地、海洋并称为“地球三大生态系统”。

表5-3-3 地球三大生态系统

生态系统	具体说明
森林 （"地球之肺"）	具有调节气候、涵养水源；保持水土、防风固沙；吸收二氧化碳、释放氧气；过滤尘埃、吸收噪声；保护物种、保存基因等生态功能
湿地 （"地球之肾"）	具有提供水源、储存营养物质、防浪固岸、污水净化、保持生物多样性、调蓄洪水、补充地下水、防止盐水入侵、调节区域小气候等生态功能，是水生动物、两栖动物、鸟类和其他野生生物的重要栖息地
海洋 （"地球之心"）	海洋是地球表面最大的储热体，海流是地球表面最大的热能传送带，海洋与空气之间的气体交换对气候的变化和发展有极大的影响

真题面对面

[2021信阳市直，单，1.1分]森林作为陆地生态系统的主体，是陆地生态系统中最大的碳库。森林植被通过光合作用可吸收固定大气中的（　　）

A. 一氧化碳　　B. 二氧化碳　　C. 二氧化硫　　D. 三氧化硫

答案：B

四、地表形态的塑造 【多选】★

地表形态是指地球表面的起伏状态，又称地形或地貌，是我们可以直接感受到的地球表面特征。地表形态的塑造来自内力作用和外力作用两部分。**内力作用**是指来自地球本身即地球内部的热能，主要表现形式为地壳运动、岩浆活动、变质作用等，内力作用会建设地壳、使地壳隆起或凹陷，形成高山或盆地，控制地表基本形态。**外力作用**是指来自地球外部的太阳能，主要表现形式为风化、侵蚀、搬运、沉积等，外力作用会破坏地壳，改变地表的原始形态，把高山削低，盆地填平。

表5-3-4 侵蚀作用

侵蚀作用	形成的地貌形态	分布地区和示例
风力侵蚀	戈壁、风蚀柱、风蚀城堡等	干旱、半干旱地区 例：雅丹地貌（新疆魔鬼城）
流水侵蚀	"V"型谷、沟壑纵横的地表等	湿润、半湿润地区 例：黄土高原地表的千沟万壑 例：丹霞地貌（福建武夷山、江西龙虎山）
流水溶蚀	地下暗河、溶洞、石林等	可溶性岩石分布地区 例：岩溶地貌（云南石林、四川黄龙）
冰川侵蚀	冰斗、"U"型谷、冰蚀平原等	有冰川分布的高山和高纬度地区 例：挪威峡湾

第二节 世界地理

一、七大洲 【多选】★★

地球上大陆和它附近的岛屿总称为大洲。全球共划分成七个大洲，按其面积大小依次为亚洲、非洲、北美洲、南美洲、南极洲、欧洲和大洋洲。

考点 1 各大洲概述

表 5-3-5 各大洲概述

大洲	概述
亚洲	(1)全称是亚细亚洲,分为东亚、西亚、南亚、北亚、中亚、东南亚。 (2)亚洲中间高、四周低,东临太平洋,北临北冰洋,南临印度洋。 (3)亚洲的大江大河多发源于中部高原山地,呈放射状流向周边海洋。亚洲最长的河流是长江;亚洲最大的淡水湖和世界最深的湖泊是贝加尔湖。 (4)亚洲有世界最高峰——珠穆朗玛峰;有世界陆地上最低的洼地和湖泊——死海;有世界最大的半岛——阿拉伯半岛;有世界最大的群岛——马来群岛。 (5)拥有世界上面积最大的季风气候区;除温带海洋性气候外,世界上的各种气候在亚洲都有分布
非洲	(1)非洲东濒印度洋,西临大西洋,是人口第二大洲。 (2)非洲是高原大陆、热带大陆,其气候特点是高温、少雨、干燥,气候带分布呈南北对称状。 (3)非洲有世界最长的河流——尼罗河;有世界最大的盆地——刚果盆地;有世界最大的沙漠——撒哈拉沙漠;有世界上面积最大的热带草原——非洲热带草原
北美洲	(1)北美洲东临大西洋,西临太平洋,北濒北冰洋,地形分为东部山地和高原、中部平原、西部山地和高原三部分。 (2)北美洲有世界最大的岛——格陵兰岛;最大的淡水湖——苏必利尔湖
南美洲	(1)南美洲大部分地区属热带雨林气候和热带草原气候。世界第二长河亚马孙河是世界上流域面积最广、流量最大的河流。 (2)南美洲有世界最长的山脉——安第斯山脉;有世界最大的平原——亚马孙平原;有世界最大的高原——巴西高原
南极洲	(1)南极洲位于地球南端,四周被太平洋、印度洋和大西洋所包围,是世界上平均海拔最高的大洲和跨经度最多的大洲。 (2)南极洲冰川广布,是世界上淡水资源最丰富的大洲
欧洲	(1)欧洲北临北冰洋,西濒大西洋,是世界上海洋气候分布面积最广的大洲。 (2)欧洲有世界上流经国家最多的河流——多瑙河;有世界上盐度最低的海——波罗的海
大洋洲	大洋洲在亚洲和南极洲之间,西邻印度洋,东临太平洋,是世界上最小的大洲,是除南极洲外人口最少的大洲

第五部分

真题面对面

[2022信阳淮滨,多,1分]亚洲毗邻的大洋有(　　)

A. 太平洋　　B. 大西洋　　C. 印度洋　　D. 北冰洋

答案:ACD

考点 2 各大洲分界线

表 5-3-6 各大洲分界线

相邻大洲	分界线
亚洲与欧洲	乌拉尔山脉,乌拉尔河,里海,大高加索山脉,黑海,土耳其海峡
亚洲与非洲	苏伊士运河,红海,曼德海峡

续表

相邻大洲	分界线
亚洲与北美洲	白令海峡
欧洲与北美洲	丹麦海峡
北美洲与南美洲	巴拿马运河
欧洲与非洲	直布罗陀海峡,地中海
南美洲与南极洲	德雷克海峡

二、四大洋 【单选】 ★

四大洋是地球上四片海洋的总称,按照面积大小排列为:太平洋、大西洋、印度洋、北冰洋。

表5-3-7 四大洋

大洋	概述
太平洋	世界上最大、最深、边缘海和岛屿最多的大洋。它位于亚洲、大洋洲、南极洲和南、北美洲之间。马里亚纳海沟是地球最深的海沟
大西洋	位于欧洲、非洲与南北美洲和南极洲之间,地中海、加勒比海、北海、波罗的海、墨西哥湾等是其附属海
印度洋	位于亚洲、大洋洲、非洲和南极洲之间,其主要属海和海湾是红海、阿拉伯海、亚丁湾、波斯湾、阿曼湾、孟加拉湾、莫桑比克海峡等
北冰洋	大致以北极圈为中心,位于地球最北端,被亚欧大陆和北美大陆环抱着,有狭窄的白令海峡与太平洋相通;通过格陵兰海和许多海峡与大西洋相连。国际法规定北极不属于任何国家。北冰洋是世界上跨经度最多的大洋

第三节 中国地理

第五部分

一、我国的疆域 【多选】 ★★

考点1 区域位置

中国位于亚欧大陆的东部、太平洋西岸。陆地面积约960万平方千米,仅次于俄罗斯和加拿大,居世界第三位。

中国领土北起漠河以北的黑龙江主航道中心线上,南到南沙群岛南端的曾母暗沙;东起黑龙江与乌苏里江主航道中心线的相交处,西到帕米尔高原。

考点2 相邻国家

与我国陆地接壤的有14个国家,分别是:朝鲜、蒙古、俄罗斯、哈萨克斯坦、吉尔吉斯斯坦、塔吉克斯坦、阿富汗、巴基斯坦、印度、尼泊尔、不丹、缅甸、老挝、越南。

与我国隔海相望的有6个国家,分别是:韩国、日本、菲律宾、文莱、马来西亚、印度尼西亚。其中,日本和韩国位于我国东面,菲律宾位于我国东南面,文莱、马来西亚、印度尼西亚位于我国南面。

记忆有妙招

中国邻国口诀：俄蒙朝，越老缅，印尼不出汗，四个斯坦看一看；隔海六国要记全，印西马文菲日韩。

考点 3 海岸线

中国大陆海岸线长约1.8万千米。海岸地势平坦，多优良港湾，且大部分为终年不冻港。中国大陆的东部与南部濒临渤海、黄海、东海和南海。琼州海峡和渤海是我国的两大内海，渤海也是我国最北的近海。黄海、东海和南海是太平洋的边缘海。

考点 4 岛屿

在中国海域上，最大的岛屿是台湾岛，其次是海南岛。位于台湾岛东北海面上的钓鱼岛、赤尾屿，是中国最东的岛屿。南沙群岛为中国最南的岛屿群。

二、我国的地形与地势 【单选、判断】★

考点 1 地形特征

在中国辽阔的大地上，有雄伟的高原、起伏的山岭、广阔的平原、低缓的丘陵，还有四周群山环抱、中间低平的大小盆地。陆地上的5种基本地形类型中国均有分布，这为中国工农业的发展提供了多种多样的条件。

考点 2 地势特征

中国地势西高东低，大致呈阶梯状分布，具体分为：第一级阶梯、第二级阶梯、第三级阶梯和浅海大陆架。

表5-3-8　我国的地势特征

阶梯分布	具体说明
第一级阶梯	地势的第一级阶梯是青藏高原，平均海拔在4000米以上，其北部与东部边缘分布有昆仑山脉、祁连山脉、横断山脉，是地势第一、二级阶梯的分界线
第二级阶梯	地势的第二级阶梯上分布着大型的盆地和高原，平均海拔在1000~2000米之间，其东面的大兴安岭、太行山脉、巫山、雪峰山是地势第二、三级阶梯的分界线
第三级阶梯	地势的第三级阶梯上分布着广阔的平原，间有丘陵和低山，海拔多在500米以下
浅海大陆架	从中国陆地的第三级阶梯继续向海面以下延伸，就是浅海大陆架，这是大陆向海洋自然延伸的部分，一般深度不大，坡度较缓，海洋资源丰富

第二级阶梯的主要地形区有塔里木盆地、准噶尔盆地、四川盆地、内蒙古高原、黄土高原、云贵高原等；第三级阶梯的主要地形区有东北平原、华北平原、长江中下游平原、辽东丘陵、山东丘陵、东南丘陵等。

三、我国的主要地形区 【单选、判断】★★★

考点 1 四大高原

四大高原，即青藏高原、内蒙古高原、黄土高原、云贵高原。其中，青藏高原雪山连绵，是中国最大、世界海拔最高的高原，被称为“世界屋脊”。内蒙古高原地面平坦，南高北低，北部形成东西向低地，最低

易错点提示

考生应注意区分我国主要地形区的特征，并识记匹配“最高”“最大”“最多”等特殊称呼。

海拔降至600米左右,古有"瀚海"之称。云贵高原地面崎岖,石灰岩分布广泛,地势比较平坦的山间小盆地被当地人称为"坝子"。黄土高原是世界上**水土流失**最严重和生态环境最脆弱的地区之一,地表千沟万壑、支离破碎。

考点 2 四大盆地

四大盆地,即塔里木盆地、准噶尔盆地、柴达木盆地、四川盆地。塔里木盆地是中国面积最大的内陆盆地。准噶尔盆地呈不规则三角形,是中国第二大内陆盆地。柴达木盆地盛产铁矿、铜矿、锡矿、盐矿等多种矿物,被称作"聚宝盆"。四川盆地是我国著名红层盆地,同时也是中国各大盆地中形态最典型、纬度最南、海拔最低的盆地。

考点 3 三大平原

三大平原,即东北平原、华北平原、长江中下游平原。其中,东北平原是我国面积最大的平原,华北平原是我国人口最多的平原,长江中下游平原是我国经济最发达的平原。

考点 4 三大丘陵

三大丘陵,即东南丘陵、山东丘陵、辽东丘陵。其中,东南丘陵是我国地形地貌中,分布最广最密集、土地面积最大的丘陵。

真题面对面

[2022安阳滑县,判断,0.6分]我国经济最发达,人口最多的平原是长江中下游平原。(　　)

答案:×

四、我国的河流与湖泊 【单选】 ★

考点 1 河流

中国的河流,按照河流径流的循环形式,有注入海洋的外流河,也有与海洋不相沟通的内流河。

长江流经的省级行政单位有:青海省、西藏自治区、四川省、云南省、重庆市、湖北省、湖南省、江西省、安徽省、江苏省和上海市,最后由上海市的崇明区流入东海。

黄河流经的省级行政单位有:青海省、四川省、甘肃省、宁夏回族自治区、内蒙古自治区、陕西省、山西省、河南省、山东省,最后在山东省东营市黄河入海口注入渤海。

二者共同流经的省份是:青海省和四川省。

三江源是长江、黄河、澜沧江三条大河的发源地。三江源自然保护区是我国海拔最高,面积最大的自然保护区。

考点 再拔高

▼ 与长江、黄河有关的成语

与长江有关的成语:一衣带水,江东父老,吴头楚尾,等等。

与黄河有关的成语:中流砥柱,河清海晏,百川灌河,等等。

考点 2 湖泊

表5-3-9 我国的湖泊

类型	定义	主要湖泊
淡水湖	外流区域的湖泊都与外流河相通，湖水能流进也能排出，含盐分少，称为淡水湖，也称排水湖	鄱阳湖、洞庭湖、太湖、洪泽湖、巢湖等
咸水湖	内流区域的湖泊大多为内流河的归宿，湖水只能流进，不能流出，又因蒸发旺盛，盐分较多形成咸水湖，也称非排水湖	青海湖、纳木错等

五、我国的气候 【单选】 ★★★

考点 1 我国的气候

我国东部属季风气候，西北部属温带大陆性气候，青藏高原属高寒气候；我国的温度带分别有热带、亚热带、暖温带、中温带、寒温带、青藏高原区六种类型；我国的干湿地区可划分为湿润地区、半湿润地区、半干旱地区、干旱地区四种类型。

考点 2 我国地理中重要的"线"

1. 秦岭—淮河一线

它的地理意义有：(1)1月份0℃等温线；(2)南方和北方的地理分界线；(3)暖温带和亚热带分界线；(4)800毫米年等降水量线；(5)湿润区与半湿润区分界线；(6)亚热带常绿阔叶林与温带落叶阔叶林分界线；等等。

2. 400毫米年等降水量线

它的地理意义有：(1)半湿润区与半干旱区分界线；(2)季风区与非季风区分界线；(3)主要农耕区与畜牧区分界线；等等。

第五部分

真题面对面

[2022信阳淮滨，单，0.7分]我国南北地理分界线是(　　)

A. 乌蒙山—长江一线

B. 秦岭—淮河一线

C. 大兴安岭—太行山脉—巫山—雪峰山一线

D. 大兴安岭—阴山—贺兰山—巴颜喀拉山—冈底斯山脉一线

答案：B

六、我国的自然资源 【单选】 ★

表5-3-10 我国的自然资源

自然资源	特征
土地资源	绝对数量大，人均占有少；类型复杂多样，耕地比重小；利用情况复杂，生产力地区差异明显；地区分布不均，保护和开发问题突出

续表

自然资源		特征
水资源		中国水能资源蕴藏量居世界第一位;海滦河流域是全国水资源最紧张的地区
生物资源	植物资源	植被种类丰富,分布错综复杂;水杉、银杏等是残存于中国的"活化石"
	动物资源	动物种类十分丰富,珍贵特产动物有大熊猫、金丝猴、白鳍豚等;长江中下游的扬子鳄为世界罕见的鳄类之一;中国中部及南部山区的大鲵是世界现存最大的两栖类动物
矿产资源		矿产资源丰富,钨、锑、稀土、钼、钒和钛等的探明储量居世界首位
海洋资源		海洋资源极为丰富,中国海盐产量约占世界海盐产量的30%,居世界首位

七、我国的旅游资源 【单选】 ★

考点1 自然风景旅游资源

表5-3-11　我国的自然风景旅游资源

旅游景点		地理位置	特点
五岳	东岳泰山	山东省中部	"岱宗""五岳之首",古代帝王封禅祭祀之地
	西岳华山	陕西渭南	"华夏之根""天下第一险"
	中岳嵩山	河南省西部	中原地区第一名山
	南岳衡山	湖南省中部	"寿岳",火神祝融为其山神
	北岳恒山	山西大同	"玄岳",塞外高原通向冀中平原之咽喉要冲
五湖	洞庭湖	湖南省北部	古称云梦,湖南省乃至全国最重要的商品粮油基地、水产和养殖基地
	鄱阳湖	江西省北部	中国第一大淡水湖,白鹤的世界,长江江豚重要栖息地
	太湖	江苏与浙江交界	古称震泽,太湖三白:银鱼、白鱼、白虾
	巢湖	安徽省中部	居巢湖,"巢湖三鲜":银鱼、秀丽白虾、湖蟹
	洪泽湖	江苏省西部	"悬湖",位于淮河下游
风景名山	黄山	安徽黄山	"天下第一奇山",四绝:奇松、怪石、云海、温泉
	庐山	江西九江	以雄、奇、险、秀闻名于世,"匡庐奇秀甲天下"
	武夷山	江西与福建交界	三教名山,典型的丹霞地貌
	阿里山	台湾嘉义	属于玉山山脉的支脉,避暑胜地

考点2 人文景观旅游资源

表5-3-12　我国的人文景观旅游资源

人文景观	具体说明
佛教四大名山	山西五台山、四川峨眉山、安徽九华山、浙江普陀山
道教四大名山	安徽齐云山、湖北武当山、四川青城山、江西龙虎山
四大名园	北京颐和园、河北承德避暑山庄、苏州拙政园、苏州留园
四大名楼	江西滕王阁、湖北黄鹤楼、山西鹳雀楼、湖南岳阳楼

"泉州:宋元中国的世界海洋商贸中心"于2021年7月25日入选《世界遗产名录》。至此,中国已有56项

第五部分

世界文化和自然遗产列入《世界遗产名录》，其中世界文化遗产38项、世界文化与自然双重遗产4项、世界自然遗产14项。其中自然遗产总数位列世界第一。

第四节　河南地理

一、河南名称由来

河南省位于我国中东部、黄河中下游，因大部分地区位于黄河以南，故称河南。远古时期，黄河中下游地区河流纵横、森林茂密、野象众多，河南又被形象地描述为人牵象之地，这就是象形字“豫”的来源，也是河南简称“豫”的由来。《尚书·禹贡》将天下分为“九州”，豫州位居九州之中，现今河南大部分地区属九州中的豫州，故有“中原”“中州”之称。

二、河南自然地理概况

河南省东接安徽、山东，北接河北、山西，西连陕西，南临湖北，呈望北向南、承东启西之势。地势西高东低，北、西、南三面太行山、伏牛山、桐柏山、大别山沿省界呈半环形分布，中东部为黄淮海冲积平原，西南部为南阳盆地。河南省是我国唯一跨长江、淮河、黄河、海河四大流域的省份。

河南省大部分地处暖温带，南部跨亚热带，属北亚热带向暖温带过渡的**大陆性季风气候**，同时还具有自东向西由平原向丘陵山地气候过渡的特征，具有四季分明、雨热同期、复杂多样和气候灾害频繁的特点。

三、河南历史渊源　【多选】 ★

考点1　河南历史遗址和古迹

中国八大古都河南就有4个，即洛阳、开封、安阳、郑州。中国古代四大发明均源自河南。

河南有裴李岗文化遗址、仰韶文化遗址、龙山文化遗址；有“人祖”伏羲太昊陵、黄帝故里和轩辕丘；有最古老的天文台——周公测景台；有历史上最早的关隘——函谷关、最早的佛教寺院——白马寺；有“天下第一名刹”——嵩山少林寺和闻名中外的大相国寺，等等。

考点2　河南历史文化名人

河南省是华夏文明的重要发祥地，历史文化名人不在少数。

古代哲学家、思想家：老子、庄子、墨子、韩非子、程颐、程颢，等等；

政治家、军事家：商鞅、苏秦、李斯、袁绍、司马昭、赵匡胤，等等；

文学家、艺术家：杜甫、韩愈、白居易、李贺、李商隐、吴道子，等等；

科学家：张衡、僧一行，等等；

医学家：张仲景、崔知悌，等等。

四、河南旅游景区　【单选】 ★

表5-3-13　河南旅游景区(部分)

地理位置	旅游景区
洛阳市	龙门石窟，白马寺，栾川老君山，鸡冠洞，龙潭大峡谷

第五部分

续表

地理位置	旅游景区
焦作市	云台山,神农山,青天河
安阳市	殷墟,汤阴岳飞庙
郑州市	登封嵩山少林景区,登封嵩阳书院
开封市	清明上河园,包公祠,大相国寺
商丘市	永城芒砀山
信阳市	鸡公山,灵山寺

黄河自西向东流经河南,郑州至开封段由于泥沙淤积,河床高出两岸地面而形成“地上悬河”的独特自然景观。“人工天河”红旗渠是国家首批“全国研学旅游示范基地”。

真题面对面

[2019平顶山,单,1.2分]下列景点不属于河南的是(　　)

A. 白马寺　　B. 殷墟

C. 孔庙　　D. 龙门石窟

答案:C

五、途经河南的三条主要铁路干线 【单选】 ★

河南交通区位优势明显,是全国承东启西、连南贯北的重要交通枢纽,下表是途经河南的三条主要铁路干线的情况。

表5-3-14　途经河南的三条主要铁路干线

铁路	起点和终点	途经主要城市
京广铁路	北京、广州	北京市 河北省:保定,石家庄,邢台,邯郸 河南省:安阳,鹤壁,新乡,郑州,许昌,漯河,驻马店,信阳 湖北省:孝感,武汉,咸宁 湖南省:岳阳,长沙,株洲,衡阳,郴州 广东省:韶关,广州
陇海铁路	连云港、兰州	江苏省:连云港,徐州 安徽省:宿州 河南省:商丘,开封,郑州,洛阳,三门峡 陕西省:渭南,西安,咸阳,宝鸡 甘肃省:天水,定西,兰州
焦柳铁路	焦作、柳州	河南省:焦作,济源,洛阳,平顶山,南阳 湖北省:襄阳,荆门,宜昌,荆州 湖南省:常德,张家界,吉首,怀化 广西壮族自治区:柳州

真题面对面

[2022信阳淮滨,多,1分]陇海线所经城市有(　　)

A. 徐州　　B. 洛阳　　C. 西安　　D. 敦煌

答案:ABC

核心考点回顾

1. 地球三大生态系统是什么?(参见本书P300)
2. 我国的主要地形区有哪些?(参见本书P304)
3. 我国的气候是怎样的?(参见本书P306)

达标测评

建议用时	实际用时	测评总分	实际得分
9分钟	____分钟	12分	____分

一、单项选择题(每小题1分,共6分)

1. 下列有关亚洲的说法中,正确的是(　　)

A. 拥有世界上面积最大的季风气候区

B. 东临大西洋,西临太平洋,北濒北冰洋

C. 具备世界上所有的气候类型

D. 拥有世界上面积最大的热带草原

2. 世界上跨经度最多的大洲和大洋分别是(　　)

A. 亚洲和太平洋

B. 亚洲和大西洋

C. 非洲和印度洋

D. 南极洲和北冰洋

3. 下列关于我国“四大高原”的叙述中,正确的是(　　)

A. 雪山连绵是黄土高原的景观

B. 内蒙古高原地表崎岖不平

C. 水土流失非常严重的是青藏高原

D. 石灰岩分布广泛的是云贵高原

4. 关于我国国情,下列叙述正确的是(　　)

A. 陆地面积约960万平方千米,仅次于俄罗斯,是世界陆地面积第二大国

B. 大陆海岸线长约1.8万千米,海岸地势平坦,多优良港湾,且大部分为终年不冻港

C. 从南至北呈现出赤道带、热带、亚热带、暖温带和温带五个温度带

D. 耕地主要集中在东部,草原多分布在中部和西部,而森林大都集中在东北和西南边远地区

5. 下列国家属于我国陆上邻国的是(　　)

A. 阿富汗　　B. 白俄罗斯　　C. 伊朗　　D. 日本

6. 山脉常常成为气候分界线。以下四个山脉中,(　　)是暖温带和亚热带的分界线。

A. 昆仑山　　B. 南岭　　C. 太行山　　D. 秦岭

二、多项选择题(每小题2分,共6分)

1. 我国地势呈三级阶梯分布,下列哪些在第二级阶梯上(　　)

A. 内蒙古高原　　B. 云贵高原　　C. 四川盆地　　D. 东北平原

2. 湿地与森林、海洋并称为“地球三大生态系统”。下列有关湿地生态系统的叙述正确的是(　　)

A. 能有效蓄水、吸污、净化水质

B. 能调节区域小气候

C. 是地球表面最大的储热体

D. 是两栖动物、鸟类和其他野生生物的重要栖息地

3. 下列关于河南省的说法正确的有(　　)

A. 河南有“天下第一名刹”嵩山少林寺

B. 京广线、焦柳线、陇海线途经河南

C. 河南被称为“齐鲁之邦”或简称“鲁”

D. 河南四大古都是洛阳、开封、安阳和许昌

参考答案及解析

一、单项选择题

1. A　[解析]亚洲拥有世界上面积最大的季风气候区,A项正确。亚洲东临太平洋,北临北冰洋,南临印度洋,B项错误。除温带海洋性气候外,世界上的各种气候在亚洲都有分布,C项错误。非洲拥有世界上面积最大的热带草原,D项错误。故选A。

2. D　[解析]南极洲位于地球南端,跨经度360°,是世界上跨经度最多的大洲;北冰洋是世界上跨经度最多的大洋,跨经度360°。故本题选D。

3. D　[解析]雪山连绵是青藏高原的景观,A项错误。内蒙古高原地面平坦,云贵高原地面崎岖,石灰岩分布广泛,B项错误,D项正确。水土流失非常严重的是黄土高原,C项错误。故选D。

4. B　[解析]我国陆地面积约960万平方千米,仅次于俄罗斯和加拿大,是世界陆地面积第三大国。A项说法错误。我国大陆海岸线长约1.8万千米。海岸地势平坦,多优良港湾,且大部分为终年不冻港。B项说法正确。我国从南至北呈现出热带、亚热带、暖温带、中温带、寒温带五个温度带和青藏高原区。C项说法错误。在我国,草原多分布在北部和西部,非中部。D项说法错误。故本题答案选B。

5. A　[解析]我国的陆上邻国有14个:朝鲜、俄罗斯、蒙古、哈萨克斯坦、吉尔吉斯斯坦、塔吉克斯坦、阿富汗、巴基斯坦、印度、不丹、尼泊尔、缅甸、老挝和越南。与我国隔海相望的国家有6个:韩国、日本、菲律宾、马来西亚、印度尼西亚、文莱。故本题选A。

6. D　[解析]秦岭山脉为黄河与长江水系的主要分水岭,是中国暖温带与亚热带的分界线。

二、多项选择题

1. ABC　[解析]我国地势第二级阶梯的主要地形区有塔里木盆地、准噶尔盆地、四川盆地、内蒙古高原、黄土高原、云贵高原等,ABC三项正确。东北平原位于第三级阶梯,D项错误。故选ABC。

2. ABD　[解析]海洋是地球表面最大的储热体,C项错误。故选ABD。

3. AB　[解析]河南简称“豫”,有“中原”“中州”之称。被称为“齐鲁之邦”或简称“鲁”的是山东省。河南四大古都是洛阳、开封、安阳和郑州。CD说法错误,排除。

第四章　计算机知识

思维导图

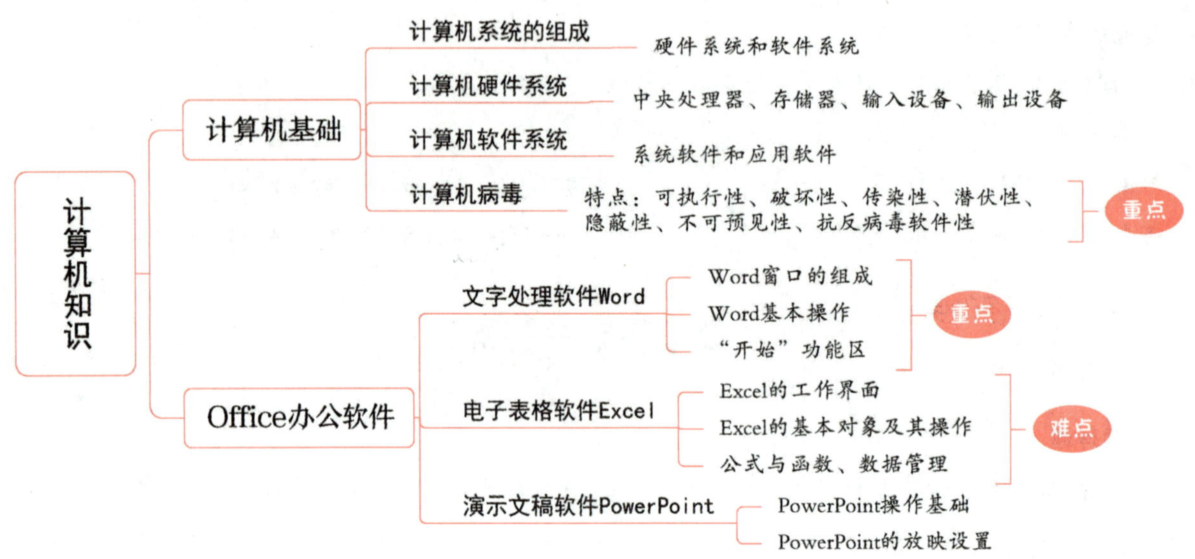

河南考向

本章属于科技常识的基础章节，在河南招教考试中偶有考查，内容较为琐碎。在考试中常以选择题、判断题等客观题的形式考查。现对本章河南考向分析如下：

考点类型	高频考点	常考题型	能力层级	考查热度
常规考点	计算机病毒	判断	理解	★★
	文字处理软件 Word	多选	运用	★★
	电子表格软件 Excel	单选	运用	★★★

核心考点

第一节　计算机基础

计算机，俗称电脑，是现代一种用于高速计算的电子计算机器，既可以进行数值计算，又可以进行逻辑计算，还具有存储记忆功能，是能够按照程序运行，自动、高速处理海量数据的现代化智能电子设备。1946年，世界上第一台通用电子数字计算机 ENIAC 在美国宾夕法尼亚大学研制成功。

一、计算机系统的组成　【单选】★

计算机系统由**硬件系统**和**软件系统**两部分组成。计算机硬件系统是构成计算机的所有物理部件的集

合，是计算机应用的基础，包括了各种硬件设备。计算机软件系统是程序、数据和相关文档资料的总称。

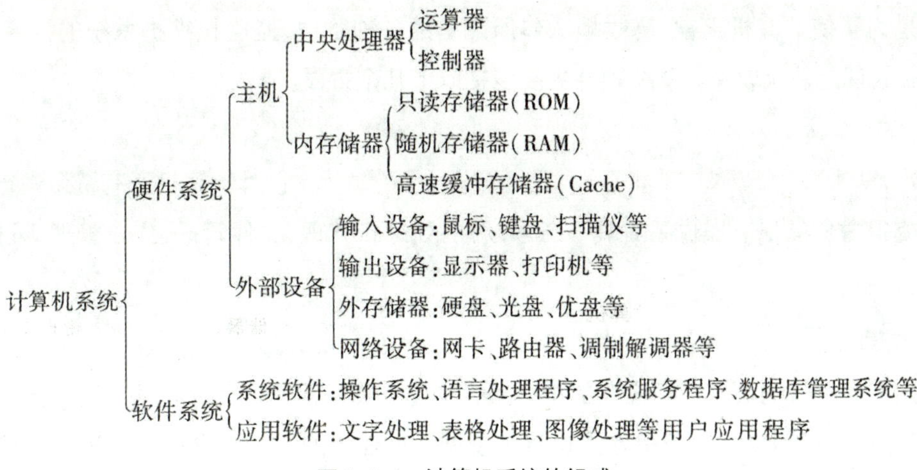

图5-4-1　计算机系统的组成

二、计算机硬件系统

计算机硬件系统通常由中央处理器、存储器、输入设备和输出设备组成。

考点 1　中央处理器

运算器和控制器合在一起称为中央处理器(Central Processing Unit，CPU)。在微型计算机中，运算器和控制器一般集成在一块芯片上，制成大规模集成电路。因此，CPU常常又被称为微处理器。CPU能直接访问存储在内存中的数据，执行算术运算和逻辑运算。

考点 2　存储器

存储器是计算机的记忆装置，用于存储原始数据、计算结果和程序。计算机的存储器分为两大类：一类是设在主机中的内部存储器，也叫主存储器，用于存放当前运行的程序和程序所用的数据，属于临时存储器；另一类是属于计算机外部设备的存储器，叫外部存储器，简称外存，也叫辅助存储器（简称辅存）。外存中存放暂时不用的数据和程序，属于永久性存储器。当需要时应先调入内存。

考点 3　输入设备

输入设备用于计算机各种信息的输入，是计算机信息的入口。要让计算机执行指定的任务，就必须向计算机提供相应的数据和信息，不同的输入设备将不同的信息表现形式转换成二进制编码送入计算机。计算机的输入设备种类很多，如键盘、鼠标、扫描仪、触摸屏、摄像头、语音录入装置等。最常用的输入设备是键盘和鼠标。

考点 4　输出设备

输出设备的功能是把运算处理结果按照人们所要求的形式输出，它是计算机信息的出口。输出设备将计算机中的二进制编码信息转换成人们需要的信息形式（如文字、图像、声音等）表现出来，供人们使用。计算机的输出设备种类也很多，如显示器、打印机、绘图仪、音响装置等，最常用的输出设备是显示器和打印机。

三、计算机软件系统　【判断】★

计算机软件系统可分为**系统软件**和**应用软件**两大类。不装备任何软件的计算机称为**裸机**。

考点 1 系统软件

系统软件是为了使计算机正常、高效地工作所配备的各种管理、监控和维护系统的程序。Windows 7、Windows XP、Linux 都是系统软件。系统软件主要包括以下几个方面。

1. 操作系统

在计算机中，操作系统是最基本、最为重要的基础性系统软件。它对计算机所有资源进行统一管理，使计算机的使用变得方便简捷。操作系统具有五项功能：处理机管理、文件管理、作业管理、设备管理和存储管理。

2. 计算机语言

计算机能识别并执行的信息符号代码的指令集合称为计算机语言。计算机语言可以分为机器语言、汇编语言和高级语言三类。其中，机器语言是计算机发展初期使用的语言。它采用**二进制编码**，能被 CPU 直接执行，用它编写的程序运行速度快、节省内存空间，但不易读懂、不易修改。

3. 服务型程序

服务型程序是指协助用户进行软件开发和硬件维护的软件，如各种开发调试工具软件、编辑程序、诊断程序等。

考点 2 应用软件

应用软件是为了解决某一应用领域的实际问题而开发的软件，如工资管理系统、财务管理软件、图书管理系统、人力资源管理系统等。

真题面对面

[2022 郑州郑东新区，判断，0.5 分]在计算机中，操作系统是其最基本、最重要的基础性系统软件。(   )

答案：√

四、计算机病毒 【判断】★★

考点 1 计算机病毒的概念

计算机病毒是一种人为编写的具有破坏作用的计算机程序。在《中华人民共和国计算机信息系统安全保护条例》第二十八条中明确指出：“计算机病毒，是指编制或者在计算机程序中插入的破坏计算机功能或者毁坏数据，影响计算机使用，并能自我复制的一组计算机指令或者程序代码。”计算机病毒破坏的主要对象是程序和数据。

考点 2 计算机病毒的特点

计算机病毒的特点：(1)可执行性；(2)破坏性；(3)传染性；(4)潜伏性；(5)隐蔽性；(6)不可预见性；(7)抗反病毒软件性。

考点 3 计算机病毒的预防

计算机病毒的传染是通过一定途径来实现的，为此必须重视制定措施、法规，加强职业道德教育，不得传播更不能制造病毒。另外，还应采取一些有效方法来预防和抑制病毒的传染。

(1)谨慎地使用公用软件或硬件。

(2)任何新使用的软件或硬件(如磁盘)必须先检查。

(3)定期检测计算机上的磁盘和文件并及时消除病毒。

(4)对系统中的数据和文件要定期进行备份。

(5)对所有系统盘和文件等关键数据要进行保护。

真题面对面

[2021 安阳龙安，判断，0.6 分]计算机病毒是影响计算机使用，并且能够自我复制的一组计算机指令或者程序代码。(   )

答案：√

第二节　Office办公软件

一、文字处理软件Word 【多选】 ★★

考点1 Word窗口的组成

Word窗口由标题栏、菜单栏、工具栏、工作区和状态栏等部分组成。在Word窗口的工作区中可以对创建或打开的文档进行各种编辑、排版操作。

考点2 Word基本操作

1. 创建新文档

在进行文字处理前，首先要创建一个新的文档，然后才能进行编辑、设置和打印等操作。新建文档常用到的方法有：启动Word自动创建；利用菜单创建；利用工具栏创建；利用模板创建。

2. 文档的保存

新建文档使用默认文件名“文档1”“文档2”等，如果要保存，则可以选择“文件”菜单中的“保存”命令，这时会弹出“另存为”对话框。在对话框中，可以对文档的保存位置、文件名和保存类型进行设置。如果打开的文档已经命名，而且对该文档做了编辑修改，可以进行以下保存操作：以原文件名保存；另存文件；自动保存。

3. 文档的显示方式

(1)视图切换

文档的各种视图方式之间的相互切换有两种方式：利用菜单切换视图和利用快捷按钮切换视图。

(2)显示比例

在Word窗口中查看文档时，可以按照某种比例来放大或缩小显示的比例。在“常用”工具栏的“显示比例”下拉列表框中可以选择不同的显示比例。

4. Word中常用的快捷键

表5-4-1　Word中常用的快捷键

操作文件时常用的快捷键	Ctrl+N	新建
	Ctrl+O	打开
	Ctrl+S	保存
	Ctrl+W	关闭文档
	Ctrl+P	打印
编辑操作时常用的快捷键	Ctrl+Z	撤销
	Ctrl+Y	恢复/重复
	Ctrl+X	剪切
	Ctrl+C	复制
	Ctrl+V	粘贴
	Ctrl+A	全选
	Ctrl+F	查找
	Ctrl+H	替换
调整格式时常用的快捷键	Ctrl+D	字体对话框
	Ctrl+Shift+>	逐渐增大字号
	Ctrl+B	粗体
	Ctrl+I	倾斜
	Ctrl+U	下划线
	Ctrl+T	首行缩进
	Ctrl+J	两端对齐
	Ctrl+L	左对齐
	Ctrl+R	右对齐
	Ctrl+E	居中

考点3 “开始”功能区

“开始”功能区共包括剪贴板、字体、段落、样式和编辑五个组，这里主要介绍字体、段落和编辑组。

“开始”功能区中，字体组可以设定文字的字体，字号，字体的颜色，字形(常规、加粗、倾斜)，下划线，上下标，字符底纹等。段落组可以设定编号、缩进方式、对齐方式、行间距和段间距、底纹颜色和边框等。编辑组主要包括查找、替换和选择功能。

真题面对面

[2021安阳龙安，多，1.5分]在Word文档中使用“字体”对话框可以完成的设置有(　　)

A. 字号　B. 倾斜　C. 加下划线　D. 右对齐

答案：ABC

二、电子表格软件Excel 【单选】★★★

考点1 Excel的工作界面

启动Excel后即可打开Excel应用程序窗口界面，这个窗口包括了标题栏、菜单栏、工具栏、编辑栏、工作表区、任务窗格以及状态栏。

考点2 Excel的基本对象及其操作

1. Excel基本对象

(1)工作簿

工作簿是用来存储并处理数据的文件，工作簿名就是文件名。启动Excel后，系统会自动打开一个新的、空白工作簿，Excel自动为其命名为“Book1”，其扩展名为“.xls”或“.xlsx”。默认提供3个工作表，分别是Sheet1、Sheet2和Sheet3。可以根据需要添加新的工作表。

(2)工作表

工作表是Excel管理数据的基本单位，它是Excel进行组织和管理数据的地方，用户可以在工作表上输入数据、编辑数据、设置数据格式、数据排序和筛选数据等。

(3)单元格

单元格是组成工作表的最小单位，工作表中行列交叉处即为一个单元格，在单元格内可以输入并保存由字符串、数字、公式等组成的数据。每个单元格由所在列标和行号来表示，以指明单元格在工作表中所处的位置。例如，A3表示第3行A列处的单元格地址。

(4)活动单元格

在工作表中有一个单元格被加黑框标注，此单元格被称为当前单元格(或活动单元格)，我们可通过单击某单元格使其成为当前单元格。当前输入的数据或公式保存在该单元格内，当前工作表中只能有一个单元格是活动的，在活动单元格的右下角有一个小黑方块，被称为填充柄。

(5)单元格区域

由连续的单元格组成的矩形区域，称为单元格区域，简称“区域”。区域可以是工作表中的一行、一列或是多行和多列的组合。例如，我们可以将左上角单元格为A1右下角单元格为F6的一个区域表示为“A1:F6”。

2. 单元格数据输入

输入文本：文本通常包含汉字、英文字母、数字、空格以及其他从键盘能输入的符号。一般情况下，文本默认为水平方向左对齐，垂直方向靠下。如果要把一个数字作为文本保存，如邮政编码、手机号码、商品代码等，只要在输入时加上一个英文状态下的单撇号即可。

输入数值：输入数值时，Excel会自动将它在单元格中右对齐。伴随着输入操作，该数值会同时出现在活动单元格和编辑栏中。当输入的数据长度超出单元格宽度时，Excel自动以科学计数法表示。

输入日期：要在工作表中输入日期和时间，必须采用Excel事先定义的格式来输入。日期和时间的输入可以有多种格式。

输入分数：要先输入数字0，再输入空格，最后输入分数形式。比如输入“3/4”要输入“0 3/4”。如果直接输入“3/4”，则显示为“3月4日”。

3. 单元格的编辑操作

(1)选定单元格

选定一个单元格：只要在工作表中单击任意一个单元格就可以选定这个单元格。

选定连续的多个单元格：单击选定该连续单元格区域左上角的单元格，然后拖动鼠标指针到单元格区域右下角的单元格，释放鼠标就可以选定这一单元格区域。

选定非连续的多个单元格：选定不连续的多个单元格，只需单击第一个单元格，然后按住【Ctrl】键再单击其他单元格即可。

选定整行单元格：把鼠标指针移动到所选行左边的行号处，当鼠标指针变成向右黑色实心箭头时，即可选定该行。

选定整列单元格：把鼠标指针移动到所选列上边的列标处，当鼠标指针变成向下黑色实心箭头时，即可选定该列。

选定全部单元格：单击工作区左上角的全选按钮即可选定所有的单元格。

(2)单元格数据的修改

选中要进行编辑的单元格，直接输入新数据，单元格中原有数据将被新的数据替代。如果仅修改单元格中的部分内容，则需双击单元格，进入单元格编辑状态，再对单元格内数据进行修改。

(3)单元格数据的删除

在Excel中，数据清除和数据删除为两种不同含义的操作。

数据清除是指可以将单元格中的内容、格式、批注等成分删除，而不影响单元格本身。因此清除单元格可以清除这几者之一或是全部清除。如果在选定单元格或区域后按【Delete】键，可以直接清除单元格中的内容。

数据删除是指将选中的单元格(或区域)的数据及其所在的单元格(区域)位置一起删除。一旦删除后将影响其他单元格的位置。

(4)移动和复制单元格内容

在Excel中，进行单元格的移动或复制时，可以使用剪贴板进行，也可以使用鼠标拖曳直接进行。

(5)行、列的插入和删除

插入行、列：单击要插入新行或新列的单元格，选择“插入”菜单的“行”或“列”命令，完成行或列的插入。

删除行、列：要删除行或列，可以右击行号或列号，在弹出的快捷菜单中执行“删除”命令，也可以单击选择要删除行或列的行号或列号，然后单击“编辑”菜单的“删除”命令。

考点3 公式与函数

1. 公式

Excel中的公式都是以等号开头，使用运算符号将各种数据、函数、区域、地址连接起来的，是用于对工作表中数据进行计算或文本进行比较操作的表达式。

公式中可以使用的运算符有算术运算符、比较运算符、连接运算符和引用运算符等。

2. 引用

引用的作用在于标识工作表上的单元格或单元格区域，并指明公式中所使用的数据位置。单元格的引用主要有相对引用、绝对引用和混合引用。在Excel中，单元格地址的绝对引用，是在列标和行号前加"$"符号。

3. 函数

为了便于计算、统计、汇总和数据处理，Excel提供了大量的函数，函数语法为：函数名(参数1，参数2，参数3，…)。

表5-4-2　Excel中常用的函数

函数名	函数格式	功能	举例	结果
求和函数	SUM(number1,number2,…)	返回参数表中所有参数值之和	=SUM(2,3,4)	9
求平均值函数	AVERAGE(number1,number2,…)	返回参数表中所有参数的平均值	=AVERAGE(2,3,4)	3
求最大值函数	MAX(number1,number2,…)	返回参数表所有参数中的最大值	=MAX(2,3,4)	4
求最小值函数	MIN(number1,number2,…)	返回参数表所有参数中的最小值	=MIN(2,3,4)	2
统计函数	COUNT(value1,value2,…)	求各参数中包含数值的单元格个数	=COUNT(1,12,"go")	2
排名函数	RANK(number,ref,[order]) 注：最后一个参数可以省略，默认为0，按降序排序。若为1，则按升序排序	返回某数字在一列数字中相对于其他数值的大小排位	=RANK(A3,A1:A9,0)	A3单元格内的数字在A1:A9区域内降序排序的排位
四舍五入函数	ROUND(number,n)	按指定位数四舍五入	=ROUND(6.45,1)	6.5
IF函数	IF(Logical_test,value_if_true,value_if_false)	判断一个条件是否满足，如果满足返回一个值，不满足返回另一个值	=IF(2>5,1,0)	0

真题面对面

[2022郑州郑东新区，单，0.5分]在Excel表格中，要统计某单元格区域内包含数值的单元格的个数，应使用的函数是(　　)

A. SUM　　B.AVERAGE　　C.COUNT　　D. RANK

答案：C

考点4　数据管理

1. 数据排序

电子表格可以根据一列或多列的数据按升序或降序对数据进行排序。对英文字母，按字母次序(默认不区分大小写)排序，汉字可按笔画或拼音排序。

(1)简单数据排序

简单数据排序就是指对单一字段按升序或降序排列，一般直接利用工具栏的降序按钮和升序按钮来快

第五部分

速地实现,也可通过“数据”菜单下的“排序”命令来实现。

(2)复杂数据排序

当对某一单一字段排序时,会遇到字段值相同的情况,为区分它们的次序,可进行多重排序。Excel可同时按三个关键字进行多重排序:主关键字、次关键字和第三关键字。

2. 数据筛选

数据筛选将显示数据中满足条件的数据,将不满足条件的数据暂时隐藏起来(没有被删除)。当筛选条件被删除时,隐藏的数据便又恢复显示。

筛选有两种方式:自动筛选和高级筛选。自动筛选对单个字段建立筛选,多字段之间的筛选是逻辑与的关系,操作简便,能满足大部分要求;高级筛选对复杂条件建立筛选,要建立条件区域。

3. 分类汇总

分类汇总就是对数据按某字段进行分类,将字段值相同的记录作为一类,进行求和、平均、计数等汇总运算。针对同一个分类字段,可进行多种汇总。

在分类汇总时,要求先按数据分类字段进行排序。

若分类汇总表使用完毕,在菜单栏中选择“数据”菜单下的“分类汇总”命令,并在弹出的对话框中单击“全部删除”按钮,则可删去分类汇总表。

三、演示文稿软件PowerPoint

考点 1 PowerPoint操作基础

1. 幻灯片的插入

在幻灯片浏览视图或普通视图的幻灯片窗格下,单击两个幻灯片的中间位置,此时出现一条“插入线”,选择“插入”菜单下的“新幻灯片”命令,在“幻灯片版式”任务窗格中选择需要的幻灯片版式即可插入。

2. 移动和复制幻灯片

在“幻灯片浏览视图”下将鼠标指向需要移动的幻灯片,按下左键进行拖动操作,到达目的位置后,释放鼠标,执行移动操作。执行复制操作时,在上述移动操作的过程中,按下【Ctrl】键。

3. 删除幻灯片

在幻灯片视图窗口鼠标右键单击要删除的幻灯片,在右键菜单中选择“删除”命令,或者选中幻灯片,点击【Delete】键。

4. 幻灯片内容的编辑

输入文本:在使用自动版式创建的幻灯片中,PowerPoint为用户预留了输入文本的占位符(一种带有虚线或阴影线边缘的矩形区域)。此时用户只要单击幻灯片中相应的占位符位置,即可将光标定位其中,然后就可以输入文本了。

用户也可以在占位符之外输入文本。在幻灯片中,一般文本是输在文本框中的,所以在输入文本之前,必须先插入文本框。在插入文本框后要及时地输入文本内容,如果没有及时输入文字,则文本框会消失,这时只能重新插入文本框。

在PowerPoint中除了插入文本信息外,还可以插入艺术字、图片、影片与声音、表格、图表等对象。

考点 2 PowerPoint的放映设置

"演讲者放映(全屏幕)"是常规的放映方式。在放映过程中,可以使用人工控制幻灯片的放映进度和动画出现的效果;如果希望自动放映演示文稿,可以使用"幻灯片放映"菜单上的"排练计时"命令设置幻灯片放映的时间,使其自动播放。

如果演示文稿在小范围放映,同时又允许观众动手操作,可以选择"观众自行浏览(窗口)"方式。在这种方式下,演示文稿出现在小窗口内,并提供命令在放映时移动、编辑、复制和打印幻灯片,移动滚动条从一张幻灯片移到另一张幻灯片。

如果演示文稿在展台、摊位等无人看管的地方放映,可以选择"在展台浏览(全屏幕)"方式,演示文稿在放映时不能使用大多数菜单和命令,并且在每次放映完毕后,如5分钟观众没有进行干预,会**重新自动播放**。当选定该项时,PowerPoint会自动设定"循环放映,Esc键停止"的复选框。

边缘考点

局域网是指在某一区域内由多台计算机互联成的计算机组,是一种私有网络,一般在一座建筑物内或建筑物附近,比如家庭、办公室或工厂。局域网的覆盖范围一般是方圆几千米之内,具有安装便捷、成本节约、扩展方便等特点。局域网络被广泛用来连接个人计算机和消费类电子设备,使它们能够共享资源和交换信息。

核心考点回顾

1. 计算机系统由什么组成?(参见本书P312)
2. 计算机病毒的特点是什么?(参见本书P314)
3. 电子表格软件Excel中常用的函数有哪些?(参见本书P319)

达标测评

建议用时	实际用时	测评总分	实际得分
6分钟	____分钟	8分	____分

一、单项选择题(每小题1分,共4分)

1. 一个完整的计算机系统包括(　　)

A. 主机、键盘、显示器　　B. 计算机及其外部设备

C. 系统软件与应用软件　　D. 计算机的硬件系统和软件系统

2. 下列各组设备中,全部属于输入设备的一组是(　　)

A. 键盘、磁盘和打印机　　B. 键盘、扫描仪和鼠标

C. 键盘、鼠标和显示器　　D. 硬盘、打印机和键盘

3. 在Excel中，单元格地址的绝对引用，是在列标和行号前加(　　)符号。

A. *　　B. $　　C. #　　D. %

4. 在记录工资的Excel表格中，C列是每名员工的工资，第2~9行分别代表8名员工的记录。下列公式能正确计算出这8名员工工资总额的是(　　)

A.AVG(C2:C9)　　B.COUNT(C2:C9)

C.MAX(C2:C9)　　D.SUM(C2:C9)

二、多项选择题(每小题2分，共4分)

1. 计算机病毒是破坏电脑正常运行的一种程序或代码，它具有传播性、隐蔽性、感染性、破坏性等。计算机病毒和医学病毒具有类似性，表现为(　　)

A. 自我繁殖　　B. 互相传染　　C. 激活再生　　D. 天然存在

2. 下列部件中属于存储器的有(　　)

A. RAM　　B. 硬盘　　C. 绘图仪　　D. 打印机

参考答案及解析

一、单项选择题

1. D　[解析]一个完整的计算机系统是由硬件系统和软件系统组成的。计算机的硬件是一个物质基础，而软件是使硬件功能得以充分发挥的不可缺少的一部分。因此，对于一个完整的计算机系统，这两者缺一不可。故选D。

2. B　[解析]计算机的输入设备种类很多，如键盘、鼠标、扫描仪、触摸屏、摄像头、语音录入装置等。最常用的输入设备是键盘和鼠标。

3. B　[解析]在Excel中，单元格地址的绝对引用，是在列标和行号前加“$”符号。故选B。

4. D　[解析]用于求和的函数为SUM，C列表示员工的工资，8名员工的工资在2~9行，则求和函数及参数为SUM(C2:C9)。

二、多项选择题

1. ABC　[解析]计算机病毒不是天然存在的，是某些人利用计算机软件和硬件所固有的脆弱性编制的一组指令集或程序代码。D项错误。

2. AB　[解析]RAM是内存储器，硬盘是外存储器。

第六部分

事业单位概况与公文常识

内容导学

河南省教师招聘考试事业单位概况与公文常识部分共四章。

第一章主要介绍事业单位概况。

第二章主要阐述公文的特点与作用、种类与分类、格式、行文规则等。

第三章主要是公文拟制、公文办理和公文管理。

第四章主要介绍公文语言与语病类型、常用公文的写作格式。

考生要重点掌握第二章、第四章的内容。在备考时，应结合历年真题与自身实际，有针对性地复习。

第一章　事业单位概况

思维导图

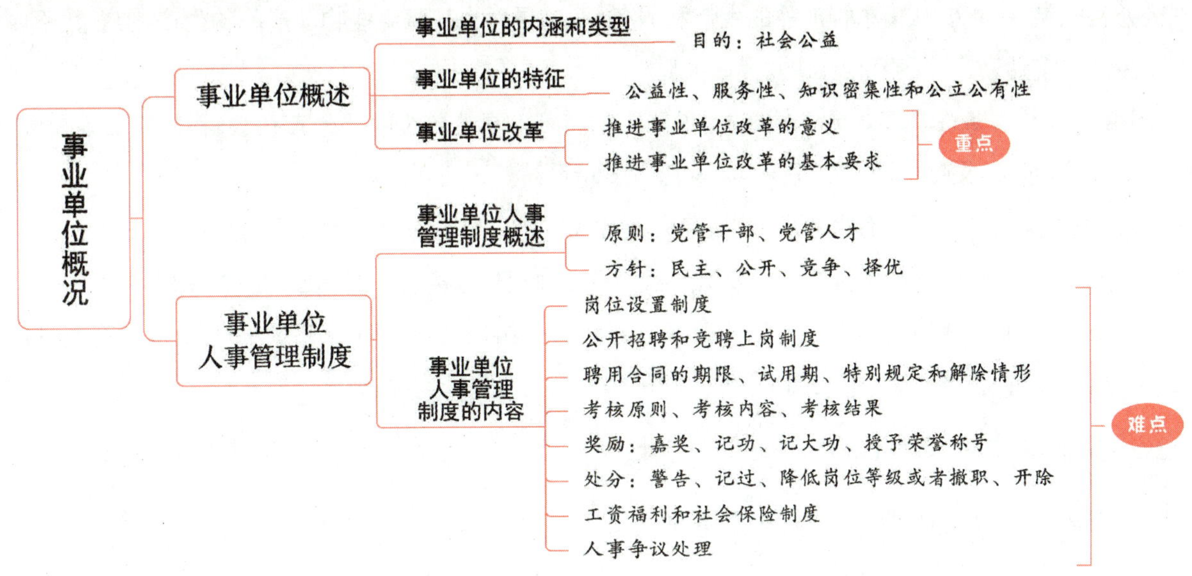

河南考向

本章在河南招教考试中偶有考查，内容较为系统化，需要识记的知识不多。在考试中常以选择题等客观题的形式考查。现对本章河南考向分析如下：

考点类型	高频考点	常考题型	能力层级	考查热度
常规考点	事业单位改革	单选、多选	识记	★★
	事业单位人事管理制度的内容	单选、多选	识记	★★

核心考点

第一节　事业单位概述

一、事业单位的内涵和类型　【单选】★

事业单位是指国家为了**社会公益**目的，由国家机关举办或者其他组织利用国有资产举办的，从事教育、科技、文化、卫生等活动的社会服务组织。

我国事业单位根据经费来源可分为全额拨款、差额拨款、自收自支三种类型。全额预算管理的事业单位一般适用于没有收入或收入不稳定的事业单位，如学校、科研、卫生防疫、工商管理等事业单位，其人员费

第六部分

用、公用费用都要由国家财政提供。一部分非营利性机构(如医疗卫生机构)属于差额拨款类型,人员费用由财政拨款,其他费用自筹。

二、事业单位的特征 【单选】 ★

事业单位的特征主要有:公益性、服务性、知识密集性和公立公有性。

(1)**公益性**。公益性是由事业单位的社会功能和市场经济体制的要求决定的。我国的事业单位大都分布在公益性领域中,主要从事精神产品的生产和服务,有的虽然也从事某些物质产品的生产,但多数不属于竞争性生产经济活动,不以营利为目的。

(2)**服务性**。服务性是事业单位最基本、最鲜明的特征。事业单位主要分布在教、科、文、卫等领域,是保障国家政治、经济、文化生活正常进行的社会服务支持系统。

(3)**知识密集性**。我国现有事业单位中,绝大多数是以脑力劳动为主体的知识密集性组织,专业人才是事业单位的主要人员构成,利用科技文化知识为社会各方面提供服务是事业单位的主要手段。

(4)**公立公有性**。事业单位是由国家机关举办或者其他组织利用国有资产举办的,从事教育、科技、文化、卫生等活动的社会服务组织。因此,事业单位的公立公有性质非常显著。

三、事业单位改革 【单选、多选】 ★★

考点1 推进事业单位改革的意义

(1)加快推进事业单位改革是完善和发展中国特色社会主义制度、推进国家治理体系和治理能力现代化的重要任务。

(2)加快推进事业单位改革是适应我国社会主要矛盾变化、推动公益事业平衡充分发展的迫切需要。通过改革解决好公益事业布局结构不合理、资源配置不均衡、质量效率不高的问题,可以更好满足人民群众日益增长的美好生活需要。

(3)加快推进事业单位改革是推动我国经济高质量发展、建设现代化经济体系的重要动力。通过深化改革、转变体制机制,充分调动专业技术人员的积极性、主动性、创造性,最大限度释放其创新创造活力,对于推动经济发展质量变革、效率变革、动力变革,提高全要素生产率,具有不可替代的重要作用。

考点2 推进事业单位改革的基本要求

加快推进事业单位改革,要不断增强“四个意识”、始终坚定“四个自信”,统一思想、统一行动,准确把握这一改革的基本要求。

(1)切实加强党对事业单位改革的领导,确保党中央改革精神的贯彻落实。要确保事业单位改革始终沿着正确的政治方向推进,确保党的领导得到全面贯彻,就必须发挥党总揽全局、协调各方的**领导核心**作用,以党的政治优势引领和推进改革。

(2)坚持以人民为中心,不断增强人民群众在公益服务方面的获得感、幸福感、安全感。事业单位改革的最终目的是促进公益事业更好更快发展,解决人民群众最关心最直接最现实的利益问题。

(3)坚持新发展理念,充分发挥市场在资源配置中的决定性作用,更好发挥政府作用。

(4)坚持优化协同高效,增强事业单位改革的系统性、整体性、协同性。

真题面对面

[2021信阳市直,多,1.3分]加快推进事业单位改革是适应我国社会主要矛盾变化、推动公益事业平衡充分发展的迫切需要。通过改革解决好公益事业(　　)的问题,可以更好满足人民群众日益增长的美好生活需要。

A. 布局结构不合理　　B. 质量效率不高

C. 资源配置不均衡　　D. 政治权力过低

答案:ABC

第二节　事业单位人事管理制度

一、事业单位人事管理制度概述　【单选】

事业单位人事管理制度是指各级各类事业单位的人事部门对事业单位人员进行管理的一系列法规、制度和措施的总称,它包括对事业单位人员的录用、考核、培训、交流、回避、工资、福利、保险等进行管理的规定。

事业单位人事管理,要坚持**党管干部**、**党管人才**原则,全面准确贯彻民主、公开、竞争、择优方针。

二、事业单位人事管理制度的内容　【单选、多选】★★

考点1　岗位设置制度

根据事业单位的社会功能、职责任务和工作需要等因素,事业单位岗位分为管理岗位、专业技术岗位和工勤技能岗位三种类别。其中,专业技术一级岗位是国家专设的特级岗位,多为为国家作出突出贡献的人才、专家。工勤技能岗位包括技术工岗位和普通工岗位。其中,技术工岗位分为5个等级,即一至五级。普通工岗位不分等级。根据事业发展和工作需要,经批准,事业单位可设置特设岗位,主要用于聘用急需的高层次人才等特殊需要。

考点2　公开招聘和竞聘上岗制度

1. 公开招聘

为实现事业单位人事管理的科学化、制度化和规范化,规范事业单位招聘行为,提高人员素质,事业单位新进人员实行公开招聘。

表6-1-1　事业单位的公开招聘

内容	具体说明
招聘范围	包括专业技术人员、管理人员和工勤人员。但是,国家政策性安置、按照人事管理权限由上级任命、涉密岗位等人员除外
招聘原则	坚持**德才兼备**的用人标准,贯彻公开、平等、竞争、择优的原则
招聘程序	(1)制定**公开招聘方案**;(2)公布招聘岗位、资格条件等招聘信息;(3)审查应聘人员资格条件;(4)考试、考察;(5)体检;(6)公示拟聘人员名单,公示期一般为7至15日;(7)订立聘用合同,办理聘用手续

第六部分

2. 竞聘上岗

事业单位内部产生岗位人选，需要竞聘上岗的，按照下列程序进行：(1)制定竞聘上岗方案；(2)在本单位公布竞聘岗位、资格条件、聘期等信息；(3)审查竞聘人员资格条件；(4)考评；(5)在本单位公示拟聘人员名单；(6)办理聘任手续。

事业单位竞聘上岗过程应该坚持公开、公平、公正原则。

易混点辨析

与公开招聘工作人员不同，事业单位内部竞聘工作人员无须进行的工作环节是体检。而且，事业单位内部竞聘工作人员公布竞聘岗位、资格条件等信息时，不需要向社会广泛发布，仅在本单位内公布即可。

考点3 聘用制度

1. 聘用制度的基本原则

建立和推行事业单位人员聘用制度，要贯彻党的干部路线，坚持党管干部原则；坚持尊重知识、尊重人才的方针，树立人才资源是第一资源的观念；坚持平等自愿、协商一致的原则；坚持公开、平等、竞争、择优的原则；坚持走群众路线，保证职工的参与权、知情权和监督权。

2. 聘用合同

事业单位人员聘用合同是聘用单位与聘用人员确立具有人事关系性质的聘用关系，明确双方权利与义务的协议。事业单位聘用合同的类型主要有项目合同、长期合同、中期合同、短期合同四种。

表6-1-2 事业单位聘用合同的内容

内容	具体说明
合同期限	一般不低于3年
试用期	初次就业的工作人员与事业单位订立的聘用合同期限3年以上的，试用期为12个月
特别规定	事业单位工作人员在本单位连续工作满**10年**且距法定退休年龄不足10年，提出订立聘用至退休的合同的，事业单位应当与其订立**聘用至退休**的合同
聘用合同解除情形	(1)事业单位工作人员**连续旷工**超过15个工作日，或者1年内**累计旷工**超过30个工作日的，事业单位可以解除聘用合同； (2)事业单位工作人员年度考核不合格且不同意调整工作岗位，或者**连续两年**年度考核不合格的，事业单位**提前30日书面通知**，可以解除聘用合同； (3)事业单位工作人员受到**开除**处分的，解除聘用合同； (4)事业单位工作人员**提前30日书面通知**事业单位，可以解除聘用合同。但是，双方对解除聘用合同另有约定的除外

真题面对面

[2021信阳市直，单，1.1分]下列事业单位聘用合同中不符合相关规定的是(　　)

A. 张先生考进某地第一实验小学，并签订了3年的聘用合同

B. 小王在某事业单位连续工作满5年，该单位应当与其订立聘用至退休的合同，约定试用期为12个月

C. 小王研究生毕业后与某省人民医院签订了4年的劳动合同，约定试用期为12个月

D. 小陈1年内累计旷工超过30个工作日，其所属事业单位可以解除聘用合同

答案：B

考点4 考核制度

1. 考核原则

事业单位工作人员考核要坚持客观公正、民主公开、注重实绩的原则。

2. 考核内容

事业单位工作人员考核分为平时考核、年度考核和聘期考核，全面考核工作人员的表现，重点考核**工作绩效**。

3. 考核结果

年度考核：优秀、合格、基本合格、不合格等档次。

聘期考核：合格、不合格等档次。

考核结果作为调整事业单位工作人员岗位、工资以及续订聘用合同的依据。

考点5 奖励和处分制度

1. 奖励和处分的范围和种类

表6-1-3　事业单位工作人员的奖励和处分的范围和种类

分类	范围	种类
奖励	(1)长期服务基层，爱岗敬业，表现突出的；(2)在执行国家重要任务、应对重大突发事件中表现突出的；(3)在工作中有重大发明创造、技术革新的；(4)在培养人才、传播先进文化中作出突出贡献的；(5)有其他突出贡献的	(1)嘉奖； (2)记功； (3)记大功； (4)授予荣誉称号
处分	(1)损害国家声誉和利益的；(2)失职渎职的；(3)利用工作之便谋取不正当利益的；(4)挥霍、浪费国家资财的；(5)严重违反职业道德、社会公德的；(6)其他严重违反纪律的	(1)警告——6个月； (2)记过——12个月； (3)降低岗位等级或者撤职——24个月； (4)开除

2. 奖励的原则

(1)坚持党管干部、党管人才；(2)坚持德才兼备、**以德为先**；(3)坚持事业为上、突出业绩贡献；(4)坚持公开公平公正、严格标准程序；(5)坚持精神奖励与物质奖励相结合、**以精神奖励为主**；(6)坚持定期奖励与及时奖励相结合、**以定期奖励为主**。

第六部分

真题面对面

[2021信阳市直，多，1.3分]事业单位工作人员奖励工作，应当服务经济社会发展，符合事业单位特点，体现时代性、导向性、实效性，丰富奖励形式，发挥奖励的正向激励作用。奖励工作要遵循的原则包括(　　)

A. 坚持德才兼备，以德为先

B. 坚持事业为上、突出业绩贡献

C. 坚持精神奖励与物质奖励相结合、以物质奖励为主

D. 坚持定期奖励与及时奖励相结合、以定期奖励为主

答案：ABD

3. 违法违纪行为及其适用的处分（摘录）

《事业单位工作人员处分暂行规定》规定，有下列行为之一的，给予警告或者记过处分；情节较重的，给予降低岗位等级或者撤职处分；情节严重的，给予开除处分：

（1）在执行国家重要任务、应对公共突发事件中，不服从指挥、调遣或者消极对抗的；；

（2）破坏正常工作秩序，给国家或者公共利益造成损失的；

（3）违章指挥、违规操作，致使人民生命财产遭受损失的；

（4）发生重大事故、灾害、事件，擅离职守或者不按规定报告、不采取措施处置或者处置不力的；

（5）利用工作之便为本人或者他人谋取不正当利益的；

（6）在招标投标和物资采购工作中违反有关规定，造成不良影响或者损失的；

（7）泄露国家秘密的。

4. 不同处分对年度考核结果的影响

事业单位工作人员受到警告处分的，在受处分期间，不得聘用到高于现聘岗位等级的岗位；在作出处分决定的当年，年度考核不能确定为优秀等次。

事业单位工作人员受到记过处分的，在受处分期间，不得聘用到高于现聘岗位等级的岗位，年度考核不得确定为合格及以上等次。

事业单位工作人员受到降低岗位等级处分的，自处分决定生效之日起降低一个以上岗位等级聘用，按照事业单位收入分配有关规定确定其工资待遇；在受处分期间，不得聘用到高于受处分后所聘岗位等级的岗位，年度考核不得确定为基本合格及以上等次。

5. 处分的权限

（1）警告、记过、降低岗位等级或者撤职处分，按照干部人事管理权限，由事业单位或者事业单位主管部门决定。其中，由事业单位决定的，应当报事业单位主管部门备案。

（2）开除处分由事业单位主管部门决定，并报同级事业单位人事综合管理部门备案。

对中央和地方直属事业单位工作人员的处分，按照干部人事管理权限，由本单位或者有关部门决定；其中，由本单位作出开除处分决定的，报同级事业单位人事综合管理部门备案。

6. 事业单位工作人员被依法判处刑罚的处分

《事业单位工作人员处分暂行规定》第二十二条规定："事业单位工作人员被依法判处刑罚的，给予降低岗位等级或者撤职以上处分。其中，被依法判处有期徒刑以上刑罚的，给予开除处分。行政机关任命的事业单位工作人员，被依法判处刑罚的，给予开除处分。"

考点 6 工资福利和社会保险制度

国家建立激励与约束相结合的事业单位工资制度。事业单位工作人员工资包括基本工资、绩效工资和津贴补贴。

事业单位工作人员岗位变动后，从变动的下月起执行新聘岗位的工资标准。

考点 7 人事争议处理

事业单位工作人员与所在单位发生人事争议的，依照《中华人民共和国劳动争议调解仲裁法》等有关规定处理。事业单位工作人员对涉及本人的考核结果、处分决定等不服的，可以按照国家有关规定申请复核、提出申诉。

负有事业单位聘用、考核、奖励、处分、人事争议处理等职责的人员履行职责，有下列情形之一的，应当回避：(1)与本人有利害关系的；(2)与本人近亲属有利害关系的；(3)其他可能影响公正履行职责的。

核心考点回顾

1. 推进事业单位改革的意义有哪些？(参见本书P326)

2. 公开招聘和竞聘上岗在招聘程序上的区别是什么？(参见本书P328)

3. 事业单位工作人员的奖励和处分的范围和种类是什么？(参见本书P329)

达标测评

建议用时	实际用时	测评总分	实际得分
7分钟	____分钟	9分	____分

一、单项选择题(每小题1分，共5分)

1. 事业单位最基本、最鲜明的特征是(　　)

A. 公益性　　B. 服务性　　C. 知识密集性　　D. 营利性

2. 事业单位内部产生岗位人选，需要竞聘上岗的，不需要执行的程序是(　　)

A. 制定竞聘上岗方案　　B. 向社会公布竞聘岗位、资格条件等信息

C. 审查竞聘人员资格条件　　D. 办理聘任手续

3. 事业单位工作人员考核内容中，重点考核(　　)

A. 思想表现　　B. 工作态度　　C. 业务水平　　D. 工作绩效

4. 2014年7月1日开始实施的《事业单位人事管理条例》指出，对事业单位工作人员的处分包括(　　)

A. 警告、记过、降低岗位等级或者撤职、开除

B. 警告、记过、记大过、降级、撤职、开除

C. 警告、记过、降低岗位等级或者撤职

D. 警告、记过、记大过、降级、开除

5. 受处分的期间为：警告，(　　)

A. 3个月　　B. 4个月　　C. 5个月　　D. 6个月

二、多项选择题(每小题2分，共4分)

1. 下列哪些属于在人事争议处理时，负有事业单位聘用、考核、奖励、处分、人事争议处理等职责的人员应当

回避的情形(　　)

A. 与本人有利害关系的　　B. 与本人是同事关系的

C. 与本人是上下级关系的　　D. 与本人近亲属有利害关系的

2. 事业单位聘期考核的结果档次主要包括(　　)

A. 优秀　　B. 合格　　C. 基本合格　　D. 不合格

参考答案及解析

一、单项选择题

1. B　[解析]服务性是事业单位最基本、最鲜明的特征。

2. B　[解析]事业单位内部产生岗位人选,需要竞聘上岗的,按照下列程序进行:(1)制定竞聘上岗方案;(2)在本单位公布竞聘岗位、资格条件、聘期等信息;(3)审查竞聘人员资格条件;(4)考评;(5)在本单位公示拟聘人员名单;(6)办理聘任手续。本题为选非题,故选B。

3. D　[解析]事业单位工作人员考核的内容主要包括德、能、勤、绩、廉等方面,重点考核工作绩效。故本题答案选D。

4. A　[解析]对事业单位工作人员的处分分为警告、记过、降低岗位等级或者撤职、开除。受处分的期间为:警告,6个月;记过,12个月;降低岗位等级或者撤职,24个月。故本题答案选A。

5. D　[解析]《事业单位人事管理条例》第二十九条规定,处分分为警告、记过、降低岗位等级或者撤职、开除。受处分的期间为:警告,6个月;记过,12个月;降低岗位等级或者撤职,24个月。

二、多项选择题

1. AD　[解析]负有事业单位聘用、考核、奖励、处分、人事争议处理等职责的人员履行职责,有下列情形之一的,应当回避:(1)与本人有利害关系的;(2)与本人近亲属有利害关系的;(3)其他可能影响公正履行职责的。

2. BD　[解析]《事业单位人事管理条例》第二十一条规定,考核分为平时考核、年度考核和聘期考核。年度考核的结果可以分为优秀、合格、基本合格和不合格等档次,聘期考核的结果可以分为合格和不合格等档次。

第二章　公文基础知识

思维导图

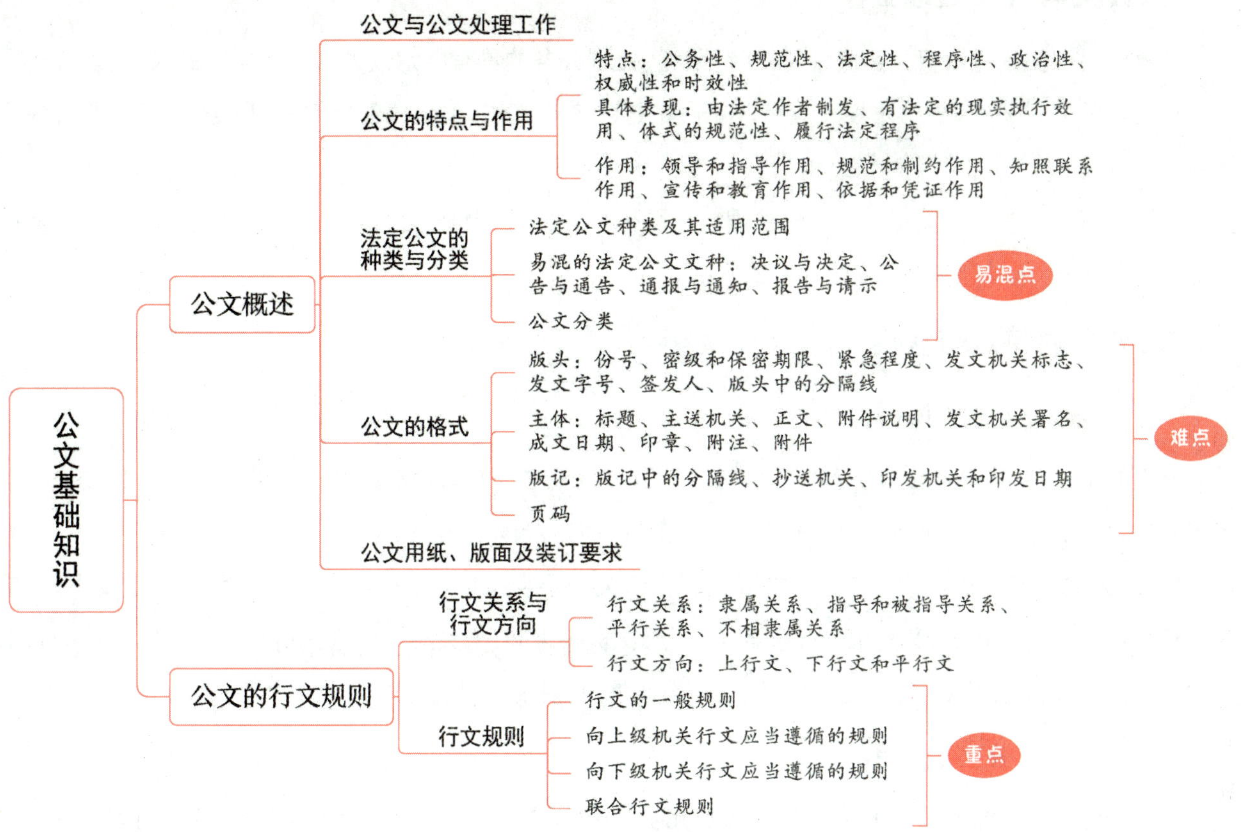

河南考向

本章属于公文常识的基础章节，也是河南招教重点考查的章节，内容较为琐碎，需要识记的知识较多。在考试中常以选择题、判断题等客观题的形式考查。现对本章河南考向分析如下：

考点类型	高频考点	常考题型	能力层级	考查热度
常规考点	法定公文的种类与分类	单选、多选、判断	识记	★★★
	公文的格式	单选、多选、判断	识记	★★
	行文规则	多选	理解	★★★

核心考点

第一节　公文概述

一、公文与公文处理工作

党政机关公文是党政机关**实施领导**、**履行职能**、**处理公务**的具有特定效力和规范体式的文书，是传达贯彻党和国家的方针政策，公布法规和规章，指导、布置和商洽工作，请示和答复问题，报告、通报和交流情况等的重要工具。

公文处理工作是指**公文拟制**、**办理**、**管理**等一系列相互关联、衔接有序的工作。公文处理工作应当坚持实事求是、准确规范、精简高效、安全保密的原则。

二、公文的特点与作用 【单选】 ★

考点1　公文的特点

公文的主要特点：公务性、规范性、法定性、程序性、政治性、权威性和时效性，具体表现为：(1)由法定作者制发；(2)有法定的现实执行效用；(3)体式的规范性；(4)履行法定程序。

其中，**公文的现实执行效用**是指公文既是制发机关用于发布指令、法规，传达决策意图的重要手段，是受文机关进行工作的依据，又是维系国家各类、各层次机关之间、机关与广大人民群众之间正常联系的基本形式，它在国家管理中发挥承上启下、协调配合、沟通信息的执行效用。

考点2　公文的作用

公文的作用主要体现在：(1)领导和指导作用。这是公文作用的最集中体现。(2)规范和制约作用。这是法定公文的权威性和效力的重要体现，又称公文的行为规范作用。(3)知照联系作用。(4)宣传和教育作用。党政机关在公文中提出工作方针、任务和措施，宣传党和国家的方针政策，讲解工作意义，并提高人们的认识，有利于党政机关更好地开展工作。(5)依据和凭证作用。这是公文最基本的作用和功能。

三、法定公文的种类与分类 【单选、多选、判断】 ★★★

考点1　法定公文种类

《党政机关公文处理工作条例》规定的公文种类主要有**15**种。

表6-2-1　法定公文种类

文种	具体说明
决议	适用于会议讨论通过的重大决策事项
决定	适用于对重要事项作出决策和部署、奖惩有关单位和人员、变更或者撤销下级机关不适当的决定事项
命令(令)	适用于公布行政法规和规章、宣布施行重大强制性措施、批准授予和晋升衔级、嘉奖有关单位和人员

续表

文种	具体说明
公报	适用于公布重要决定或者重大事项
公告	适用于向国内外宣布重要事项或者法定事项
通告	适用于在一定范围内公布应当遵守或者周知的事项
意见	适用于对重要问题提出见解和处理办法
通知	适用于发布、传达要求下级机关执行和有关单位周知或者执行的事项,批转、转发公文
通报	适用于表彰先进、批评错误、传达重要精神和告知重要情况
报告	适用于向上级机关汇报工作、反映情况,回复上级机关的询问
请示	适用于向上级机关请求指示、批准
批复	适用于答复下级机关请示事项
议案	适用于各级人民政府按照法律程序向同级人民代表大会或者人民代表大会常务委员会提请审议事项
函	适用于不相隶属机关之间商洽工作、询问和答复问题、请求批准和答复审批事项
纪要	适用于记载会议主要情况和议定事项

选定公文种类的主要原则方法包括:考虑行文的具体需要,考虑本单位的权限,考虑行文方向等。

易混点辨析

命令、决定和通报都有奖励有关单位及人员的功能,但它们的规格和层次是不同的。通常命令层次最高,决定低于命令,但高于通报。

真题面对面

[2022郑州市直,单,1.2分]公布行政法规和规章应当使用的文种是(　　)

A. 通知　　B. 通报　　C. 公告　　D. 命令

答案:D

考点2 易混的法定公文文种

1. 决议与决定

(1)制作程序不同。决议必须经某一级机关或组织机构的法定会议对某一议题进行集体讨论;决定不一定经过法定会议讨论通过。

(2)作用不同。决议一律要求下级机关执行;不同类型的决定有不同的作用,并不一定要求下级机关执行。

(3)写法不同。决议多为原则性条文;决定着重于提出开展某项工作的具体内容,可以直接成为下级机关行动的准则。

2. 公告与通告

(1)发文机关级别不同。公告通常由级别较高的领导机关或者法定的有关职能部门等高级机关制发,限制性更强;通告的发文机关很广泛,几乎没有限制。

(2)发布内容不同。对国内外宣布具有重大影响的事件才用公告;平常的内容、具体的事项都可以用通告。

(3)告知对象不同。公告的对象一般是国内外人士;通告只针对一定范围内的单位或人员。

(4)发布方式不同。公告一般采取发文件、登报、广播等方式发布;通告除了这些形式外,还可以使用张贴的发布方式,发布方式更多样。

3. 通报与通知

(1)内容范围不同。两者虽然都有告知的作用,但通报主要是告知正反面典型或有关的重要精神及情况;通知主要是告知工作的情况以及应共同遵守执行的事项。

(2)目的要求不同。通报的目的主要是交流、了解情况,或通过正反面的典型去教育人们,宣传先进的思想和事迹,提高人们的认识;通知的目的是告知事项、布置工作、部署行动等,内容比较具体,有严格的约束力,要求遵照执行。

(3)表现方式不同。通报常兼用叙述、说明、分析和议论的表现方式,感情色彩较为强烈;通知的表现方式则主要是叙述,告知人们做什么、怎么做,叙述具体,语言平实。

(4)行文时间不同。通报告知的是已经发生过了的有关情况,在事后行文;通知告知的是相关事项,一般在事前行文。

4. 报告与请示

报告与请示都是向上级机关说明情况,以更好履行本机关职责的上行文,但二者有明显区别。

(1)目的不同。报告的目的在于汇报工作、反映情况、提出意见和建议等,不要求上级机关回复;请示的目的在于请求指示或审核批准,需要上级机关给予答复。

(2)内容不同。报告的内容可以涉及多个事项,可以一文多事,篇幅较长;请示严格要求一文一事,一事一请,篇幅相对较短。

(3)时间不同。报告在事前、事中、事后均可行文;请示必须事前行文,不能事中请示,也不能先斩后奏。

(4)结尾用语不同。报告不需要上级机关作出回答,因此常用“特此报告”“以上报告,请审阅”等;请示需要上级机关给予回复,因此常用“妥否,请批复”等作为结语。

考点3 公文分类

表6-2-2 公文分类

分类标准	分类	内容
形式和内容	通用公文	指各类各级机关、人民团体、企事业单位普遍使用的文件,如请示、报告、函等
	专用公文	指在一定专业机关、部门和业务范围内专门使用的文件,如外交文件、司法文件、会议文件、军事文件等
内容涉及国家机密程度	秘密文件	指含有一般的国家秘密,泄露会使国家安全和利益遭受**损害**的文件
	机密文件	指含有重要的国家秘密,泄露会使国家的安全和利益遭受**严重损害**的文件
	绝密文件	指含有最重要的国家秘密,泄露会使国家安全和利益遭受**特别严重的损害**的文件

续表

分类标准	分类	内容
行文方向	上行文	指向有隶属关系的上级领导、指导机关报送的公文
	平行文	指向同一组织系统的同级机关或非同一组织系统的任何机关发送的公文
	下行文	指向所属被领导、指导的下级机关发送的公文
处理时限	常规公文	指没有特殊时间要求，可按常规依次处理的文件
	加急公文	指因内容重要、紧急而需要优先传递处理的文件
	特急公文	指内容非常重要并特别紧急，需立即优先迅速传递处理的文件
性质作用	知照性公文	指机关单位发布的需要周知或遵守，以及各机关单位之间联系工作、通报情况所使用的公文，如公报、公告、通知、通报、函等
	指令性公文	指具有批示、命令内容的公文，如决议、公报、命令(令)、决定、批复等
	报请性公文	指下级机关向上级机关汇报工作、反映情况，提出意见或建议，答复询问，请求指示或批准时使用的公文，如请示、报告等
	商洽性公文	指不相隶属机关或单位之间相互商洽工作、询问或答复问题、向有关主管部门请求批准有关事项等使用的公文，如函等

四、公文的格式 【单选、多选、判断】★★

公文的格式按照《党政机关公文格式》(GB/T 9704-2012)执行。公文首页红色分隔线以上的部分称为**版头**；公文首页红色分隔线(不含)以下、公文末页首条分隔线(不含)以上的部分称为**主体**；公文末页首条分隔线以下、末条分隔线以上的部分称为**版记**。(注：公文格式模板见附录)

考点 1 版头

版头，又称眉首，包括份号、密级和保密期限、紧急程度、发文机关标志、发文字号、签发人、版头中的分隔线。

表6-2-3 公文的版头

内容	具体说明
份号	即公文印制份数的顺序号。涉密公文应当标注份号，其他公文可不标识。如需标注份号，一般用6位3号阿拉伯数字，顶格编排在版心左上角第一行
密级和保密期限	涉密公文的密级分为“绝密”“机密”“秘密”三级。如需标注密级和保密期限，一般用3号黑体字顶格编排在版心左上角第二行；保密期限中的数字用阿拉伯数字标注；密级和保密期限之间用“★”分隔
紧急程度	紧急程度是指对公文送达和办理的时限要求。根据紧急程度，紧急公文应当分别标注“特急”“加急”，电报应当分别标注“特提”“特急”“加急”“平急”。如需标注紧急程度，一般用3号黑体字，顶格编排在版心左上角；如需同时标注份号、密级和保密期限、紧急程度，按照份号、密级和保密期限、紧急程度的顺序自上而下分行排列

续表

内容	具体说明
发文机关标志	由发文机关全称或者规范化简称加“文件”二字组成，也可以使用发文机关全称或者规范化简称。 发文机关标志居中排布，上边缘至版心上边缘为35mm，推荐使用小标宋体字，颜色为红色，以醒目、美观、庄重为原则。 联合行文时，发文机关标志可以并用联合发文机关名称，也可以单独用主办机关名称。如需同时标注联署发文机关名称，一般应当将主办机关名称排列在前；如有“文件”二字，应当置于发文机关名称右侧，以联署发文机关名称为准上下居中排布
发文字号	由发文机关代字、年份、发文顺序号组成。 编排在发文机关标志下空二行位置，居中排布。年份、发文顺序号用**阿拉伯数字**标注；年份应标全称，用**六角括号**“〔〕”括入；发文顺序号不加“第”字，不编虚位（即1不编为01），在阿拉伯数字后加“号”字。 上行文的发文字号居左空一字编排，与最后一个签发人姓名处在同一行；联合行文时，使用主办机关的发文字号
签发人	由“签发人”三字加全角冒号和签发人姓名组成，居右空一字，编排在发文机关标志下空二行位置。“签发人”三字用3号仿宋体字，签发人姓名用3号楷体字。 如有多个签发人，签发人姓名按照发文机关的排列顺序从左到右、自上而下依次均匀编排，一般每行排两个姓名，回行时与上一行第一个签发人姓名对齐。上行文应当标注签发人姓名
版头中的分隔线	发文字号之下4mm处居中印一条与版心等宽的红色分隔线

考点 2 主体

公文的主体是公文最主要的部分，主要包括标题、主送机关、正文、附件说明、发文机关署名、成文日期、印章、附注和附件。

表6-2-4　公文的主体

内容	具体说明
标题	由发文机关名称、事由和文种组成。一般用2号小标宋体字，编排于红色分隔线下空二行位置，分一行或多行居中排布；回行时，要做到词义完整、排列对称、长短适宜、间距恰当，标题排列应当使用梯形或菱形。联合行文时，多个发文机关名称之间用空格分开，不加顿号，换行时则省略相应空格。公文标题中除法规、规章名称加书名号外，一般不用标点符号
主送机关	公文的主要受理机关，应当使用机关全称、规范化简称或者同类型机关统称。编排于标题下空一行位置，居左顶格，回行时仍顶格，最后一个机关名称后标全角冒号。如主送机关名称过多导致公文首页不能显示正文时，应当将主送机关名称移至版记。如需把主送机关移至版记，除将“抄送”二字改为“主送”外，编排方法同抄送机关。既有主送机关又有抄送机关时，应当将主送机关置于抄送机关之上一行，之间不加分隔线。 部分公文不必标注特定的主送机关，如决议、决定、命令（令）、公报、公告、通告等
正文	公文的主体，用来表述公文的内容。公文首页必须显示正文。一般用3号仿宋体字，编排于主送机关名称下一行，每个自然段左空二字，回行顶格。文中结构层次序数依次可以用“一、”“（一）”“1.”“（1）”标注；一般第一层用黑体字、第二层用楷体字、第三层和第四层用仿宋体字标注
附件说明	它包括公文附件的顺序号和名称。如有附件，在正文下空一行左空二字编排“附件”二字，后标全角冒号和附件名称。如有多个附件，使用阿拉伯数字标注附件顺序号（如“附件：1. ×××××”）；附件名称后不加标点符号。附件名称较长需回行时，应当与上一行附件名称的首字对齐

第六部分

续表

内容	具体说明
发文机关署名	发文机关署名也称为落款，应署发文机关全称或规范化简称。部分公文可不加发文机关署名，如纪要、决议等。 联合行文时，标注发文机关时应把主办机关标在前面
成文日期	署会议通过或者发文机关负责人签发的日期。联合行文时，署最后签发机关负责人签发的日期。电报以发出日期为准。如果领导批准后，因故不能及时发文，而时间耽搁超过二十天的，成文时间可由承办单位确定。成文日期用阿拉伯数字将年、月、日标全，年份应标全称，月、日不编虚位(即1不编为01)
印章	公文中有发文机关署名的，应当加盖发文机关印章，并与署名机关相符。有特定发文机关标志的普发性公文和电报可以不加盖印章。印章用红色，不得出现空白印章
附注	附注一般是公文印发传达范围等需要说明的事项。如有附注，居左空二字加圆括号编排在成文日期下一行
附件	附件是公文正文的说明、补充或者参考资料。附件应当另面编排，并在版记之前，与公文正文一起装订。"附件"二字及附件顺序号用3号黑体字顶格编排在版心左上角第一行。附件标题居中编排在版心第三行。附件顺序号和附件标题应当与附件说明的表述一致。附件格式要求同正文。 如附件与正文不能一起装订，应当在附件左上角第一行顶格编排公文的发文字号并在其后标注"附件"二字及附件顺序号。 并非每份公文都有附件。只有内容需要，又不便写入正文的材料才用附件来处理

易错点提示

(1)多个主送机关排列时，各机关的顺序是"先外后内""党政军群"，标点符号应"同级同类用顿号，同级不同类用逗号"。

(2)附件说明、附件、附注都是公文主体部分的要素，考生可以通过把握它们的概念和用途进行区分。

真题面对面

[2022郑州郑东新区，单，0.5分]某公文由工作人员小李于2022年1月4日拟稿，1月5日交相关负责人核稿，1月6日由领导签发，1月7日发文，该公文的成文日期应写(　　)

A. 2022年1月4日　　B. 2022年1月5日

C. 2022年1月6日　　D. 2022年1月7日

答案：C

考点3　版记

公文末页首条分隔线以下、末条分隔线以上的部分称为版记。版记主要包括版记中的分隔线、抄送机关、印发机关和印发日期。

表6-2-5　公文的版记

内容	具体说明
版记中的分隔线	版记中的分隔线与版心等宽，首条分隔线和末条分隔线用粗线(推荐高度为0.35mm)，中间的分隔线用细线(推荐高度为0.25mm)。首条分隔线位于版记中第一个要素之上，末条分隔线与公文最后一面的版心下边缘重合

第六部分

续表

内容	具体说明
抄送机关	指除主送机关外需要执行或者知晓公文内容的其他机关，应当使用机关全称、规范化简称或者同类型机关统称。如有抄送机关，一般用4号仿宋体字，在印发机关和印发日期之上一行、左右各空一字编排。"抄送"二字后加全角冒号和抄送机关名称，各抄送机关名称之间，同一系统内同级机关之间用顿号分隔，不同系统的机关之间用逗号分隔。回行时与冒号后的首字对齐，最后一个抄送机关名称后标句号
印发机关和印发日期	指公文的送印机关和送印日期。 印发机关和印发日期一般用4号仿宋体字，编排在末条分隔线之上，印发机关左空一字，印发日期右空一字，用阿拉伯数字将年、月、日标全，年份应标全称，月、日不编虚位(即1不编为01)，后加"印发"二字。版记中如有其他要素，应当将其与印发机关和印发日期用一条细分隔线隔开

考点4 页码

页码一般用4号半角宋体阿拉伯数字，编排在公文版心下边缘之下，数字左右各放一条一字线；一字线上距版心下边缘7mm。单页码居右空一字，双页码居左空一字。公文的版记页前有空白页的，空白页和版记页均不编排页码。公文的附件与正文一起装订时，页码应当连续编排。

重难点解读

公文必备的基本组成部分(除分隔线外)有：发文机关标志、发文字号、标题、正文、成文日期、印发机关和印发日期、页码。考生可以用口诀"三文两标两印一码"来记忆这7个要素。按照各要素在公文中的位置可分为：(1)版头必备：发文机关标志、发文字号。(2)主体必备：标题、正文、成文日期。(3)版记必备：印发机关和印发日期。(4)版心外必备：页码。考生做题时应注意题干是否强调了"必备"。

五、公文用纸、版面及装订要求 【单选】★

表6-2-6 公文用纸、版面及装订要求

内容	具体说明
用纸	一般使用纸张定量为$60g/m^2$～$80g/m^2$的胶版印刷纸或复印纸，纸张白度在80%～90%
幅面尺寸	公文用纸采用GB/T 148中规定的A4型纸，其成品幅面尺寸为：210 mm×297 mm
版心尺寸	版心尺寸为156 mm×225 mm
字体和字号	如无特殊说明，公文格式各要素一般用3号仿宋体字。特定情况可以作适当调整
行数和字数	一般每面排22行，每行排28个字，并撑满版心。特定情况可以作适当调整
文字的颜色	如无特殊说明，公文中文字的颜色均为黑色
装订	左侧装订，采用骑马订或平订

第六部分

第二节　公文的行文规则

一、行文关系与行文方向　【单选】★

考点 1　行文关系

机关之间的工作关系是由各自的组织系统或专业系统归属、地位、职责、权利范围等因素决定的。它对行文关系有决定性的影响，规定着公文传递的基本方向。机关之间的工作关系有如下几种类型：

表6-2-7　行文关系

行文关系	具体说明	举例
隶属关系（领导和被领导关系）	同一系统中的上级机关与下级机关之间	国务院和各省人民政府
	某级机关与本机关业务主管部门之间	省人民政府和所属各部门
指导和被指导关系	同一系统中的上级业务主管部门与下级业务主管部门之间	省财政厅和市财政局
平行关系	同一系统中的同级机关或同级部门之间	A省财政厅和B省财政厅
不相隶属关系	非同一系统中的任何机关、部门或单位之间	D省财政厅和E市人民政府

考点 2　行文方向

行文方向是指文件发送的去向。机关或单位根据不同的行文关系和行文目的，选择不同的行文方向。一般可分为上行文、下行文和平行文三种。

1. 上行文

上行文是下级机关向具有隶属关系的上级机关的行文。其行文方式有逐级行文、多级行文、越级行文三种。

（1）逐级行文是指下级机关向具有隶属关系的上一级机关行文，是上行文最基本、最常用的方式。除特殊情况外，下级机关一般均应向直接上级机关行文，以保持正常的领导与被领导关系。

（2）多级行文是指下级机关在必要时向具有隶属关系的上一级机关和更高一级的上级机关行文。这种行文方式只在个别特殊情况下，如遇有重大问题时才可使用。

（3）越级行文是指下级机关在非常必要时，越过有隶属关系的上一级机关而向更高级的上级机关行文。

2. 下行文

下行文是上级机关向所属的下级机关的行文。其行文方式有逐级行文、多级行文、直达基层行文三种。

（1）逐级行文是指采取逐级下达的方式或只对直属的下一级机关行文。

（2）多级行文是指上级机关根据需要同时向所属的几级下级机关行文。

（3）直达基层行文是指上级机关直接向最基层机关行文。采用这种方式行文的多是无须保密的普通文书。

3. 平行文

平行文是相互没有隶属关系的同级机关或者不属同一系统的机关之间的行文。这是不分系统、级别、地区、性质的机关之间的行文。

4. 行文方向及对应文种

表6-2-8　行文方向及对应文种举例

行文方向	文种举例
上行文	请示、报告、意见
下行文	命令、决议、决定、公报、通报、批复、公告、通告、通知、纪要、意见
平行文	函、公告、通告、通知、纪要、意见

二、行文规则　【多选】★★★

行文规则是指各级机关公文往来时需要共同遵守的制度和原则。遵守这一规则，有利于机关公文传递方向正确、传递路线快捷，避免公文进入不必要的流通过程，抑制无价值的公文的产生。

考点1　行文的一般规则

《党政机关公文处理工作条例》规定，行文应当确有必要，讲求实效，注重针对性和可操作性。

行文关系根据隶属关系和职权范围确定。一般不得越级行文，特殊情况需要越级行文的，应当同时抄送被越过的机关。

考点再拔高

▼ 可以越级行文的情形

(1)由于发生特殊紧急情况，如严重自然灾害等，逐级上报会延误时机，造成更大损失的问题；

(2)向具有隶属关系的上一级机关请示多次，长期未能得到解决的问题；

(3)隶属下级机关与上级机关之间有争议而无法解决的问题；

(4)上级机关交办的，并指定越级上报的事项；

(5)对上一级机关进行检举、揭发的问题；

(6)询问与请示极个别的、必要的具体问题等。

考点2　向上级机关行文应当遵循的规则

《党政机关公文处理工作条例》规定，向上级机关行文，应当遵循以下规则：

(1)原则上主送一个上级机关，根据需要同时抄送相关上级机关和同级机关，不抄送下级机关。

(2)党委、政府的部门向上级主管部门请示、报告重大事项，应当经本级党委、政府同意或者授权；属于部门职权范围内的事项应当直接报送上级主管部门。

(3)下级机关的请示事项，如需以本机关名义向上级机关请示，应当提出倾向性意见后上报，不得原文转报上级机关。

(4)请示应当**一文一事**。报告可一文一事，也可一文多事，不得在报告等非请示性公文中夹带请示事项。

(5)除上级机关负责人直接交办事项外，不得以本机关名义向上级机关负责人报送公文，不得以本机关负责人名义向上级机关报送公文。

(6)受双重领导的机关向一个上级机关行文，必要时抄送另一个上级机关。

考点 3 向下级机关行文应当遵循的规则

《党政机关公文处理工作条例》规定，向下级机关行文，应当遵循以下规则：

(1)主送受理机关，根据需要抄送相关机关。重要行文应当同时抄送发文机关的直接上级机关。

(2)党委、政府的办公厅(室)根据本级党委、政府授权，可以向下级党委、政府行文，其他部门和单位不得向下级党委、政府发布指令性公文或者在公文中向下级党委、政府提出指令性要求。需经政府审批的具体事项，经政府同意后可以由政府职能部门行文，文中须注明已经政府同意。

(3)党委、政府的部门在各自职权范围内可以向下级党委、政府的相关部门行文。

(4)涉及多个部门职权范围内的事务，部门之间未协商一致的，不得向下行文；擅自行文的，上级机关应当责令其纠正或者撤销。

(5)上级机关向受双重领导的下级机关行文，必要时抄送该下级机关的另一个上级机关。

考点 4 联合行文规则

联合行文应当确有必要，单位不宜过多，应当遵循以下规则：

(1)同级党政机关、党政机关与其他同级机关必要时可以联合行文。

(2)属于党委、政府各自职权范围内的工作，不得联合行文。

(3)党委、政府的部门依据职权可以相互行文。

(4)部门内设机构除办公厅(室)外不得对外正式行文。

(5)同级政府部门可以联合行文。

重难点解读

联合行文的基本原则是同级。

真题面对面

[2022郑州郑东新区，多，1分]关于公文的行文规则，下列表述正确的是(　　)

A. 请示一文一事，报告可一文一事，也可一文多事

B. 一般不得越级行文，特殊情况越级行文的，必须抄送被越过的机关

C. 涉及多个部门职权范围内的事务，部门之间未协商一致的，不得向下行文

D. 上行文原则上主送一个上级机关，根据需要抄送相关上级机关和同级机关，不得抄送下级机关

答案：ABCD

第六部分

核心考点回顾

1. 法定公文种类及其适用范围是什么？(参见本书P334)

2. 公文的主体包括哪些内容？(参见本书P338)

3. 公文的行文规则是什么？(参见本书P342)

达标测评

建议用时	实际用时	测评总分	实际得分
9分钟	____分钟	12分	____分

一、单项选择题(每小题1分,共4分)

1. ××省人民政府办公厅政府信息与政务公开办公室对全省政府网站进行抽查,并对部分网站的办事服务功能进行了专项检查。现针对检查结果要发文,宜采用的文种是(　　)

A. 决定　　B. 通报　　C. 意见　　D. 报告

2. 当前疫情仍在全球蔓延中,为全面落实"外防输入、内防反弹"的防控策略,有效防止疫情流行和蔓延,现人民政府就有关事项发文,要求相关部门加强疫情防控工作,应该使用的文种是(　　)

A. 通知　　B. 公告　　C. 通告　　D. 通报

3. 在《党政机关公文处理工作条例》规定的15种公文中,可以向下级机关行文的有(　　)

A. 通知、通告、报告　　B. 决议、决定、函

C. 公告、纪要、请示　　D. 通报、决定、批复

4. 下列有关公文成文日期的说法中,有误的是(　　)

A. 年、月、日三者俱全

B. 会议通过的文件,以会议通过之日为准

C. 联合行文,以最先签发机关负责人的签发日期为准

D. 常规行文,以单位负责人签发之日为准

二、多项选择题(每小题2分,共6分)

1. 公文的特点有(　　)

A. 由法定作者制发　　B. 履行法定的程序

C. 具有法定的现实执行效用　　D. 具有规范的体式

2. 下列有关公文格式的说法中,正确的有(　　)

A. 上行文应当标注签发人姓名　　B. 主送机关必须使用机关全称

C. 密级和保密期限位于公文版记部分　　D. 成文日期署发文机关负责人签发的日期

3. 向上级机关行文,应当遵循的原则有(　　)

A. 原则上主送一个上级机关,根据需要同时抄送相关上级机关和同级机关,不抄送下级机关

B. 党委、政府的部门向上级主管部门请示、报告重大事项,应当经本级党委、政府同意或者授权

C. 下级机关的请示事项,如需以本机关名义向上级机关请示,可原文转报上级机关

D. 除上级机关负责人直接交办的事项外,不得以本机关名义向上级机关负责人报送公文

三、判断题(每小题1分,共2分)

1. 公文的附注是指对公文正文内容作出的补充。(　　)

2. 上级机关向受双重领导的下级机关行文,任何时候都可以不抄送给该下级机关的另一个上级机关。(　　)

参考答案及解析

一、单项选择题

1. B [解析]通报适用于表彰先进、批评错误、传达重要精神和告知重要情况。因此,针对检查结果发文应该使用通报。故本题选B。

2. A [解析]通知适用于发布、传达要求下级机关执行和有关单位周知或者执行的事项,批转、转发公文。为全面落实“外防输入、内防反弹”的防控策略,发文要求相关部门加强疫情防控工作,属于发布、传达要求下级机关执行和有关单位周知或者执行的事项的情况,应该使用通知。

3. D [解析]请示、报告属于上行文,函属于平行文,排除ABC。命令、决议、决定、通报、批复等均可用于下行文,故选D。

4. C [解析]成文日期署会议通过或者发文机关负责人签发的日期,需用阿拉伯数字将年、月、日标全,A项正确;会议通过的文件,以会议通过之日为准,B项正确;常规行文以单位负责人签发之日为准,D项正确;联合行文,以最后签发机关负责人的签发日期为准,C项错误,符合题意。

二、多项选择题

1. ABCD [解析]公文的特点有:(1)由法定作者制发;(2)具有法定的现实执行效用;(3)具有规范的体式;(4)履行法定的程序。

2. AD [解析]公文的主要受理机关,应当使用机关全称、规范化简称或者同类型机关统称,B项说法错误。公文的密级和保密期限位于公文版头部分,C项说法错误。排除BC。故本题选AD。

3. ABD [解析]下级机关的请示事项,如需以本机关名义向上级机关请示,应提出倾向性意见后上报,不得原文转报上级机关,因此C项说法错误。ABD说法正确。

三、判断题

1. × [解析]附注是指公文印发传达范围等需要说明的事项。附件是公文正文的说明、补充或者参考资料。

2. × [解析]上级机关向受双重领导的下级机关行文,必要时应当抄送该下级机关的另一个上级机关。

第三章 公文处理

思维导图

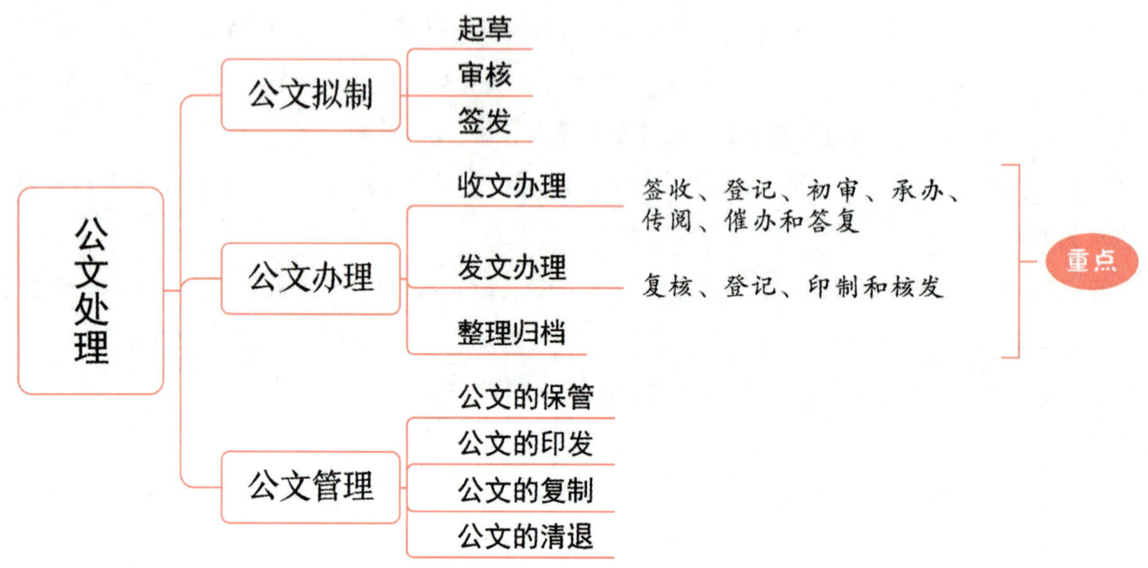

河南考向

本章属于公文常识的基础章节，在河南招教考试中考查较少，内容较为系统化，需要识记的知识不多。在考试中常以选择题、判断题等客观题的形式考查。现对本章河南考向分析如下：

考点类型	高频考点	常考题型	能力层级	考查热度
常规考点	收文办理	多选	识记	★★
	发文办理	单选、判断	识记	★★
	公文的清退	单选	识记	★★

第六部分

核心考点

第一节 公文拟制

公文拟制包括公文的起草、审核、签发等程序。

一、起草

起草就是草拟公文的工作。为提高草拟公文的质量和效率，公文起草应当做到：

(1)符合党的理论路线方针政策和国家法律法规，完整准确体现发文机关意图，并同现行有关公文相衔接；

(2)一切从实际出发，分析问题实事求是，所提政策措施和办法切实可行；

(3)内容简洁，主题突出，观点鲜明，结构严谨，表述准确，文字精练；

(4)文种正确，格式规范；

(5)深入调查研究，充分进行论证，广泛听取意见；

(6)公文涉及其他地区或者部门职权范围内的事项，起草单位必须征求相关地区或者部门意见，力求达成一致；

(7)机关负责人应当主持、指导重要公文起草工作。

二、审核

公文文稿签发前，应当由发文机关办公厅(室)进行审核。审核的重点是：

(1)行文理由是否充分，行文依据是否准确；

(2)内容是否符合党的理论路线方针政策和国家法律法规，是否完整准确体现发文机关意图，是否同现行有关公文相衔接，所提政策措施和办法是否切实可行；

(3)涉及有关地区或者部门职权范围内的事项是否经过充分协商并达成一致意见；

(4)文种是否正确，格式是否规范，人名、地名、时间、数字、段落顺序、引文等是否准确，文字、数字、计量单位和标点符号等用法是否规范；

(5)其他内容是否符合公文起草的有关要求。

经审核不宜发文的公文文稿，应当退回起草单位并说明理由；符合发文条件但内容需作进一步研究和修改的，由起草单位修改后重新报送。

三、签发

公文应当经本机关负责人审批签发。重要公文和上行文由机关主要负责人签发。党委、政府的办公厅(室)根据党委、政府授权制发的公文，由受权机关主要负责人签发或者按照有关规定签发。签发人签发公文，应当签署意见、姓名和完整日期；圈阅或者签名的，视为同意。联合发文由所有联署机关的负责人会签。

第二节　公文办理

公文办理包括收文办理、发文办理和整理归档。

一、收文办理　【多选】★★

收文办理主要程序是：签收、登记、初审、承办、传阅、催办和答复。

(1)签收是指对收到的公文应当逐件清点，核对无误后签字或者盖章，并注明签收时间。公文的签收应由专门的工作人员负责。

(2)登记是指对公文的主要信息和办理情况应当详细记载。

(3)初审是指对收到的公文应当进行初审。初审的重点是：是否应当由本机关办理，是否符合行文规则，文种、格式是否符合要求，涉及其他地区或者部门职权范围内的事项是否已经协商、会签，是否符合公文起草的其他要求。

(4)承办是指**阅知性公文**应当根据公文内容、要求和工作需要确定范围后分送。**批办性公文**应当提出拟办意见报本机关负责人批示或者转有关部门办理；需要两个以上部门办理的，应当明确主办部门。紧急公文应当明确办理时限。承办部门对交办的公文应当及时办理，有明确办理时限要求的应当在规定时限内办理完毕。承办是公文处理的核心问题。

(5)传阅是指根据领导批示和工作需要将公文及时送传阅对象阅知或者批示。公文在传阅过程中需要注意的事项主要有：注意随时掌握公文传阅去向和进度；控制公文传阅周期；严格控制公文传阅范围；分轻重缓急及时处理。

(6)催办是指及时了解掌握公文的办理进展情况，督促承办部门按期办结。紧急公文或者重要公文应当由专人负责催办。

(7)答复是指公文的办理结果应当及时答复来文单位，并根据需要告知相关单位。

二、发文办理 【单选、判断】 ★★

发文办理主要程序是：复核、登记、印制和核发。

(1)复核是指已经发文机关负责人签批的公文，印发前应当对公文的审批手续、内容、文种、格式等进行复核；需作实质性修改的，应当报原签批人复审。

(2)登记是指对复核后的公文，应当确定发文字号、分送范围和印制份数并详细记载。

(3)印制是指公文印制必须确保质量和时效。涉密公文应当在符合保密要求的场所印制。

(4)核发是指公文印制完毕，应当对公文的文字、格式和印刷质量进行检查后分发。核发是公文发文办理的最后一个环节，也是杜绝差错、规范印制格式、确保公文质量的重要环节。

重难点解读

公文制发是公文办理中发文办理的“印制”和“核发”两个程序的合称。制发公文的目的和要求，一般是由行文对象及行文内容确定的。

真题面对面

[2020信阳市直，单，0.9分]（　　）是公文发文办理的最后一个环节，也是杜绝差错、规范印制格式、确保公文质量的重要环节。

A. 传阅　　B. 核发

C. 登记　　D. 复核

答案：B

三、整理归档 【判断】 ★

(1)需要归档的公文及有关材料，应当根据有关档案法律法规以及机关档案管理规定，及时收集齐全、整理归档。归档文件整理是指将归档文件以件为单位进行装订、分类、排列、编号、编目、装盒，使之有序化的过程。

（2）两个以上机关联合办理的公文，原件由主办机关归档，相关机关保存复制件。

（3）机关负责人兼任其他机关职务的，在履行所兼职务过程中形成的公文，由其兼职机关归档。

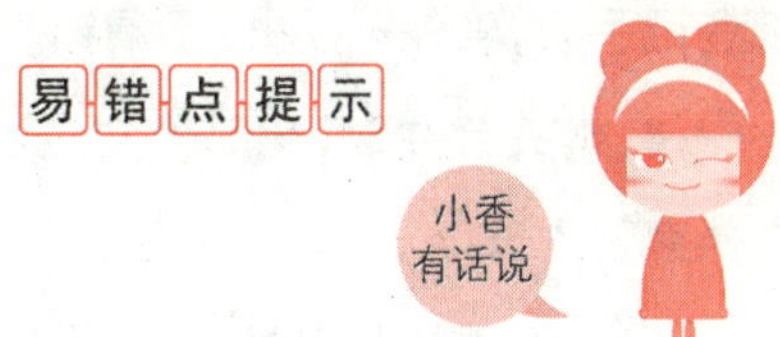

归档文件整理的第一个步骤是装订。

第三节　公文管理

《党政机关公文处理工作条例》规定，各级党政机关应当建立健全本机关公文管理制度，确保管理严格规范，充分发挥公文效用。

公文管理主要包括：公文的保管、公文的印发、公文的复制和公文的清退等。

一、公文的保管

（1）党政机关公文由文秘部门或者专人统一管理。设立党委（党组）的县级以上单位应当建立机要保密室和机要阅文室，并按照有关保密规定配备工作人员和必要的安全保密设施设备。

（2）公文确定密级前，应当按照拟定的密级先行采取保密措施。确定密级后，应当按照所定密级严格管理。绝密级公文应当由专人管理。

（3）公文的密级需要变更或者解除的，由原确定密级的机关或者其上级机关决定。

二、公文的印发

（1）公文的印发传达范围应当按照发文机关的要求执行；需要变更的，应当经发文机关批准。

（2）涉密公文公开发布前应当履行解密程序。公开发布的时间、形式和渠道，由发文机关确定。

（3）经批准公开发布的公文，同发文机关正式印发的公文具有**同等效力**。

三、公文的复制

（1）复制、汇编机密级、秘密级公文，应当符合有关规定并经本机关负责人批准。绝密级公文一般不得复制、汇编，确有工作需要的，应当经发文机关或者其上级机关批准。复制、汇编的公文视同原件管理。

（2）复制件应当加盖复制机关戳记。翻印件应当注明翻印的机关名称、日期。汇编本的密级按照编入公文的最高密级标注。

四、公文的清退　【单选】★★

（1）公文的撤销和废止，由发文机关、上级机关或者权力机关根据职权范围和有关法律法规决定。公文被撤销的，视为自始无效；公文被废止的，视为自废止之日起失效。

（2）涉密公文应当按照发文机关的要求和有关规定进行清退或者销毁。

（3）不具备归档和保存价值的公文，经批准后可以销毁。销毁涉密公文必须严格按照有关规定履行审批登记手续，确保不丢失、不漏销。个人不得私自销毁、留存涉密公文。

(4)机关合并时，全部公文应当随之合并管理；机关撤销时，需要归档的公文经整理后按照有关规定移交档案管理部门。

(5)工作人员离岗离职时，所在机关应当督促其将暂存、借用的公文按照有关规定**移交**、**清退**。

真题面对面

[2020信阳市直，单，0.9分]小李在某单位文秘部门做公文处理工作，现欲离职，则小李对手上工作的正确处理方式为(　　)

A. 将暂存的公文以个人名义全部退回

B. 将手上已处理完毕的公文直接销毁

C. 将暂存、借用的公文按照有关规定移交、清退

D. 将暂存、借用的公文按照密级直接带离原单位

答案：C

核心考点回顾

1. 公文收文办理的主要程序是什么？(参见本书P347)

2. 公文发文办理的最后一个环节是什么？(参见本书P348)

3. 公文的清退包括哪些内容？(参见本书P349)

达标测评

建议用时	实际用时	测评总分	实际得分
7分钟	____分钟	9分	____分

一、单项选择题(每小题1分，共3分)

1. 下列选项中，不符合公文承办要求的是(　　)

A. 阅知性公文确定范围后分送　　B. 批办性公文应提出拟办意见

C. 多部门办理的直接移交各部门　　D. 紧急公文应当明确办理的时限

2. 已经发文机关负责人签批的公文，印发前应当对公文的审批手续、内容、文种、格式等进行复核；需作实质性修改的，应当报(　　)复审。

A. 原签批人　　B. 主要领导人　　C. 分管领导人　　D. 起草部门负责人

3. 下列不属于公文收文办理主要程序的是(　　)

A. 签收　　B. 复核　　C. 初审　　D. 催办

二、多项选择题(每小题2分,共4分)

1. 公文发文办理的一般步骤有(　　)

A. 复核、登记　　B. 登记、初审　　C. 印制、核发　　D. 传阅、催办

2. 根据公文的签发权限,(　　)由机关主要负责人签发。

A. 上行文　　B. 下行文　　C. 平行文　　D. 重要公文

三、判断题(每小题1分,共2分)

1. 公文签收时,任何机关工作人员都可以签收公文。(　　)

2. 不具备归档和保存价值的公文,经批准后可以废止。(　　)

参考答案及解析

一、单项选择题

1. C [解析]根据《党政机关公文处理工作条例》的规定,需要两个以上部门办理的,应当明确主办部门。C项不符合公文承办的要求。

2. A [解析]复核是指已经发文机关负责人签批的公文,印发前应当对公文的审批手续、内容、文种、格式等进行复核;需作实质性修改的,应当报原签批人复审。

3. B [解析]复核是公文发文办理的程序之一。ACD项均属于公文收文办理的主要程序。

二、多项选择题

1. AC [解析]复核、登记、印制、核发是公文发文办理的一般步骤,初审、传阅、催办属于公文收文办理的步骤。

2. AD [解析]公文应当经本机关负责人审批签发。重要公文和上行文由机关主要负责人签发。

三、判断题

1. × [解析]机关有专门的工作人员负责公文签收。

2. × [解析]不具备归档和保存价值的公文,经批准后可以销毁。销毁涉密公文必须严格按照有关规定履行审批登记手续,确保不丢失、不漏销。个人不得私自销毁、留存涉密公文。

第四章　公文写作规范

思维导图

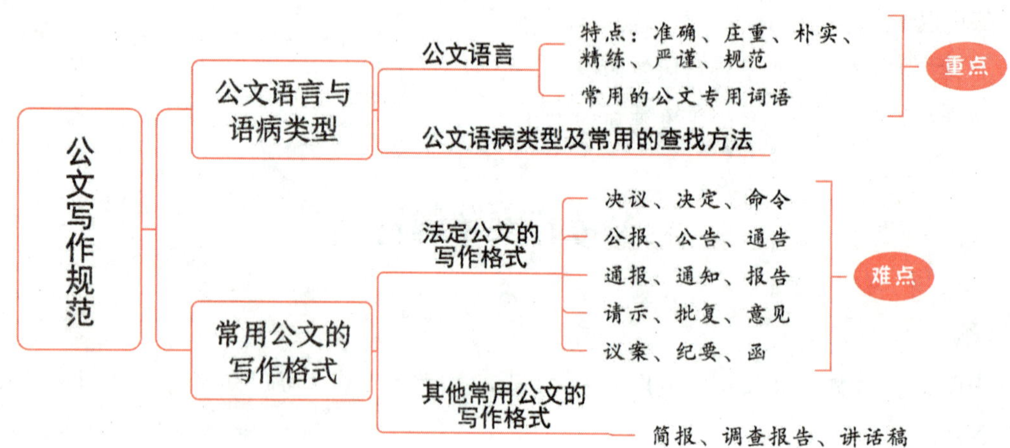

河南考向

本章属于公文常识的重点章节，也是河南招教经常考查的章节，内容较为琐碎，需要识记的知识较多。在考试中常以选择题、判断题等客观题的形式考查。现对本章河南考向分析如下：

考点类型	高频考点	常考题型	能力层级	考查热度
常规考点	公文语言	单选、判断	识记	★★
	法定公文的写作格式	单选、多选、判断	识记	★★★
	其他常用公文的写作格式	单选、多选	理解	★★

核心考点

第一节　公文语言与语病类型

第六部分

一、公文语言　【单选、判断】★★

考点 1　公文语言的特点

公文语言的主要特点：准确、庄重、朴实、精练、严谨、规范。

公文词语的特点：(1)公文词语大部分为规范化的书面词语，杜绝一般的口语词、方言词，尤其是生造的词语等；(2)词语需有确切的含义，一般不得使用含义不准确的词语；(3)在音节方面，公文词语以双音节词为主，单音节词、多音节词的使用频率比其他文章稍高，等等。

公文句子的特点：(1)主要使用**陈述句和祈使句**，很少使用疑问句和反问句。(2)多用主谓句，规章制度非针对特定收文的，也常使用**无主句**。

公文修辞的特点：公文的修辞手法以**消极修辞**为主，以积极修辞为辅。

考点2 常用的公文专用词语

引叙用语：悉、根据、收悉、欣悉，接。

经办用语：经、业经、兹经、已经、均经。

过渡用语：为此、特此、据此、故此、鉴此。

期请用语：即请、恳请、敬望、企盼、希望。

真题面对面

[2021信阳市直，单，1.1分]拟写公文的过程，实际上是一个语言运用的过程。下列选项中，不属于期请用语的是(　　)

A. 恳请　　B. 敬望　　C. 企盼　　D. 欣悉

答案：D

二、公文语病类型及常用的查找方法 【单选】 ★

公文语言主要存在"搭配不当""语序不当""成分多余""成分残缺""句式杂糅""虚词错用""不合逻辑""重复表达"等语病类型。

在查找语病的方法中，用得最多的是"紧缩法"，即用找句子主干的方法把长句缩短简化，分出基本成分与连带成分，然后逐项检查成分是否残缺、搭配是否恰当、次序是否合理等。如果是复句，除逐个检查各分句外，还要把分句配合起来，看各分句在意义上有无密切联系、关联词使用是否恰当、结构是否混乱等。

第二节　常用公文的写作格式

一、法定公文的写作格式 【单选、多选、判断】 ★★★

考点1 决议

决议适用于会议讨论通过的重大决策事项，是党的领导机关就重要事项，经会议讨论通过其决策，并要求进行贯彻执行的重要指导性公文。

表6-4-1　决议的组成要素

组成要素	具体说明
标题	标题的写法一般有以下3种： "发文机关+主要内容+文种" "会议名称+主要内容+文种" "主要内容+文种"
成文日期	常标记在标题下方。若标题中已有会议名称，则成文日期只需写明日期；若标题中没有会议名称，则成文日期需写明日期和会议名称
正文	正文部分由决议根据、决议事项和结语构成。结语部分一般紧扣决议事项，并有针对性地提出希望、号召和执行要求
发文机关署名和印章、成文日期	可省略

考点2 决定

决定适用于对重要事项作出决策和部署、奖惩有关单位和人员、变更或者撤销下级机关不适当的决定事项。其主要特点是兼具规范性与指导性，不需要对内容进行总结。

决定一般由标题、正文及发文机关与成文日期等组成。

表6-4-2 决定的组成要素

组成要素	具体说明
标题	标题要写明发文机关名称、事由与文种，一般采用标准式标题
正文	正文一般由制发文件的依据、决定事项与执行要求三大部分组成。结尾一般要提出要求，发出号召或说明有关事项
发文机关与成文日期	发文机关与成文日期要排版在正文的右下方

考点3 命令

命令是一种带有强制性的，具有最高权威的指挥性公文。命令适用于公布行政法规和规章、宣布施行重大强制性措施、批准授予和晋升衔级、嘉奖有关单位和人员。

命令的主要种类有发布令、行政令、嘉奖令等。发布令就是用于发布行政法规和规章的文件，由令文及附件组成，附件即应公布的法规或制度、规章。行政令就是用于宣布施行重大强制性行政措施的命令。嘉奖令就是用于嘉奖有关人员的命令。

命令一般由发文机关标志、令号、正文、签发人职务、签名章和成文日期组成。

表6-4-3 命令的组成要素

组成要素	具体说明
发文机关标志	发文机关标志一般有以下几种写法：(1)发文机关+事由+文种；(2)发文机关+文种；(3)事由+文种；(4)文种
令号	作用相当于发文字号，其格式一般为“第××号”的形式，不编虚位。国家领导人令文，在其任期内按大流水号排列，位于标题之下居中处，如第××号
正文	不同种类命令的正文内容不同。 发布令的正文一般包括发布对象+发布依据+执行要求； 行政令的正文一般包括发令缘由+命令事项+施行要求； 嘉奖令的正文一般包括嘉奖缘由+嘉奖事项+提出希望
签发人职务、签名章和成文日期	在正文的右下方由发文机关署名，或签署发令者职务和姓名；成文日期一般写在署名下方，也可以标注在标题之下

第六部分

真题面对面

[2021信阳市直，单，1.1分]行政令就是用于宣布施行重大强制性行政措施的命令。下列选项中，不属于行政令的正文内容的是( )

A. 发令缘由　　B. 命令事项　　C. 施行要求　　D. 提出希望

答案：D

考点4 公报

公报是公开发布重大事件或重要决定事项的报道性公文。

表6-4-4 公报的组成要素

组成要素	具体说明
标题	一般由事由和文种构成
成文日期	一般在标题下方
正文	开头部分要概述事件的核心内容，主体部分要完整、系统、有序地表达公报的核心内容
签发人职务和签字	联合公报需要编排签发人职务和签字
成文日期和签字地点	联合公报需要编排成文日期和签字地点

考点5 公告

公告适用于向国内外宣布重要事项或者法定事项。公告一般由标题、正文和文尾组成。

表6-4-5 公告的组成要素

组成要素	具体说明
标题	一般由三部分组成：发文机关、事由和文种，可以采用省略事由的写法，还可以省略发文机关。标题如无发文机关名称，则在结尾必须落款
正文	包括开头的原因，讲原因目的；主体的事项及内容，可以分条款写下；最后是结尾，写实施的期限、范围以及违反后如何处理等，也可以简洁地提出对人民的希望、对违背者的警告等
文尾	包括署名和日期。以机关名义发布的，标题如已有机关名，则文末可以省略

考点6 通告

通告适用于在一定范围内公布应当遵守或者周知的事项。其主要特点是具有法规性、务实性和广泛性。

通告一般由标题、正文和落款组成。

表6-4-6 通告的组成要素

组成要素		具体说明
标题		如遇特别紧急情况，可在通告前加上“紧急”二字。 通告的标题一般有以下几种写法：(1)发文机关+事由+文种；(2)发文机关+文种；(3)事由+文种；(4)只标记文种“通告”二字
正文	通告缘由	主要阐述发布通告的背景、根据、目的、意义等。通告常用特定承启句式“为……，特通告如下”或者“根据……，决定……，特此通告”引出通告的事项
	通告事项	通告全文的**核心**部分，包括周知事项和执行要求，撰写这部分内容，要做到条理分明，层次清晰
	通告结语	结语用“特此通告”或“本通告自发布之日起实施”表达
落款		通告的落款视情况而定。标题中没有发文机关的，此处应注明发文机关和发文日期；标题中已写发文机关的，则只需写发文日期，这种情况，发文日期还可以写在标题的下方，用括号括起来

考点7 通报

通报适用于表彰先进、批评错误、传达重要精神和告知重要情况。按照内容性质划分，通报可分为表彰性通报、批评性通报和情况通报等。通报具有内容的真实性、目的的晓谕性和教育性的特点。

1. 结构

通报一般由标题、主送机关、正文和落款组成。

表6-4-7　通报的组成要素

组成要素	具体说明
标题	由发文机关、事由、文种或事由、文种构成
主送机关	一般为直属下级机关，或需要了解该内容的不相隶属的单位。受文机关较明确，因此除普发性通报外，其他通报应该标明主送机关
正文	包括原因、事项、处理意见、经验教训、要求以及希望、号召等内容。表彰性通报和批评性通报一般包括：说明表彰或批评的原因；对所叙述的事实进行准确的分析和对表彰的先进或批评的错误作出嘉奖或惩处。情况通报一般包括：被通报的情况及希望和要求
落款	发文机关名称及发文日期

2. 撰写通报的注意事项

(1)内容要具有典型性，事例要具有代表性。

(2)通报材料必须经过深入调查和反复核实。

(3)使用说明与叙述的表达方式，一般先叙后议。

考点8　通知

通知适用于发布、传达要求下级机关执行和有关单位周知或者执行的事项，批转、转发公文。通知具有时效性强、用途广泛和使用频率高等特点。

1. 结构

通知一般由标题、主送机关(受文对象)、正文和落款组成。

表6-4-8　通知的组成要素

组成要素	具体说明
标题	由发文机关、事由、文种组成；也可以省略发文机关，由事由和文种组成
主送机关	主送机关要顶格写，末尾用冒号"："提示正文
正文	要一事一文，不能一个通知里同时写多个不相关的通知。通知的正文通常采用"凭一事一断"的写作方式，使用习惯性用语过渡到具体内容，最后以"特此通知"收尾
落款	任免通知落款处由任免机关领导人亲笔签署(或代以签名章)

2. 撰写注意事项

(1)通知事项要明确。通知的操作性很强，因此，撰写通知必须将需要传达、贯彻、落实、周知的事项交代清楚，便于接收单位理解和执行，绝不能含糊其词、模棱两可。

(2)公文主题要集中。通知是为了解决实际问题，因此，要严格执行"一文一事"制度，每件通知明确说明一件事情、布置一项工作，保证主题单一，让人一看就明白，以便迅速执行与办理。

(3)确保清晰表达。通知是以说明体裁为主的文种,因此,要求做到准确简练,层次分明,条理清晰,使读者一目了然,不生歧义。

(4)讲究发文依据。为了保证行文效果,增强发文的权威性,导语部分应尽可能地将发文的政策依据或事实依据给予明确交代。针对问题下达的指示性通知,要注意将行文背景说明清楚,以增强行文的针对性。

考点 9 报告

报告适用于向上级机关汇报工作、反映情况,回复上级机关的询问。

报告有例行报告、综合报告、专题报告等类型。(1)例行报告包括日报、周报、月报、年报等。(2)综合报告指**全面汇报**本机关工作情况,可以和工作总结、计划安排结合起来的报告。(3)专题报告指向上级反映本机关的**某项工作**、某个问题、某一方面的情况,要求上级对此有所了解的报告。

报告一般由标题、主送机关、正文和落款组成。

表6-4-9 报告的组成要素

组成要素	具体说明
标题	包括事由和公文名称
主送机关	指收文机关或主管领导人
正文	结构与一般公文相同。从内容方面看,报告情况的,应有情况、说明、结论三部分,其中情况不能省略;报意见的,应有依据、说明、设想三部分,其中设想不能省去。报告的结尾常用“特此报告”“以上报告,请审阅”等,需另起一行
落款	发文机关署名和成文日期

考点 10 请示

请示适用于向上级机关请求指示、批准。请示必须是下级机关向上级机关的行文,请示的问题必须是自己无权作出决定和处理的,请示的目的必须是为了向上级请求批准,请示具有强制回复的特点。

1. 结构

请示一般由标题、主送机关、正文和落款组成。在正式行文时,请示需要在版头部分标注签发人姓名。

表6-4-10 请示的组成要素

组成要素		具体说明
标题		由发文机关名称、事由和文种构成,或由事由和文种构成
主送机关		指负责受理和答复该文件的直属上级机关
正文	开头	主要交代请示的缘由。它是请示事项能否成立的前提条件,也是上级机关批复的根据
	主体	主要说明请求事项。它是向上级机关提出的具体请求,也是陈述缘由的目的所在
	结语	应另起一段,习惯用语一般有“当否,请批示”“上述意见是否妥当,请指示”“以上请示,请予审批”或“以上请示如无不妥,请批转各地区、各部门研究执行”等
落款		一般包括发文机关署名和成文时间两个项目内容。若标题已写明发文机关名称,这里可不再署名,但需加盖单位公章

易错点提示

考生应注意请示结语的常见写法,并与其他文种的结语区分。

第六部分

2. 撰写注意事项

(1)请示应确有必要。只有遇到新情况新问题，现行政策无法解决，或对重要的有关文件精神理解不透、把握不准，或按照有关规定必须经请示批准后才能行动，或需经上级机关审批才可得到时，才用请示行文。

(2)请示要一文一事一主送。请示内容要求单一，必须就一件事或一个问题提出请示，不可数件事放在一起一同请示，给上级答复造成困难。请示的主送单位只能有一个。受双重领导的单位请示时，要根据请示事项的性质确定主送哪一个上级机关，不能多头主送。

(3)请示一般不得越级行文，遇到特殊情况需要越级请示时，必须同时抄送被越过的直接上级机关。同时，请示主送的是上级机关，除领导直接交办的事项外，一般不直接送领导者个人。

(4)在请示写作中，不但要理由充分，还要语言表达简洁明了，要“点到即止”。

真题面对面

[2021安阳龙安，单，1.1分]请示的结语部分有多种说法，下列表述恰当的是(　　)

A. 以上要求，请予批准　　B. 如同意，请批复

C. 上述意见是否妥当，请指示　　D. 上述意见，请考虑

答案：C

考点11 批复

批复是用于答复下级机关请示事项的公文。它是机关应用文写作活动中的一种常用公务文书，具有法定的权威性与执行性，被动性和明确的针对性(指示性)等特点。

1. 结构

批复一般由标题、主送机关、正文和落款组成。

表6-4-11　批复的组成要素

组成要素	具体说明
标题	最常见的是由“发文机关+事由+文种”构成；还有一种是“发文机关+表态用语+发文事由+文种”构成，这种较为简明、全面和常用
主送机关	主送机关一般只有一个，是报送请示的下级机关
正文	正文包括批复引语、批复意见和批复要求三部分
落款	这部分写在批复正文右下方，署成文日期并加盖公章，成文日期用阿拉伯数字书写

2. 撰写注意事项

(1)批复是下级机关处理工作或解决问题的依据，必须要针对下级机关的请示事项做好调查研究，掌握有关政策精神，核实请示缘由的真实性，做到批复有根有据、合情合理、正确无误。

(2)要讲究时效，及时批复，如果超出下级机关要求的时限，应及早说明原因。

(3)要一文一复。有时数个下级机关上报请示同一事件，应分别行文批复，而不应一件批复数文。如果一个下级机关在一段时间内，相继制发了几个请示文件请示不同的问题或事项，不可将收到的几个请示集中起来写一个批复。

(4)部分同意请示或完全不同意请示的批复，在引述来文、表明态度之后，还需要说理分析，然后才是结束语。

考点12 意见

意见是上级领导机关、同级机关之间或主管部门，针对当前或者将来要进行的主要工作和亟待解决的重大问题提出原则性的要求和具体的处理办法的、直接发至下级机关或转发到有关机关要求其遵照执行的、具有指示作用的公文，适用于对重要问题提出见解和处理办法。意见具有多向性、针对性和多样性。

表6-4-12 意见的主体格式规范

组成要素	具体说明
标题	标题一般有以下2种写法：(1)"发文机关+事由+文种"(2)"事由+文种"
主送机关	可省略
正文	正文一般由发文的缘由、具体意见和结语构成。指导性意见、实施性意见常用"以上意见，请结合实际情况贯彻执行"等作为结语；呈报性意见一般用"以上意见供领导决策参考"作为结语；呈转性意见一般用"以上意见如无不妥，请批转××执行"作为结语。亦可无结语
发文机关署名、成文日期	发文机关署名上应加盖公章

考点13 议案

议案是由具有法定提案权的国家机关、会议常设或临时设立的机构和组织，以及一定数量的个人，向权力机构提出进行审议并作出决定的议事原案，适用于各级人民政府按照法律程序向同级人民代表大会或者人民代表大会常务委员会提请审议事项。

表6-4-13 议案的主体格式规范

组成要素	具体说明
标题	标题由发文机关、事由和文种构成
主送机关	只有一个，没有抄送机关
正文	正文一般由缘由、事项和结语构成
发文机关署名、成文日期	发文机关署名要由政府首长签署，签署格式为"首长职务：签字"

考点14 纪要

纪要适用于记载会议主要情况和议定事项。纪要的特点主要包括：内容的纪实性、表达的提要性和称谓的特殊性。

表6-4-14 纪要的主体格式规范

组成要素	具体说明
标题	标题一般有以下2种写法：(1)"会议名称+文种"(2)"发文机关+内容+文种"
正文	正文一般由会议概况和会议精神构成。会议概况主要包括会议的时间、地点、名称、主持人、与会人员和基本议程等；会议精神一般包括会议内容、议定事项、经验、做法、意见、要求等
出席	出席会议的人员
请假	应出席但请假未出席的人员
列席	不参与会议内容但出现在会议上的人员

考点15 函

函适用于不相隶属机关之间商洽工作、询问和答复问题、请求批准和答复审批事项。函具有灵活性、沟通性和单一性的特点。(1)按照性质划分，函可分为公函和便函。公函与便函只有内容重要程度以及公文格式上的区别，写法实质上几乎没有差异。(2)按照发文目的划分，函可分为发函和复函。(3)按照内容和用途划分，函可分为：告知函、商洽函、询问函、答复函和请批函。

函一般由首部、正文和尾款组成。

表6-4-15　函的组成要素

组成要素		具体说明
首部		主要包括标题、主送机关两个项目内容。公函的标题一般有两种形式。一种是由发文机关名称、事由、类型和文种构成。另一种是由事由、类型和文种构成。主送机关，即受文并办理来函事项的机关单位，于文首顶格写明全称或者规范化简称，其后用冒号
正文	开头	主要说明发函的缘由。一般要求概括交代发函的目的、根据、原因等内容，然后用“现将有关问题说明如下”或“现将有关事项函复如下”等过渡语转入下文。复函的缘由部分，一般首先引叙来文的标题、发文字号，然后再交代根据，以说明发文的缘由
	主体	函的核心内容部分，主要说明致函事项。函的事项部分内容单一，**一函一事**，行文要直陈其事，要用简洁得体的语言把需要告诉对方的问题、意见叙写清楚。如果属于复函，还要注意答复事项的针对性和明确性
	结尾	一般用礼貌性语言向对方提出希望，或请对方协助解决某一问题，或请对方及时复函，或请对方提出意见，或请主管部门批准等
	结语	通常应根据函询、函告、函商或函复的事项，选择运用不同的结束语。如“特此函询(商)”“请即复函”“特此函告”“特此函复”等。有的函也可以不用结束语，可以像普通信件一样，使用“此致”“敬礼”收尾
尾款		一般包括发文机关署名和成文日期两项内容

二、其他常用公文的写作格式 【单选、多选】 ★★

考点1 简报

简报是传递某方面信息的简短的内部小报，是具有汇报性、交流性和指导性特点的简短、灵活、快捷的书面形式。

简报一般都包括报头、标题、正文和报尾四个部分。有些还由编者配加按语，成为第五个组成部分。会议纪要不可以用作简报报头。简报通常在报尾上说明报送的单位或领导个人。简报的报尾部分在末页下端，用一条横线与报核隔开，注明简报发送范围，发送范围应根据工作的需要来确定。

考点2 调查报告

调查报告是反映对某个问题、某个事件或某方面情况的调查研究成果的公务文书。

调查报告一般由标题、导语、正文和落款构成。

调查报告多采用第三人称写作，写好调查报告的关键是认真进行调查研究。

考点3 讲话稿

讲话稿是机关单位领导人在各类会议上发表讲话的主要依据，是会议精神的主要承载，也是领导人行使领导职权的重要工具。

讲话稿的特点有语言准确、简洁、通俗、生动，考虑气氛场合，受主题、讲话者等因素的影响等。

考生应注意各公文文种的特点、类型、组成要素和撰写注意事项，尤其是报告、请示、通报、通知等法定公文文种。

撰写讲话稿的要求包括主旨集中，观点明确；适于宣读，语义清晰；语言平实，表达得体；讲求实效，内容充实。

真题面对面

[2021信阳市直，多，1.3分]讲话稿的特点有(　　)

A. 语言准确、简洁、通俗、生动　　B. 越长越好

C. 考虑气氛场合　　D. 受主题、讲话者等因素的影响

答案：ACD

核心考点回顾

1. 公文语言的特点是什么？(参见本书P352)
2. 撰写请示的注意事项有哪些？(参见本书P358)
3. 讲话稿的特点是什么？(参见本书P360)

达标测评

建议用时	实际用时	测评总分	实际得分
8分钟	____分钟	11分	____分

一、单项选择题(每小题1分，共5分)

1. 下列符合请示类公文写作要求的是(　　)

A. 事后请示　　B. 报送多个主管机关

C. 一文一事　　D. 上报时抄送下级机关

2. 下列事项中不适用通报文种的是(　　)

A. 国务院对水利专项资金审计情况的告知

B. 国务院对进一步巩固成果提高医疗机构新冠肺炎防控和救治能力的要求

C. 教育部对某省虚报学生人数套取教育资金的行为提出批评

D. 国务院对节能减排工作成绩突出的省级人民政府给予表扬

3. 在命令这一类公文的结构中，没有或极少用到的是(　　)

A. 发文机关　　B. 主送单位　　C. 成文日期　　D. 领导人签署

4. 下列可以组成纪要标题的是(　　)

A. 会议名称+文种　　B. 机关名称+事由

C. 会议名称+事由　　D. 机关名称+文种

5. 请示正文的写作顺序一般是(　　)

A. 先事项要求，再原因，最后结语　　B. 先原因，再事项要求，最后结语

C. 先原因，再结语，最后事项要求　　D. 先事项要求，再结语，最后原因

二、多项选择题(每小题2分,共6分)

1. 下列表述中正确的是(　　)

A. 请示的结尾可尾随文后,无须独占一行

B. 意见的主送机关可省略

C. “以上所请如无不妥,请批转……”可以作为请示的结尾内容

D. 意见的正文可不写结语

2. 会议讲话稿是指在各类会议上讲话时使用的文稿,具有阐发思想、传达政策、下达任务、指导工作、交流经验与体会的重要作用,此类公文的写作要求包括(　　)

A. 主旨集中,观点明确　　B. 适于宣读,语义清晰

C. 语言平实,表达得体　　D. 讲求实效,内容充实

3. 在行政公文中,报告的主要功能包括(　　)

A. 汇报工作实施的情况　　B. 答复各级机关的询问

C. 提出合理化的对策建议　　D. 反映执行中的具体问题

参考答案及解析

一、单项选择题

1. C　[解析]请示的问题必须是自己无权作出决定和处理的,请示的目的必须是为了向上级请求批准,因此请示必须事前行文,A项错误。请示只能确定一个主送机关,不能多头请示,B项错误。请示必须严格执行“一文一事”制度,确保主旨单一,以便上级机关及时答复,C项正确。请示不得抄送下级机关,D项错误。故选C。

2. B　[解析]通报适用于表彰先进、批评错误、传达重要精神和告知重要情况。A项属于告知重要情况,C项属于批评错误,D项属于表彰先进,均适用通报文种,排除。B项属于发布、传达要求下级机关执行和有关单位周知或者执行的事项,适用通知文种,不适用通报文种。本题为选非题,故选B。

3. B　[解析]命令主要由发文机关标志、令号、正文、签发人职务、签名章和成文日期组成。因此,在命令这类公文结构中,没有或极少用到的是主送单位。

4. A　[解析]纪要标题的写法一般有以下2种:“会议名称+文种”和“发文机关+内容+文种”。

5. B　[解析]请示正文的写作顺序一般是先原因,再事项要求,最后结语。

二、多项选择题

1. BCD　[解析]请示的结尾语应另起一段,A项错误。BCD项说法均正确。

2. ABCD　[解析]讲话稿是各级领导在各种会议上发表带有宣传、指示、总结性质讲话的文稿。讲话稿撰写的要求包括主旨集中,观点明确;适于宣读,语义清晰;语言平实,表达得体;讲求实效,内容充实等。

3. AD　[解析]报告适用于向上级机关汇报工作、反映情况,回复上级机关的询问。AD项正确。B项,“各级机关”说法错误。C项不属于报告的主要功能。故选AD。

第七部分

管理常识与思想道德建设

07

内容导学

河南省教师招聘考试管理常识与思想道德建设部分共三章。

第一章主要介绍管理与公共管理。

第二章主要是政府职能与行政管理。

第三章主要介绍道德、新时代公民道德建设和中国精神。

考生要重点掌握第二章的内容。在备考时,应结合历年真题与自身实际,有针对性地复习。

第一章　管理与公共管理

思维导图

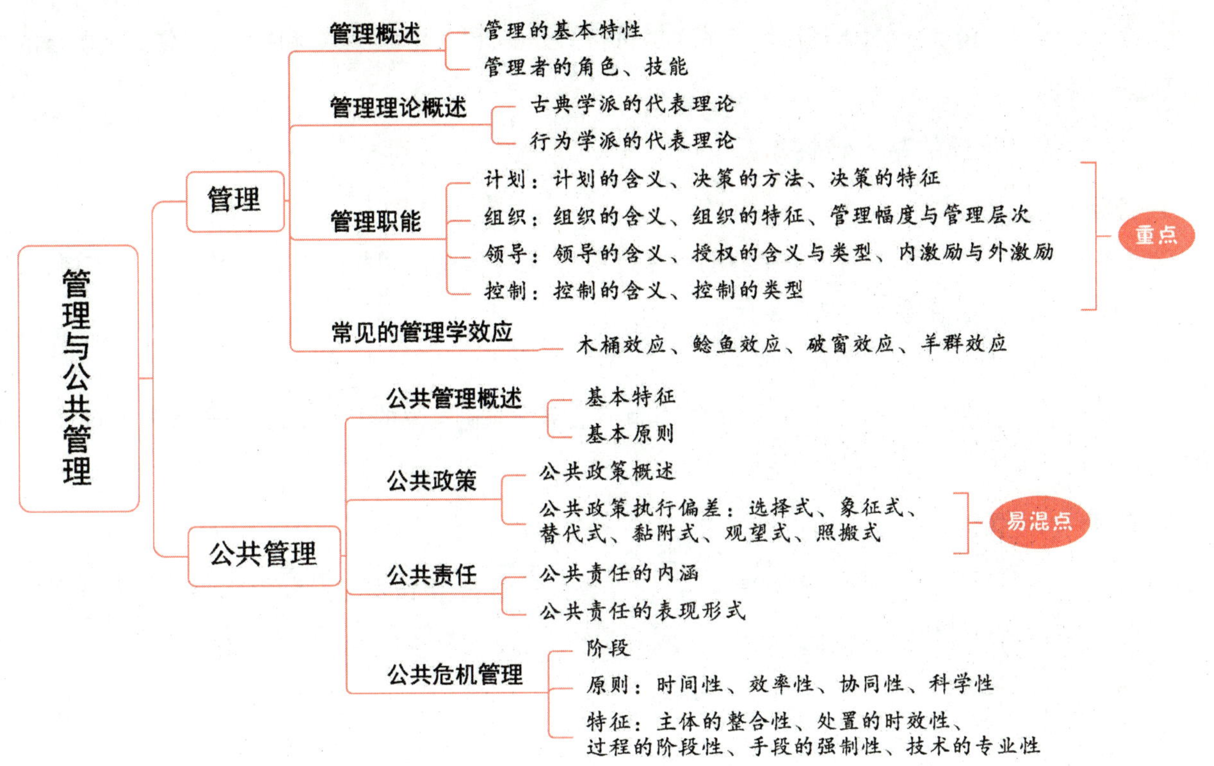

河南考向

本章属于管理常识的基础章节，在河南招教考试中偶有考查，内容较为琐碎，需要识记的知识不多。在考试中常以选择题、判断题等客观题的形式考查。现对本章河南考向分析如下：

考点类型	高频考点	常考题型	能力层级	考查热度
常规考点	管理职能	单选、判断	识记	★★
	公共政策	单选	识记	★★

第七部分

核心考点

第一节 管 理

一、管理概述

管理是在特定的环境下，对组织所拥有的资源进行有效的计划、组织、领导和控制，以便达成既定的组织目标的过程。

考点1 管理的基本特性

1. 管理的二重性

管理的二重性理论认为，管理一方面具有同生产力、社会化大生产相联系的**自然属性**；另一方面，又具有同生产关系、社会制度相联系的**社会属性**。

2. 管理的科学性

管理的科学性是指管理作为一种活动过程，其间存在着一系列基本的客观规律，有一套分析问题、解决问题的科学的方法论。

3. 管理的艺术性

管理的艺术性就是强调管理的实践性。管理活动除了要掌握一定的理论和方法外，还要有灵活地运用这些知识和技能的技巧和诀窍。

考点2 管理者

1. 管理者的角色

(1)人际角色(代表人、领导者、联络者)；

(2)信息角色(监督者、传播者、发言人)；

(3)决策角色(企业家、干扰对付者、资源分配者、谈判者)。

2. 管理者的技能

(1)技术技能，指使用某一专业领域内有关的工作程序、技术和知识完成组织任务的能力；

(2)人际技能，指与处理人际关系有关的技能，或者说是与组织内外的人群打交道的能力；

(3)概念技能，指能够洞察组织与环境相互影响的复杂性，并在此基础上加以分析、判断、抽象、概括并迅速作出正确决断的能力。

第七部分

二、管理理论概述

考点1 古典学派的代表理论

1. 泰勒的科学管理理论

科学管理理论，是由科学管理之父——温斯洛·泰勒在他的主要著作《科学管理原理》(1911年)中提出的。泰勒认为，科学管理的核心问题是提高劳动生产率。

2. 法约尔的一般管理理论

欧洲杰出的经营管理思想家法约尔提出的五大管理操作技术是：计划、组织、指挥、协调和控制。法约尔提出的14项管理原则是：劳动分工原则；权利与责任原则；纪律原则；统一指挥原则；统一领导原则；个体服从整体利益原则；人员报酬原则；集中化原则；等级制度原则；秩序原则；公平原则；人员的稳定原则；首创精神；团队精神。

3. 韦伯的行政组织理论

德国社会学家韦伯的行政组织理念认为，理想的行政组织体系就是所谓的“官僚制”，这一行政组织体系包括六个方面的内容：将组织活动细分给不同的人；给每个职务以明确的权利和义务；根据职务要求进行培训；管理者有明确的工资和升迁机会；管理者严格执行规则与纪律；管理以理性为指导，不带个人情感目标。

考点 2 行为学派的代表理论

1. 人际关系学说

梅奥进行的霍桑试验的结论是：影响生产效率的根本因素不是工作条件，而是工人自身。在决定工人工作效率的因素中，工人为组织所接受的融洽性和安全感较之奖励性工资有着更为重要的作用。

人际关系学说的观点包括：工人是“社会人”而不是“经济人”；企业中存在着非正式组织；新的领导能力在于提高工人的满意度。

2. 需求层次理论

按马斯洛的需求层次理论，个体成长发展的内在力量是动机，而动机由多种不同性质的需要所组成。马斯洛认为，人类的需要是分层次的，由低到高。它们依次是：生理需求、安全需求、社交需求、尊重需求、自我实现需求。

3. 生存关系及发展理论

生存关系及发展理论是奥尔德弗提出的一种关于需要和激励的理论。他在大量调查研究的基础上指出人的基本需要是：生存、关系和发展。

生存是最基本的，指人在饮食、住房、衣服等方面的基本需要。关系指与其他人（同级、上级、下级）和睦相处，建立友谊和有归属感的需要。发展指个人在事业、能力等方面有所成就和发展的需要。

4. 双因素理论

双因素理论又称激励保健理论，是美国的行为科学家弗雷德里克·赫茨伯格提出来的。双因素理论认为引起人们工作动机的因素主要有两个：一是保健因素，二是激励因素。只有激励因素才能够给人们带来满意感，而保健因素只能消除人们的不满，但不会带来满意感。

三、管理职能 【单选、判断】 ★★

管理职能是管理系统所具有的职责和功能。管理的基本职能一般包括四个方面，即：计划、组织、领导、控制。

第七部分

考点 1 计划

1. 计划的含义

计划是为实现组织既定目标而对未来的行动进行规划和安排的工作过程，包括组织目标的选择和确立，实现组织目标的方法的确定和抉择，计划原则的确立，计划的编制以及计划的实施。

计划是全部管理职能中最基本的职能，也是实施其他管理职能的条件。

2. 决策的方法

(1)德尔菲法

德尔菲法，也称专家调查法，是指能够避免集体决策时存在的屈从于权威或盲目服从于多数的缺陷的一种定性预测方法。该方法为消除参与决策成员间的相互影响，要求参加决策分析的专家可以互不了解，并运用匿名方式反复多次征询各位专家意见和进行**背靠背的交流**，最后汇总得出一个比较能反映群体意志的预测分析结果。

(2)可行性分析

可行性分析要求以全面、系统的分析为主要方法，以经济效益为核心，围绕影响项目运行管理的各种因素，运用大量的数据资料论证拟建项目是否可行。

3. 决策的特征

决策的基本特征有：主观性、选择性、预见性、目的性等。

考点 2 组织

1. 组织的含义

为实现管理目标和计划所必需的各种业务活动进行组合分类，把管理每一类业务活动所必需的职权授予主管这类工作人员，并规定上下左右的协调关系。为有效实现目标，还必须不断对这个结构进行调整，这一过程即为组织。

组织为管理工作提供了结构保证，它是进行人员管理、指导和领导、控制的前提。组织职能就是确保**“事有人做，人有事做，事得其人，人得其事”**，以保证组织目标的实现。

2. 组织的特征

(1)目标的一致性；(2)原则的统一性；(3)活动的协作性；(4)结构的系统性。

3. 管理幅度与管理层次

管理幅度，又称管理跨度或管理宽度，指一名主管人员可有效直接管理的下属的人数。管理幅度并不是越宽越好，因为管理幅度越宽，上级主管需要协调的工作量就越大。为了保证管理的有效性，管理幅度不能过宽，应当在保证有效管理幅度的前提下寻求减少管理层次的途径。

管理层次是组织的最高主管到作业人员之间所设置的管理职位层级数。

易错点提示

若一个组织的管理幅度太宽，而管理层次太少，就有可能会导致事务过分集中于少数领导。

管理幅度与管理层次相互制约，其中，管理幅度起主导作用。

管理幅度与管理层次共同决定组织规模。管理幅度一定时，管理层次与组织规模成正比；管理层次一定时，管理幅度与组织规模成正比。

当组织规模一定时，管理层次与管理幅度成反比。管理幅度越小，管理层次越多，其管理组织结构的形

状呈高耸型;相反,管理幅度越宽,管理层次越少,其管理组织结构的形状呈扁平型。如下图所示:

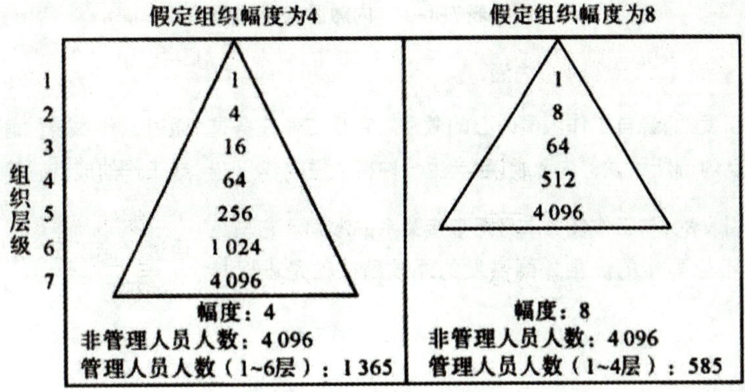

图7-1-1 管理幅度与管理层次之间的关系

真题面对面

[2022郑州郑东新区,判断,0.5分]要确保"事有人做,人有事做,事得其人,人得其事"需做好管理中的计划工作。( )

答案:×

考点3 领导

1. 领导的含义

领导是对组织内每名成员和全体成员的行为进行引导和施加影响的活动过程,其目的在于使个体和群体能够自觉自愿而有信心地为实现组织既定目标而努力。领导所涉及的是主管人员与下属之间的相互关系。

2. 授权的含义与类型

授权就是上级授予下级一定的权力和责任,使其在一定范围内有处理问题的自主权。根据指示内容的明晰程度与范围大小,可以将授权分为刚性授权、柔性授权、模糊授权和惰性授权。

刚性授权,是指管理者在授权时,试图非常精确地划定授权的范围,授权者对被授权者的职务、责任及权力均有十分明确的规定,下属必须严格遵守,不得渎职。对一些重大事项宜采用这种授权方式,但它限制了下属的主动性、创造性和个人发展。

柔性授权,是指管理者对被授权者不指派具体工作,仅指示一个大纲或者轮廓,被授权者有很大的余地作因时因地因人的随机处理。

模糊授权,是指具有明确的工作事项与职权范围,管理者在必须达到的使命和目标方向上有明确的要求,但对怎样实现目标并未作出要求,被授权者在实现目标的手段方面有很大的自由发挥和创造的余地。

惰性授权,是指管理者由于不愿意多管琐碎纷繁的事务,且自己也不知道该如何处理,于是就交给部下处理。

3. 激励

在管理工作中,激励被定义为调动人们积极性的过程,即为了特定目的而去影响人们的内在需要或动机，从而强化、引导或改变人们行为的反复过程。

表7-1-1　内激励与外激励

类型	内涵	例子
内激励	由内酬引发的、源自工作人员内心的激励。它与工作任务是同步的。内酬所引发的内激励，会产生一种持久性的作用	通过工作本身的趣味性、价值、挑战性，以及完成工作的成就感等激发员工的积极性
外激励	由外酬引发的、与工作任务本身无直接关系的激励。它与工作任务不是同步的。由外酬引发的外激励往往是难以持久的	通过提高工资、增加奖金、表扬、晋升等引发员工的积极行为

考点4　控制

1. 控制的含义

控制是按既定目标和标准对组织的活动进行监督、检查，发现偏差，采取纠正措施，使工作能按原定计划进行或适当调整计划以达预期目的的过程。控制工作是一个延续不断、反复发生的过程，其目的在于保证组织实际的活动及其成果同预期目标相一致。

2. 控制的类型

按照控制过程中控制措施作用环节的不同来划分，控制工作可以分为前馈控制、同期控制和反馈控制三类。(1)前馈控制，即事前控制、预防控制。采用前馈控制的关键是要在实际问题发生之前就采取管理行动，防患于未然。*如"治病不如防病，防病不如讲卫生"*。(2)同期控制，即现场控制、即时控制，对管理者的要求较高。(3)反馈控制，即事后控制。*如"亡羊补牢，犹未为晚"*。事后控制是管理活动中出现得最早的控制类型。

根据主管人员的工作方式或控制手段的不同，控制工作可以分为直接控制和间接控制。

根据控制的集中程度的不同，控制工作可以分为集中控制和分散控制。

四、常见的管理学效应　【判断】★

1. 木桶效应

木桶效应是指由多块木板构成的木桶，其价值在于盛水量的多少，但决定其盛水量多少的关键因素不是其最长的板块，而是其最短的板块。木桶效应启示我们在管理工作中要注意整体性。

2. 鲶鱼效应

鲶鱼效应原指鲶鱼在搅动小鱼生存环境的同时，也激活了小鱼的求生能力。鲶鱼效应在管理学中的应用是，在组织内部缺乏活力、效率低下等情况下，引进一些"鲶鱼"可以造成竞争和刺激，提高成员的积极性和主动性。

3. 破窗效应

破窗效应是指如果有人打破了一幢建筑物的窗户玻璃，而这扇窗户没有得到及时维修，那么其他人就可能受到某些暗示性的纵容，去打破更多的窗户。它启示人们要及时矫正和补救正在发生的问题。

4. 羊群效应

羊群效应也称从众心理，是管理学上的一种常见现象。它是指由于信息不充分和对信息缺乏了解，投

资者很难对市场未来的不确定性作出合理的预期，在这种情况下，投资者往往是通过观察周围人群的行为而获取信息，在这种信息的不断传递中，许多人的信息将趋于相同并且彼此强化，从而产生从众行为。这启示我们遇事要分析大众行为，不能盲目随波逐流。

真题面对面

[2021安阳龙安，判断，0.6分]"木桶效应"说明在管理工作中要注意整体性。(　　)

答案：√

第二节　公共管理

一、公共管理概述

公共管理是以政府为核心的公共部门整合社会的各种力量，广泛运用政治的、经济的、管理的、法律的方法，强化政府的治理能力，提升政府绩效和公共服务品质，从而实现公共福祉与公共利益的活动。

考点1　公共管理的基本特征

公共管理的基本特征包括：以政府为中心的开放治理主体；分权式的管理环境；重视结果和个人责任；在公共部门中引入竞争机制；实行绩效评估；职业化的管理方向等。

考点2　公共管理的基本原则

公共管理的基本原则包括：人本性原则、服务性原则、效能性原则、均衡性原则。

二、公共政策　【单选】★★

考点1　公共政策概述

公共政策是公共权力机关经由政治过程所选择和制定的为解决公共问题、达成公共目标、实现公共利益的方案，其作用是规范和指导有关机构、团体或个人的行动，其表达形式包括法律法规、行政规定或命令、国家领导人口头或书面的指示、政府规划等。

考点2　公共政策执行偏差

1. 公共政策执行偏差的内涵

公共政策执行偏差是指执行者在实施政策的过程中，由于主客观因素的作用，其行为效果偏离了预定的政策目标并产生了不良后果的政策现象。

2. 公共政策执行偏差的表现形式

表7-1-2　公共政策执行偏差的表现形式

表现形式	内涵
选择式执行偏差 （政策缺失）	在执行政决策时，执行主体对上级决策进行过滤，只选择对自身有利的内容来执行

第七部分

续表

表现形式	内涵
象征式执行偏差 （政策表面化）	在执行公共政策的过程中，只重视表面文章和形象包装，**阳奉阴违，敷衍塞责**，前松后紧，使公共政策变成一纸空文
替代式执行偏差 （政策替换）	在执行政策的过程中，执行者用自己的一套政策替代既定政策，也就是“**挂羊头卖狗肉**”
黏附式执行偏差 （政策扩大化）	在行政决策执行过程中，执行主体常“黏附”一些原定决策所没有的内容，以致政策不能到位而产生的执行偏差。“**土政策**”是黏附式执行偏差的一种表现形式
观望式执行偏差 （政策抵制）	在政策的实施过程中，政策执行主体总是**被动消极**的。它的特点是执行者采取“软拖”的手法——能拖就拖，实在不能拖了就勉强应付执行
照搬式执行偏差 （政策复制）	在执行政策的过程中，不经过认真的政策学习与思考，不能根据本地的实际情况进行政策变通，习惯于机械地**照抄照转**上级文件

易混点辨析

考生可以通过不同执行偏差的特点对其进行区分。

小香有话说

三、公共责任 【多选】★

考点1 公共责任的内涵

公共责任指公共管理权力的主体及工作人员在运用公共管理权力的活动中对授权者、法律以及行政法规所承担的义务及后果。公共责任在理论和实践上表现为两种情况：一是应为的公共责任，也可称为积极责任，即公共管理权力的主体及工作人员应尽的义务；二是不应为的公共责任，也可称为消极责任，即公共管理权力的主体及工作人员不能超越权限，不得侵害公共利益和公民的基本权利。

考点2 公共责任的表现形式

公共责任的表现形式主要包括：政治责任、法律责任、行政责任和道德责任。

政治责任是指政府机关及其公务人员因为享有和行使公共行政权力而产生的维护社会制度、维护宪法和法律制度、维护国家安全稳定、保障公民的生命财产安全不受侵犯、维护社会稳定和发展等职责。

法律责任是指政府及其公务人员在公共行政活动中对滥用职权或者违法犯罪行为应该承担的法律后果。

行政责任是指来源于公共行政管理体系和制度方面的责任。

道德责任是指公务人员所应遵循的、与职业活动紧密联系的、具有公务人员职业特征并反映其自身特殊要求的道德准则和规范。

第七部分

考点再拔高

▼ 行政主体承担行政责任的具体方式

行政主体承担行政责任的具体方式主要有：(1)通报批评；(2)赔礼道歉，承认错误；(3)恢复名誉，消除影响；(4)返还权益；(5)恢复原状；(6)停止违法行为；(7)继续履行职责；(8)撤销违法的行政行为；(9)纠正不适当的行政行为；(10)行政赔偿等。

四、公共危机管理 【单选】 ★

公共危机管理是指公共管理主体为避免或减少公共危机所造成的损害而实施的危机预防、事件识别、紧急反应、应急决策、应急处理、评估、恢复等行为活动的总称，目的是提高危机发生的预见能力、危机发生后的救治能力以及事后的恢复能力。一般而言，公共危机管理活动主要包括指挥(command)、控制(control)和沟通(communication)，称为“3C”活动。

考点1 公共危机管理的阶段

根据公共危机的发展周期，公共危机管理过程可以划分为危机预警及准备、识别危机、隔离危机、管理危机以及善后处理阶段。从最广泛的意义上说，公共危机管理包含对危机事前、事中、事后所有事务的管理；公共危机管理的任务是尽可能控制事态，在危机发生后把损失控制在一定的范围内，在事态失控后要争取重新控制。公共危机管理在本质上是一种非程序化决策。

考点2 公共危机管理的原则

(1)时间性原则。及早采取紧急处置手段，及时控制危机事态的发展，是公共危机管理的**第一原则**。

(2)效率性原则。公共危机蔓延速度很快，要求政府快速反应，有效动员社会资源。

(3)协同性原则。参与危机应对的人员和力量来自各个方面，比如交通、医疗、通信、消防、食品等，协同一致运作特别重要。

(4)科学性原则。该项原则主要针对因工业技术而引起的灾害以及由自然灾害而造成的危机事件。

考点3 公共危机管理的特征

公共危机管理的特征包括：主体的整合性，处置的时效性，过程的阶段性，手段的强制性和技术的专业性。

真题面对面

[2020信阳市直，单，0.9分]公共危机管理是解决政府对外交往和对内管理中处于危险和困难境地的问题而直接采取的对策及管理活动，其特征不包括(　　)

A. 手段的自发性　　B. 过程的阶段性

C. 处置的时效性　　D. 主体的整合性

答案：A

核心考点回顾

1. 管理幅度与管理层次的关系是什么？(参见本书P368)

2. 公共政策执行偏差的表现形式有哪些？(参见本书P371)

3. 公共危机管理的特征是什么？(参见本书P373)

达标测评

建议用时	实际用时	测评总分	实际得分
7分钟	____分钟	9分	____分

一、单项选择题(每小题1分,共3分)

1. 按照管理职能在管理活动过程中的顺序来排列,下列排序正确的是(　　)

A. 计划—组织—领导—控制　　B. 组织—计划—领导—控制

C. 计划—领导—组织—控制　　D. 领导—计划—组织—控制

2. 在管理工作中,激励被定义为调动人们积极性的过程。下列选项中,属于内激励的是(　　)

A. 增加奖金　　B. 工作本身的趣味性

C. 表扬　　D. 职务晋升

3. 下列关于管理幅度与管理层次的描述正确的是(　　)

A. 管理幅度与管理层次共同决定组织规模

B. 为了保证管理效果,管理幅度越大越好

C. 当组织规模一定时,管理幅度与管理层次成正比关系

D. 管理幅度越窄,管理层次就越多,组织结构就呈扁平型

二、多项选择题(每小题2分,共4分)

1. 以下属于组织的特征的有(　　)

A. 目标的一致性　　B. 方案的选择性

C. 活动的协作性　　D. 协调的逻辑性

2. 下列属于"鲶鱼效应"的有(　　)

A. 本田公司每年从外部"中途聘用"一些精干的生力军,有时候甚至聘请常务董事

B. 柯达公司通过自己内部的评估中心对公司员工进行选拔培训,发掘领导人才

C. 各个县市推行人才引进,形成激烈的竞争

D. 恒大不惜重金引进外援,其他俱乐部纷纷效仿,国足比赛竞争激烈了,中超联赛出现了繁荣的迹象

三、判断题(每小题1分,共2分)

1. 现场控制是在管理活动中出现最早、历史最久的控制类型。(　　)

2. 管理者对被授权者不指派具体工作,只指示一个大纲或轮廓,被授权人有较大的自由作随机应变的处理。这种授权被称为模糊授权。(　　)

参考答案及解析

一、单项选择题

1. A　[解析]计划职能是管理活动的起点,是确定管理目标的第一个步骤;组织职能是管理活动得以顺利进

行的必要环节;领导职能是管理过程的活的灵魂,是实现管理效率和效果的关键;控制职能是管理过程的监视器和调节器,对管理过程的顺利进行具有重要的保证作用。

2. B [解析]内激励包括工作本身的趣味性、挑战性、完成工作的成就感,人们从工作本身体会到的价值和意义等。外激励包括提高工资、增加奖金、表扬、晋升等。

3. A [解析]管理幅度、管理层次与组织规模存在着相互制约的关系:管理幅度×管理层次=组织规模。当组织规模一定时,管理层次与管理幅度成反比。管理幅度越宽,层次越少,其管理组织结构的形式呈扁平型。相反,管理幅度越小,管理层次越多,其管理组织结构的形状呈高耸型。A项表述正确,CD两项表述错误。管理幅度并不是越大越好,因为管理幅度越大,上级主管需要协调的工作量就越大。为了保证管理的有效性,管理幅度不能过大。B项表述错误。

二、多项选择题

1. AC [解析]组织的特征有:(1)目标的一致性;(2)原则的统一性;(3)活动的协作性;(4)结构的系统性。故选AC。

2. ACD [解析]鲶鱼效应指因引进造成竞争和刺激,提升成员的积极性和主动性。B项只是对公司员工进行选拔培训,发掘领导人才,没有因为引进造成竞争和刺激,排除。故选ACD。

三、判断题

1. × [解析]反馈控制,即事后控制,是在管理活动中出现最早、历史最久的控制类型。

2. × [解析]模糊授权,是指具有明确的工作事项与职权范围,管理者在必须达到的使命和目标方向上有明确的要求,但对怎样实现目标并未作出要求,被授权者在实现目标的手段方面有很大的自由发挥和创造的余地。题干所述是柔性授权。

第二章　政府职能与行政管理

思维导图

- 政府职能与行政管理
  - 政府职能
    - 政府职能的内涵和属性
    - 政府职能的内容
      - 基本职能：政治职能、经济职能、文化职能、社会职能（难点）
      - 管理运行职能：计划职能、组织职能、领导职能、控制职能（难点）
    - 政府职能的转变
      - 政府职能转变的内容、重点
    - 政府的权威
      - 区别政府有无权威的标志：政府的管理和服务是否被人民认可和接受
  - 行政管理
    - 行政组织
      - 内涵、基本要素、特性
    - 行政领导
      - 行政领导概述（重点）
      - 行政领导方式：集权式、民主式、放任式；强制式、说服式、激励式、示范式；重事式、重人式、人事并重式（重点）
      - 行政领导艺术
      - 行政领导者的产生方式
    - 行政决策
      - 含义和作用
      - 行政决策转向科学决策的标志
      - 行政决策活动的阶段
    - 行政执行
      - 内涵和手段、原则
      - 行政效率与行政效益
    - 行政协调与行政沟通
      - 行政协调的最终目的：异中求同（重点）
      - 行政沟通：正式沟通与非正式沟通、典型的沟通网络、影响有效沟通的因素（重点）
    - 行政监督
      - 行政监督的类型
      - 我国行政系统的内外部监督体系

河南考向

本章属于管理常识的重点章节，也是河南招教经常考查的章节，内容较为琐碎，需要识记的知识较多。在考试中常以选择题、简述题的形式考查。现对本章河南考向分析如下：

考点类型	高频考点	常考题型	能力层级	考查热度
常规考点	政府职能的内容、行政领导	单选	识记	★★
	行政协调与行政沟通	单选、多选、简述	识记	★★
	行政监督	单选、多选	理解	★★

第七部分

核心考点

第一节　政府职能

一、政府职能的内涵和属性

考点1　政府职能的内涵

政府职能，亦称行政职能，是指国家行政机关在一定时期内，依法对国家和社会公共事务进行管理时应承担的职责和所具有的功能。政府职能反映着公共行政的基本内容和活动方向，是公共行政的本质表现。

考点2　政府职能的属性

政府职能的属性包括公共性、法定性、执行性、强制性、动态性、扩张性。

(1)公共性。政府职能涉及国家大量日常公共事务的处理，其根本目的是为所有社会群体和阶层提供普遍的、公平的、高质量的公共服务。

(2)法定性。政府职能的法定性是指政府的一切活动都要在宪法和法律的范围内进行，宪法和法律规定了一国政府职能的边界，使公共行政有法可循。

(3)执行性。政府作为贯彻和执行国家意志的机关，其职能具有明显的执行性。

(4)强制性。政府职能的强制性是指其以国家强制力为后盾，行政相对人不得阻碍政府职能的正常行使。

(5)动态性。政府职能始终是变化的，其取决于市场经济条件下政府与市场关系的动态性、政府与社会关系的力量对比以及政府与自然界的关系演变。

(6)扩张性。政府职能的扩张性是指随着社会的发展，政府承担了越来越多的职能，并逐渐扩展至社会各层面。

二、政府职能的内容　【单选】　★★

考点1　政府的基本职能

表7-2-1　政府的基本职能

基本职能	含义	具体职能
政治职能	政府的最基本的职能，亦称统治职能，它是指政府为维护国家统治阶级的利益，对外保护国家安全，对内维持社会秩序的职能	军事保卫职能，外交职能，治安职能，民主政治建设职能，国际交往职能
经济职能	指政府为国家经济的稳定和发展，对社会经济生活进行管理的职能	宏观经济调控，提供公共产品和服务，市场监管
文化职能	指政府为满足人民日益增长的精神文化生活的需要，依法对教育、科技、文化、卫生、体育、新闻出版、广播影视等方面所实施的管理	发展科学技术，发展教育，发展文化事业，发展卫生体育

续表

基本职能	含义	具体职能
社会职能	指政府承担的社会管理、社会服务和社会保障的职能。这类事务以发展社会主义和解决民生问题为重点，一般具有社会公共性，无法完全由市场解决，应由政府加以引导、调节和管理	调节社会分配和组织社会保障；保护生态环境和自然资源；促进社会化服务体系建立；提高人口质量，实行计划生育；合理配置义务教育资源

重难点解读

(1)政府是履行政府基本职能的主体。中国共产党、人大、政协等都不能履行政府职能。考生应注意试题材料中的主体陷阱。

(2)经济职能中的提供公共产品和服务职能与社会职能容易混淆。经济职能中的公共服务职能侧重于为市场主体的经济活动提供服务，而社会职能主要针对整个社会，如健全社会保障体系等。

小香有话说

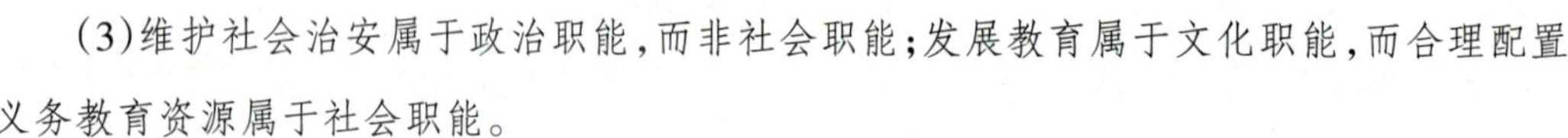

(3)维护社会治安属于政治职能，而非社会职能；发展教育属于文化职能，而合理配置义务教育资源属于社会职能。

考点 2 政府的管理运行职能

政府的管理运行职能是指按照管理运行程序划分的政府职能。政府的管理运行职能包括计划职能、组织职能、领导职能和控制职能。

(1)计划职能。计划职能是指政府为完成某一时期内的任务或某一项任务，制定战略目标并确定实施步骤的管理过程。

(2)组织职能。组织职能是指政府机构及其工作人员把制订的计划方案付诸实施的活动过程。

(3)领导职能。领导职能是指在政府部门担任领导职务的人员，为有效完成组织目标，对下属人员所采取的各种影响和激励过程。

(4)控制职能。控制职能是指政府为使组织目标按计划完成而对执行过程进行检查、督促和纠偏的管理活动，其目的就是要保证实际工作与计划的一致性。

真题面对面

[2021信阳市直，单，1.1分]政府通过各种手段，对环境恶化、自然资源破坏进行控制，这体现了政府在履行(　　)

A. 政治职能　　B. 经济职能　　C. 文化职能　　D. 社会职能

答案：D

第七部分

三、政府职能的转变

考点 1 政府职能转变的内容

政府职能转变，不仅包括政府职能内容的转变，还包括政府行政职能方式的转变、政府职能的重新配置以及相应政府机构的调整和改革。

考点 2 政府职能转变的重点

第一，政企分开。**政企分开是转变政府职能的关键，也是建立社会主义市场经济体制的内在要求。**它的主要内容有：政府与企业的社会职责的分开；企业所有权与经营权的分开；政府国有资产所有者职能与行政职能的分开。第二，政事分开。第三，政社分开。

我国政府职能的转变是由管理型政府向服务型政府转变，但这并不意味着政府职能的弱化。

四、政府的权威

政府的权威是指政府在社会管理和公共服务过程中形成的，得到人民认同的威望和公信力。从根本上讲，政府的权威是由国家性质决定的。

区别政府有无权威的标志是政府的管理和服务是否被人民认可和接受。政府的权威是通过政府及其工作人员决策的科学性，依法行政的态度、能力，履行职责的效果以及政府工作人员的道德形象等树立起来的。

第二节 行政管理

一、行政组织 【单选】★

考点 1 行政组织的内涵

行政组织是行政管理的主体。在现代社会中，行政组织是社会各种组织中规模最大的组织，其管辖的范围涉及到社会生活的各个方面、各种领域、各个团体。我国的行政组织是我国国家权力机关——人民代表大会的执行机关，即国务院系统。

考点 2 行政组织的基本要素

行政组织是一个由若干要素组成的有机整体，其基本要素包括六个方面：组织目标、机构设置、人员构成、权责体系、法规制度、物质因素。

考点 3 行政组织的特性

1. 政治性与社会性

行政组织是为推行国家政务而组建起来的国家行政机关体系，是统治阶级维护本阶级利益、巩固其统治地位的重要工具，这决定了政治性是行政组织的本质特性。与其他各种政治组织、军事组织不同，行政组织承担了管理社会事务的职能，它必须服务于社会，施益于社会公众，这又使行政组织具有社会性的一面。

2. 法制性与权威性

一方面，行政组织的设立、变更或撤销均依据宪法和法律规定以及程序进行，行政组织及其工作人员的

第七部分

一切管理活动必须在宪法和法律规定的范围内开展，这是行政组织的法制性特点。另一方面，行政组织是依法代表国家行使行政权的机构，它以国家法律、权力为后盾，对各社会组织和公民以及社会事务进行管理和施加影响，因而具有普遍的约束力和权威性。

3. 系统性与动态性

行政组织是按一定的序列和等级组建起来的规模庞大、结构严密的社会系统。在这个系统中，它按不同区域、层次、管理功能划分，设置相应的组织机构，形成纵横交错且有制约和隶属关系的权责体系。这个严密的组织系统不是一成不变的，它受不同时期政治制度、经济条件、科技水平等因素的影响和制约，随社会发展和环境变化而变化，以适应形势发展的需要。

二、行政领导 【单选】★★

考点 1 行政领导概述

行政领导是指国家行政系统中的各级行政首长和行政领导集团通过决策、指挥、监督、协调等手段，依法行使其职权，发挥其影响，以完成行政目标的活动过程。行政领导的本质是服务，即为人民服务。行政领导具有法定性、权威性和协同性三大特点。行政领导的责任是关于行政领导职权的性质、范围以及必须履行好职责任务的规定或要求，行政领导的首要责任是计划决策。

考点 2 行政领导方式

表7-2-2 行政领导方式

划分标准	领导方式	具体说明
按行政领导的权力运用和控制程度	集权式（独裁式）	一切权力集中于领导集团或个人，偏重于运用集权形式推行工作，而不注意授权。集权式只在特定环境下使用才有效
	民主式	领导者的决策建立在充分讨论的基础上，下级广泛参与决策并自觉自愿地执行；领导者采取积极的激励、引导、协调等方法指挥下级
	放任式（无为而治式）	领导只对下级工作作必要的原则、方针、政策规定，其余自行决定，没有人干扰
按行政领导的决策指挥方式	强制式	行政领导中的强制性，在组织行为中经常出现。有权威性、非执行不可的指示或命令的领导方式，就是强制式
	说服式	说服，包括劝告、诱导、启发、商量、建议等易于领导者和群众双向沟通的方式。行政领导经常使用的领导方式应是说服式
	激励式	一种最直接服务于提高领导效能的领导方式。它是行政领导者使用物质或精神的手段激发下属的工作积极性，以达到决策目标的推进型领导方式
	示范式	领导们的精神面貌、行为方式、工作方式、工作动机、价值观念乃至个人趣味，都会对本组织的人员产生明显的或潜移默化的影响

续表

划分标准	领导方式	具体说明
按行政领导工作重心的不同	重事式	注重行政组织的目标、任务的完成和效率的提高，以事为中心进行行政领导活动
	重人式	致力于建立和谐的人际关系和宽松的工作环境，以人为中心进行行政领导活动
	人事并重式	既关心人，也注重工作，做到关心人与关心事的辩证统一。关心人，才能调动人的积极性；关心工作，才能使每个人都有明确的责任和奋斗目标。显然，应该提倡人事并重式的领导方式

真题面对面

[2021信阳市直，单，1.1分]领导者在工作中通过启发、劝告、诱导、商量、建议等方式，使被领导者接受并贯彻自己意图的行政领导方式属于（　　）

A. 说服式　　B. 示范式

C. 激励式　　D. 强制式

答案：A

考点3 行政领导艺术

1. 授权艺术

授权就是上级授予下级一定的权力和责任，使其在一定范围内有处理问题的自主权。授权艺术可以使行政领导者**“分身有术”“事半功倍”**。通过授权留责、适度放权、视能授权、逐级授权、授权追踪（即授权后的监督）等授权方式，可以激发下属的责任心、上进心，促使他们以责任人的身份去全权全责地处理问题，从而提高绩效。

2. 用人艺术

用人艺术主要讲究人尽其才，这是高效率利用人力资源的必然要求。**“知人善任”**是用人艺术的基本要领。行政领导要了解下属、知其短长、以诚相待、用长避短、用养结合、合理激励、奖励有度，以达到提高工作效率和绩效的目的。

3. 处事艺术

行政领导者每天都有大量亟待处理的事务。干好领导工作，忠于职守，专心本业，统筹安排，学会“弹钢琴”等，是行政领导者处事的要则。

4. 运时艺术

运时艺术既包括领导者对自己本职工作事务处理的时间安排，也包括他对本组织内各类事务处理的时限的了解和运筹。运时艺术的原则是：自觉形成时间意识，合理安排时间消耗比例，善于把握高效率的黄金时间段，能够利用各种有利因素，延长内在时间，从而提高时间使用效率。

考点 4 行政领导者的产生方式

(1)选任制:国家权力机关通过民主选举方式产生政府领导人员担任职务;

(2)委任制:任免机关在其任免权限内确定符合职务资格条件的人选,委派其担任一定的领导职务;

(3)考任制:用人单位在符合规定条件的基础上,通过公开、平等、竞争的考试和严格的考核,招收担任政府部门职务的人员;

(4)聘任制:用人单位采取招聘、竞聘方式,通过与应聘人员签订合同、协议等契约,选聘在一定任期内担任一定行政领导职务的某些人员。

我国公务员实行选任制、委任制和聘任制3种任职方式。

三、行政决策 【单选】 ★

考点 1 行政决策的含义和作用

行政决策是指国家行政机关及其工作人员依照政策和法律为实现行政目标而作出选择决定的过程。

行政决策是行政管理的首要环节和各项职能运行的基础,是行政领导的重要职能和技能,是提高行政管理效率的最重要手段。决策水平直接关系到行政管理工作的成败和管理目标的实现。正确、科学的决策是成功管理的基础。

考点 2 行政决策转向科学决策的标志

行政决策转向科学决策的标志主要有:(1)决策主体由个人转向集体;(2)决策过程由主观随意转向程序化;(3)"谋"与"断"的相对分离;(4)"断"与"行"的相对分离;(5)决策手段的运用日益增强。

考点 3 行政决策活动的阶段

(1)情报活动阶段,即通过调查、研究与分析,进而确定目标。这是行政决策活动的第一个阶段。

(2)设计活动阶段,即列出备选方案,确定备选方案的执行后果,对备选方案可能产生的结果进行对比性评价。

(3)抉择活动阶段,即在备选方案拟订之后选定最佳方案,这直接关系到行动方向以及要达到什么目标的问题。

(4)反馈活动阶段,即不断通过信息反馈,对过去尤其最后的抉择进行实践性评价和检验,及时修正决策方向或弥补决策遗漏,从而避免重大决策失误。

四、行政执行 【单选】 ★

考点 1 行政执行的内涵和手段

行政执行是指行政机构及其人员贯彻、落实决策机关发出的决策指令,以实现决策目标的活动和过程。行政执行作为行政活动的一个中心环节,是行政机关及其工作人员经常性的活动和基本使命。它具有目的性、综合性、时限性、经常性、实务性、强制性、果断性和灵活性等特点。

行政执行的手段主要包括:行政手段、法律手段、经济手段和思想教育手段。其中,法律手段具有严肃

性、权威性、规范性的特点，使行政管理统一化和稳定化，但其只能在有限范围内发生作用，很多经济关系、社会关系需结合其他手段才能发挥作用。

考点2 行政执行的原则

行政执行要依据公正原则、依法行政原则和效能原则。其中，依法行政指国家行政机关及其工作人员根据宪法、法律的规定，以行政法律规范行使行政管理职权，以法律规范所确定的内容和程序实施管理的活动。依法行政是国家行政机关的**最高准则**。依法行政原则在行政过程中的要求是：有法可依、有法必依、执法必严、违法必究。“以人为本”是依法行政的核心理念。

考点3 行政效率与行政效益

行政效率是行政管理活动的出发点和归宿，是检验行政管理效果的重要指标。办事速度是行政效率的外在表现，但是就行政效率而言，并不一定是越快越好，而是指时间使用的合理性。实行**电子政务**，能简化行政程序，提高行政效率，有利于整合政务信息资源，推动政府信息资源对社会开放，发挥其巨大的社会效益和经济效益。

行政效益是对行政结果的质量规定，主要看行政活动对社会的有益影响的大小和给社会带来福利的多少。

五、行政协调与行政沟通 【单选、多选、简述】 ★★

考点1 行政协调

行政协调是指调整行政系统与其外部环境之间、行政系统内部之间的各种关系，使之分工合作，相互配合，有效地实现行政目标的行为。

行政协调的最终目的是促成各方主体达成共识，异中求同。

以法律、法规和政策为依据是行政协调的首要原则。

考点2 行政沟通

行政沟通是行政协调的前提条件。行政沟通是指行政体系与外界环境之间，行政体系内部各部门之间、层次之间、人员之间凭借一定的媒介、渠道传递思想、观点、情感，交流政务信息，实现相互理解、支持、合作和行政协调运转的行为。

1. 正式沟通与非正式沟通

行政沟通按照沟通渠道不同，可以划分为正式沟通与非正式沟通。

(1)正式沟通指通过行政组织的正式渠道所进行的沟通。按信息流向的不同，正式沟通又可划分为下行沟通、上行沟通和平行沟通。①下行沟通是按照行政组织层级体系自上而下的信息传递，其目的是实现“上情下达”，包括下达有关工作指示和决策，它是开展行政工作必不可少的环节。②上行沟通则是自下而上的沟通，亦称“反馈”，其目的是实现“下情上达”，包括对上级工作指示、决策的意见和建议等。③平行沟通是组织内同层级或部门间的横向沟通，其目的是实现相互支持、彼此促进。

(2)非正式沟通指的是通过正式沟通渠道以外的信息交流和传达方式所进行的沟通。

第七部分

正式沟通具有约束力强、较严肃、权威性高、保密性强、准确性高等优点。非正式沟通具有信息传递速度快、信息量大、覆盖面广、沟通效率较高、形式灵活等特点。

2. 典型的沟通网络

在正式的沟通渠道中存在五种典型的沟通网络，即链式（直线型）、轮式、“Y”式、环式（圆周式）和全通道式。其中，链式沟通模式指若干沟通参与者，从最初的发信者到最终的受信者，环环衔接，形成信息沟通的链条。它的特点是机制比较简单、信息传递的速度较快、有明确领导人、适合等级结构、满意度低、失真度高。

3. 影响有效沟通的因素

表 7-2-3 影响有效沟通的因素

影响因素	具体说明
个人因素	(1)接受的有选择性：人们拒绝或片面地接受与他们的期望不相一致的信息； (2)沟通技巧的差异：倾听能力的差异、口头表达与书面表达能力的差异、反应能力差异等
人际因素	(1)沟通双方的相互信任； (2)信息来源的可靠程度； (3)沟通双方的相似程度：影响沟通的难易程度和坦率性，相似性越高越容易达成共识
结构因素	(1)地位差别：对沟通的方向和频率有很大的影响； (2)信息传递链：信息通过的等级越多，传递的时间就越长，信息失真率则越大； (3)团体规模和空间约束：团队规模越大，沟通越困难
技术因素	(1)语言、非语言暗示：影响信息的真实程度； (2)媒介的有效性：不同的沟通媒介传递的信息有所差别； (3)信息过量

真题面对面

[2022郑州郑东新区，多，1分]下列属于组织正式沟通的优点的是（ ）

A. 约束力强　　B. 保密性强

C. 准确性高　　D. 形式灵活

答案：ABC

六、行政监督 【单选、多选】 ★★

行政监督是指各类监督主体依法对国家行政机关及其公务员的行政行为所实施的检察、督导活动。它既包括国家行政机关内部的自我监督，又包括行政系统外部环境对行政系统的监督。

行政监督主体不是对国家行政机关及其公务员的任何行为进行监督，而只是对国家行政机关及其公务员在执行公务和履行职责时的失范行为和失效行为进行监督。所谓**失范行为**，是指行政权力的使用者违反了法律的有关规定；**失效行为**是指在行政权力的运行过程中，尽管投入了相当多的人力、物力和财力，但仍然没有达到既定目标，行政效率低下等。政府的违法行为和效率状态构成了行政监督的基本内容。

考点 1 行政监督的类型

依据不同的标准，行政监督有不同的分类。

(1)从监督的主体上来划分，有党的监督、国家监督、社会监督和群众监督等。其中，国家监督包括权力机关、司法机关和行政机关内部的监督，是国家运用国家权力依法对行政机关实行的监督。

(2)从监督的对象和内容上划分，有内部监督和外部监督。内部监督是行政机关内部的自我监督，即在有隶属关系的行政机关内部上下级之间、领导者与被领导者之间互相实行的监督等。外部监督是行政组织系统外部力量对行政组织的监督，如来自国家权力机关、党组织、社会团体和人民群众的监督。

(3)从监督的时间上来划分，有事前监督、事中监督、事后监督、经常监督和定期监督。其中，事后监督往往被人们称之为“马后炮”“事后诸葛亮”。

考点 2 我国行政系统的内外部监督体系

1. 内部监督体系

表7-2-4 内部监督体系

类型	含义	具体内容
一般监督	基于组织层级和隶属关系，上下级行政管理机关之间、同级行政管理机关之间以及行政管理机关对其自身或所属工作人员进行的监督活动，是最主要、最经常、最直接的监督形式	包括日常监督、主管监督和职能监督三种主要形式。 主管监督：各级行政机关的主管部门对其下属相应的工作部门的监督； 职能监督：包括平行关系和上下级关系的政府职能部门的监督
特种(专门)监督	行政管理主体内部依法实行的针对某种专门的行政管理活动进行的专业性监督	审计监督、物价监督等

2. 外部监督体系

表7-2-5 外部监督体系

类型	含义	监督方式
立法监督	人民代表大会及其常委会对行政机关及其工作人员在行政管理过程中是否坚持依法行政所实施的监督	审议，撤销，视察与调查，质询，罢免等
司法监督	国家司法机关运用司法权对行政机关行使行政权的活动所进行的法律监督	审判监督，检察监督
政党监督	中国共产党及各民主党派依法对国家行政机关及其工作人员的监督	中国共产党通过制定正确的路线、方针、政策来保证和指导国家行政机关各项工作沿着正确的方向发展，并经常了解和掌握各级国家行政机关执行党的路线、方针、政策的情况，发现问题及时提出改进意见和建议等。 民主党派通过政治协商会议或通过该党在人民代表大会中的代表，协商国家大事，参与制定国家大政方针和对国家事务的管理，参加政府工作并对政府机关的活动提出批评和建议等

续表

类型	含义	监督方式
监察监督	各级监察委员会是行使国家监察职能的专责机关，依照《监察法》进行监察，调查职务违法和职务犯罪，开展廉政建设和反腐败工作，维护宪法和法律的尊严	对公职人员开展廉政教育，对其依法履职、秉公用权、廉洁从政从业以及道德操守情况进行监督检查；对涉嫌贪污贿赂、滥用职权、玩忽职守、权力寻租、利益输送、徇私舞弊以及浪费国家资财等职务违法和职务犯罪进行调查等
社会监督	政治组织之外的社会团体、公民社会舆论对行政机关及其工作人员在行政管理过程中是否依法行政所进行的监督	(1)社会团体的监督。 (2)公民监督：信访、行政复议和行政诉讼。 (3)舆论监督：特点为监督方式的公开化，监督表达形式的直接性，监督效应的及时性，监督效果具有社会效应

真题面对面

[2021安阳龙安，多，1.5分]我国已初步建立起全面的行政监督体系，其中外部监督主要包括(　　)

A. 国家权力机关的监督　　B. 审计机关的监督

C. 司法机关和社会公众的监督　　D. 人民政协的民主监督

答案：ACD

边缘考点

在行政管理中，为把握舆论动向，促使舆论气氛健康发展，政府有关部门需要做到了解舆论、引导舆论、回应舆论和完善舆论。

(1)了解舆论指的是政府公关部门要了解舆论产生的全过程，把群众的意见、愿望和呼声集中，从中发现问题，作为决策依据。

(2)引导舆论指的是对某些舆论成分加以疏导，分析产生的背景，消除成为隐患的原因，使舆论朝正确方向发展。

(3)回应舆论是说政府形象受到损害时，应迅速查清原因，或针对公众的误解、人为的破坏给予及时准确的解释，以澄清事实真相；或针对内部不善因素，诚恳地向公众道歉，求得谅解，并尽快将改进措施公诸于众，设法将消极影响减少到最低限度。

(4)完善舆论是指政府有了好形象和声誉后，注意完善自身行为，创立更高美誉度。

核心考点回顾

1. 政府的基本职能有什么?(参见本书P377)

2. 行政领导方式有哪些?(参见本书P380)

3. 我国行政系统的监督体系包括哪些?(参见本书P385)

达标测评

建议用时	实际用时	测评总分	实际得分
7分钟	____分钟	9分	____分

一、单项选择题(每小题1分,共3分)

1. 凡是涉及维护社会稳定、维护国家主权和领土完整以及正确处理人民内部矛盾的行为,都是政府履行(　　)的体现。

A. 政治职能　　B. 经济职能

C. 文化职能　　D. 社会职能

2. (　　)行政领导方式注重行政组织的目标、任务的完成和效率的提高。

A. 重人式　　B. 重事式

C. 强制式　　D. 激励式

3. 共产党作为我国执政党,有权对我国行政机关的工作依法进行监督,此监督类型属于(　　)

A. 内部监督　　B. 一般监督　　C. 专门监督　　D. 外部监督

二、多项选择题(每小题2分,共4分)

1. 某省开通电话专线,以方便群众对政府工作人员在行政工作中违法行为的举报。作为政府部门,接受组织内外的监督是政府应履行的职责。下列属于行政监督的是(　　)

A. 政府召开新闻发布会,向民众解释新的户籍管理政策

B. 某市民向电视台曝光某局长在工作时间内酒驾

C. 某政府部门进行年度财政审计

D. 某市检察院对该市某局领导提起受贿公诉

2. "绿水青山就是金山银山",保护环境理念已成为全社会的共识,各级政府纷纷采取行动,坚决打赢"蓝天保卫战"。对于我国政府在打赢"蓝天保卫战"中应发挥的作用,认识正确的是(　　)

A. 要转变执政理念,树立正确的政绩观,树立抓好环保就是促发展的新理念

B. 要以人为本,加强环保执法,保护环境,为人民创造良好的生产生活条件

C. 要切实履行政府生态文明建设职能,坚持节约资源和保护环境的基本国策

D. 要转变政府职能,行使好立法权,为环保提供科学的法律依据

三、判断题(每小题1分,共2分)

1. 转变政府职能意味着弱化政府职能。 ( )

2. 行政管理是运用国家权力对社会事务进行管理的一种管理活动,我国行政管理活动的主体是国家各级权力机关。 ( )

参考答案及解析

一、单项选择题

1. A [解析]政治职能是指政府为维护国家统治阶级的利益,对外保护国家安全,对内维持社会秩序的职能。因此,凡是涉及维护社会稳定、维护国家主权和领土完整以及正确处理人民内部矛盾的行为,都是政府履行政治职能的体现。

2. B [解析]重事式行政领导方式注重行政组织的目标、任务的完成和效率的提高,以事为中心进行行政领导活动。

3. D [解析]我国行政系统的外部监督体系,主要由立法监督、司法监督、政党监督、监察监督、社会监督等方面构成。D项正确。

二、多项选择题

1. BCD [解析]行政监督是指各类监督主体依法对国家行政机关及其公务员的行政行为所实施的检察、督导活动。它既包括国家行政机关内部的自我监督,又包括行政系统外部环境对行政系统的监督。B项属于外部监督中的社会监督,C项属于内部监督中的专门监督,D项属于外部监督中的司法监督。故选BCD。

2. BC [解析]A项表述不正确,政府要依法行政,执政的主体是中国共产党;D项表述不正确,政府没有立法权。故选BC。

三、判断题

1. × [解析]我国政府职能的转变是由管理型政府向服务型政府转变,但这并不意味着政府职能的弱化。

2. × [解析]我国行政管理活动的主体是国家各级行政机关。

第七部分

第三章　思想道德建设

思维导图

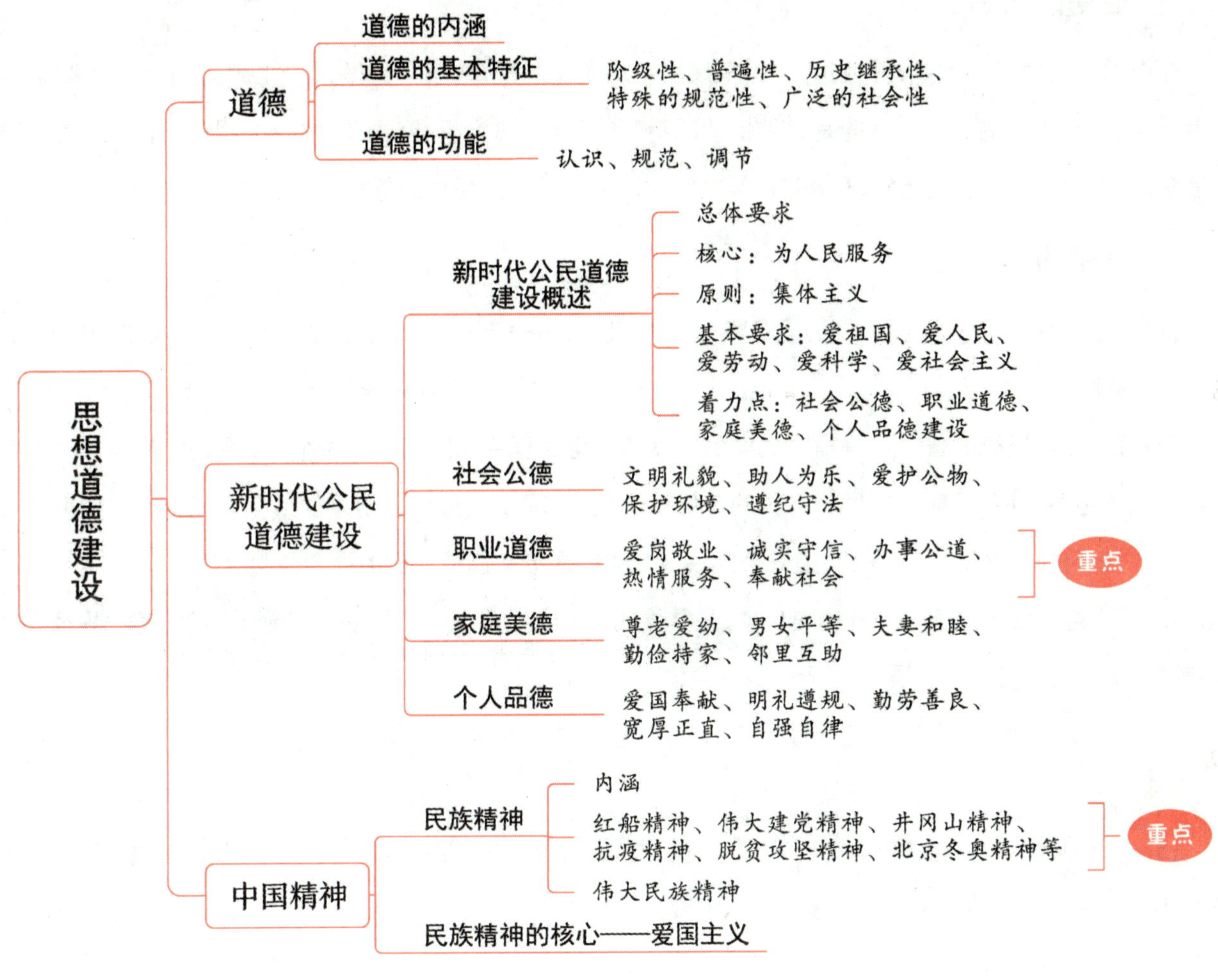

河南考向

本章在河南招教考试中偶有考查，内容较为系统化，需要识记的知识较少。在考试中常以选择题、材料分析题的形式考查。现对本章河南考向分析如下：

考点类型	高频考点	常考题型	能力层级	考查热度
常规考点	职业道德	单选	识记	★★
	民族精神	多选	理解	★★

第七部分

核心考点

第一节 道德

一、道德的内涵

在中国，“道”和“德”原分开使用，“道”指事物运动变化的规律，引申为做人的准则、规矩；“德”即得，指有得于道，引申为人的品德。道德是人类生活所特有的，以善恶为标准，主要依靠**社会舆论、传统习惯和内心信念**，调整人与人、人与社会以及人与自然之间相互关系的行为规范的总和。

二、道德的基本特征

(1)阶级性。在阶级社会中，道德具有鲜明的阶级性，由一定社会和集团的阶级利益所决定，又为一定的阶级利益服务。

(2)普遍性。道德的普遍性是指在人类历史发展的全过程中，不同时代的道德体系之间有着某些共同的或一致的地方；在不同时代或同一时代的阶级社会里，不同阶级或对立阶级的道德之间也有着共同性或一致性，如都用扶老携幼、见义勇为、遵守公共秩序等道德规范来调节人们的社会公共生活。

(3)历史继承性。道德是一种历史现象，是具体的、历史的，有其自身发生、发展和变化的客观规律。道德随着人类社会的发展而发展，具有历史继承性。

(4)特殊的规范性。道德规范是极为特殊的规范，其特殊性表现在道德规范调整人的行为不靠外在强制力，而完全依赖于个人内在的自觉性。

(5)广泛的社会性。道德作为调节人与人、个人与社会的各种利益关系的行为规范，其作用贯穿于人类的各个社会形态，广泛地存在于社会关系的各个领域。

三、道德的功能

(1)道德的认识功能。在现实社会中，道德能帮助人们认识个人与社会、个人与他人以及个人与自然之间的关系。所以，道德的认识功能立足于解决一个“知”的问题。

(2)道德的规范功能。道德的规范功能是指在正确善恶观的指引下，规范社会成员在社会公共领域、职业领域、家庭领域的行为，并规范个人品德的养成，引导并促进人们崇德向善。

(3)道德的调节功能。调节功能是道德最突出也是最重要的社会功能。人们生活在社会中，总要与自己的周围发生这样那样的关系和联系。因此，不可避免地要产生各种各样的矛盾。在非对抗性的矛盾范围内，就需要道德加以调节，即通过社会舆论、风俗习惯、内心信念等特有形式，以自己的善恶标准去调节个人与家庭成员之间、个人与朋友之间、个人与领导之间、个人与集团之间乃至与国家之间的关系。

第二节 新时代公民道德建设

一、新时代公民道德建设概述 【多选、材料分析】 ★

考点 1 总体要求

2019年10月，中共中央、国务院印发了《新时代公民道德建设实施纲要》(以下简称为《纲要》)。《纲要》指出，要以习近平新时代中国特色社会主义思想为指导，紧紧围绕进行伟大斗争、建设伟大工程、推进伟大事业、实现伟大梦想，着眼构筑中国精神、中国价值、中国力量，促进全体人民在理想信念、价值理念、道德观念上紧密团结在一起，在全民族牢固树立中国特色社会主义共同理想，在全社会大力弘扬社会主义核心价值观，积极倡导富强民主文明和谐、自由平等公正法治、爱国敬业诚信友善，全面推进社会公德、职业道德、家庭美德、个人品德建设，持续强化教育引导、实践养成、制度保障，不断提升公民道德素质，促进人的全面发展，培养和造就担当民族复兴大任的时代新人。

真题面对面

[2022信阳淮滨,多,1分]社会主义核心价值观的基本内容包括(　　)

A. 富强、民主、文明、和谐　　B. 自由、平等、公正、法治

C. 爱国、敬业、诚信、友爱　　D. 守法、明礼、诚实、守信

答案:AB

考点 2 核心和原则

为人民服务是新时代公民道德建设的核心。为什么人服务是道德的核心问题。为人民服务是社会主义道德区别和优越于其他社会形态道德的显著标志。为人民服务包含着的高层次的社会主义道德是全心全意为人民服务。

集体主义是新时代公民道德建设的原则。在我国，国家利益、集体利益、社会整体利益和个人利益根本上的一致性，使得集体主义应当而且能够在全社会范围内贯彻实施。第一，集体主义强调国家利益、社会整体利益和个人利益的辩证统一。第二，集体主义强调国家利益、社会整体利益高于个人利益。第三，集体主义重视和保障个人的正当利益。

考点 3 基本要求和着力点

爱祖国、爱人民、爱劳动、爱科学、爱社会主义是新时代公民道德建设的基本要求。

社会公德、职业道德、家庭美德、个人品德建设是新时代公民道德建设的着力点。

二、社会公德

考点 1 社会公德的内涵

社会公德，简称“公德”，是指在人类长期社会实践中逐渐形成的、要求每个社会公民在履行社会义务或

涉及社会公众利益的活动中应当遵循的道德准则。社会公德是人类社会文明成果的一种沉淀和积累。它具有基础性、全民性和相对稳定性的特点。

考点 2 社会公德的内容

《新时代公民道德建设实施纲要》提出，推动践行以**文明礼貌**、**助人为乐**、**爱护公物**、**保护环境**、**遵纪守法**为主要内容的社会公德，鼓励人们在社会上做一个好公民。

表 7-3-1 社会公德

内容	具体说明
文明礼貌	社会公共生活中，人与人之间应该和谐相处，举止文明，以礼相待。自觉杜绝说脏话、随便猜疑、欺骗他人等恶习。这是处世做人最起码的要求
助人为乐	助人为乐、见义勇为是社会成员在公共生活交往中用以调整相互关系的最一般的行为规范。在公共生活中，人与人之间应该团结友爱，相互关心，相互帮助。爱人者人恒爱之，信人者人恒信之
爱护公物	是社会公德极其重要的内容，尤其在公共场合更要注意这一点。要保护国家及公共财产不受侵犯
保护环境	讲究公共卫生，造就优美环境，是人身心健康的重要保证，是社会风尚的一个重要方面，体现出一个民族的文明程度和精神面貌
遵纪守法	法律是对公民行为的必要约束及规范，是对道德的补充。自觉遵守法律法规、纪律，是社会公德**最基本**的要求，具体的要求包括知法、守法和护法

三、职业道德 【单选】 ★★

考点 1 职业道德的内涵

职业道德是指人们在从事各种职业活动的过程中，思想和行为所应遵循的带有职业特征的道德要求和行为准则的统称。职业道德是为了约束和规范全体在职人员。

考点 2 职业道德的内容

《新时代公民道德建设实施纲要》提出，推动践行以**爱岗敬业**、**诚实守信**、**办事公道**、**热情服务**、**奉献社会**为主要内容的职业道德，鼓励人们在工作中做一个好建设者。

表 7-3-2 职业道德

内容	具体说明
爱岗敬业	爱岗敬业是社会主义职业道德最基本、最起码、最普通的要求。爱岗，就是热爱自己的工作岗位，热爱自己的本职工作。敬业，就是以严肃负责的态度对待自己的工作。敬业的核心要求是严肃认真，一心一意，精益求精，尽职尽责
诚实守信	诚实守信是做人的基本准则，是做人之本、立事之基、为政之根
办事公道	办事公道是指对人和事的一种态度。它要求从业人员对待职业服务对象的态度不能有亲疏、贵贱之分，要一视同仁、周到服务
热情服务	从业者对服务对象主动、热情、耐心，服务细致周全

续表

内容	具体说明
奉献社会	这是社会主义职业道德的本质特征，也是社会主义职业道德中**最高层次**的要求。奉献社会自始至终体现在爱岗敬业、诚实守信、办事公道和热情服务的各种要求之中。奉献社会和个人利益是辩证统一的

考点 3 职业道德修养

职业道德修养是指从事各种职业活动的人员，按照职业道德的基本原则和规范，在职业活动中所进行的自我教育、自我锻炼、自我改造和自我完善，使自己形成良好的职业道德品质和达到一定的职业道德境界。

加强职业道德修养的途径与方法：首先，要端正职业态度。其次，要强化职业情感，注重从我国优秀传统道德中汲取营养。最后，要注意历练职业意志。

真题面对面

[2022郑州郑东新区，单，0.5分]在社会生活中，人人都是服务对象，人人又都为他人服务。从业人员对待职业服务对象的态度不能有亲疏、贵贱之分，不管是领导还是群众，是熟人还是生人，是强者还是弱者，都应自觉遵守规章制度，一视同仁、周到服务。这符合社会主义职业道德规范中的（　　）

A. 爱岗敬业　　B. 奉献社会　　C. 服务群众　　D. 办事公道

答案：D

四、家庭美德

考点 1 家庭美德的内涵

家庭美德属于家庭道德范畴，是指每个公民在**家庭生活中**应该遵循的基本行为准则。它涵盖了夫妻、长幼、邻里之间的关系。家庭美德是美满幸福生活的力量源泉，家庭美德对于社会安定团结有着极其重要的作用，弘扬家庭美德是加强社会主义道德建设的需要。

考点 2 家庭美德的内容

《新时代公民道德建设实施纲要》提出，推动践行以**尊老爱幼**、**男女平等**、**夫妻和睦**、**勤俭持家**、**邻里互助**为主要内容的家庭美德，鼓励人们在家庭里做一个好成员。

五、个人品德

考点 1 个人品德的内涵

个人品德是通过社会道德教育和个人自觉的道德修养所形成的稳定的心理状态和行为习惯。它是个体对某种道德要求认同和践行的结果，集中体现了道德认知、道德情感、道德意志、道德信念和道德行为的内在统一。个人品德在社会道德建设中具有基础性的作用。社会公德、职业道德和家庭美德的建设，最终都要落实到个人品德的养成上。

个人品德对道德和法律作用的发挥具有重要的推动作用。个人品德是个体人格完善的重要标志。个人品德是经济社会发展进程中重要的主体精神力量。

考点 2 个人品德的内容

《新时代公民道德建设实施纲要》提出，推动践行以爱国奉献、明礼遵规、勤劳善良、宽厚正直、自强自律为主要内容的个人品德，鼓励人们在日常生活中养成好品行。

考点 3 加强个人道德修养的方法

加强道德修养，应借鉴历史上思想家们所提出的各种积极有效的道德修养方法，结合当今社会发展的需要和当代人道德修养的实践经验，采取一些行之有效的方法。这些方法主要有：学思并重的方法、省察克治的方法、慎独自律的方法、积善成德的方法和知行统一的方法等。

第三节　中国精神

实现中华民族伟大复兴的中国梦，必须弘扬中国精神。这就是以爱国主义为核心的民族精神和以改革创新为核心的时代精神。

一、民族精神　【多选】★★

考点 1 民族精神的内涵

民族精神是一个民族在长期共同生活和社会实践中形成的，为本民族大多数成员所认同的价值取向、思维方式、道德规范、精神气质的总和，是一个民族赖以生存和发展的精神支柱。

在五千多年的发展中，中华民族形成了以爱国主义为核心的团结统一、爱好和平、勤劳勇敢、自强不息的伟大民族精神。我们党领导人民在长期实践中不断结合时代和社会的发展要求，丰富着这个民族精神。

考点 2 民族精神的发展

1. 红船精神和伟大建党精神

红船精神：开天辟地、敢为人先的首创精神，坚定理想、百折不挠的奋斗精神，立党为公、忠诚为民的奉献精神。红船精神是中国革命精神之源。

伟大建党精神：坚持真理、坚守理想，践行初心、担当使命，不怕牺牲、英勇斗争，对党忠诚、不负人民。

重难点解读

“红船精神”和伟大建党精神是对中国共产党建党精神不同层面上的表述，两者不能互相取代。伟大建党精神是百年前“党的建立”和百年进程中“党的建立”精神力量的总概括，是从时间概念上更是从内容要求上体现“中国共产党的精神之源”。而“红船精神”则是中国共产党创建初期中国革命精神的具体体现，更侧重于从时间概念上体现“中国革命精神之源”。

2. 新民主主义革命时期的民族精神(摘录)

井冈山精神:坚定信念、艰苦奋斗、实事求是、敢闯新路、依靠群众、勇于胜利。

长征精神:①把全国人民和中华民族的根本利益看得高于一切,坚定革命的理想和信念,坚信正义事业必然胜利的精神;②为了救国救民,不怕任何艰难险阻,不惜付出一切牺牲的精神;③坚持独立自主、实事求是,一切从实际出发的精神;④顾全大局、严守纪律、紧密团结的精神;⑤紧紧依靠人民群众,同人民群众生死相依、患难与共、艰苦奋斗的精神。

延安精神:坚定正确的政治方向、解放思想实事求是的思想路线、全心全意为人民服务的根本宗旨、自力更生艰苦奋斗的创业精神。

抗战精神:天下兴亡、匹夫有责的爱国情怀,视死如归、宁死不屈的民族气节,不畏强暴、血战到底的英雄气概,百折不挠、坚忍不拔的必胜信念。

3. 社会主义革命和建设时期的民族精神(摘录)

红旗渠精神:自力更生、艰苦创业、团结协作、无私奉献。

焦裕禄精神:亲民爱民、艰苦奋斗、科学求实、迎难而上、无私奉献。

“两弹一星”精神:热爱祖国、无私奉献,自力更生、艰苦奋斗,大力协同、勇于登攀。

4. 改革开放和社会主义现代化建设新时期的民族精神(摘录)

载人航天精神:特别能吃苦,特别能战斗,特别能攻关,特别能奉献。

抗震救灾精神:万众一心、众志成城,不畏艰险、百折不挠,以人为本、尊重科学。

5. 中国特色社会主义新时代的民族精神(摘录)

抗疫精神:生命至上、举国同心、舍生忘死、尊重科学、命运与共。

脱贫攻坚精神:上下同心、尽锐出战、精准务实、开拓创新、攻坚克难、不负人民。

北京冬奥精神:胸怀大局、自信开放、迎难而上、追求卓越、共创未来。

考点 3 伟大民族精神

中国人民在长期奋斗中培育、继承、发展起来的伟大民族精神包括:伟大创造精神、伟大奋斗精神、伟大团结精神和伟大梦想精神。

伟大创造精神:辛勤劳作、发明创造。

伟大奋斗精神:革故鼎新、自强不息。

伟大团结精神:团结一心、同舟共济。

伟大梦想精神:心怀梦想、不懈追求。

第七部分

真题面对面

[2022 郑州市直,单,1.2分]2022年4月8日,北京冬奥会、冬残奥会总结表彰大会在北京人民大会堂隆重举行。国家主席习近平指出,北京冬奥精神就是(　　)。我们要大力弘扬北京冬奥精神,以更

加坚定的自信、更加坚决的勇气，向着实现第二个百年奋斗目标奋勇前进，向着实现中华民族伟大复兴的中国梦奋勇前进。

A. 胸怀大局、自信开放、迎难而上、追求卓越、共创未来

B. 胸怀大局、自信开放、真诚奉献、追求卓越、共创未来

C. 胸怀大局、昂扬振奋、迎难而上、追求卓越、共创未来

D. 胸怀大局、自信开放、迎难而上、志存高远、共创未来

答案：A

二、民族精神的核心——爱国主义 【单选】★

考点1 爱国主义的基本内涵

爱国主义的基本内涵包括：爱祖国的大好河山、爱自己的骨肉同胞、爱祖国的灿烂文化和爱自己的国家。

爱国主义包含着情感、思想和行为三个基本方面。其中，情感是基础，思想是灵魂，行为是体现。爱国情感是人们对祖国的一种直接感受和情绪体验；爱国思想是人们对祖国的理性认识；爱国行为是人们身体力行、报效祖国的实际行动，是爱国主义精神的落脚点和归宿。只有做到爱国的情感、思想和行为一致的人，才是真正的爱国者。

考点2 爱国主义的时代要求

新时代的爱国主义要求：(1)坚持爱国主义和社会主义相统一；(2)维护祖国统一和民族团结；(3)尊重和传承中华民族历史和文化；(4)必须坚持立足民族又面向世界。

考点3 《新时代爱国主义教育实施纲要》

中共中央、国务院于2019年11月印发了《新时代爱国主义教育实施纲要》。《新时代爱国主义教育实施纲要》指出：坚持把实现中华民族伟大复兴的中国梦作为鲜明主题。坚持爱党爱国爱社会主义相统一。当代中国，爱国主义的本质就是坚持爱国和爱党、爱社会主义高度统一。坚持以维护祖国统一和民族团结为着力点。坚持以立为本、重在建设。坚持立足中国又面向世界。

第七部分

核心考点回顾

1. 新时代公民道德建设的核心、原则分别是什么？(参见本书P391)

2. 职业道德的内容是什么？(参见本书P392)

3. 民族精神的核心是什么？(参见本书P396)

达标测评

建议用时	实际用时	测评总分	实际得分
7分钟	____分钟	7分	____分

一、单项选择题(每小题1分,共5分)

1. 国家公职人员遵纪守法,照章办事,不论远近亲疏都一视同仁;教师平等地对待每个学生,没有智力高低和家庭贫富贵贱之分;售货员公平地对待每位顾客,服务热情,童叟无欺。这是(　　)

A. 助人为乐的社会公德的要求　　B. 办事公道的职业道德的要求

C. 尊老爱幼的社会公德的要求　　D. 恪守职责的职业道德的要求

2. 一百年前,中国共产党的先驱们创建了中国共产党,形成了伟大的建党精神,中国共产党伟大建党精神的内涵不包括(　　)

A. 坚持真理,坚守理想　　B. 践行初心,担当使命

C. 舍生取义,视死如归　　D. 不怕牺牲,英勇斗争

3. 社会公德最基本的要求是(　　)

A. 明礼诚信　　B. 遵纪守法

C. 爱岗敬业　　D. 热情服务

4.《新时代公民道德建设实施纲要》在总体要求中明确指出,持续强化教育引导、实践养成、制度保障,不断提升公民道德素质,促进人的全面发展,培养和造就(　　)

A. 担当社会主义现代化的时代新人　　B. 担当民族复兴大任的时代新人

C. 社会主义建设者和接班人　　D. 新时代的爱国者与奋斗者

5. 反映一定阶级的利益和要求并为阶级的利益和要求服务指的是道德的(　　)

A. 进步性　　B. 历史性

C. 阶级性　　D. 全人类性

二、判断题(每小题1分,共2分)

1. 为人民服务是社会主义道德区别和优越于其他社会形态道德的显著标志。(　　)

2. 职业道德是为了约束和规范全体在职人员。(　　)

参考答案及解析

一、单项选择题

1. B　[解析]职业道德是社会道德在职业生活中的具体体现,题干中国家公职人员、教师、售货员的行为都

是职业生活中的行为。AC两项与题意不符,排除。办事公道要求从业人员对待职业服务对象不能有亲疏、贵贱之分,要一视同仁、周到服务,B项符合题意。

2. C [解析]伟大建党精神指的是坚持真理、坚守理想,践行初心、担当使命,不怕牺牲、英勇斗争,对党忠诚、不负人民。C项不属于伟大建党精神的内涵。

3. B [解析]遵纪守法是社会公德最基本的要求。对一个公民来说,法律意识强不强,是否自觉维护公共场所的秩序,体现着他的精神道德风貌。遵纪守法同时也是保证社会健康、有序发展的基础。故本题答案选B。

4. B [解析]《新时代公民道德建设实施纲要》提出,全面推进社会公德、职业道德、家庭美德、个人品德建设,持续强化教育引导、实践养成、制度保障,不断提升公民道德素质,促进人的全面发展,培养和造就担当民族复兴大任的时代新人。

5. C [解析]在阶级社会中,道德具有鲜明的阶级性,由一定社会和集团的阶级利益所决定,又为一定的阶级利益服务。

二、判断题

1. √ [解析]为人民服务是新时代公民道德建设的核心,是社会主义道德区别和优越于其他社会形态道德的显著标志。

2. √ [解析]职业道德是全体在职人员在职业活动中应该遵循的基本行为准则。

第七部分

第八部分

材料分析与文章写作

内容导学

CONTENT GUIDANCE

河南省教师招聘考试材料分析与文章写作部分共两章。

第一章主要介绍三种不同类型的材料分析题。

第二章主要是对文章写作的介绍。

考生要重点掌握第一章的内容。在备考时,应结合历年真题与自身实际,注重练习。

第一章 材料分析

思维导图

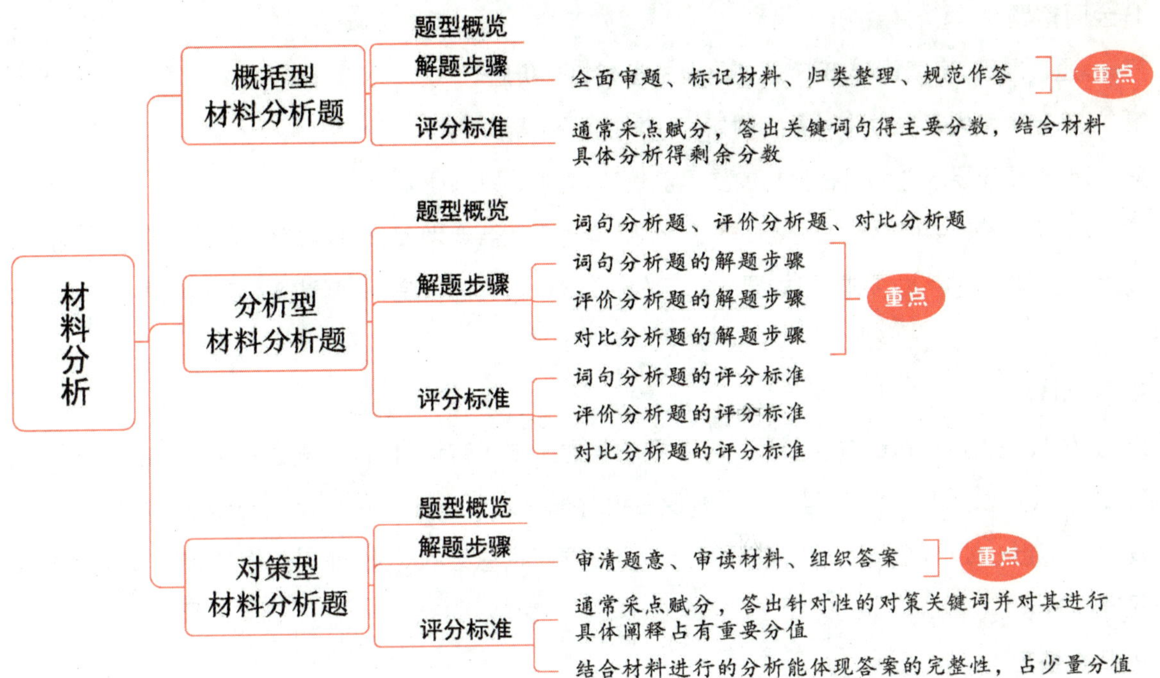

河南考向

在河南招教考试中，本章题型在郑州、安阳等地的考试中均有涉及，内容较为系统化，需要运用的知识较多。现对本章河南考向分析如下：

考点类型	高频考点	能力层级	考查热度
常规考点	概括型材料分析题的解题步骤	运用	★★
	分析型材料分析题的解题步骤	运用	★★★
	对策型材料分析题的解题步骤	运用	★★

核心考点

第一节 概括型材料分析题

一、题型概览

河南省教师招聘考试中的概括型材料分析题通常会给出1~3个材料，要求考生结合材料，对材料内容进行概括、总结，得出某种事物的某个具体要素的内容，例如功能、作用、影响、原因、特点等。分值通常在7~12

第八部分

分。例如：

(2022郑州郑东新区真题)结合上述材料，试论文化的社会功能。(7分)

(2021安阳龙安区真题)结合上述材料，请分析当前部分网络平台青少年模式效果欠佳的原因。(12分)

(2019安阳龙安区真题)结合材料，分析说明我们“坚定文化自信，推动社会主义文化繁荣兴盛”的原因。(10分)

二、解题步骤 ★★

1. 全面审题

第一，通读题干，读懂题意，确定题型是概括型材料分析题。

第二，确定提取内容的主体对象。例如，某事件、某种情形等。

第三，明确题干要求总结概括得出的要素。例如，功能、原因、影响等。

第四，确定作答需要结合或者分析的材料范围，有时仅需要参考部分材料，有时则需要参考全部材料。

最后，注意作答的字数要求、格式要求。例如，要求：(1)条理清楚，举例贴切，简明扼要；(2)不超过500字等。

2. 标记材料

标记材料，是提炼材料的首要步骤。考生要根据题干要求审读材料，在符合题干要求的句子旁作出标记，标记的方式可以是下划线、序号，等等，方便后续对答案进行整理。此外，标记要清楚且有区别性。此类概括题往往不止一处答题要点，有时甚至不止一个需要概括总结的对象，作出能够清楚区分要素的标记有助于提升作答效率。

3. 归类整理

归类整理的基本原则是：同类合并、异类罗列。

同类合并指将勾画出的材料进行归类，同类的内容进行合并。

异类罗列指将不相同、不属于同一类别的内容分开阐述，进行罗列。

4. 规范作答

大部分题目没有对卷面、字数、格式等方面进行要求，但考生在作答时仍要兼顾这些方面。

第一，卷面整洁、字迹工整。这样不仅能传达出考生认真严谨的作答态度，还有利于避免因字迹潦草、卷面脏乱等原因导致考官无法找到答卷中的得分要点。

第二，字数合适。这样不仅能避免因过于简略而导致答案不全面、结合材料不充分，还能避免因内容过多而导致考官找不到答卷中的得分要点。

第三，格式恰当。这样不仅能使答案逻辑清晰、层次分明、要点明确，还能方便考生查漏补缺，有条理地完善答案。概括型材料分析题的答案通常采用多个小序号分条表述，每条内容之间为并列关系，均以“总括句+具体表述”的形式展开叙述。

[示例1](2022郑州郑东新区真题)

材料1

舞蹈诗剧《只此青绿》以古典舞蹈再现山水画之美，令观众惊叹；舞蹈《唐宫夜宴》再现盛唐风采，让观众

感叹传统文化的深厚积淀。《国家宝藏》《典籍里的中国》《中国诗词大会》等节目，让文物说话，让历史说话，让文化说话，把历史智慧告诉人们。越来越多的人在欣赏节目的同时，感受到中华优秀传统文化之美，不断增强文化自信；以传统文化标识为设计元素的故宫文创产品火遍全球，销售额节节攀高；文化与科技融合，数字文化新业态已成为文化产业发展的新引擎……党的十八大以来，一系列富有创新、富有成效的政策举措激活了传统文化。近年来，在城市和乡镇的大街小巷，城市书房、文化驿站、乡村文化礼堂等公共文化空间层出不穷，为广大群众提供了优质的公共文化服务，也为加强和创新社会治理探索了新路径。比如，一些地方通过建立村史馆、编辑整理村史村志等，塑造具有乡村特色的文化符号和精神地标；一些地方深入阐发乡土文化中团结友爱、扶危济困等优良品德，发挥其道德教化、凝聚人心的功能；一些地方积极培育和发挥新乡贤的作用，强化新乡贤对家乡的归属感和责任感，并充分发挥新乡贤在乡村治理中的作用；等等。社会主义先进文化是在中国共产党领导全国各族人民进行社会主义建设和改革实践中形成和发展起来的，先后涌现出雷锋精神、大庆精神、红旗渠精神、“两弹一星”精神、载人航天精神、北京奥运精神、抗洪救灾精神等。社会主义先进文化是对中华优秀传统文化和革命文化的继承与升华，为建设中国特色社会主义提供了强大精神动力。有评论指出，要想在现代世界里保持自己的文化自信，就既要对传统文化保持敬畏传承的态度，也要时刻保持清醒反思和净化革新的自觉。

材料2

党的十九届六中全会指出：“中华优秀传统文化是中华民族的突出优势，是我们在世界文化激荡中站稳脚跟的根基，必须结合新的时代条件传承和弘扬好。”全会还强调“推动中华优秀传统文化创造性转化、创新性发展”。习近平总书记在四川考察时强调：“中华民族有着五千多年的文明史，我们要敬仰中华优秀传统文化，坚定文化自信。要善于从中华优秀传统文化中汲取治国理政的理念和思维”。百年来，中国共产党坚持把马克思主义基本原理同中国具体实际相结合、同中华优秀传统文化相结合，不断开辟马克思主义新境界，完成了中国其他各种政治力量不可能完成的艰巨任务。中共中央办公厅、国务院办公厅印发的《关于实施中华优秀传统文化传承发展工程的意见》提出：“深入挖掘中华优秀传统文化价值内涵，进一步激发中华优秀传统文化的生机与活力”。新征程上，我们要坚持以习近平新时代中国特色社会主义思想为指导，推动中华优秀传统文化创造性转化、创新性发展，为中华民族伟大复兴筑牢深厚文化根基、提供强大精神力量。

题目：结合上述材料，试论文化的社会功能。(7分)

【解题步骤】

(1)全面审题

首先通读题干，明确题目属于根据材料概括“功能”的概括型材料分析题，主体对象是“文化”，具体要素是“社会功能”。接下来，快速浏览题中给出的两个材料，可以发现只有材料1与文化的社会功能有关，因此本题只需要结合材料1进行作答。最后，明确本题并没有作答字数和特殊格式的要求。

(2)标记材料

根据题干要求提炼材料，在符合题干要求的句子旁作出标记：

舞蹈诗剧《只此青绿》以古典舞蹈再现山水画之美，令观众惊叹；舞蹈《唐宫夜宴》再现盛唐风采，让观众感叹传统文化的深厚积淀。《国家宝藏》《典籍里的中国》《中国诗词大会》等节目，让文物说话，让历史说话，让文化说话，把历史智慧告诉人们。①越来越多的人在欣赏节目的同时，感受到中华优秀传统文化之美，不断增强文化自信；②以传统文化标识为设计元素的故宫文创产品火遍全球，销售额节节攀高；文化与科技融合，数字文化新业态已成为文化产业发展的新引擎……党的十八大以来，一系列富有创新、富有成效的政策举措激活了传统文化。近年来，在城市和乡镇的大街小巷，城市书房、文化驿站、乡村文化礼堂等公共文化空间层出不穷，为广大群众提供了优质的公共文化服务，也③为加强和创新社会治理探索了新路径。比如，一些地方通过建立村史馆、编辑整理村史村志等，④塑造具有乡村特色的文化符号和精神地标；一些地方深入阐发乡土文化中团结友爱、扶危济困等优良品德，⑤发挥其道德教化、凝聚人心的功能；一些地方积极培育和发挥新乡贤的作用，强化新乡贤对家乡的归属感和责任感，并充分发挥新乡贤在乡村治理中的作用；等等。社会主义先进文化是在中国共产党领导全国各族人民进行社会主义建设和改革实践中形成和发展起来的，先后涌现出雷锋精神、大庆精神、红旗渠精神、“两弹一星”精神、载人航天精神、北京奥运精神、抗洪救灾精神等。⑥社会主义先进文化是对中华优秀传统文化和革命文化的继承与升华，为建设中国特色社会主义提供了强大精神动力。有评论指出，要想在现代世界里保持自己的文化自信，就既要对传统文化保持敬畏传承的态度，也要时刻保持清醒反思和净化革新的自觉。

(3)归类整理

①越来越多的人在欣赏节目的同时，感受到中华优秀传统文化之美，不断增强文化自信。

②以传统文化标识为设计元素的故宫文创产品火遍全球，销售额节节攀高；文化与科技融合，数字文化新业态已成为文化产业发展的新引擎。

③为加强和创新社会治理探索了新路径。

④塑造具有乡村特色的文化符号和精神地标。

⑤发挥其道德教化、凝聚人心的功能。

⑥社会主义先进文化是对中华优秀传统文化和革命文化的继承与升华，为建设中国特色社会主义提供了强大精神动力。

(4)规范作答

参考答案：①促进文化普惠：唤起民众对文化的热爱，提升民众的文化认知，增强文化自信；②发展文化产业：发展文化创意产业，提高经济效益；③优化社会治理：为加强和创新社会治理探索新路径，以润物细无声的方式实现社会善治；④助力乡村振兴：塑造具有乡村特色的文化符号和精神地标；⑤发挥教育功能：道德教化、凝聚人心；⑥提供精神动力：为建设中国特色社会主义提供强大精神动力。

(批注：本题答案采用并列结构，围绕文化的社会功能阐述文化在各个方面起到的作用，作答时使用小序号，按照“总括句+具体表述”的形式行文。)

三、评分标准

概括型材料分析题通常采点赋分，答出关键词句得主要分数，结合材料具体分析得剩余分数。

以[示例1]为例：

参考答案：①促进文化普惠：……；②发展文化产业：……；③优化社会治理：……；④助力乡村振兴：……；⑤发挥教育功能：……；⑥提供精神动力：……。

（共7分。每点1分，答出“文化普惠”“文化产业”“社会治理”“乡村振兴”“教育功能”“精神动力”等关键词及具体描述可得6分，结合材料具体分析得1分。答案完整得满分。）

第二节　分析型材料分析题

一、题型概览

河南省教师招聘考试中的分析型材料分析题通常要求考生结合材料，进行词句分析、评价分析或对比分析。分值通常在8~25分。

1.词句分析题

词句分析题要求考生谈谈对某词、某句子的理解或分析其内涵。例如：

（2022郑州郑东新区真题）有评论指出，中华优秀传统文化创造性转化关键在“用”，创新性发展关键在“创”，对此，请谈谈你的理解。（8分）

2.评价分析题

评价分析题要求考生对某种现象、观点进行评价和分析。

3.对比分析题

对比分析题要求考生对比分析多主体的异同，例如：

（2022郑州市直真题）认真研读给定资料，谈谈“公共卫生服务”与“医疗卫生服务”的异同，并举例说明二者之间的关系。（25分）

要求：（1）条理清楚，举例贴切，简明扼要；（2）不超过500字。

二、解题步骤 ★★★

1.词句分析题的解题步骤

首先应定位出题干词句在材料中的位置，联系上下文答出该词句的表层含义。这一步可将题干给出的词句进行拆词断句，确定其中晦涩难懂的词的含义后，再进行同义替换（就近原则）。

然后要结合材料与已有知识，指出该词句的深层含义，即：（1）为什么会出现这种问题、现象或观点——原因；（2）为什么要探讨这句话——背景、影响。

最后，作出结论或说明怎么解决或落实。

另外，要注意作答的字数要求、格式要求。

[示例2]（2022郑州郑东新区真题）

材料：同[示例1]

题目：有评论指出，中华优秀传统文化创造性转化关键在“用”，创新性发展关键在“创”，对此，请谈谈你的理解。（8分）

参考答案：①这句话是指中华优秀传统文化创造性转化关键在实用性，创新性发展关键在创新性。②一方面，创造性转化关键在实用。文化的目的是为人民服务、为社会主义服务。实用性就是惠民性，是一种“活态的保护”，能够丰富人们的精神生活，满足人们多元化的文化需求，是实在的民生工程，体现人民群众的获得感和幸福感。③另一方面，创新性发展关键在创新性。文化自身的继承与发展，是一个不断创新的过程。社会不断出现新情况，提出新问题，需要文化不断创新，以适应新情况，回答新问题。只有在实践中不断创新，传统文化才能焕发生机、历久弥新，民族文化才能充满活力、日益丰富。④因此，应该推进公共文化服务体系建设，形成公共文化服务网络，同时增强文化创新力，以时代创新创造的力量激活中华优秀传统文化的生命力，在赓续血脉中增强文化自信。

（批注：首先直白地解释题干中句子的含义，重点阐述“用”和“创”的含义，然后围绕文化的创造性转化和创新性发展展开分析，强调两方面的重要性和必要性，然后谈落实措施。）

2. 评价分析题的解题步骤

首先应亮明观点或表明立场(个别较为晦涩难懂的题目需要先解释再表态)，明确指出题干中的观点是正确的、错误的或者是需要辩证看待的。表态不能随心所欲，要根据材料和题干的倾向性来定。常用的表态词有以下几种：

（1）正确：支持、赞同、合理、理解、很重要等；

（2）错误：片面、偏激、不科学、不支持、反对、存在……问题等；

（3）部分正确：不完全正确、需辩证看待、有利有弊等。

重难点解读

部分题目会出现已亮明观点或表明立场的情况，考生作答时可以省略上述步骤，直接进入下一个步骤。

然后要进行多角度的分析论证，说明为何持这种态度。此时可结合材料信息与已有知识进行综合分析，从原因、作用、意义等多个方面着手进行表述，充分论证自己的观点。

最后要结合题干要求，简单提出对策或下结论。总体思路呈现“总–分–总”的结构。

另外，注意作答的字数要求、格式要求。

3. 对比分析题的解题步骤

首先应快速浏览材料，找出题干中要求进行对比的不同主体的特点或观点并进行概括提炼，即找出分别“是什么”。

然后要结合材料内容，找出不同主体间可进行对比分析的角度，并围绕这几个角度展开比较。

最后，形成比较的结论或提出合理的举措。

另外，要注意作答的字数要求、格式要求。

易混点辨析

有的题目仅要求比较相同点或异同点，有的题目则隐含着进行多角度的全面对比的要求。当题干要求进行异同点对比时，考生需要研读材料找出重点，然后对相同点和不同点分类分条进行梳理。

[示例3](2022郑州市直真题)

材料1

人民网北京2022年1月24日电 为进一步健全新冠肺炎疫情社区防控体系,夯实联防联控、群防群控的基层基础,提高基本公共卫生服务水平,切实保障群众身体健康和生命安全,近日,民政部、国家卫生健康委、国家中医药局、国家疾控局印发《关于加强村(居)民委员会公共卫生委员会建设的指导意见》(以下简称《指导意见》)指出,力争用两年左右的时间,实现公共卫生委员会机制全覆盖、能力普遍提升、作用有效发挥,初步建立起常态化管理和应急管理动态衔接的基层公共卫生管理机制。

社区防控是新冠肺炎疫情防控的重要环节,村(居)民委员会公共卫生委员会(以下简称"公共卫生委员会")是组织群众参与做好社区防控工作的重要力量。

对此,《指导意见》明确,公共卫生委员会是村(居)民委员会下属委员会,在村(社区)党组织统一领导和村(居)民委员会统一管理下开展工作。建立健全村(社区)卫生服务机构和公共卫生委员会协调联动工作机制,协助做好社区老年人、未成年人、残疾人、困难家庭成员等重点人群健康服务。鼓励村(社区)群团组织、社会组织、驻区单位、物业服务企业参与公共卫生委员会相关工作机制。

公共卫生委员会的基本职责包括制定村(社区)公共卫生工作方案和突发公共卫生事件应急预案,组织开展突发公共卫生事件应急演练;在卫生健康部门支持、指导下开展传染病和重大疫情防控处置等工作。在发生突发公共卫生事件时,公共卫生委员会应根据基层党委和政府统一调度做好应急响应,组织动员社会组织、社会慈善资源和社会工作者、社区志愿者参与疫情防控工作。

《指导意见》提出,公共卫生委员会联系服务居民群众的方式包括一方面广泛吸收乡镇卫生院、村卫生室、街道(社区)卫生服务中心(站)、社区养老服务机构内设医疗机构等机构的医务人员以及健康指导员、家庭保健员以及退休医务人员等担任公共卫生委员会成员;另一方面组织居民群众做好村(社区)环境卫生工作、开展爱国卫生等活动;还应组织动员社会组织、社会慈善资源和社会工作者、社区志愿者参与卫生防疫、居民健康知识普及、环境卫生整治、垃圾分类宣传值守等活动。

材料2

1月27日,2022年全国卫生健康工作会议在北京召开。会议强调,要牢记维护人民健康的初心使命,一年接着一年干,一张蓝图绘到底。

一是毫不放松抓好新冠肺炎疫情防控工作。

二是巩固深化医改成果,推动公立医院高质量发展,推广三明医改经验,加强公立医院内部管理,抓好国家医学中心、国家区域医疗中心和临床重点专科建设和规划布局。

三是以基层为重点,巩固健康扶贫成效与乡村振兴相衔接,促进乡村医疗卫生体系健康发展,提升县域综合服务能力。

四是深入推进健康中国行动,完善重大疾病防控策略,加强重大传染病和慢性病防治。

五是推进疾控体系改革,加强基层疾控机构能力建设,筑牢公共卫生安全防护网。

六是积极应对人口老龄化,扎实开展老年健康服务工作,完善积极生育支持措施,全面加强"一老一小"

服务供给，提高优生优育服务水平。

……

3月4日，2022年全国卫生健康财务工作电视电话会议在京召开。

会议指出，要以供给侧结构性改革为主线，以建设强大的公共卫生服务体系、建设完善高效协同的医疗卫生服务体系、推进优质医疗资源扩容并均衡布局为突破点，协调财政、医保等部门，集成相关优势资源，带动服务体系转型升级。

会议指出，下一阶段的主要任务是在实现“基本医疗有保障”的基础上，把农村卫生健康工作提高到新的水平，实现“从有到优”的转变。要调整优化现有政策措施，健全因病返贫风险人群监测预警和精准帮扶机制，防止规模性因病返贫致贫；健全巡诊、派驻机制，完善易地扶贫搬迁集中安置区卫生院、卫生室设置，加强合格医务人员配备，确保乡村医疗卫生服务动态全覆盖。

会议要求，强化农村卫生健康事业可持续发展的政策和措施，持续巩固基本医疗有保障成果，持续提高农村医疗卫生服务能力和质量，持续提升农村群众健康水平，为乡村振兴提供坚实的健康保障。

题目：认真研读给定资料，谈谈“公共卫生服务”与“医疗卫生服务”的异同，并举例说明二者之间的关系。(25分)

要求：(1)条理清楚，举例贴切，简明扼要；(2)不超过500字。

参考答案：(1)相同点：让居民享有安全、便捷和经济的基本医疗和公共卫生服务，切实保障群众身体健康和生命安全。二者都是造福人民的事业，关系到广大人民群众的切身利益，对我国经济效益和社会效益均具有一定的影响。

(2)不同点：①基本概念不同：公共卫生服务是国家基本公共卫生服务项目，开展服务项目所需资金主要由政府承担，城乡居民可直接受益。医疗卫生服务是指医疗服务机构对患者进行检查、诊断、治疗、康复和提供预防保健、接生、计划生育等方面的服务，以及与这些服务有关的提供药品、医用材料器具、救护车、病房住宿和伙食的业务。②性质不同：公共卫生服务的公益性较强，参与公共卫生服务工作的多为社会组织、社会慈善资源和社会工作者、社区志愿者等；医疗卫生服务的专业性较强，提供服务的多是专业医护人员，医疗资源较优质。③服务对象不同：公共卫生服务是我国政府针对当前城乡居民存在的主要健康问题，以儿童、孕产妇、老年人、残疾人、困难家庭成员等为重点人群，面向全体居民免费提供的最基本的公共卫生服务。医疗卫生服务主要是以病人和一定社会人群为主要服务对象。

总而言之，公共卫生服务与医疗卫生服务是我国卫生体系的两个重要组成部分，要增强各主体的理念共识和责任认同，推动二者高效协同发展。

(批注：此题答案分相同点和不同点两个部分，重点书写不同点。在具体描述部分需要结合实际展开说明，也就是用举例的方式来阐明二者之间的关系。)

三、评分标准

分析型材料分析题通常分层分点进行赋分。词句分析题中的表层含义、评价分析题中的亮明观点、对比分析题中的分类作答均有相应的分值。

1.词句分析题的评分标准

词句分析题中，对表层含义的解释、最后的总结、对策均占有一定的分值，而中间的展开分析则多为按点或分层赋分。

以[示例2]的参考答案为例：

解释含义：这句话是指……（2分，解读题干时有关键词“实用”“创新”可分别得1分）

展开分析：②创造性转化关键在实用……③创新性发展关键在创新性……

（分两层展开分析，每层2分，有关键词“实用”“创新”可分别得1分，论述结合材料，言之有理即可得全分）

总结对策：应该推进公共文化服务体系建设，形成……（2分，意思相近即可得分）

2.评价分析题的评分标准

评价分析题中，首句亮明观点占有一定的分值，关系到后文的展开分析和对策、总结的方向性。展开分析部分通常按点或分层赋分，紧扣材料，言之有理即可。最后的结论或对策部分通常只占少量分值，说法正确，详略得当即可。

3.对比分析题的评分标准

对比分析题中，若只需对比不同点或相同点的其中之一，则通常采点赋分，答出关键词即可得部分分值，再结合材料有理有据分析即可得全部分数。若需对比异同点，则通常分类分条赋分，侧重点的分值稍重，答出关键词可得部分分值，再结合材料或具体实际进行描述即可得全部分数。

以[示例3]的参考答案为例：

答出相同点：……关系到广大人民群众的切身利益，对我国经济效益和社会效益均具有一定的影响。

（共5分，答出“群众的切身利益”“经济效益”“社会效益”等关键词各1分，结合材料或实际合理分析得2分。）

答出不同点：①基本概念不同：……②性质不同：……③服务对象不同：……

（共18分，至少3个角度，答出“基本概念”“性质”“服务对象”等角度各4分；各角度结合材料与实际具体描述或举例得2分）

形成比较的结论或提出合理的举措：总而言之，……（2分，言之有理即可得分）

第三节　对策型材料分析题

一、题型概览

河南省教师招聘考试中的对策型材料分析题通常要求考生结合材料，针对某一事物或问题提出合理有效的对策、措施、建议、方法等。分值通常在10~15分。例如：

（2022郑州郑东新区真题）你认为推动中华优秀传统文化创造性转化与创新性发展可采取哪些有效措施？（10分）

（2021安阳龙安区真题）对于材料二中不同专家学者提出的建议你怎么看？你认为推进网络平台青少

年模式提质增效最有效的方法是什么？为什么？(15分)

(2019安阳龙安区真题)结合材料，运用思想道德建设的有关知识，分析如何培养担当民族复兴大任的时代新人。(12分)

二、解题步骤 ★★

1. 审清题意

在答题前，考生要认真审题，把握题干。要明确题目一共有几问，除提出对策外是否还有别的问题需要回答，提出对策的对象是什么，需要提出的是哪方面的对策等。

2. 审读材料

对策型材料分析题的答案要点一般都蕴含在材料中，需要考生一一找出或进行推导。若材料中已给出具体对策，可以在审读材料的过程中标记出具体内容，并进行适当的归纳整理。若材料中只给出了题干对象的问题、危害、原因等要素，则可以进行反推，也可以根据自身经验提出针对性对策。

表8-1-1　对策维度

对策维度	具体内容
制度建设	建立、完善、普及、落实
文化发展	挖掘、引导、继承、创新
思想观念	宣传、教育、树立榜样、以身作则
人才队伍	培养、引进、培训、吸引(工资、福利、晋升)
经济保障	财政补贴、税费减免、金融扶持、社会融资、公益慈善
科学技术	运用、改进、创新
监督管理	政府：互查机制、绩效管理、行政问责、制定标准； 社会：媒体、群众
公议公开	公示、听证、专家咨询论证
调查研究	因地制宜、决策依据

3. 组织答案

在组织答案时，既要注意答案结构的完整性，又要注意对策的可行性。

在形式上，答案的整体应由多条对策组成，单条对策通常包括主旨句及其具体阐释，在具体阐释中又包括该条对策的实施主体、实施内容和实施目的等因素。

在内容上，提出的对策应针对有效、具体可行、合情合理、系统周全，最好依据材料中提到的问题的紧迫性分先后进行解决。

[示例4](2022郑州郑东新区真题)

材料：同[示例1]

题目：你认为推动中华优秀传统文化创造性转化与创新性发展可采取哪些有效措施？(10分)

参考答案：

（1）推动中华优秀传统文化创造性转化要与社会治理相结合：①系统梳理各类传统文化资源，深入挖掘中华优秀传统文化，涵养社会主义核心价值观；②政府出台各项政策，在城乡打造公共文化空间，完善公共文化服务，实施文化惠民工程；③发展社会主义先进文化，凝聚精神力量。

（2）推动中华优秀传统文化创新性发展要坚持与时俱进：①在继承优秀传统文化的基础上，坚持以创新为引领，不断利用新技术创新传播形式，打造文化节目；②大力发展文化创意产业，以传统文化为标识设计文化创意产品。

（批注：此题要围绕“创造性转化”和“创新性发展”两个方面提出措施，具体可按照“与社会治理相结合”和“坚持与时俱进”展开，再逐个进行具体阐释。）

三、评分标准

对策型材料分析题通常采点赋分，答出针对性的对策关键词并对其进行具体阐释占有重要分值；结合材料进行的具体分析能体现答案的完整性，占少量分值。

以[示例4]的参考答案为例：

（1）推动中华优秀传统文化创造性转化要与社会治理相结合：……（“创造性转化”角度5分。“与社会治理相结合”“系统梳理各类传统文化资源”“文化惠民”“发展社会主义先进文化”等关键词及具体描述每点1分，全部答出可得4分，结合材料具体分析得1分，答案完整得满分）

（2）推动中华优秀传统文化创新性发展要坚持与时俱进：……（“创新性发展”角度5分。“与时俱进”“创新传播形式”“发展文化创意产业”“设计文化创意产品”等关键词及具体描述每点1分，全部答出可得4分，结合材料具体分析得1分，答案完整得满分）

核心考点回顾

1. 概括型材料分析题的解题步骤是什么？（参见本书P402）

2. 分析型材料分析题分为哪几种？（参见本书P405）

3. 对策型材料分析题中，针对性的对策有哪些维度？（参见本书P410）

第二章　文章写作

思维导图

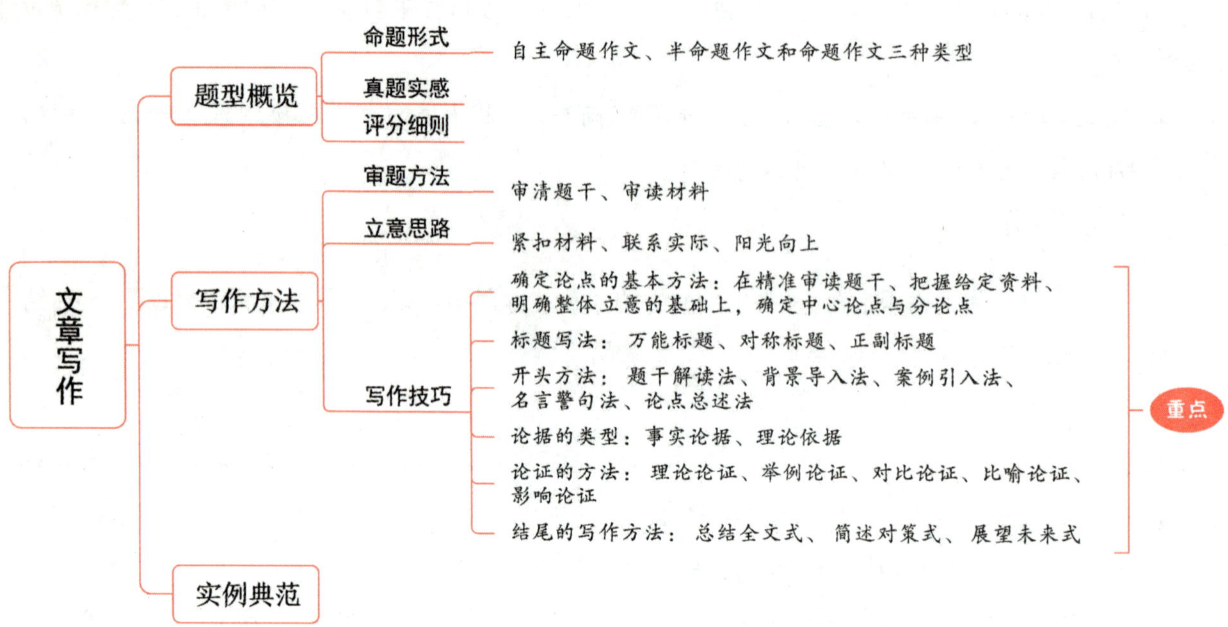

河南考向

在河南招教考试中，本章题型在郑州市教育局直属学校招教考试和郑东新区招教考试等考试中已有涉及，需要运用的知识较多，取得高分有一定的难度。现对本章河南考向分析如下：

考点类型	高频考点	能力层级	考查热度
常规考点	审题方法	理解	★★
	立意思路	理解	★★
	写作技巧	运用	★★★

核心考点

第一节　题型概览

一、命题形式

文章写作题通常分为自主命题作文、半命题作文和命题作文三种类型。

河南省教师招聘考试的文章写作题中，目前出现过两种类型：半命题型（给定主题）和自主命题型（给定一句话）。除命题型（给定标题）限定了文章标题外，其余两种都需要在合适的范围内自拟标题。

这三种类型看起来稍有不同，但写作方法基本一致。它们大都要求考生结合实际和对材料的理解进行写作，可以参考给定资料，但不得大篇幅摘抄给定资料；联系实际，观点明确；条理清晰，语言简明；逻辑严密，内容充实，字数一般在500～1000字。

二、真题实感

1. 半命题型

半命题型文章写作题通常要求考生结合实际和材料，以某个问题为主题进行写作，角度不定，限定范围较宽松。

例如：(2022郑州郑东新区真题)请结合实际和对上述材料的理解，以如何发挥互联网对青少年成长的积极影响为主题写一篇800～1000字的文章(要求：观点明确，条理鲜明，逻辑严密，内容充实)(30分)

2. 自主命题型

自主命题型文章写作题通常要求考生对材料中的一个关键语句进行理解，并根据理解的内容，自选角度，自命题，进行写作。此类文章写作题对考生理解材料的能力要求较高。

例如：(2022郑州市直真题)根据你对习近平总书记"努力用最小的代价实现最大的防控效果"这句话的理解，自选角度，自命题，写一篇短文。(25分)

要求：(1)参考给定资料，但不得大篇幅摘抄给定资料；(2)联系实际，观点明确；条理清晰，语言简明；(3)不少于500字。

3. 命题型

命题型文章写作题通常给定文章的标题，限定了文章的中心思想，可以直接使用给定标题。

例如：资料中提到"审美能力是从长期的美感熏陶中培养和孕化出来的"。请从给定资料出发，结合实际，以"美育"为标题，自选角度，写一篇文章。(30分)

要求：(1)观点明确，内容丰富；(2)结构清晰，论证合理，语言准确流畅；(3)不少于800字。

三、评分细则

文章写作题往往分类按档给分，一般分为四个档次，对应每一档次给出相应分值。

在评卷时，阅卷老师会首先将文章进行定档，然后在档次内给分，在各档内又制定有不同的具体标准。以满分30分为例：

一类文：23～30分，本类文要求非常高，要求紧密围绕中心思想展开论述，且能做到：主题鲜明，内容充实，能联系材料，联系实际，联系实际的事例应该恰当具体，层次清晰，语言表达流畅，字数恰当。

二类文：14～22分，本类文基本及格，相对是控制的重点，判断的依据为：中心论点紧扣主题展开，中心明确，但内容欠充实；尚能联系实际，且结构完整，表达明确，字数恰当。在这些标准内酌情加减分值。

三类文：9～13分，本类文的主题不能围绕中心思想展开，有偏题之嫌。结合语言、文风可酌情加减分。

四类文：1～8分，这类文为其他情况，比如残篇，通篇抄材料，东拼西凑无逻辑，完全背离题意，通篇分条列项，文章只是细化的提纲等。

除此之外，文章写作题目还有少量卷面分，因此考生要尽量做到卷面整洁，字迹工整。

第二节 写作方法

一、审题方法 ★★

1. 审清题干

审清题干，就是要通过认真阅读题干，找出文章写作题的命题类型，把握写作范围的自由限度，明确是否需要自拟标题。明确文章的写作要求，初步把握文章的写作方向应以对策为主，还是以分析为主，或者是两者结合。把握写作的字数限制，防止因字数不足或超出字数限制而扣分。

例如：(2022郑州郑东新区真题)请结合实际和对上述材料的理解，以如何发挥互联网对青少年成长的积极影响为主题写一篇800～1000字的文章(要求：观点明确，条理清晰，逻辑严密，内容充实)(30分)

分析：根据题干可知，这是一道给定主题的半命题型文章写作题，需要考生根据"如何发挥互联网对青少年成长的积极影响"的主题拟定一个合适的标题，文章的写作方向以提出"发挥互联网对青少年成长的积极影响"的对策为主，字数在800～1000字。

2. 审读材料

审读材料，就是要根据题干要求审慎阅读材料，找出与题干相关的各类信息或者材料中频繁出现的高频词、主题词，也可以联系文章写作题前的材料分析题进行综合分析，从而进一步把握材料的中心思想，明确自己的写作方向。

二、立意思路 ★★

1. 紧扣材料

材料是文章写作的立意基础，要整体把握题干给定的材料，在传达的诸多信息中提取出符合题意的核心主旨，紧扣核心主旨进行立意。

2. 联系实际

好的立意一定要从现实生活中出发，挖掘深层次矛盾，抓住实际生活中的焦点、热点、闪光点，运用求异思维、多向思维等，找出分析问题的新角度、解决问题的新办法。只有充分联系实际，才能使得文章内涵丰富，见解独到而深刻。

3. 阳光向上

文章的立意必须是正面的，要传达积极的态度，表达正确的价值观念。

三、写作技巧 ★★★

1. 论点

论点是作者对所论述的问题最基本的看法。中心论点是作者在文章中所提出的最主要的思想观点，是全部分论点的高度概括。

确定论点的基本方法是在精准审读题干、把握给定材料、明确整体立意的基础上，确定中心论点与分论点。

呈现方式是在每段叙述的段首或段尾等位置明确表达论点，并优化表述形式，力求新颖。

2. 标题

好的标题是传达文章主旨、内容和意蕴的“眼睛”，它可以为文章画龙点睛，增添色彩，从而引起读者的阅读兴趣。

标题的拟写要求：紧扣论点，用词规范，简洁醒目，明确具体。

标题可以直接指出事实或论点，也可以引用一些意思相符的名言警句，还可以采用多种修辞手法进行拟定。主要有以下几种常见的写法：

(1)万能标题。例如，由……引发的思考；浅谈/简论……；从……说开去

(2)对称标题。例如，播下美育的种子，守住心灵的净土

(3)正副标题。例如，回报故乡

——乡情永难割舍

3. 开头

开头是文章结构的一个重要组成部分，古人把文章开头称为“凤头”，就是说文章的开头要小巧、亮丽、引人注目，给人以先声夺人之感。尤其是考场作文，倘若能别开生面地开头，给阅卷老师耳目一新之感，就能调动老师的评阅积极性，进而有助于作文上升一个档次。

开头的基本要求是：呈现论点，简明扼要。主要有以下几种常见的开头方法：

(1)题干解读法：在开头解释标题、话题、观点，引出中心论点。

(2)背景导入法：通过对材料内容或题干主要问题的相应背景的叙述，引入中心论点。

(3)案例引入法：以符合论点立意的典型案例开篇，引出中心论点。

(4)名言警句法：以与主题相关的领导人金句、名言警句等引出文章的中心论点。

(5)论点总述法：对所有论点予以总结陈述，引出下文的论证。

4. 论据

论据是论证论点的材料，是支撑论点的工具。它为论点服务，与论点严格保持一致。

论据的类型主要包括：

(1)事实论据：具体的事实案例或数据。

(2)理论依据：经典著作、名言警句或政策理论。

选取论据的原则：论据要具有针对性、广泛性、概括型、客观性，要是确切、可信且有效的。论据与论点之间要有逻辑关联，要基于理论、事实、数据，个人的感受一般不能作为可靠的依据。

5. 论证

论证是用论据证明论点的过程和方法，是文章写作中的重要环节。如果没有论证，不管论点多么正确、新颖，论据多么充分和典型，都会因为论点和论据之间缺少内在联系而变得毫无意义。论据间要有逻辑联系，论证的过程更要有逻辑性，切忌生硬堆砌。

论证的方法主要有以下几种：

(1)理论论证：根据一般原理或结论来论证个别事例，使用经典著作、名言警句或政策理论等来证明论点，具有权威性、科学性。

(2)举例论证：使用典型案例或具体数据等来证明论点。事实最具说服力，因此举例论证是在文章写作中用得最多最广，也是最有成效的一种论证方法。

（3）对比论证：通过一个或多个对象进行正反、横向、纵向的对比，得出结论。能够全面地突出论证观点，让人印象深刻。

（4）比喻论证：用具体、生动、形象的事物作比喻，来证明抽象道理。能够将观点或者要讲述的道理生动化、具体化、形象化，使其论证和推理更容易被人理解和接受。

（5）影响论证：通过分析问题、现象造成的消极或积极的影响来论证分论点。这种论证方式可以为论点提供有力支持，使人更清楚地明白某种事物的性质。

6. 结尾

结尾是延伸文意、收束全文的关键，是对论点的充分展示和升华，也是衡量考生写作水平的标尺。好的结尾能够使文章的整体结构更加严谨自然、完整统一，使文章的内容和主旨更加深刻、鲜明。因此，精心设计一个回扣主题，简洁有力的结尾十分重要。

结尾的写作方法主要有以下几种：

（1）总结全文式：再次点明文章论点，回扣主题，总结全文。

（2）简述对策式：当文章中未涉及对策时，可以在结尾简要补充几句对策，使简洁有力。

（3）展望未来式：展望未来发展前景，给人启迪，引人深思，但要坚持适度原则，不可过于夸大。

第三节　实例典范

［示例5］（2022郑州郑东新区真题）

材料：青少年社会化是青少年通过自我学习和接受教育获得社会经验来习得自己的文化与生存方式，从而建立社会心理和社会身份的过程。近年来，随着移动端的普及，互联网产品对青少年的社会化，尤其是对青少年的生活、学习和交流方式，产生了十分重要的影响。处于人生发展初期的青少年，如何在接触游戏、短视频、直播等互联网产品中，实现健康成长，成为各界持续关注的议题。有专家指出，互联网产品发展和青少年的关联度，是你中有我，我中有你的。互联网产品，就是青少年成长过程中的空气、土壤、水源，是没有办法回避的社会现实。

题目：请结合实际和对上述材料的理解，以如何发挥互联网对青少年成长的积极影响为主题写一篇800～1000字的文章（要求：观点明确，条理清晰，逻辑严密，内容充实）（30分）

【答题逻辑】

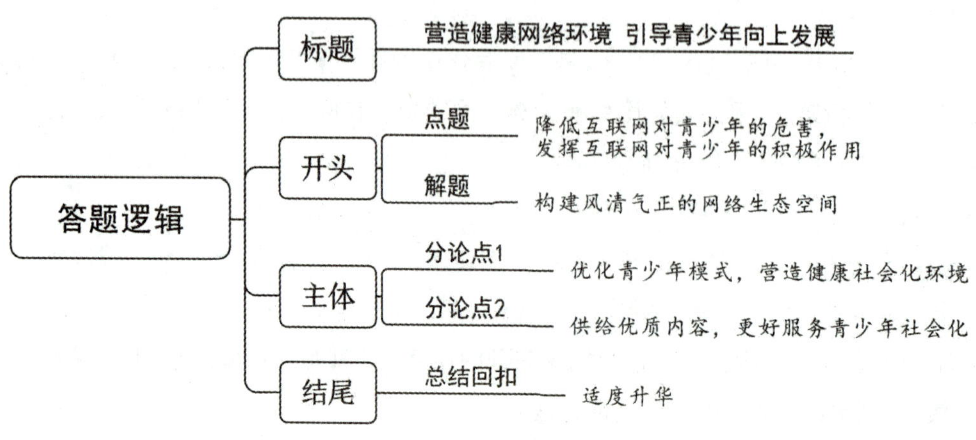

【参考范文】

营造健康网络环境 引导青少年向上发展

习近平总书记在十九大报告中指出:“青年兴则国家兴,青年强则国家强。”青少年的健康成长事关家庭幸福、民族未来。近年来,随着移动端的普及,互联网产品对青少年的社会化,尤其是对青少年的生活、学习和交流方式,产生了一些积极影响,但因精准“投你所好”而沉迷网络的青少年也不在少数。为了最大程度地降低互联网对青少年的危害,发挥互联网对青少年的积极作用,我们需要构建风清气正的网络生态空间,让更美好更清新的网络空间更好地帮助青少年成长。

(批注1:开头采用名言警句法,前两句话阐述了青少年发展和国家民族的发展息息相关,强调青少年健康成长的重要性。第三句话点明了互联网产品对青少年生活带来的正反两个方面的影响,特别点出了其负面影响。最后引出结论。写作启示:注意积累热点话题相关的名言警句。)

优化青少年模式,营造健康社会化环境。“青少年模式”是经过严格的内容遴选、适合未成年人观看使用的有益方式。近年来,国家网信办推动短视频、直播、网络游戏等平台的防沉迷系统上线,指导互联网平台不断完善为家长提供的青少年保护工具,帮助家长监督、了解孩子的互联网使用行为。疫情以来,短视频、直播等也成为家长陪伴下青少年互动体验式学习的新渠道。因此,应继续加强对青少年模式和直播生态的优化升级,进一步优化产品模式和呈现方式,积极影响青少年的社会化过程,构建健康的社会化环境。

(批注2:分论点1指出互联网平台应该优化青少年模式。论证内容先点明了国家层面上对网络生态环境的重视,体现了对互联网发展环境进行优化的必要性和重要性。然后,从疫情以来,青少年使用互联网的频次变多的现象,引出青少年模式的重要意义。最后提出对策措施。写作启示:可多关注国家政策,在作答时把写作内容与相关政策相衔接,既能体现内容的权威性,又能体现良好的政治素养。)

供给优质内容,更好地服务青少年社会化。短视频、直播在走向成熟的过程中,展现了人们日常生活的多元价值,呈现了知识交流、艺术审美、传统文化等领域的精粹。积极的短视频、直播等互联网产品,能帮助青少年在虚拟和现实中找到平衡,实现社会交往,更好地接受和传承社会文化。因此,应鼓励开发具有思想性和积极价值观的互联网产品,持续增加适合青少年的内容供给;分龄设计内容,满足不同年龄段青少年的需求;加强多学科协同参与,让内容更加丰富,等等。供给优质内容能够帮助青少年提高适应现代化社会的能力,保障青少年在社会化过程中的身心健康。

(批注3:分论点2写的是优质互联网内容的供给。文段采用的是影响论证法,明确指出积极的互联网产品对青少年成长的多重积极作用。最后提出对策措施。)

科技应该具有温度,技术进步应以人为中心、服务于青少年。在一个互联网与日常生活深度融合的信息社会,互联网产品应助力青少年的全面发展,在传递正确立场的同时,源源不断地提供具有教育意义的信息。毕竟,呵护年轻一代的健康成长,就是呵护国家和民族的未来。

(批注4:结尾点出科技与青少年的关系,强调技术进步不能忘记初衷,再次强调青少年的成长对国家和民族的发展至关重要。写作启示:结尾结合主题分析,进而适度升华主题。)

【评分标准】

一类文:23~30分,本类文要求非常高,要能紧密围绕“发挥互联网对青少年成长的积极影响”展开论述,且能做到:主题鲜明,内容充实,能联系材料,联系实际,联系实际的事例应该恰当具体,层次清晰,语言表达流畅。

第八部分

二类文:14～22分,本类文基本及格,相对是控制的重点,判断的依据为:中心论点紧扣“发挥互联网对青少年成长的积极影响”展开,中心明确,但内容欠充实;尚能联系实际,且结构完整,表达明确。在这些标准内酌情加减分值。

三类文:9～13分,本类文的主题不能围绕“发挥互联网对青少年成长的积极影响”展开,有偏题之嫌。结合语言、文风可酌情加减分。

四类文:1～8分,这类文为其他情况,比如残篇,通篇抄材料,东拼西凑无逻辑,完全背离题意,通篇分条列项,文章只是细化的提纲等。

[示例6](2022郑州市直真题)

材料:2022年3月17日,中共中央政治局常务委员会召开会议,习近平总书记主持会议并发表重要讲话。习近平强调,坚持就是胜利。各地区各部门各方面要深刻认识当前国内外疫情防控的复杂性、艰巨性、反复性,进一步动员起来,统一思想,坚定信心,坚持不懈,抓细抓实各项防疫工作。要始终坚持人民至上、生命至上,坚持科学精准、动态清零,尽快遏制疫情扩散蔓延势头。要提高科学精准防控水平,不断优化疫情防控举措,加强疫苗、快速检测试剂和药物研发等科技攻关,使防控工作更有针对性。要保持战略定力,坚持稳中求进,统筹好疫情防控和经济社会发展,采取更加有效措施,努力用最小的代价实现最大的防控效果,最大限度减少疫情对经济社会发展的影响。

2022年4月29日,习近平总书记主持召开中共中央政治局会议。会议分析研究当前经济形势和经济工作,强调“疫情要防住、经济要稳住、发展要安全,这是党中央的明确要求”。会议强调“要根据病毒变异和传播的新特点,高效统筹疫情防控和经济社会发展,坚定不移坚持人民至上、生命至上,坚持外防输入、内防反弹,坚持动态清零,最大程度保护人民生命安全和身体健康,最大限度减少疫情对经济社会发展的影响。”

题目:根据你对习近平总书记“努力用最小的代价实现最大的防控效果”这句话的理解,自选角度,自命题,写一篇短文。(25分)

要求:(1)参考给定材料,但不得大篇幅摘抄给定材料;(2)联系实际,观点明确;条理清晰,语言简明;(3)不少于500字。

【答题逻辑】

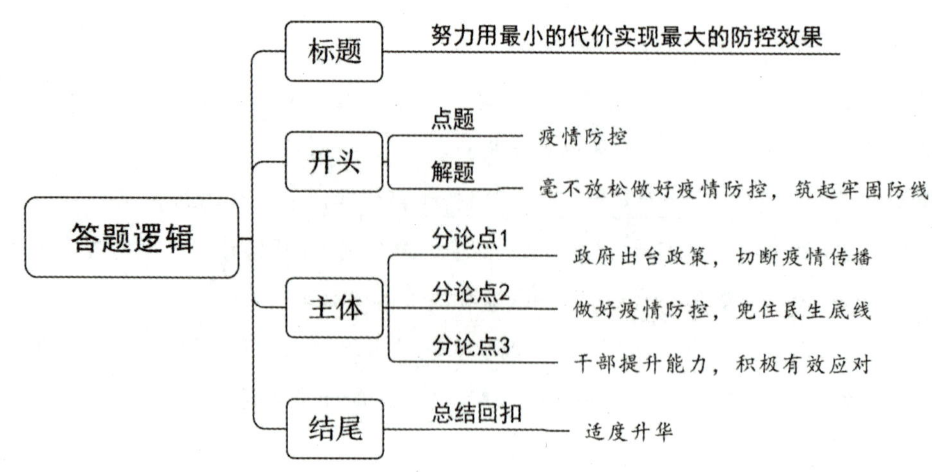

【参考范文】

努力用最小的代价实现最大的防控效果

近期,疫情卷土重来,不仅点多、面广,而且多发、频发。一边是严峻紧张的形势,国内疫情防控的复杂性、艰巨性、反复性陡升。另一边是坚持不懈的努力，从多轮人员筛查，到重点区域管控，再到重点场所常态化防控，各地各部门以坚决果断措施扭转态势，有效遏制疫情扩散蔓延，筑起了一道道牢固防线。

（批注1：开头采用的是背景导入法，第一句阐述了当前疫情的特点，第二句指出国内疫情防控工作的难度，第三句说明的是在疫情背景下，各地各部门采取有效举措，遏制疫情扩散蔓延。写作启示：可积累背景式开头内容，如后疫情时代和疫情防控常态化阶段等。）

政府出台政策，切断疫情传播。有的地方开展“敲门行动”“扫地行动”，确保应检尽检、不落一人；有的城市停止一切非必要流动，对社区、产业园区实行封闭式管理；有的单位提倡居家办公，取消非必要出差，等等。这些从严从实的有力措施，快速有效处置局部地区聚集性疫情，切断社会面传播链，最大限度保护了人民生命安全和身体健康。

（批注2：分论点1指出政府在疫情防控中的作用。文段罗列了各地不同的防疫政策的具体情况，明确了政策产生的效果，内容充实，语言规范，逻辑清晰，论证效果十足。）

做好疫情防控，兜住民生底线。疫情防控各项工作不可避免地会对群众出行、工作学习、日常生活产生一定影响，这就意味着必须审慎出台各种政策，统筹好疫情防控和经济社会发展。生活必需品生产供应要跟上，群众就医需求要保障，春耕生产大事不能耽误，物流动脉要保持畅通……事实上，只有民生稳，人心才稳，社会才稳。兜住民生底线，保持群众正常生产生活平稳有序，才能汇聚起战胜疫情的强大力量。

（批注3：分论点2指出保障民生在疫情防控工作中的重要性，第一句说明了疫情防控会对群众生产生活带来的影响，因此需要各项政策的出台和实施。第二句阐述的是群众生产生活的哪些方面需要稳定和发展，以排比的形式展开书写，论证性更强，最后一句回扣段首论点。写作启示：可积累排比式语言框架。）

干部提升能力，积极有效应对。疫情防控是“大战”也是大考，不仅考验抗击病毒的能力和效率，也考察党员干部的智慧和水平。面对来势汹汹的疫情，“严防死守”的态度固然没有问题，但也要讲究科学有效的工作方法。如果动不动一封了之、一禁了之、一关了之，既让基层干部劳心费力，也给群众生产生活带来负面影响。对党员干部来说，一手防疫情，一手保民生、谋发展，这张答卷不仅要答，而且必须要答好。

（批注4：分论点3指出干部应积极应对疫情防控，文段采用了对比论证，通过阐述干部在疫情防控中的做法来说明科学有效的工作方法的必要性和重要性，以及简单粗暴式工作方式带来的严重后果，通过正反对比的形式明确了干部有为的重要性。写作启示：论证过程中可采用正反对比论证的方法，正面谈好处意义，反面谈危害影响。）

坚持就是胜利，坚持才能胜利。形势越是严峻，越要保持战略定力，越要提高政策效能。不断提高科学精准防控水平，不断优化疫情防控举措，坚定信心、坚持不懈，我们就一定能用最小的代价实现最大的防控效果，扫除疫情阴霾，迎来胜利曙光。

（批注5：结尾采用的是总结全文式，强调在新形势下更要精准防控，提高防控水平，只有这样才能打赢疫情防控攻坚战。写作启示：可积累常用的总结式语言。）

【评分标准】

一类文：21～25分，本类文要求非常高，能紧密围绕“努力用最小的代价实现最大的防控效果”展开论述，且能做到：主题鲜明，内容充实，能联系材料，联系实际，联系实际的事例应该恰当具体，层次清晰，语言表达流畅。

二类文：14～20分，本类文基本及格，相对是控制的重点，判断的依据为：中心论点紧扣“努力用最小的代价实现最大的防控效果”展开，中心明确，但内容欠充实；尚能联系实际，且结构完整，表达明确。在这些标准内酌情加减分值。

三类文：8～13分，本类文的主题不能围绕“努力用最小的代价实现最大的防控效果”展开，有偏题之嫌。结合语言、文风可酌情加减分。

四类文：1～7分，这类文为其他情况，比如残篇，通篇抄材料，东拼西凑无逻辑，完全背离题意，通篇分条列项，文章只是细化的提纲等。

核心考点回顾

1. 文章写作题的命题形式分几种类型？(参见本书P412)
2. 文章写作题的审题方法是什么？(参见本书P414)
3. 文章写作题的写作技巧有哪些？(参见本书P414)

达标测评

建议用时	实际用时	测评总分	实际得分
60分钟	____分钟	40分	____分

资料1

以下是专家意见摘录。

人类经过了农业时代，工业时代，进入了现在的互联网时代，接下来的时代应该是“想象力经济时代”。设计师将是那一个时代的主人。

2016年，一场以“创造不可能”为主题的全球创新设计大会走入了人们的视野。数十位设计大咖通过对时代痛点与未来发展趋势的解读与畅想，让我们第一次了解了“新物种”“爆款计划”以及“想象力经济”这些概念中隐含的巨大价值。中国领先的创新设计平台，则以“众创”的模式推动想象力向生产力转化，致力于用设计创造更多经济价值。

这里面所体现的“共享设计”理念，激发了个人创造力的觉醒，并由此引领设计新风潮。这一全新理念，意在打造一个集企业、用户、设计师为一体的共享生态圈，同时将设计上升到了一个“众创”的维度，赋予每个参与者以创造者和受益者的双重身份，由此推动想象力的价值链实现最大化的延展。

让想象力产生价值乘数效应，这正是“众创”所希望的结果。共享价值的实现，激发了更多人加入共享设计生态圈。

设计师可以通过与用户进行交流汲取全新的创意灵感，与企业沟通将设计转变为惠及大众的创新产品。企业家也有了机会向用户展现自身的创意产品，聆听他们的想象进而洞察他们的需求，让具有创造力的设计师助力企业的产品创新，进而创造更大的商业价值。

当用户需求被设计师解读，并对产品进行重新创作，优秀的产品便产生了，这个产品再造并走向市场形成商业价值的过程，就是想象力经济的落地体现。想象力经济的本质正是将人的创新精神转化为商业价值

的一个过程。

想象力是消费升级的原动力，消费升级反映了消费水平和发展趋势，让消费者为内心的归属感买单，其突破口在于找到消费者真正的欲求。

每个时代都会出现某种经典产品来推动社会的发展和变革，互联网时代的是手机、电脑等终端产品，智能时代的是智能机器人。智能机器人普及后，对人类来说，想象力将会成为下一个时代的主导，设计师将成为推动社会进步的重要力量。

互联网技术的进步使万物产生共联，共享经济的产生让社会资源得到优化配置。个体创造力的连接与共享是想象力经济发挥价值的基础。个人创造力的觉醒、企业创新力的横空出世推动想象力成为未来经济发展的新驱动力。而创造力共享让每一个天马行空的创意设计变现，从而创造更多颠覆时代的爆款产品，充分挖掘设计师个体的价值。

只要拥有想象力，敢于创新，就有可能迎来想象力经济的时代。

资料2

有学者认为:“人最伟大的特点和优势不只是会学习，关键在于富有想象力，具有穿越未来的能力。”爱因斯坦曾经说过:“想象力比知识重要。”

想象力是人类所特有的一种天赋。想象力是在已有形象的基础上，在头脑中创造出新形象的能力。想象力也是一种创造力。培养想象力并非要抛弃知识，而是相反，需要更多元、更丰富、更深远的知识集群。

人工智能技术正在不断推动移动互联网形态完成新变化，完成更自主的信息捕捉，更智慧的分析判断。然而人工智能无论如何先进，终究无法超越人类的审美和想象力，无法超越每一个人呼之欲出的创造能动性。

从某种意义上说，在浩如烟海的知识网中，科学、艺术和古文化对于想象力都起着非常重要的作用，构成了想象力的源泉。

提出了“证伪主义”的波普尔，在科学认识上刷新了人类的认识:敢于批判，不断质疑，是科学精神的核心。这和传统的科学认知“科学是经验积累的产物，被证明或者被无数次重复验证的科学理论就是永远正确的”，很不一样。

艺术，作为代表美的精神力量，贯穿于人类发展的全时空。有了它，人类可以无止境地向着无限美丽的世界前进。

历经多少世纪而留存下来的古文化，蕴含着需要想象力才能充分挖掘的惊人智慧和秘密，它是保持想象力永不枯竭的源泉。不少思维活跃的前沿科学家都是人类学和古文化的爱好者。他们研究的科学决然不是宗教，但是，他们比任何人都敏感于那些古老民族的神秘文化和宗教，并从中大量汲取了养分。

而中国人的想象力则更有自己文化传统的优势可以依托，中国人的古典文学和传统艺术催生了一代代中国人的东方式灵感，庄周的梦蝶，屈原的《天问》，敦煌的飞天，李白心中的皓月……，都蕴含着值得中国人真正去体味的传统文化的智慧和美。

这样的例子还有很多，几乎每一个当代在创新领域有所建树的人，都可以捕捉到他们从科学、艺术和古文化中汲取想象力的痕迹。然而，想象力并不独为创新者所占有，在平凡的生活中，想象力能给每一个人以幸福感。

1. 根据“资料1”，谈谈你对“想象力经济”的理解。(10分)

要求：(1)准确、全面；(2)不超过200字。

2. 请深入思考“资料2”中的画线句子“科学、艺术和古文化对于想象力都起着非常重要的作用，构成了想象力的源泉”，自拟题目，自选角度，联系实际，写一篇文章。(30分)

要求：(1)观点明确，见解深刻；(2)参考给定资料，但不拘泥于给定资料；(3)思路清晰，语言流畅；(4)字数800～1000字。

参考答案及解析

1. **参考答案：**①想象力经济的本质是将人的创新精神转化为商业价值的过程，在中国可以以“众创”的模式实现。②在“共享设计”的理念下，设计师解读用户需求，并对产品进行重新创作，产生出的优秀产品走向市场形成商业价值。③想象力是消费升级的原动力，找到消费者的真正欲求是关键。④想象力将会成为下一个时代的主导，设计师将成为推动社会进步的重要力量。⑤互联网共享经济中，实现个体创造力的连接与共享是发挥想象力经济价值的基础。

(共10分。至少5个角度，每个角度2分，答出想象力经济的本质，共享设计的过程，想象力与消费，设计师的作用，发挥想象力经济价值的基础等角度并有简单阐述可得8分，逻辑合理得2分。)

2. **参考范文：**

想象力的三大源泉

(批注1：标题的拟法：提炼题干中句子的关键词，即“想象力的源泉”。写作启示：围绕着关键词拟标题。)

想象力是人类独有的一种天赋，是希望和灵感的源泉。可以预测，人类经过了农业时代，工业时代，进入了现在的互联网时代，接下来的时代应该是有着丰富想象力的“想象力经济时代”。那么想象力源于哪里？追溯人类社会发展的历程，科学、艺术和古文化对于想象力都起着非常重要的作用，构成了想象力的源泉。

(批注2：开篇第一句先解释“什么是想象力”，结尾点明中心论点，揭示想象力的三大源泉，即科学、艺术和古文化。写作启示：开篇点题，不拖泥带水。)

科学之所以是想象力的源泉，是因为科学精神的核心是敢于批判，不断质疑。在一次次的证伪和推翻中，科学刷新着人们的认识，拓展着人类想象力的边界。当人们都认为大地被天盖着时，毕达哥拉斯想象出的“地球说”诞生了；当人们都认为地球是宇宙中心时，哥白尼想象出的“日心说”诞生了；当人们都认为太阳是宇宙中心时，牛顿想象出的“万有引力说”诞生了；当人们都认为科学理论体系已趋完美时，爱因斯坦想象出的“相对论”闪亮登场！由此可见，科学的发展不断激发人们的想象力。

(批注3：分论点1论述科学为什么是想象力的源泉之一，这句话也来源于原材料，科学的批判精神，形成了内在驱动力，使人类不断进步。段落中运用了举例论证，使说理更充分。)

艺术之所以是想象力的源泉，是因为艺术作为代表美的精神力量，贯穿于人类发展的全时空。自古以来，美被人类孜孜不倦地追求，艺术作为美的“化身”，鼓励着、引导着、带动着人们发挥想象力追寻美、接近美，拓展着人类想象力的可能性。从四言诗经到七言律诗再到长短句，对诗歌艺术的追求让人们不断拓宽韵律美的可能：比兴是美，对仗亦是美，错落还是美。从古至今，一代代的艺术家们在各自的领域内创造了

灿若星河的艺术作品，人类通过艺术的熏陶和启发，又获得了丰富的想象力，进而在自己的领域内有所创新。这说明，在艺术的激发下想象力更容易被激活。

（批注4：分论点2论述艺术为什么是想象力的源泉。段落中同样也用到了举例论证的手法，结尾句回扣分论点。写作启示：分论点段落的结尾要完整，简而言之就是要有总结句，段落可以参考“总-分-总”的结构。）

古文化之所以是想象力的源泉，是因为古文化中蕴含着惊人的智慧和秘密，是想象力的养分。古文化中藏有别样的东方文化意涵，中华民族区别于世界其他民族的想象力因文化而来，一代代中国人的东方式灵感也由此催生。文化是人类意识活动的血脉，包括想象力在内的任何一种意识活动，无不得到文化血脉的滋养。计算机的发明就是西方科学家在中华古文化中的阴阳学说里受到了启迪，并进一步展开想象力的翅膀而发明创造的。这也奠定了人类信息技术的基础。正是不断地在古文化中学习借鉴，人类创新创造的想象力才会涌动不竭。

（批注5：分论点3论述古文化为什么是想象力的源泉。阐述古文化的重要性，人们从古文化中汲取养分，从而不断激发想象力。）

由此可见，人们获得想象力、拓展想象力需要借力科学、艺术和古文化。如果说创新是一场壮丽的探险，那么想象力就是引发探险的源头。尤其是我国正处在创新时代，为跑出创新“加速度”，实现中华民族伟大复兴，我们需要从科学、艺术和古文化中获得想象力，也需要做好准备，迎来一个想象力的时代。

（批注6：结尾段再次点明中心论点，同时也与当下实际结合，我国正处于创新发展的时代，正需要想象力的加持，同时也需要为接下来的想象力时代做足准备，运用了展望未来式的结尾方法。写作启示：结尾要与开头呼应，再次点明主旨。）

【评分标准】

一类文：23～30分，全面符合答题要求，立意明确；思想深刻；论证严密；结构严谨，条理清楚，语言流畅。就本文而言，要能够紧扣“想象力的源泉”去写。

二类文：14～22分，中心较明确，但内容不充实；尚能联系实际，且结构完整，表达明确，可在这些标准内酌情加减分值。

三类文：9～13分，本类文的主题不能围绕“想象力源泉”展开，立意不准确，语言不通顺，事例和资料不典型、不具体；内容肤浅，论证乏力。

四类文：1～8分，通篇抄材料，字数不够，东拼西凑无逻辑，完全背离题意，文章只是细化的提纲等。

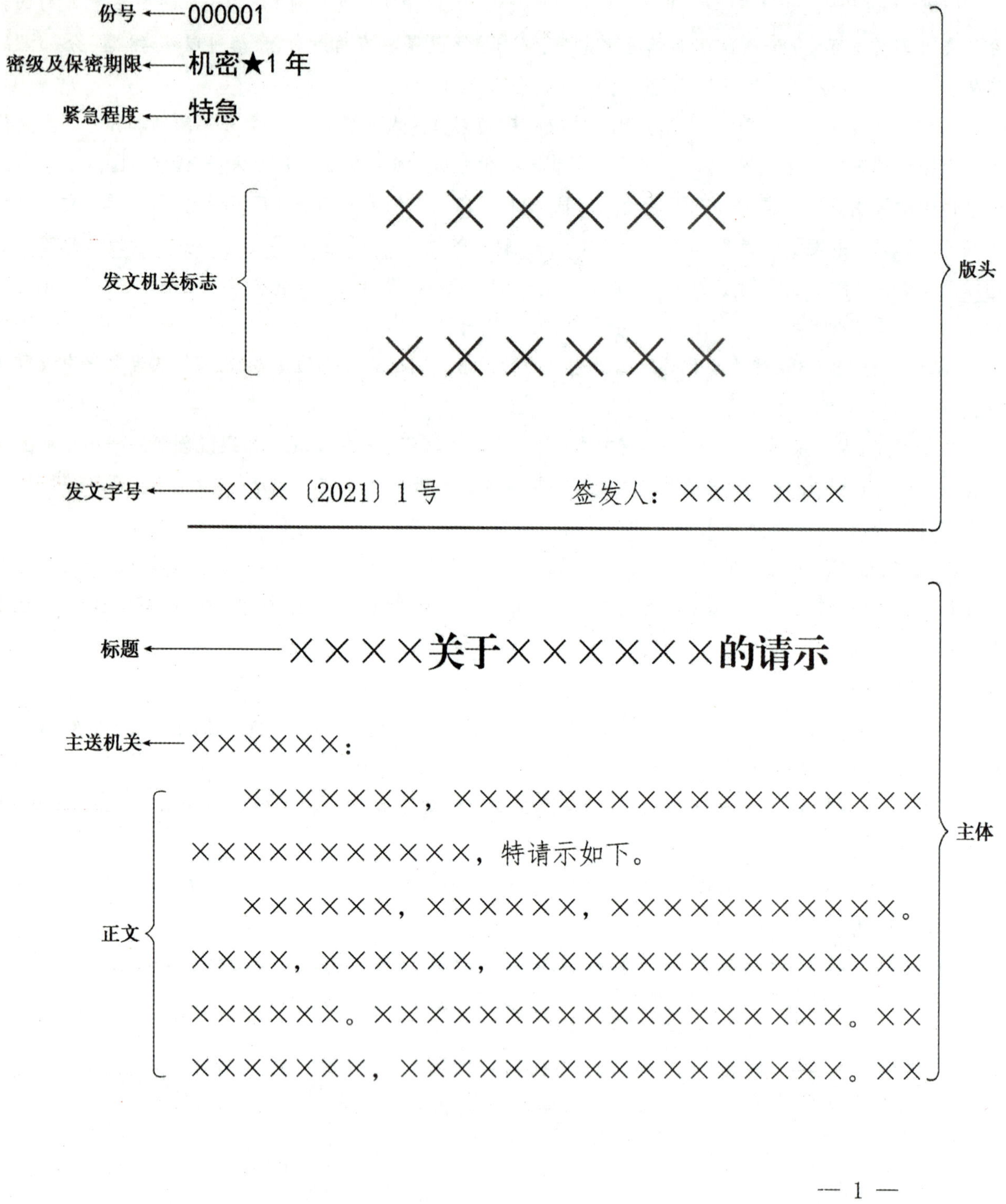

附录

份号←000001

密级及保密期限←机密★1年

紧急程度←特急

发文机关标志 { ××××××

××××××

发文字号←×××〔2021〕1号　　签发人：×××　×××

（以上为：版头）

标题←××××关于××××××的请示

主送机关←××××××：

正文 {

××××××××，××××××××××××××××××××××××××××××××××，特请示如下。

×××××××，×××××××，×××××××××××××。××××，×××××××，×××××××××××××××××××××××××。×××××××××××××××××××××。××××××××××，×××××××××××××××××。××

（以上为：主体）

— 1 —

××××××，××××××××××××××××××××××

×××××××，××××××××××××，×××××××

××××××××××。××××××××××××××××××

××。××××××××××××，×××××××××××××

×××××。

××××××××××，××××××××××，××××××

××××××。××××××××××，××××××××。×××

××××××××××××××，×××××××××××××××

×××××××××，×××××××××，×××××××××

××××××××××××××。

以上请示如无不妥，请批转有关部门执行。

附件：1. ×××××× → 附件注明

2. ××××××

×××××× → 发文机关署名

（加盖公章） → 印章

××××年×月×日 → 成文日期

（××××××） → 附注

主体

抄送：××××××，××××××，××××××××，××××××××。 → 抄送机关

×××××××××××　××××年×月×日印发 → 印发机关和印发日期

版记

— 2 —

图书反馈

重磅！真题重奖征集！

「凡提供当年度考试真题者，根据真题完整度，可获得0~500元现金奖励。」

具体请联系QQ:1831595423

（温馨提示：所提供真题须是当年度考试真题，且真实有效。最终解释权归山香教育所有）

亲爱的考生：

感谢您对山香教育的信任和支持，您的建议是我们前进的动力！为进一步提高图书质量，我们特向全国各地的考生开展有奖反馈活动。

1. **凡通过研发部QQ提供山香图书错题反馈者，均能获得价值99元的山香网课《高频考点》（基础版）大礼包1份。**
2. **凡通过图书反馈链接提供山香图书意见反馈者，可获得价值299元的山香网课《高频考点》（豪华版）超级大礼包1份。**

¥99
大礼包

¥299
超级大礼包

图书反馈
链接

联系方式：400-600-3363　　研发部QQ：1831595423

招教网
招考资讯抢先知晓

山香官网
一站式考编服务平台

山香网校
线上学习方便快捷

图书订正链接
全面勘误及时更新